JOHN COWPER
POWYS
DIE KUNST
DES
ÄLTERWERDENS

JOHN COWPER POWYS

DIE KUNST DES ÄLTERWERDENS

*Aus dem Englischen
von Waltraud Götting,
mit Texterläuterungen
von Klaus Gabbert
und Waltraud Götting*

Zweitausendeins

Deutsche Erstausgabe.
1. Auflage, April 2002.

Die englische Originalausgabe ist 1944 unter dem Titel
»The Art of Growing Old« bei Jonathan Cape erschienen.

Copyright © 1944 by Estate of John Cowper Powys.

Alle Rechte für die deutsche Ausgabe und Übersetzung
Copyright © 2002 by Zweitausendeins, Postfach, D-60381 Frankfurt am Main.
www.Zweitausendeins.de.

Alle Rechte vorbehalten, insbesondere das Recht der mechanischen,
elektronischen oder fotografischen Vervielfältigung, der Einspeicherung
und Verarbeitung in elektronischen Systemen und Kommunikationsmitteln,
des Nachdrucks in Zeitschriften oder Zeitungen, des öffentlichen Vortrags,
der Verfilmung oder Dramatisierung, der Übertragung durch Rundfunk,
Fernsehen oder Video, auch einzelner Textteile.
Der *gewerbliche* Weiterverkauf und der *gewerbliche* Verleih von Büchern,
CDs, CD-ROMs, Videos oder anderen Sachen aus der Zweitausendeins-
Produktion bedürfen in jedem Fall der schriftlichen Genehmigung
durch die Geschäftsleitung vom Zweitausendeins Versand
in Frankfurt am Main.

Lektorat: Klaus Gabbert (Büro W, Wiesbaden).
Korrektorat: Sandra Wulff, Hamburg.
Einband- und Umschlaggestaltung: Sabine Kauf.
Satz und Herstellung: Dieter Kohler GmbH, Nördlingen.
Druck: Gutmann & Co GmbH, Talheim.
Einband: G. Lachenmaier, Reutlingen.
Printed in Germany.

Das Papier dieses Buches besteht zu 50% aus Altpapier,
Schutzumschlag, Überzug und Vorsatz sind 100% Recyclingpapier.
Das Kapitalband wurde aus ungefärbter und ungebleichter Baumwolle gefertigt.

Dieses Buch gibt es nur bei Zweitausendeins im Versand, Postfach,
D-60381 Frankfurt am Main, Telefon 069-420 8000, Fax 069-415 003.
Internet www.Zweitausendeins.de, E-Mail info@Zweitausendeins.de.
Oder in den Zweitausendeins-Läden in Berlin, Düsseldorf, Essen,
Frankfurt am Main, Freiburg, 2× in Hamburg, in Hannover, Köln,
Mannheim, München, Nürnberg, Saarbrücken, Stuttgart.

In der Schweiz über buch 2000, Postfach 89, CH-8910 Affoltern a.A.

ISBN 3-86150-356-5

INHALT

Einführung. 7

1. Das Alter bei Mann und Frau 41
2. Das Alter der Frau und die Natur 63
3. Das Alter und die innere Haltung 89
4. Das Alter und die Elemente 113
5. Das Alter und das Gewissen 143
6. Das Alter und Gut und Böse 167
7. Das Alter und der gesunde
   Menschenverstand 195
8. Das Alter und die anderen. 221
9. Das Alter und die Literatur 259
10. Das Alter und die Wissenschaft 307
11. Das Alter und die neue Ordnung 351
12. Das Alter und der Tod 377

Anmerkungen 407
Über den Autor 451

EINFÜHRUNG

Für einen fantasievollen Menschen, ob Gelehrter oder Laie, gibt es, sofern es ihm gelingt, ehrlich zu sich zu sein und sich nicht selbst zu belügen, kaum eine anregendere geistige Beschäftigung als den Versuch zu analysieren, wie wir in unserer tragisch modernen Zeit tatsächlich auf das subjektive Gefühl des Älterwerdens reagieren.

Soweit ich weiß, hat kein moderner Autor dieses Thema so klar und eloquent behandelt wie Cicero in seiner philosophischen Schrift *Cato maior de senectute (Cato der Ältere über das Greisenalter)**.

Nun liegt es nicht in meiner Absicht, meinen Lieblingsredner gegen die scharfen Verunglimpfungen zu verteidigen, die sich gerade wegen seiner Beredtheit als Politiker, seiner Schaffenskraft als Philosoph und der Eloquenz seiner ethischen Schriften über fast zwei Jahrtausende hinweg auf sein wuchtiges Haupt ergossen haben.

Es möge uns an dieser Stelle der Hinweis genügen, dass es zwischen dem spezifischen Naturell des ciceronischen Denkens, einem Naturell, das man als *psychologischen Antipoden* zur Geisteshaltung des Faschismus bezeichnen könnte, und der inneren Einstellung fast eines jeden humanistisch und liberal denkenden demokratischen Politikers im British Commonwealth und in den Vereinigten Staaten eine bemerkenswerte Übereinstimmung gibt.

Tatsächlich ist diese Ähnlichkeit so groß, dass wir nicht umhinkönnen anzunehmen, dass, würden Cicero und einer unserer eher liberalen und philosophischen Staatsmänner sich in einem Londoner oder New Yorker Café an einem Tisch unterhalten und es würde sich ihnen, wie es in der Bühnenanweisung zu einem Zeitmaschinen-Stück heißen könnte, plötzlich eine Figur wie Theoderich der Große aus dem frühen Mittelalter »zugesellen« oder auch Anselm von Canterbury* aus dem Hochmittelalter oder Kardinal Wolsey* aus der Renaissance, der rechtsempfindende Römer und unser rechtsempfindender Zeitgenosse gewiss einen Blick höflicher staatsmännischer Verwunderung tauschen würden.

Für Cicero wie für den demokratischen Politiker unserer Zeit wäre ein Regierungssystem, das sich durch allmähliche Entwicklung und Redefreiheit auszeichnet, ganz selbstverständlich. Dass die Freiheit der Menschen sich, wie unser englischer Dichter es ausdrückt*, »von Generation zu Generation ausbreitet«, wäre für beide der einzig denkbare Gang der Dinge, der mit der Würde des Einzelnen vereinbar ist.

Es ist das System, das in der griechischen Demokratie begründet und durch das Rechtswesen und den Traditionsgeist der römischen Republik gefestigt wurde.

Sehen wir von der Frage der Sklaverei ab – und Cicero wäre an die Frage des Lebens sicher mit offenem Geist herangegangen –, so hätte zwischen dem römischen und dem modernen Staatsmann vollkommene Übereinstimmung geherrscht. Und bedenken Sie, wie erstaunlich es ist, dass trotz der zweitausend Jahre dazwischen jeder gewöhnliche humanistisch und liberal eingestellte Denker unserer Zeit nicht nur im Hinblick auf Politik und allgemeine menschliche Ethik mit Ciceros Ideen sympathisieren kann, sondern auch in Bezug auf so heikle Fragen wie die, ob die Vorsehung einen Sinn hat oder ob es ein Leben nach dem Tode gibt.

Eines beeindruckt mich ganz besonders – und wie anmaßend klingt das heute in meinen Ohren, wenn ich daran denke, wie ich mich in der Schule einen Aufsatz über »den Patriotismus« im Stil dieses Meisters der Redekunst zu schreiben mühte! –, eines also beeindruckt mich besonders, wenn ich meine heutigen Gedanken über das Alter mit denen vergleiche, die Cicero Cato dem Älteren in den Mund legt. Ich spreche von der Übereinstimmung zwischen dem Zeitpunkt, zu dem wir heute den *Beginn* des Alters ansetzen und der in *De senectute* dafür angenommen wird.

Cicero war, als er es schrieb, offensichtlich zweiundsechzig und sein vertrautester Freund Titus Pomponius Atticus*, dem er diese Schrift widmete, drei Jahre älter, während sein Sprachrohr Cato sich selbst als über achtzig bezeichnet.

Der Verfasser des vorliegenden Essays wäre daher reif für den Ruhestand, während die Ansichten Catos als eines ungewöhnlich rüstigen alten Herrn in etwa dasselbe psychologische Interesse wecken würden, das man heute den Äußerungen eines hochbetagten Politikers entgegenbringt.

Man vergleiche all das jedoch mit der erstaunlichen Weitsicht und Reife der Texte eines Boëthius* aus den ersten zwei Jahrzehnten des sechsten Jahrhunderts oder mit Shakespeares und Montaignes Einstellung zum Alter tausend Jahre später. Montaigne macht uns dezent klar, dass die geistige Entwicklung des Menschen ihren Höhepunkt erreicht, bevor er dreißig ist, während das Wissen und die Kultiviertheit unserer Prinzen und Prinzessinnen aus dem Hause Tudor nicht nur uns selbst, sondern auch diese alten römischen Denker beschämt!

Wenn Sie mich – als modernen Autor, der bereits vier Jahre älter ist als Ciceros Atticus – allerdings drängen würden, den gravierendsten Unterschied zu benennen zwischen der Richtung, die ich einzuschlagen mich bemüßigt fühle, und derjenigen, die Cicero durch den Mund des betagten Cato vorgibt, würde ich ohne Zögern sagen, dass er in meiner Einstellung zur Natur zu finden ist.

Als alternder Engländer – genauer gesagt, als Engländer überhaupt, ob alt oder jung – stimme ich diesen alten Römern vorbehaltlos zu, wenn sie von den Freuden des Landlebens sprechen. Aber wie anders sind die Freuden, die sie preisen! Es stimmt, dass wir uns einer leichten Verschiebung der Akzente bewusst sind, die in einigen Passagen von Vergils *Bucolica** vage angedeutet sind, aber angesichts des Tons, den Cato der Ältere in *De senectute* anschlägt, bin ich dankbar, dass ich nicht nur so lange nach Cicero lebe, sondern auch in einer Zeit, in der wir es der Wissenschaft noch verwehren können, Wordsworth* so antiquiert erscheinen zu lassen wie Vergil.

Tatsächlich erfahren wir von Ciceros Cato, dass der Dichter Ennius* mit siebzig Jahren »die zwei Bürden, die gewöhnlich als die drückendsten gelten, Armut und Alter, in einer Weise« ertrug, »dass er fast Gefallen daran zu finden schien«. Aber mit dem Kern seiner Aussage in *De senectute* geht er nicht so weit, was vielleicht daran liegt, dass dem Dichter eine archaische Sinnlichkeit des Empfindens zugestanden wird, die man einem Staatsmann und Prosaschriftsteller abspricht.

Jedenfalls sind die vier von ihm genannten Gründe, »aus denen man das Alter für ein Unglück hält«, so praktisch und definitiv, dass aus dem Ton, mit dem er dagegen kontert, weder Freude noch Begeisterung – *dilectatio* – spricht, sondern nur ein pragmatisches Machen-wir-das-Beste-daraus!

Die vier Gründe, die Ciceros Cato Maior als seiner Kritik würdig empfindet, sind: »Erstens, weil es uns in zunehmendem Maße verwehre, Großes zu leisten; zweitens, weil es den Körper entkräfte; drittens, weil es uns fast jede Sinnenfreude nehme; und viertens, weil es dem Tod nahe sei.«

Nun gebe ich zwar zu, dass Ciceros alter Held seine Argumente kraftvoll und überzeugend vorbringt, er lässt jedoch in meinen Augen gerade das Entscheidende außer Acht; und darauf möchte ich zunächst zu sprechen kommen, bevor ich fortfahre.

Ich nehme an, dass fast jeder, der auf die Siebzig zusteuert, erstaunt feststellt, wie wenig er sich kurioserweise im Kopf geändert hat! Zugleich würde wahrscheinlich, so vermute ich, unter fast allen älteren Leuten aber Einigkeit darüber herrschen, wie sehr sie insgeheim darüber staunen, dass sie am Ende zu dem geworden sind, was sie an anderen so lange beobachtet haben, so lange bekämpft, kritisiert, bejammert, bewundert, geachtet, verehrt und verabscheut haben!

Meiner Ansicht nach neigen ältere Menschen dazu, zu vergessen, welche abenteuerlich falschen Vorstellungen sie selbst in jungen Jahren vom Alter hatten. Ein Irrtum, dem wir vermutlich alle aufsitzen, ist die Annahme, mit dem lebendigen Wesen im Innern dieser ergrauten, ächzenden und stöhnenden, kreuzlahmen, grummelnden, halb blinden Erscheinung müsse sich eine Veränderung vollziehen, die es ihrer äußeren Hülle ähnlich werden ließe. Nichts könnte weiter von der Wahrheit entfernt sein. Auch wenn die Lebensgeschichte des Intellekts wesentlich von der physischen Lebensgeschichte beeinflusst wird, verlaufen beider Linien doch keineswegs parallel, und die beliebte Floskel vom »alten Herzen«, das in einer »jungen Brust« schlägt, oder vom »jungen Geist in einem gealterten Körper« ist geradezu zum Klischee geworden.

Ich würde sogar so weit gehen zu behaupten, dass man dem Begriff der »zweiten Kindheit« mit seinem ziemlich traurigen Anklang eine etwas lebendigere Bedeutung geben könnte; sodass sich in positivem, nicht in negativem Sinn von einer »zweiten Jugend« sprechen ließe. Tatsächlich gibt es viele ältere Leute, die in jungen Jahren von ihren Zeitgenossen als »altmodisch« erachtet wurden und sich auch selbst »alt vorkamen«, sich aufgrund ihrer Selbsteinschätzung einsam und isoliert fühlten und die, wenn sie dann wirklich alt werden, durch eine glückliche Reintegration ihrer Persönlichkeit ein beträchtliches Maß jener besonderen Empfindsamkeit der Jugend wiedergewinnen, einer Empfindsamkeit, die ihrer »Psyche« irgendeiner subtilen Störung wegen fehlte, als sie noch jung waren.

Überdies wird die unüberlegte Vorstellung der Jugend, das Denken eines alten Menschen entspreche seinem Äußeren, durch den unterschiedlich schnellen oder langsamen Verlauf unserer geistigen Entwicklung widerlegt.

Ich persönlich bin ein Beispiel für ausgesprochen langsames geistiges Wachstum. Wenn ich mich selbst als jungen Menschen im Vergleich zu den meisten meiner jüngeren Freunde betrachte, staune ich nicht nur über ihre geistige Gewandtheit und ihren nüchternen Verstand, sondern auch über ihre konkreten Einsichten. Das mag zum Teil daran liegen, dass sich die ökonomischen und gesellschaftlichen Bedingungen sowie die Beziehung zwischen Kindern und Eltern verändert haben, aber meiner Überzeugung nach spielt auch die persönliche Veranlagung eine Rolle.

Auch halte ich den Impuls, der mich zu der vehementen Behauptung treibt, dass eine zu langsame Entwicklung besser sei als eine allzu rasante, nicht bloß für das eitle Geschwätz eines alten Mannes.

Ich bin sogar versucht zu sagen, es ist zu erwarten – »es steht in den Sternen«, um noch weiter zu gehen –, dass besonders einfache Gemüter über einen tiefsitzenden und sicheren Instinkt verfügen, der sie gegen jede Verlockung und Versuchung feit, sich – wie eine Feldblume im Treibhaus – von einem forcierten Entwicklungsprozess mitreißen zu lassen.

Der Instinkt, von dem ich spreche, setzt eine unerschütterliche Liebe zum Drama des Lebens voraus, gleichgültig ob wir selbst uns auf der lärmenden Bühne zu Narren machen oder nicht.

Hilfreich ist es auch – das weiß ich aus dem besten aller erdenklichen Gründe –, wenn wir in einem Teil unseres Innern als ein unschätzbares Element, das uns zu einem langsamen Tempo nötigt, etwas von der Schlichtheit eines kindlichen Gemüts bewahren.

Kostbar – oh ja!, dreifach kostbar – ist dieser Anflug von Naivität in unserem Wesen, der etwas handfest Organisches – darf ich es gar etwas Hölzernes nennen? – bezeichnet, etwas, das die vage Sturheit des einfach nur Kindischen verdichtet.

Ich habe so eine Ahnung, dass die heutige Jugend – die Sprösslinge, wenn man so will, *unserer* Kinder – unverkennbare Anzeichen dieser Weisheit an den Tag legt, der Weisheit, sich gegen ein allzu schnelles Erwachsenwerden zu wehren!

Was die charakterlichen Eigenschaften des Einzelnen betrifft, neige ich zu der Annahme, dass die widersprüchliche Kombination einer unbekümmerten Bescheidenheit mit sturem Egoismus die besten psychischen Voraussetzungen für diesen wünschenswerten Verzögerungsprozess schafft, besonders wenn damit eine lebhafte Empfänglichkeit für die schlichteren Freuden einhergeht. Allerdings habe ich zugegebenermaßen den Eindruck, als weise diese jüngste Generation – Menschen beiderlei Geschlechts, jung genug, um die Enkelkinder eines Siebzigjährigen zu sein – abgesehen von allen natürlichen individuellen Charakterprägungen eine deutliche Tendenz zu einer bewussten Verzögerung der intellektuellen Entwicklung auf, für die ich ausdrücklich plädiere.

Die jüngste der drei jetzigen Generationen hat damit, wie mir scheint, instinktiv auf die spitzfindige, geistreiche, kühle und ernüchterte Kultiviertheit der mittleren reagiert, die ihrerseits eine Reaktion auf den ausgelassenen Übermut und den leidenschaftlichen Idealismus der meinen war!

Aber der Punkt, auf den ich hinauswill, ist der: Die Kunst, aus der Unausweichlichkeit des Älterwerdens das Beste zu machen und Glück daraus zu schöpfen, wird uns nicht nur durch das schwer gemacht, worauf Cicero anspielt, nämlich die Launenhaftigkeit der Natur, wenn sie alte Herzen in junge Körper und junge Herzen in alte Körper pflanzt, sondern vom Zeitgeist selbst, der einer Generation als Geistesverfassung das mit Eifer kultivierte, desillusionierte Erwachsensein vorgibt und der nächsten einen bewussten Rückfall in so etwas wie kindliche Naivität vorschreibt.

Wir alle, nehme ich an, stimmen darin überein, dass wahre Bildung niemals abgeschlossen ist, und kaum einer wird leugnen, dass Bildung zumindest auch dazu da ist, unsere Freude am Leben zu steigern, zu vertiefen und zu bereichern.

Manch einer wird vielleicht einwenden, die *Vorbereitung auf ein anderes Leben* sei ein wichtigerer Aspekt; und dann gibt es noch eine dritte Fraktion, die meint, das Wohl, die Sicherheit und der Wohlstand der Gesellschaft, in der wir leben, sei ein höherer Wert als jede Form des aufgeklärten Egoismus.

Aber so überholt und verstaubt solche individuellen Vorstellungen von der Erziehung auch sein mögen, kommen wir doch nicht umhin zuzugeben, dass es in der ganzen weiten Welt keinen einzigen Menschen – Mann, Frau oder Kind – gibt, der sich nicht ständig autodidaktisch in der vielschichtigen und hohen Kunst, das Leben zu genießen, weiterbilden würde.

Was ich hier allmählich immer enger einkreise, ist die These, dass die so genannten Fortschritte, die *Weiterentwicklung* des Geschmacks, der Meinungen, Wahrnehmungen und Vorstellungen, keineswegs das ganze Terrain der Bildung und Erziehung ausmachen. Vielmehr ist auch eine *Rückentwicklung* wünschenswert, und selbst das ist nicht genug; daneben bleibt ein Ideal, so unerreichbar es auch sein mag, der gottähnliche Zustand des vollkommenen Stillstands.

Die Vorstellung von der »zweiten Kindheit« als einer traurigen Begleiterscheinung des hohen Alters basiert zweifellos auf einer bedauerlichen Wahrheit. Aber kann man dem nicht entgegenhalten, dass es noch eine andere, weniger beklagenswerte zweite Kindheit oder, wenn Ihnen das lieber ist, »infantile Prägung« gibt, die Paulus vergessen hat, als er dafür plädierte, »alles Kindische abzulegen«*?

Indem sie betonten, wie wichtig es sei, im Einklang mit der Natur zu leben, leisteten die Stoiker einen klugen Beitrag* zum Gedanken der niemals endenden Erziehung; und mir scheint, dass wir einiges über die rechte Weise lernen können, unsere alten Tage zu leben, wenn wir über die Gewohnheiten eines alten Hundes, eines alten Pferdes, einer alten Katze oder auch eines *alten Baumes* nachdenken. Eines müssen wir in diesem Zusammenhang sicher als gültige Wahrheit akzeptieren: die Notwendigkeit, uns zurückzuziehen, uns einzuigeln, uns zu beschränken.

Dem überbordenden Strom der Jugend in ihrer Blütezeit kommt das Vorrecht zu, sich sozusagen über das ganze Land zu ergießen. Aber wer hat nicht schon einmal erlebt, wie lästig und unangenehm ein alter Mensch werden kann, wenn er sich völlig unpassend in jugendlichem Überschwang ergeht.

Bei einem jungen Menschen ist Überheblichkeit verzeihlich und zuweilen sogar reizvoll; sie ist fast immer ein nützliches Gegengewicht zu den Demütigungen, die das Leben unweigerlich mit sich bringt; aber ein überheblicher *Alter* ist ein erschütternder Anblick. Nicht nur die intellektuelle Bescheidenheit, sondern auch – wie ich es nennen möchte, weil es eine schwer fassbare Eigenschaft ist – die »spirituelle« Bescheidenheit ist ein wertvolles Instrument der Wahrnehmung und Unterscheidung.

Ein junger Mensch wird vom Leben selbst gezwungen, ein Selbstbewusstsein an den Tag zu legen, das über das Maß einer vernünftigen Selbsteinschätzung hinausgeht; denn der kritische Verstand entwickelt sich durch Übung, und wer nicht beherzt ins Wasser springt, wird niemals schwimmen lernen!

Aber wenn wir mit sechzig noch nicht gelernt haben, dass das Leben aus einer Anhäufung von Paradoxen und Widersprüchen besteht, dass in jeder unserer Handlungen Gut und Böse kunstvoll miteinander verwoben sind und dass die Göttin der Wahrheit eine überaus kompromissbereite Dame ist, hat uns das Älterwerden nicht viel gebracht.

Was meiner Ansicht nach am schwersten zu begreifen ist, obwohl es das so genannte reife Alter am deutlichsten kennzeichnet, ist das Wissen, dass wir zwar, wenn wir irgendetwas bewegen wollen, zum kühnen, vorbehaltlosen Handeln fähig sein müssen, jedoch unweigerlich neues Unheil heraufbeschwören, sofern wir nicht in einem inneren Winkel unserer Seele kritische Distanz wahren und beide Horizonte im Auge behalten, während wir uns den Gezeiten überlassen!

So wäre denn, könnte man mit Fug und Recht behaupten, der vernünftigste Rat, den ein altgedienter Skipper des Lebens einem Neuling auf hoher See mit auf den Weg geben könnte, der, was getan werden *muss*, irgendwie hinter sich zu bringen; es schlecht und recht zu tun, wenn es sein muss, in jedem Fall aber es zu tun; und dann auf zu neuen Horizonten!

Und dieses Motto gilt, wie mir dünkt, nicht nur für die gefährlichen, nach außen gerichteten Taten, sondern auch für die Gestaltung unseres Innenlebens. Wir müssen uns der alten, gewohnten Instrumente bedienen und können getrost darauf verzichten, alles neu und perfekt machen zu wollen.

Wir müssen uns, kurz gesagt, im Älterwerden damit abfinden, dass unser Leben in tiefen Spurrinnen verläuft. Denn was sonst ist eigentlich, wenn man es sich recht überlegt, ein abgeklärter *Amor Fati**, das Einstellen unseres Organismus auf den Prozess des Erwachsenwerdens und Reifens und schließlich auf den herbstlichen Niedergang nach dem mächtigen Gesetz des Notwendigen und Unausweichlichen, als ein Ja zum Lauf der Natur? Die Himmelskörper folgen ihren vorgeschriebenen Umlaufbahnen; warum sollten wir den Wunsch haben, umherirrende Meteoriten zu sein?

Da jedoch die sorglose Gehässigkeit der Jugend immer noch entscheidenden Einfluss auf die vernichtende Bedeutung von Worten hat, empfinden die meisten von uns das Sichhineinschicken in die Bodenrinnen der Routine so, als würden wir damit zum Fossil versteinern.

Mit dem Wort *Ackerfurche* verbinden wir dagegen stets eine positive Bedeutung. Aber was ist eine solche Furche anderes als die Bodenrinne, in der die Ernte unseres Lebens ihr frühlingshaftes Wachstum beginnt?

Im letzten Krieg, als sich der Jugend manchmal mit Macht der Verdacht aufdrängte, dass sie den niedrigeren Wertvorstellungen des Alters geopfert werden sollte, machte sich hier und da – ausgedrückt in diesem albernen »Beaver-Spiel«, das, wenn meine Leser alt genug sind, sich zu erinnern, die Stammeswürde des Patriarchenbartes symbolisierte – das unbehagliche Gefühl breit, als würde das Leben mit kleinen Käsehäppchen in die Falle der alten ausgefahrenen Geleise gelockt.

In den heutigen Kriegszeiten dagegen, in denen Gefahren und Leiden gleichmäßiger verteilt sind und in denen das, was wir älteren Leute als die tollkühne Todesverachtung der Jugend betrachten, zur spartanischen Tugend erhoben wird, bezahlen jugendliche Bomberpiloten – auf unserer wie auf der Seite unserer Gegner – als furchtbare Erinnyen* der strafenden Gerechtigkeit die Blutschuld einer Generation zurück.

Vermutlich würde Cicero, dessen demokratische Redekunst im Kern und in allen Belangen von einem weitsichtigen, kultivierten gesunden Menschenverstand geprägt ist, mir darin beipflichten, dass für eine Neubewertung der Vorteile und Nachteile des Alters keine Zeit geeigneter ist als unsere gegenwärtige Epoche, in der das große Pendel mit so unglaublicher Wucht auf die Seite der Jugend zurückgeschwungen ist!

Vom alternden Goethe, dessen unbeirrbare Unvoreingenommenheit seinen eigenen Zeitgenossen unbegreiflich war, stammt die Bemerkung, eine große Persönlichkeit sei durch ihre Schwäche mit ihrer Zeit verbunden.

Wenn wir aber den sakrosankten Vorrang dieser »großen Persönlichkeiten« einmal beiseite lassen, könnten wir dann nicht sagen, dass *jeder* von uns durch seine Schwäche mit seiner Zeit verbunden ist und dass wir unsere Kraft oder vielmehr die Kraft, deren unstete, wankelmütige Mittler wir sind, aus jenen tiefen Gefilden unserer Seele beziehen, deren Werturteile und Lebensziele das Gesamtprodukt nicht *unserer* speziellen Zeit oder *irgendeiner* bestimmten Epoche, sondern der besten Gedanken, Gefühle und Taten aller vergangenen und gegenwärtigen Zeiten sind?

Hierhin und dorthin, über den ganzen weiten Erdball wird diese unglückselige »Schwäche«, von der Goethe spricht, diese schwammige, fiedrige, widerborstige Schwäche, die uns mit der Eitelkeit unserer Zeit verbindet, durch die Schwingungen des Äthers getragen. Die dunklen Abgründe der Vergangenheit sind angefüllt mit ihren fliegenden Federn; ebenso die interlunaren Räume der Zukunft.

Wo also liegt der Ausweg? Wo ist die Wahrheit? Wo die Wirklichkeit? Wo finden wir Ruhe und Sicherheit? Nur an einem einzigen Ort: im unantastbaren Jetzt, das weder unsere Zeit noch die Zeit unserer Väter oder unserer Kinder ist, sondern der immer wiederkehrende *Moment*, in dem sich alle vergangenen, zukünftigen und gegenwärtigen Epochen herausbilden und verändern, in dem sie sich kreuzen und vermischen, auseinander fließen und sich auflösen; bis sie mit der Zeit selbst, ihrer Schöpferin und Bewahrerin, ihrer Zerstörerin und Wiederherstellerin, in die einsame Seele jedes Einzelnen hinabsinken und zu jener Untergattung der Ewigkeit werden, die vielleicht die einzige uns je bekannte Ewigkeit ist.

Wer sich des Alters erfreut, erfährt in einigen wenigen Menschenjahren unermessliche Zeitspannen übermenschlichen und außermenschlichen Bewusstseins, in dem Äonen vegetativen Lebens auf Äonen unvorstellbaren gottähnlichen Lebens folgen. Wenn der alte Ackergaul sein heiser-raues Schnauben in den Sonnenuntergang, die alte Aaskrähe ihr heiser-raues Krächzen in den jungen Morgen schickt, so stehen hinter ihnen viele Millionen Jahre kosmogonischer Zufriedenheit.

In seiner Freude an der reinen Empfindung umfängt das Alter gewaltige Epochen des Unbelebten; aber es beinhaltet auch die geheimnisvolle *energeia a-kinesis** der Unsterblichen.

Und darin kommt es dem »Infantilismus« kleiner Kinder erstaunlich nah, der im Neuen Testament als »das Himmelreich« bezeichnet wird.

Aber genauso, wie wir durch unsere »Schwäche« an die Zeit gefesselt sind, in die wir zufällig hineingeboren werden, während unsere Stärke darin besteht, dass wir an den vielzähligen Brüsten der geschichtlichen Epochen saugen, die unserem Wesen entgegenkommen, steht es in unserer Macht, uns von einer zur anderen zu bewegen, uns die unserem Wesen entsprechenden früheren Zeitalter einfühlend anzuzeigen, während wir uns an der Nabelschnur des Lebens, auf der die Perlen der Zeit aufgezogen sind, rückwärts und vorwärts hangeln.

So haftet uns in den Momenten, in denen wir ganz wir selbst sind, als jungen Menschen etwas »Altmodisches« und als alten Menschen etwas »Kindliches« an. Mit diesem modernen *De senectute*, an das ich mich in aller Vorsicht herangewagt habe, versuche ich zu verdeutlichen, welchen Wert dieser sonderbare statische Zustand, aus dem wir das Beste machen müssen, wenn unser Leben dem Ende entgegengeht, für meinen eigenen wankelmütigen und wetterwendischen Verstand hat; dass es uns, mit anderen Worten, nutzt, den Umständen nachzugeben und uns in eine »Spurrinne« zu schicken, in der wir nicht nur die besagten paradiesischen Erfahrungen der Kindheit nachempfinden können, sondern auch, zumindest in der Fantasie, die geheimnisvollen Gefühle, die uns überkommen, wenn sich der Tod ankündigt.

Der statische Zustand, von dem ich spreche, hat nicht nur als Ausgleich für die Nachteile des Alters einen solchen Wert für uns, sondern – wenn ich mich hier eines unvermeidbaren Widerspruchs bedienen darf – als eine Gelegenheit, uns in der passiven Betätigung zu üben, durch die sich unser Organismus mit dem Unbelebten verbindet.

In der Tat sind wir damit zum Grundgedanken unserer Diskussion gelangt. Ob wir im Alter glücklich oder unglücklich sind, hängt im Wesentlichen von unserer Fähigkeit ab, uns dem Unbelebten anzupassen.

Je älter wir werden, *umso einsamer werden wir*; und das bedeutet einen Gewinn an Glück für diejenigen, denen die Einsamkeit gefällt, und einen entsprechenden

Glücksverlust für diejenigen, die sie fürchten. Alte Menschen – selbst ein so kraftstrotzender Alter wie Homers Nestor* – werden deshalb oft so geschwätzig, weil sie innerlich gegen die verhasste Einsamkeit aufbegehren, die sie von allen Seiten auf sich eindringen spüren. Ihr Redeschwall ist wie das Pfeifen eines Kindes, das auf dem Heimweg von der Schule vom Einbruch der Dunkelheit überrascht wird. Nichts auf der Welt ist einsamer als das Unbelebte; und es besteht eine unsagbare Wechselwirkung zwischen einem alten Menschen, der sich des Sonnenscheins erfreut, und einem Granitblock, der sich des Sonnenscheins erfreut.

Das Glück unserer alten Tage hängt demnach weitgehend davon ab, wie stark wir die Freude am Unbelebten bereits kultiviert haben, bevor wir in den letzten Lebensabschnitt eintreten.

Für manche Menschen sind in ihrer Lebensmitte die Zeiten zwischen einer anspruchsvollen und schwierigen Arbeit und einem aufregenden Zeitvertreib Momente äußerster Langeweile; für andere sind sie der höchste Sinn und Zweck ihres Daseins. Und da sich diese Momente ständig ausdehnen, je tiefer der Stern unseres Lebens sinkt – oder je näher er der Vollendung seiner Bahn kommt –, haben die einen im Alter immer mehr und mehr Freude, die anderen immer weniger!

Die Psychologie des Alters beinhaltet aber noch einen anderen Aspekt, den wir tunlichst nicht außer Acht lassen sollten. Ich spreche von dem lästigen psychischen Phänomen, das wir unser *Gewissen* nennen.

Sind wir oder sind wir nicht – das ist hier die Frage –

im Alter eher geneigt, auf unser Gewissen zu hören, als in mittleren Jahren?

Ich setze natürlich als gegeben voraus, dass jeder Mensch über ein Gewissen verfügt, und ich setze überdies voraus, dass dieses Gewissen schicksalhaft mit dem Lebendigsein an sich verstrickt ist. Tatsächlich ist es eben dieses Gewissen der Jugend, an das die Alten ständig und aufs Langatmigste appellieren, während umgekehrt die Jugend den Alten gerade deren ausgeprägte Gewissenlosigkeit gern zum Vorwurf macht.

Ganz sicher wäre es für die Jungen wie für die Alten einfacher, wenn es einem raffinierten wissenschaftlichen Luzifer gelingen würde, die Giftwurzel dieser göttlich-teuflischen Ackerwinde namens Gewissen, die das ganze Kornfeld der Evolution überwuchert hat und mit ihren Blütenranken die schönste Ährenpracht erstickt*, ein für alle Mal auszumerzen.

Aber wenn auch die Wissenschaft einiges zur Entmenschlichung der menschlichen Maschine beigetragen hat, verzögert sich dieser Prozess doch erheblich dadurch, dass sich die zu Vivisezierenden frevelhafter- und respektloserweise so heftig gegen ihre Vivisektion sträuben, dass die Morgendämmerung des lang ersehnten Zeitalters eines Homo-sapiens-*sans-conscience* nicht nur in weiter Ferne liegt, sondern allmählich ganz und gar in Frage zu stehen scheint.

Angenommen, jeder normale Mensch hat ein Gewissen – ob es nun der reinen Vernunft zum Trotz aus einer anderen Dimension zu uns vordringt oder ein *Tabu* ist, das wir von unseren prähistorischen Vorfahren geerbt haben –, so bin ich doch der Meinung, dass es unseren Seelenfrieden am nachhaltigsten in der Jugend stört, dass seine Kraft in den mittleren Jahren schwindet und im Alter ganz verkümmert; und das, obwohl unsere Neigung, anderen den moralischen Zeigefinger vorzuhalten, ständig zunimmt.

Ich glaube mich auch nicht zu einem übertriebenen Widerspruch zu versteigen, wenn ich behaupte, dass die Liebe des Alters zum Moralisieren per se gegen den übernatürlichen Ursprung des menschlichen Gewissens spricht. Wie dem auch sei, »so alt, wie ich bin«, um mit Dryden zu sprechen*, und »der Liebe der Damen nicht mehr würdig«, verlege ich mich in diesem einen Punkt doch aufs subversive Moralisieren, indem ich mich in bescheidener Anlehnung an Sokrates bemühe, der von ihrem Gewissen geplagten Jugend die fundamentale Unmoral des Alters einzuimpfen!

Auch wenn Kant vielleicht Recht hat mit der Behauptung – und ich für mein Teil neige manchmal zu der gleichen Ansicht –, dieser Quälgeist, dieser Pfeil in unserer Seite, komme von außerhalb des astronomischen Universums, hängen doch so viele Probleme, mit denen wir uns herumschlagen, mit der altvertrauten Antithese *Egoismus versus Selbstlosigkeit* zusammen, dass es auf den ersten Blick so aussieht, als wäre diese »innere Stimme« lediglich die kollektive Stimme der Gesellschaft, die Stimme der anderen – jedermanns Stimme, nur nicht unsere eigene –, die uns bestürmt, uns so zu verhalten, *wie es diesen anderen passt*, nicht aber so, wie es uns selbst passt.

Es gibt jedoch eine Reihe von Geboten, die, von diesem *Daimonion* in unserem Herzen* kommend, vor allem uns selbst betreffen und nur sehr vage und indirekt die anderen. Und diese Befehle vom Quarterdeck* scheinen, obwohl sie keinerlei Bezug zu den anderen Besatzungsmitgliedern haben, von derselben Stimme zu stammen, der wir keine Antwort entgegenhalten können.

Ich denke aber, die meisten Menschen werden mir zustimmen, wenn ich behaupte, dass die Hiebe und Stiche und Knüffe, die uns von dieser Seite treffen, fast immer im Zusammenhang mit unserem aktiven Tun stehen.

Nun gleichen sich aber frühe Kindheit und Alter insofern, als beiden eine gewisse nichtmoralische, unbewusste Passivität zu Eigen ist; beide stehen *außerhalb des Gesetzes*. Sie sind weniger unmoralisch als amoralisch. Ich möchte hier aber gerade darauf hinweisen, dass diese Amoralität ein überaus wünschenswerter Zustand der Vollendung ist, weil sie sich durch eine Leuchtkraft, eine balsamische Wirkung, ein magisches Gleichgewicht auszeichnet, die man nirgendwo sonst im Leben findet.

Wie in allen anderen Dingen gibt es natürlich auch in diesem Punkt Ausnahmen von der Regel. Ebenso, wie es nervöse, unruhige Kinder gibt, gibt es ruhelose Alte, über denen die, wie man es nennen könnte, Langeweile der mittleren Jahre zusammenschlägt, sobald sie sich nicht aktiv mit etwas beschäftigen. Ich weiß nur zu gut, wovon ich rede, denn ich selbst gehöre zu den bedauernswerten Ausnahmen, und ich vermute, dass dieses Schicksal fast immer das männliche Geschlecht trifft; ich für mein Teil kann nur sagen, dass ich mich bis zum letzten Atemzug nach Kräften bemühen werde, die göttliche Kunst der passiven Kontemplation zu erlernen.

Ich erinnere mich noch, wie ich meinen Großvater mütterlicherseits einmal in seinem Haus in Norwich überraschte, als er, ganz versunken in den Anblick des abendlichen Licht- und Schattenspiels, auf einem Sofa lag, das ohne weiteres das vom Dichter Cowper so schwärmerisch beschriebene Stück* hätte sein können. Beim Eintritt seines stets umtriebigen, von Gewissensbissen geplagten, neunmalklugen Enkelsohns riss sich der arme alte Herr jedoch zusammen, schüttelte sein amoralisches und hoffentlich unsterbliches Glücksgefühl ab, murmelte verlegen: »Du darfst nicht vergessen, John, dass man in meinem Alter *zu nichts anderem mehr nütze ist*«, und bedachte mich dann in einer Distanziertheit, die mir wie der Gipfel der gotteslästerlichen Scheinheiligkeit vorkam, mit einem bemitleidenswert kindischen Blick, einem Blick, der zu sagen schien: »Nun lässt mich der große Antreiber endlich in Frieden.«

In diesem Augenblick war ich versucht, ihn zu fragen, ob ich ihm nicht, passend zu seiner friedfertigen Stimmung, ein Andachtsbuch aus seinem Bücherschrank holen solle; zum Glück konnte ich mich beherrschen und ließ ihn in Ruhe.

Tatsächlich ist es diese kompromisslos weltliche Haltung – die souveräne Abkehr vom »allgemeinen Wettrennen«, die Versunkenheit mitten im öffentlichen Lesesaal der Welt, das Kosten aus dem Suppenkessel, nicht das Rühren darin, das behäbige Wiederkäuen des kosmischen Grünfutters, während der Stier im Porzellanladen wütet, das Umgehen des Jagdgebiets, wenn die Hundemeute bellend hinter dem Wild herjagt –, in der sich die Amoralität des Alters mit der Amoralität der frühen Kindheit vereinigt.

Ich behaupte jedoch, dass unsere Fähigkeit, mit den stofflichen Elementen zu verschmelzen und sich ihrer zu erfreuen, anstatt sie zu bemängeln, sie verändern zu wollen, sie zu lieben oder zu hassen, wie alle anderen sich wiederholenden Aspekte unserer Seinsdimension nicht auf das Alter beschränkt ist. Einige unserer Mitmenschen – wie Rabelais, Wordsworth und Walt Whitman* – haben das göttliche Kunststück zuwege gebracht, sich in immer größeren Wellenkreisen der Integration mit den sie umgebenden Elementen zu verbinden, und sie haben insofern die Weisheit des Alters verkörpert.

Alte Leute sind selten so schwer zufriedenzustellen wie die Jugend, und in dem Maße, in dem unsere sinnliche Wahrnehmung nachlässt, schrumpft auch deren Absolutheitsanspruch.

Dennoch erleben wir immer wieder, dass einem alten Menschen die beharrliche Weigerung, seine gewohnten Geleise zu verlassen, als blanker, unverschleierter Egoismus vorgehalten wird. Und genau hier tritt ein interessanter Punkt zutage: die Schwierigkeit nämlich, auf die ein Mensch stößt, wenn er eine Sache propagiert, mit der eigentlich jeder, wenn auch manchmal mit einem leisen Anflug von Zweifeln, gern glücklich und zufrieden sein würde.

In diesem Punkt stoßen wir, wie ich schon angedeutet habe, tatsächlich auf ein ziemlich heikles Problem. Sofern, wie wir füglich vorauszusetzen haben, Egoismus und Selbstlosigkeit gleichermaßen notwendige Bestandteile des menschlichen Lebens sind, ist es dann nicht einigermaßen seltsam, dass wir uns als *gesamte Spezies* dem Ziel verschreiben, unsere Verhaltensempfehlungen ausschließlich auf eine Seite der Medaille zu richten?

Als Einzelner, selbst als pflichtbewusster und moralischer Einzelner, strebt jeder von uns, sofern wir am Wahrheitsanspruch unseres anfänglichen Grundsatzes festhalten, nach dem, was mindestens so wichtig ist wie das andere, nämlich nach der Selbstverwirklichung. Aber seit jeher huldigen wir in der öffentlichen wie in der privaten Meinung eher der Seite des menschlichen Verhaltens, die wir als »Selbstlosigkeit« bezeichnen. Historisch gesehen gibt es allerdings einige schwerwiegende Ausnahmen von dieser Regel. Da ist einmal die Kategorie der sieghaften Draufgänger, die wir in kurioser Widersprüchlichkeit als »große Persönlichkeiten« bezeichnet haben, und ich glaube, es herrscht allgemeine Übereinstimmung darin, dass Selbstlosigkeit nicht zu den herausragenden Merkmalen dieses Menschentyps gehört. Aber daneben gibt es eine noch viel schwerwiegendere Ausnahme.

Die scharfsinnigsten Theologen der katholischen Kirche haben übereinstimmend behauptet, dass der Lohn dessen, was fachsprachlich als *Kontemplation* bezeichnet wird, so viel wiegt wie alle Tugenden zusammen, die wir im tätigen Leben erwerben können, wenn nicht gar mehr. Wenn das kein Plädoyer von unerwarteter Seite für meine Philosophie der Sinnlichkeit ist!

Denn was sonst ist die Freude an den Elementen, diese planetarische Sinnlichkeit, die für die frühe Kindheit und das Alter so charakteristisch ist, als eine weltliche Bezeichnung für das, was die Theologen Kontemplation nennen? Wir müssen demnach gezwungenermaßen zugeben, dass die Menschheit als Ganzes übereingekommen ist, die ausgeprägte Neigung des Einzelnen zum aufgeklärten Egoismus zu akzeptieren, solange diese hochwillkommene persönliche Befriedigung, so sinnlich sie auch sein mag, auf dem Umweg eines komplizierten *Animismus* mit dem Namen »Gott« belegt werden kann.

Und da es uns angesichts einer so althergebrachten religiösen Überzeugung möglich ist, den Urinstinkt unserer Freude an den irdischen Elementen als Freude an Gott zu interpretieren, ergibt sich die Ironie, dass ausgerechnet die von ihrem Wesen her egoistischste aller harmlosen menschlichen Verhaltensweisen von der großen Menge toleriert oder gar gepriesen wird, weil man sie für »religiöse Gefühle« hält.

In Wirklichkeit sind sie alles andere als religiös. Auf diesem Gebiet kenne ich mich aus, denn ich beschäftige mich seit fast einem halben Jahrhundert begeistert mit Wordsworths »Elementalismus«* und kann bezeugen, dass diese nicht von ungefähr der Zwiesprache mit Gott zugeschriebenen Gefühle mit ihm nicht unbedingt etwas zu tun haben müssen.

Dem »Pluralismus« von William James und Walt Whitman zufolge*, den man als die »amerikanische Philosophie« schlechthin bezeichnen könnte, haben sie etwas mit der nächsten Dimension unseres unergründlichen Multiversums zu tun, nicht aber mit Gott. Ich persönlich bin der Überzeugung, dass diese geheimnisvolle, vielleicht kosmogonische, gewiss aber nicht religiöse Freude, die wir empfinden, wenn wir allein mit den Elementen sind oder eine eintönige Arbeit verrichten und dabei unsere Gedanken schweifen und unsere Sinne sich erholen lassen können, ein so kostbares und wunderbar befriedigendes Vergnügen ist, dass die Theologen der grauen Vorzeit ihm, als sie es »Gott« nannten, nur die Ehre gegeben haben, die ihm gebührt. Gott war ihr Ein und Alles; und wenn sie sich in höchster Verzückung in der Natur verloren, war es für sie, als würden sie in Gottes Arme sinken.

Ich persönlich glaube, dass dieser Zustand der Verzückung so erstrebenswert ist wie sonst nichts in der Welt; und die Tatsache, dass dieser Zustand ganz besonders mit der frühen Kindheit und dem Alter in Verbindung zu bringen ist, spricht eindeutig zu seinen Gunsten. Ein weiterer Hinweis – auch wenn er von ganz anderer Seite als von Wordsworth oder Whitman kommt – sei denjenigen Kritikern zur geneigten Beachtung gegeben, die danach streben, das richtige Medium für das »offene Geheimnis« der frühen Kindheit und des Alters zu sein.

Ich spreche von der zutiefst menschlichen Tugend namens *Humor*. Ich denke, wir sind uns einig, dass weder das bezaubernde Lächeln kleiner Kinder noch die harmlosen Scherze alter Leute als humorig zu bezeichnen wären; und wir können sie auch nicht als Auslöser des Humors betrachten.

Dennoch meine ich, dass es für eine gründliche Analyse dieser geheimnisvollen Gabe, dieser Gabe, aufgrund derer wir zu Recht die Definition des *Homo sapiens* als des »einzigen Tiers, das lacht«* akzeptieren, unerlässlich ist, die beiden Lebensabschnitte unter einem Aspekt zu betrachten, der eine wesentliche Voraussetzung für den echten Humor ist – nämlich der Befreiung von den Lasten und Zwängen des Arbeitslebens.

Wo finden wir die humorlosesten Menschen weit und breit? Weder unter den alten Leuten noch unter den kleinen Kindern, auch wenn diese den Humor, wie ich bereits eingeräumt habe, nicht für sich gepachtet haben.

Wir werden uns sicher darauf einigen können, dass die humorloseste Person, die man überhaupt ausfindig machen könnte, ein Landadeliger in mittleren Jahren sein muss, dicht gefolgt von einem Bauern in mittleren Jahren. Den Gegenpol zu den ländlichen Gutsherren und Bauern bilden wohl die göttlichen Stifter des Buddhismus und des Christentums, die zu intensiv gelebt haben, um je die Distanz zu erlangen, auf deren Nährboden der Humor so trefflich gedeiht.

Einer meiner langjährigen Freunde und Vertrauten, ein Dichter, bringt aus eben diesem Grund dem Chri-

33

stusbild, wie es uns im Evangelium vermittelt wird, tiefstes Misstrauen, Abneigung und sogar Missbilligung entgegen; und die Missbilligung meines Freundes erstreckt sich, wenn ich mich nicht irre, auch auf den heiligen Franziskus und diverse andere Heilige.

Stellen wir uns andererseits die berüchtigten Dunkelmänner der Geschichte vor. Würde es uns nicht schwer fallen, uns einen von ihnen, mit Ausnahme des römischen Kaisers Caligula und des englischen Königs Richard III.* vielleicht, als einen humorvollen Menschen vorzustellen?

Und Goethes Mephisto mag zwar gelegentlich gentlemanlike einen vornehmen Scherz von sich geben oder auch bei einem schlüpfrigen Witz zu ertappen sein, aber er würde wohl als Komiker nicht einmal einen seiner Teufelskollegen zum *Lachen* bringen. Tatsächlich müssen wir zugeben, dass die Menschenwelt trotz aller grinsenden Teufelsfratzen an den Dachtraufen unserer Kirchen mehr Spaßvögel unter den Heiligen als unter den Teufeln aufzubieten hat!

Ist es nicht die ständige Beschäftigung mit der Frage, was andere Menschen von uns halten, die unseren Humor am nachhaltigsten dämpft? Ein wirklich weltlich orientierter Mensch kann niemals ein Komiker sein.

Nun ist diese intensive Beschäftigung mit der öffentlichen Meinung im Wesentlichen eine Eigenheit der mittleren Jahre, weshalb auch alle emsigen, praktisch veranlagten, tüchtigen Menschen mittleren Alters das muntere Treiben der städtischen Marktplätze verabscheuen und meiden!

Zweifellos gehört es zu den wichtigsten Rollen im Leben dieser Leute, als Zielscheibe des Spotts für die unverbesserlichen Komiker herhalten zu müssen! Die Jugend ist oft anrührend in ihrem leidenschaftlichen, ernsthaften Idealismus; aber nur einem zynischen Teufel würde es einfallen, sich über ihren liebenswürdigen Ernst lustig zu machen; und eine solche Bosheit könnte man kaum als Humor bezeichnen.

Was aber schließen wir daraus? Heißt das nicht, dass zumindest ein wesentlicher Grundzug des Humors in der Loslösung von der Geschäftigkeit des Alltagstrotts besteht?

Und wann sind wir so vollkommen frei davon wie in der frühen Kindheit und im Alter? Natürlich entzieht sich der Humor wie alle universellen menschlichen Lebensäußerungen – Liebe, Hass, Sehnsucht, Angst, Freude, Schmerz, Aufregung und Langeweile zum Beispiel – jeder eindimensionalen Definition.

Aber das Freisein von den Alltagsgeschäften, das Freisein von unseren unmittelbaren Arbeiten und Pflichten, scheint eine wesentliche Voraussetzung dafür zu sein – um auf Wordsworths Beschreibung dessen zurückzugreifen, was unser Verstand mit dem Zauber der Natur macht –, der Geheimnisse des Humors halb durch Entdeckung, halb durch Offenbarung teilhaftig zu werden.

Denken Sie an die komischsten Gestalten der Literatur – Figuren wie Don Quijote, Falstaff, Panurg, Onkel Toby und Micawber* –, und Sie werden mir sicher beipflichten, dass sie eines gemein haben: Ihr Dasein ist frei von den alltäglichen Kämpfen und Sorgen des Lebens.

Unter den Genannten ist Panurg, glaube ich, der Jüngste. Aber die Stimmungen, die für ihn charakteristisch sind, schwanken entschieden zwischen der destruktiven Boshaftigkeit eines ungezogenen Kindes und dem pedantischen, ängstlichen Starrsinn eines greisen Pantalone*.

All das hat noch einen anderen Aspekt. Die erwähnten Personen sind natürlich fiktive Gestalten. In jeder von ihnen ersteht und offenbart sich die komische Seite des Lebens. Was uns hier beschäftigt, ist weniger die Frage, auf welch unterschiedliche Weise ein älterer Mensch komisch wirken kann, sondern die, auf welch unterschiedliche Weise er *das Leben und andere Leute komisch finden* kann.

Wie ich schon angedeutet habe, bringt uns das antithetische Begriffspaar »halb Entdeckung, halb Offenbarung«, mit dem Wordsworth den Zauber der Natur beschreibt, in unseren Überlegungen zu der überaus schwierigen Frage des Humors ein gutes Stück weiter. Don Quijote und Sancho Pansa sind, als gegensätzliches Paar und für sich genommen, komische Gestalten; wer jedoch meint, damit hätte es mit der Komik des Romans sein Bewenden, hat weder sein eigenes Innenleben noch die Seele von Cervantes begriffen.

Es hat fast den Anschein, als seien Rabelais, Cervantes und Dickens eines Sinnes mit gewissen chinesischen Philosophen und meinten, das Geheimnis des Lebens würde sich aus einem bestimmten Aspekt *in der Natur der Dinge selbst* heraus enthüllen, den man kaum anders denn als komisch bezeichnen könne.

Nun kann das Nachlassen des heißblütigen Draufgängertums und des feuchtfröhlichen Überschwangs, das deutlich macht, dass wir, wie man so schön sagt, »allmählich in die Jahre kommen«, tatsächlich mit den komischsten Einfällen in der Literatur übereinstimmen und tut dies auch oft. Müssen wir daraus schließen, dass in der Ordnung der Dinge oder, wie ich es lieber ausdrücke, in unserer Dimension des Multiversums selbst eine gewisse Komik liegt, unabhängig von dem humorigen Menschen, der sie enthüllt, eine Komik, die schon da war, bevor er auf der Bildfläche erschien, und die noch existieren wird, wenn er längst von derselben verschwunden ist?

Müssen wir uns, mit anderen Worten, den Schöpfer des Don Quijote als einen ältlichen, kriegs- und lebensmüden, desillusionierten Veteranen vorstellen, der aus dem Schatz seiner reichen Erfahrung und aus seiner unvergleichlichen Beobachtungsgabe ein für allemal die erstaunliche Offenbarung hervorbringt, dass die eigentliche Realität des Lebens dessen Komik ist?

Ich gebe zu, dass ich an diesem Punkt – an dem, wie mir scheint, eher eine metaphysische als eine psychologische Frage zu beantworten ist – das Gefühl habe, als würde mir das Thema entgleiten und in das salzige Meer der Rätselhaftigkeit zurücktreiben, aus dem es gekommen ist.

Aber lassen wir den metaphysischen Aspekt der Frage beiseite, dessen bloße Erwähnung diesem ganz und gar humorlosen Geschöpf, dem Witze reißenden Mann von Welt, absurd erscheinen muss, und stellen wir klar, dass es eine enge Verbindung gibt zwischen dem eigentlichen Kern des wahren Humors und dem besonderen Privileg, das kleine Kinder und Alte vor den schmerzhaften Knüffen und grausameren Schlägen des täglichen Lebens schützt.

Meine spitzfindigen Freunde in mittleren Jahren werden sogleich einwenden, dass ich mit meinen Ausführungen dem faszinierenden und skurrilen Meisterwerk *Alice im Wunderland* alles andere als gerecht werde; einem Roman, der sich tatsächlich nicht so gut in meine dogmatische Definition einordnen lässt wie *Tristram Shandy* oder *Unser gemeinsamer Freund**.

Aber dieser berühmte fantastische Roman ist eine Treibhauspflanze, das durch und durch künstliche Produkt eines behüteten, akademisch-kultivierten Daseins fernab von den lebendigen Banalitäten der wirklichen Welt, und wenn man ihn mit der Geschichte des beispiellosen Helden in Gogols Roman *Tote Seelen** vergleicht, scheint er nur ganz vage diesen Urinstinkt in uns aufzurühren, der uns veranlasst, den monströsen Witz, am Leben zu sein, in gleicher Münze zurückzahlen zu wollen.

Und aus dem Staub und dem Schweiß, aus der Hässlichkeit und der Banalität des Alltäglichen destillieren Cervantes und Rabelais, Shakespeare, Gogol und Dickens das Blut, den Saft und die Kraft und die Würze für ihre geniale Offenbarung der Lachsalven, in denen sich die Erste Ursache* ergeht.

So bezaubernd und verführerisch die niedliche Verspieltheit in *Alice* auch sein mag, äußert sich darin doch nicht der Humor des »Tiers, das lachen kann«; und ich vermute fast, dass sich so manch ein glühender Verehrer von Don Quijote und Pantagruel* wie ein armer Trottel und unverbesserlicher Tugendbold vorkam angesichts der schwülen Fantasien der Meistersarkasten, in deren Innern keine natürliche Quelle des Humors sprudelt!

Worauf ich mit all dem hinaus will, ist lediglich eine Erklärung für die erstaunliche Tatsache, dass zwar in der Literatur die komischen Figuren wie Falstaff und Don Quijote im Allgemeinen *ältere Menschen* sind, die meisten Alten uns in Wirklichkeit aber mit ihrer trockenen, umständlichen und geschwätzigen Art ermüden; denn obwohl sie die Dinge mit dem nötigen Abstand sehen, fehlt ihnen die Kraft, das, was sie sehen, auch lebendig und mit Schwung zu beschreiben.

Im Zusammenhang mit den vorangegangenen Überlegungen fällt uns im historischen Überblick auf, dass die öffentliche Einstellung zum Alter von Land zu Land und von Epoche zu Epoche bemerkenswerte Unterschiede aufweist. China beispielsweise, die älteste aller Zivilisationen, ist gleichzeitig diejenige Kultur, in der dem Alter die größte Ehrerbietung entgegengebracht wird.

Im homerischen Griechenland dagegen begegnete man dem Alter ähnlich wie wir heute: mit einem gewissen widerwilligen Respekt, in dem ehrfürchtige Bewunderung mitschwingt, wenn sich der alte Mensch wie Priamos* und Nestor energisch behauptet, und so etwas wie märchenhafter Stolz, wenn ein Wunder geschieht, wie es bei Laertes der Fall ist*, dem die Götter am Ende der *Odyssee* bereitwillig verblüffende übersinnliche Kräfte verleihen.

Die elisabethanische Zeit dagegen ist vor allem das Zeitalter der Jugend. Bei Shakespeare sind die alten Männer* entweder tragische Gestalten, Opfer ihrer eigenen wahnwitzigen Verbohrtheit wie König Lear und Shylock, oder sie sind gottergebene senile Schwätzer wie Polonius. In den hebräischen Schriften wiederum ist die Einstellung zum Alter ähnlich wie bei Homer und wie bei uns in der heutigen Zeit, nur dass die Verehrung einen patriarchischeren und poetischeren Charakter hat und das Alter, wie in der Geschichte von »unserem Stammvater Jakob«, schamloser und direkter ausgeschlachtet wird.

Es sieht so aus, als würden wir Angelsachsen uns, zumindest bei den »feineren Leuten«, von unseren französischen Nachbarn insofern unterscheiden, als wir die Trennung von unseren Eltern gründlicher betreiben, wenn wir uns »auf eigene Füße stellen«. Aber in diesem Zusammenhang muss man auch sagen, dass die Franzosen, desgleichen die Juden und Waliser, noch einer gewissen *matriarchalischen* Urtradition verhaftet sind, die wir und unsere Verwandten in Nordamerika eindeutig abgeschüttelt haben und von der zweifellos in den Worten, die Cicero seinem greisen Cato in den Mund legt, keine Spur zu entdecken ist.

KAPITEL 1
DAS ALTER BEI MANN
UND FRAU

Sobald wir aufhören, über das Alter allgemein zu sprechen, und die spezifischen Lebensbedingungen auf den Britischen Inseln in den Blick nehmen, sehen wir uns mit dem traditionellen Klassenbewusstsein der Briten konfrontiert.

Nun wäre es in vieler Hinsicht richtig zu sagen, dass Großbritannien, besonders England, als Paradies der alten Männer gelten darf – gerade so, wie die Vereinigten Staaten das Paradies der jungen Frauen sind. Wird diese Behauptung jedoch auf *alle* gesellschaftlichen Schichten unseres Landes bezogen, bedarf sie beträchtlicher Spezifizierung.

Wirken alte Menschen in dem Maße glücklicher oder unglücklicher, wie sie zu den feinen Leuten gehören? Erfreut sich ein alternder Aristokrat irgendwelcher besonderen Privilegien über die Gunst hinaus, dass er seine Weine aus einem exquisiten Keller wählen und vielleicht die Macht des Erstgeborenen über weniger glückliche Verwandte ausüben kann?

Oder, steigen wir auf der Stufenleiter der Gesellschaftsordnung ein Stück hinunter, trägt das steife Dinnerjacket oder die Suppenkelle mit Familienwappen im Esszimmer der oberen Mittelschicht zum Glück eines zynischen Großonkels oder einer sarkastischen Großtante bei und hilft ihnen, die armseligen kleinen Scherze – die *facetiae a-facetiae**, gar keine Scherze sind – ihres in die Jahre gekommenen Neffen und seiner übergewichtigen Gattin besser zu ertragen?

Was mich betrifft, so kann ich nicht umhin zu glauben, dass der angenehmste Rahmen für den alternden Mann das zwanglose, keiner vornehmen Etikette unterworfene bodenständige Wohlbehagen ist, das uns in einem altmodischen Heim der unteren Mittelschicht begegnet, dem Heim von Menschen, die noch Dickens lesen, in deren Regalen noch eine gebundene Ausgabe von Macaulays Essays und Youngs *Nachtgedanken** steht, die ihren Salon noch mit künstlichen Birnen und Äpfeln unter Glasglocken schmücken, die ihre Kaminkohlen noch in diesen bemalten Schütten aufbewahren, über die Oscar Wilde sich so furchtbar ereifern konnte. In Häusern dieser Art obliegt unserem alternden Gentleman die *uneingeschränkteste Macht* über das Öffnen und Schließen der Fenster, über die Menge der Kohlen, die nachgelegt werden, über gewagte Experimente mit dem Umstellen des Mobiliars, über die Einführung einer neuer Kochgewohnheit und vor allem *über die Tageszeitung*. Und in all diesen Privilegien kann er schwelgen, ohne dass die steife Höflichkeit im Salon der Oberschicht oder das chaotische Kommen und Gehen in der Küche der Arbeiterklasse seinen Genuss stören würde.

An diesem Punkt ist mir allerdings nur allzu klar, dass sich gewissen jungfräulichen Herzen, auf denen nicht weniger Jahre lasten als auf dem meinen, ein tiefer, bitterer Seufzer entringen wird, sollten sie je einen Blick auf diese Seiten werfen. Oh jeh! Und wer sollte besser wissen als ich, was dieser Seufzer zu bedeuten hat?

Nicht umsonst war ich während der langen Jahre meiner Vortragsreisen im Auftrag der University Extension* landauf, landab zu Gast in solchen Häusern. Ich weiß, dass diese Heimstätten der unteren Mittelschicht ohne Dinnerjackets und ohne wappenverzierte Suppenkellen oft Folterkammern der abscheulichsten Versklavung waren, in denen das Blut der Töchter ältlichen Minotaurn zum Opfer gebracht wurde.

Könnten alle diese Frauen zur Abwechslung einmal den Gefühlen freien Lauf lassen, die sie ihren kannibalistischen Erzeugern gegenüber hegen, und würden dann ihr Aufbegehren und Gelächter in einem einzigen hysterischen Aufheulen verlauten lassen, so würde dies nicht ausreichen, um den Eindruck wiederzugeben, den die in diesen paradiesischen Gärten der »Pantalones in Pantoffeln« herrschende Selbstsucht in meiner unsteten und, wie ich leider sagen muss, unaufmerksamen Psyche hinterlassen hat.

Sollte der Himmel mindestens zweien dieser älteren Herren Vergebung schenken, deren teuflische Bosheit mir noch deutlich in Erinnerung ist, so ist das mehr, als ich, selbst nach dieser langen Zeit, zuwege bringe. Die Tochter eines dieser beiden – ich erinnere mich gut an die Stadt im Norden, in der ich in seinem Haus wohnte –, eine unglückliche Frau mittleren Alters, vertraute mir einmal an, dass sie ihren Vater *niemals fröhlich* gesehen habe, es sei denn, er konnte in seinem Amt als Friedensrichter der Stadt jemanden – und wohl nicht selten eine rebellische Tochter – ins Gefängnis schicken.

Das sind, wie man nur hoffen kann, unrühmliche Ausnahmen; aber sie werfen ein ziemlich schroffes Licht auf Swifts kategorisches Urteil, dem zufolge es so etwas wie einen guten alten Mann nicht gibt.

Swift meinte damit zweifellos, dass die Einengung des menschlichen Egoismus – dessen Verteidigung mir auf den folgenden Seiten hoffentlich mit überzeugenden Worten gelingen wird –, bis er schließlich in eine bestimmte *Spurrinne* gerät, schuld sein *kann* am scheußlichsten Verbrechen überhaupt, da sich das Beste zum Schlimmsten verkehrt, wenn es missbraucht wird. Ich spreche von elterlichem Vampirismus.

Wenn man bedenkt, wie stumpfsinnig und aller Lebendigkeit beraubt das Gefangenendasein ist, zu dem diese Opfer des »trauten Heims« manchmal verdammt sind, kommt man nicht umhin zu fordern, dass in einer Magna Charta* unseres neuen Weltenbundes das Grundrecht eines jeden Menschen verankert sein müsste, *nicht* der Gnade und Barmherzigkeit der Familie ausgeliefert zu sein; mit anderen Worten, der für Männer wie Frauen gleichermaßen geltende rechtmäßige Anspruch auf ein Mindestmaß an dreifach gebenedeiter Einsamkeit und Unabhängigkeit.

Selbst wenn wir die Kehrseite der Medaille betrachten, scheint mir zweifelhaft, ob die Hilflosigkeit eines alten Mannes aus der Arbeiterklasse – sofern seine Rentenbezüge ausreichen, ihn vor dem Armenhaus zu bewahren – wirklich schlimmer ist als das, was die Opfer ihrer glücklicheren Brüder der unteren Mittelschicht ertragen müssen.

Aber, werden Sie mir in Erinnerung rufen, ebenso wie es mehr alte Trunkenbolde als alte Ärzte in der Welt gibt, ist die Anzahl der alten Frauen größer als die der alten Männer.

Woran liegt es also, dass sich Männer besser in die Psyche von Frauen hineinversetzen können als umgekehrt? Sind die Männer vielleicht von Natur aus der Natur so entfremdet, dass sie, kluge Toren, die sie sind, die große mütterliche Hure missachten und wegdriften von den taktisch-faktisch-waschweibergewitzten Seifenblasen ihres immerwährenden Zeitvertreibs?

Gerade weil jedoch diese Luftblasen der männlichen Gedanken eben *aus der Seife entstanden sind, die sie benutzt hat*, kommen sie einer Vorstellung von der Gefühlswelt einer Frau näher, als diese sich, über den Seifenbottich gebeugt, von der eines Mannes machen kann.

All dies kommt meiner Behauptung zupass, dass es für einen steinalten Cicero trotz aller männlichen Eitelkeit leichter wäre, die Gefühle einer alternden Tullia* zu beschreiben, als für eine alternde Tullia, für die seinen einen Namen zu finden!

Und das nicht etwa, weil er ihr an literarischer Begabung oder im Gebrauch der klassischen Sprache überlegen gewesen wäre, sondern lediglich aus dem einen Grund, dass er sich, losgelöst von den Banden der Natur, wie es für einen Vater und Politiker normal ist, besser vorstellen konnte, was im Kopf seiner Tochter vorging, als diese umgekehrt sich hätte ausmalen können, was sich in seinem abspielte. Und eben dieses Losgelöstsein von der Natur, das jedem Mann, also auch jedem Politiker zu Eigen ist, liefert den Grund dafür, dass er bei allem Humbug, mit dem er sich umgibt, mit dem *Plebs* besser zurechtkommt als sie.

Aber damit sind wir auch schon beim springenden Punkt des Ganzen; auch wenn Cicero als typischer Römer wenig über das Alter der Frauen zu sagen hat, dürfen wir uns doch erlauben, die entscheidende Frage zu stellen: »Warum sind alte Frauen so viel glücklicher und weniger jämmerlich als alte Männer?« Meiner Meinung nach gilt dies unterschiedslos für alle vier gesellschaftlichen Klassen der Bewohner unserer Insel. Denn obwohl es unbestritten die Männer sind, die soziale Unterschiede geltend und zunichte machen, sind die Frauen diejenigen, die sie auf die »kleinen individuellen Besonderheiten« des Einzelnen zur Anwendung bringen. Und es sind, da das Verwischen dieser Unterschiede ihre Last durch die Beschaffenheit des Alltags ausgleicht, auch die Frauen, die sie in Momenten der Leidenschaft nahezu vollständig außer Kraft setzen.

Nun werden Sie mich aber fragen: »Was hat das damit zu tun, dass alte Frauen glücklicher sind als alte Männer?« Diese Frage kann ich mit einem einzigen, der Geometrie entlehnten Satz beantworten: Der Radius ihrer genüsslichen Kontemplation ist zwanzig Mal so groß wie derjenige der Männer! Glück erfahren wir natürlich erst, wenn wir den Wahn und die fieberhafte

Hektik des Konkurrenzkampfes zumindest *pro tempore**
hinter uns gelassen haben. Diesen segensreichen Zustand erreichen wir alle in dem Maße, in dem wir Abstand nehmen von der Welt. Und bei Männern tritt er häufiger ein als bei Frauen.

Wenn jedoch beide alt werden, verändert sich das Bild beträchtlich. Die Sphäre der von keinem Leistungsdruck getrübten Kontemplation der alten Frauen wird nur sehr selten gestört durch das vorübergehende Aufflackern der gewohnten Zwänge, zu dem es notgedrungen immer wieder kommen wird. Natürlich scheinen sie zuweilen durch, weil es so sehr zu unserer menschlichen Natur gehört, mit unserer Überlegenheit zu paradieren oder uns überlegen zu fühlen, dass nur der Tod dieser Unart ein Ende setzen kann; aber mit der zunehmenden Freiheit des Alters wird der Kreis der Kontemplation, die unberührt ist von Konkurrenzdenken, immer größer.

Diese Kontemplation hat sich schon immer mit allen ihr zur Verfügung stehenden Kräften auf das materielle Umfeld der häuslichen Arbeit gerichtet. Sie richtete sich auf mehr als das Wechselspiel von Licht und Schatten auf Wänden, Fußböden und Zimmerdecken. Sie entspross den flüchtigen Blicken durch halb geöffnete Türen und halb gardinenverhangene Fenster auf das gesamte Planetensystem. Sie fand in den Bildern vom halben Universum Nahrung, die sich hinter gepflegten Gartenzäunen oder rostigen Grundstückseinfriedungen offenbart haben. Es war eine Kontemplation, die dem Regen auf dem Asphalt galt, dem Sonnenlicht auf Blumentöpfen, den Wolken über den Nachbardächern, einem entfernten, aber unendlich wichtigen Schienenabschnitt der Straßenbahn, den kürzesten, über Abfallberge führenden Wegen zur Kirche oder zum Pub, den Straßen, von denen aus man mit dem Bus nach London oder ans Meer gelangt.

Und jetzt, da sie alt ist und der Blick aus dem Fenster nicht mehr so weit reicht, die Abfahrt der Busse weniger Aufregung bietet, der Wind kälter, der Regen feuchter und der Rauch über den Dächern dichter geworden ist, sind der gleiche Regen und der gleiche Wind mit ihrem Wechsel von Sonnenschein und Grau in Grau nicht unwichtiger, sondern wichtiger als zuvor.

Das unterhaltsame Schauspiel der beschämend-süßen Komödie läuft vor ihr ab wie eh und je; aber sie betrachtet es mit anderen Augen als zu jener Zeit, in der sie noch ihre Rolle darin gespielt hat. Es kommt ihr jetzt auf merkwürdige Weise fremd und auf noch merkwürdigere Weise *durchschaubar* vor, so dass sie durch den »gläsernen Guss«* des turbulenten Geschehens hindurch den eigentlichen Extrakt des Glücks genießen kann, das zuvor durch die tickenden Uhren und den hämmernden Puls dieser strebsamen Welt in den Hintergrund gedrängt wurde!

Wie gut sie es nun versteht, auf die planetarischen Zeichen der Jahres- und der Tageszeiten zu achten, die in der Ungeduld ihrer Jugend keinerlei Bedeutung für sie hatten – es sei denn als Signal zum Ausruhen von zu viel Liebe oder zu viel Plackerei.

Oh ja, in *jenen* Tagen hätte die Sonne alle seit Kopernikus geltenden Gesetze der Längen und Breiten, alle von Julius Caesar eingeführten kalendarischen Regeln der Zeitrechnung brechen können – und sie hätte es nicht einmal bemerkt!

Wie anders aber verhält es sich mit den alten Männern! Sie haben dieses Licht und diese Schatten, die Formen und Farben, die unbestimmten Erwartungen und verschwommenen Erinnerungen, diese Überbleibsel längst vergangener Träume, diese Vorzeichen einer noch verborgenen Zukunft niemals so bewusst aufgenommen! Wie und, so müssen wir fragen, wo erleben die Männer den kontemplativen Genuss, der sich einstellt, wenn die Seele die erdrückenden Zwänge des *Lebenswillens* abstreift und eintaucht in diese »segensvolle Stimmung, wenn uns die Bürde des Geheimnisses und wenn uns die ermüdend schwere Last der ganzen unbegreiflich starren Welt erleichtert wird«*?

Sicher wird kaum ein Mann bestreiten, dass er ihn dann erlebt, wenn er fern des heimischen Herdes seinem Tagwerk nachgeht; er erlebt ihn auf dem Feld oder an der Eisenbahnstrecke, erlebt ihn im Verkaufsraum oder an der Ladentheke, im Büro oder in der Werkstatt, an Bord eines Schiffs, in den Docks eines Hafens, in der Fabrik oder in Werksbaracken, in der Bibliothek, im Labor oder im Maschinenraum, bei Vorstandssitzungen, bei körperlicher Schwerarbeit, bei Gemeindeversammlungen und an den Heizkesseln; und, so würde manch einer gar hinzufügen, auf der Rennbahn und auf dem Fußballplatz.

Damit legen wir den Finger auf die Wunde des Älterwerdens beim Mann. Denn dieser ist, wenn er als Rentner hilflos zu Hause sitzt, in zweifacher Hinsicht im Nachteil. Nicht nur hat er den Eifer und die lebendige Faszination verloren, die Männer an ihrem Arbeitsplatz zu empfinden pflegen, sondern er hat auch keinen Zugang mehr zu den spezifischen Dingen – den Bürofenstern oder Fabrikhallenoberlichtern, den Bullaugen oder Minenschächten, den gepflügten Feldern oder Schafpferchen, Fischernetzen oder Schmelzöfen, Ladentheken oder Kassenhäuschen, Bahnsteigen oder Straßenkreuzungen, Lastwagenführerhäusern oder Schusterbänken, Schultafeln oder Toilettenschüsseln –, die dafür gesorgt haben, dass er in ruhigen Momenten seines Arbeitstages durch eine gnädige Fügung, einen glücklichen Zufall, die Nachlässigkeit eines Vorgesetzten, einen Wechsel der Windrichtung, die Drehung eines Rades jenes magische Lebensgefühl erfahren konnte, das uns so etwas wie *bon espoir* vermittelt, eine Hoffnung, die, selbst wenn sie nicht hinter allen furchtbaren Schrecken des Lebens aufblitzen sollte, doch irgendwo in nicht allzu weiter Ferne zaghaft aufflackert!

So sehr er seine Frau und seine Kinder auch lieben mag, so aufmerksam man ihn in seinem Heim umsorgt, es ihm in allen seinen Wünschen und Launen recht gemacht haben mag, es ändert nichts daran, dass die meisten Augenblicke seines Daseins, in denen er von einer Welle unbeschreiblichen Glücks überrollt wurde, *»jener Freude, die dem Leben selbst innewohnt«**, Augenblicke waren, die er anderswo als zu Hause erlebt hat.

In seiner Vorstellung verbindet er diese Momente mit stofflichen Strukturen, Berührungen, Begegnungen, Geräuschen und Gerüchen, Bildern und Horizonten, Gefahren, Strapazen und Minuten der Entspannung, die nicht vergleichbar sind mit dem, was er empfindet, wenn sein Enkel ihm die Pantoffeln bringt oder wenn er das Vorrecht genießt, als Erster einen Blick in die druckfrische Zeitung zu werfen! Nein, er assoziiert mit ihnen den salzigen Geschmack seines eigenen Schweißes, das Pochen seines Pulses in seinen Adern und diese eigenartige, halb körperliche, halb seelische Wärme, eben all die Empfindungen, die einen Mann durchrieseln, wenn er für einen Augenblick von seinem Tagwerk zurücktritt und es, zufrieden, dass alles nach Wunsch läuft, in Gedanken versunken betrachtet wie Gott seine Schöpfung.

Auch wenn unser alter Gentleman zur Ober- oder Mittelschicht gehört und den Glücksmomenten seiner Entrückung andere Aspekte der stofflichen Hülle unseres Erdballs zugrunde lagen als jene, aus denen Seile und Teer, Viehfutter und Kohle, Leder und Mehl, Ziegelsteine, Stahl und Zement gemacht sind, ändert das nichts daran, dass die Befriedigung seiner Vorliebe für Weine, Kaffee und Fisch, seinem Geschmack schmeichelnde Lampen und Zeitungen, Wandschirme und Fußschemel, Musik, Kartenspiele und Bücher nach seinem Rückzug aus der Welt der Gerichtssäle, Wirtschaft, Politik, Medizin und Amtsstuben keinesfalls die unbeschreibliche freudige Erregung in ihm wachrufen kann, die sich einzustellen pflegte, wenn er sich im Augenblick einer müßigen Tagträumerei von seinen Alltagsgeschäften zurücklehnte!

Ja, verglichen mit dem Alter der Frauen ist das Befinden eines alten Mannes, der sich zur Ruhe gesetzt hat, von einer gewissen Bitterkeit und einem ganz besonderen Schmerz geprägt. Die Arbeit der Frauen ist wie Feldarbeit oder wie die Arbeit der Emersonschen »Überseele«*. *Sie ist nie beendet.* Eine Frau im Ruhestand ist ein Widerspruch per se. Aber für einen alten Mann kann der Ruhestand eine hoffnungslose und verzweifelte Situation sein, sofern er nicht einer Liebhaberei frönt, die ihn voll und ganz in Anspruch nimmt.

Bei der Beschäftigung mit einem seiner ewigen Steckenpferde, sei es der Spanielzucht, der Kreuzung verschiedener Rosenarten oder dem Entwirren der verschlungenen Sätze einer toten Sprache, kann ein alter Herr auf offensive Weise egoistisch und zugleich der hingebungsvolle Empfänger himmlischer Fingerzeige sein.

Der Gegenstand der fraglichen Liebhaberei, ihre Beschaffenheit, ihr Sinn, ihr Wert und ihre Bedeutung spielen nur eine untergeordnete Rolle. Was zählt, ist die Tatsache, dass sie seiner Berufstätigkeit insofern gleicht, als ihn diese Arbeit außerhalb seines Heims beschäftigt und in Anspruch genommen und ihn manchmal sogar weit von zu Hause weggeführt hat. Er hat diese kostbaren Momente der Unterbrechung, die das höchste Glück im Leben sind, *ausschließlich als Reaktion* auf eine physisch oder geistig anstrengende Tätigkeit erlebt.

Und auch in der Ausübung seiner gegenwärtigen Liebhabereien kann er – wenn sie ihn physisch und technisch genügend fordern – in einen Zustand der Geistesabwesenheit verfallen, in dem sich wunderbare Perspektiven öffnen. Schon das bloße Aufzählen der genannten Vorteile in dieser angemessenen Reihenfolge zeigt jedoch, wie sehr der alte Mann im Vergleich zur alten Frau in Wahrheit benachteiligt ist. Sie findet diese Momente seliger Versunkenheit da, wo sie sie schon immer gefunden hat: in der Unterbrechung einer der gewohnten Arbeiten im Haus, *die nie beendet sind*. Er dagegen muss *dieser Momente harren*, bis er allein ist mit seinen Hunden, seinen Rosen, seinem Herbarium, seinen Fossilien, seinen Spazierstockknäufen, seinen Netzknüpfarbeiten, seinen Zimmermannswerkzeugen, seinen Experimenten mit Schieferbruch, seinen Wurzelholzschnitzereien oder seinen Ausflügen zum Forellenbach, wenn die Fische wandern, zum Kaninchengehege, wenn der Halter sein Nachbar ist, ins Fichtenwäldchen, wenn es Tauben zu schießen gibt, in sein Gemüsegärtchen, wenn es nicht zu verregnet ist, oder an den Strand, wenn die Sonne scheint und die Netze zu trocknen verspricht.

Alle diese Überlegungen müssen wir nur mit einem Blick streifen, um zu erkennen, wie sehr unsere alte Dame ihrem männlichen Pendant gegenüber im Vorteil ist, wenn es um die Freuden des beseelten sinnlichen Empfindens geht.

Sie braucht schließlich nur dem Trommeln des Regens an ihrer Fensterscheibe zu lauschen, braucht nur zu hören, wie der Zug pfeifend in den Tunnel einfährt, zu beobachten, in welche Richtung sich der Wetterhahn dreht, friedlich strickend am Kamin zu sitzen, aus dessen Glut ihr goldene Gesichter und Koboldfratzen entgegenblicken, und schon befindet sie sich an der Schwelle jener unbewussten Welten, in denen wir, wenn wir in sie eintreten, dem Himmel so nah sind, wie es uns je möglich sein wird!

Den größten aller Vorteile aber, die alte Frauen alten Männern voraushaben, habe ich noch gar nicht erwähnt; ich spreche von der Fähigkeit, mit leerem Kopf glücklich zu sein. Damit will ich unserer alten Dame keineswegs geringere Intelligenz bescheinigen; noch viel weniger möchte ich damit andeuten, sie habe ein animalischeres Wesen als ihr Gatte.

Tatsache ist vielmehr, dass ich der Fähigkeit, das Denken vollkommen auszuschalten, im Rahmen meines persönlichen und geheimen Wertesystems einen hohen Rang einräume. Von welcher Natur und Beschaffenheit das menschliche Bewusstsein, das wir »unseren Geist« nennen, wenn wir es in uns arbeiten spüren, ist, wenn es in den Zustand der Abwesenheit oder der Versunkenheit gleitet, gehört zu den wichtigsten Fragen der Menschheit – gleichgültig, ob man diesen Zustand schilt oder preist. Merkwürdigerweise ist diese Frage in der Metaphysik wie in der Psychologie bisher ausgesprochen stiefmütterlich behandelt worden!

Die Metaphysiker haben sich eingehend mit der Frage beschäftigt, wie der Geist *denkt*, wenn er in einem imaginären Vakuum eingeschlossen wird, und sie haben seine komplexe Denkweise penibel tabellarisch geordnet. Die Psychologen haben untersucht, wie der Geist funktioniert, wenn er im Strom der Wirklichkeit treibt, umwogt von Wünschen, Sehnsüchten, Liebe und Hass. Diese Ansätze haben ihre Berechtigung und sind wichtig.

Aber die Sache hat noch einen anderen Aspekt; und ich halte es für eine genuine Aufgabe des von den Experten viel gescholtenen gesunden Menschenverstandes, dessen Parteigänger ich hier sein will, in einer Folge von Bildern, die sich das innere Auge vorstellen kann, das zu visualisieren, was ein normaler Mensch fühlt oder zu fühlen glaubt, wenn er sagt: »Ich bin glücklich«, oder: »Ich bin unglücklich«, und hinzufügt: »im Geiste«.

Lassen Sie sich, liebe Leser, noch einmal auf das langweilige und viel gepriesene Experiment ein, gehen Sie aber mit einer, wie es heißt, »anderen Einstellung« daran! Versuchen Sie, Ihren Kopf völlig frei zu machen. Schütteln Sie alle Gedanken ab, außer dem einen, alle Gedanken abschütteln zu wollen. Sie werden wohl ziemlich bald feststellen, dass kaum etwas besser geeignet ist, Ihr bewusstes Denken in die Flucht zu schlagen, als wenn Sie schlicht und ergreifend die Augen schließen.

Aber auch dann stellt sich nicht unbedingt das reine, einheitliche Dunkel in unserem Innern von allein ein. Unser Bewusstsein ist wie ein Becher, den man in einen reißenden Bach hält. Es sammeln sich Luftblasen und Perlen der dahintreibenden Gischt darin. Es verfangen sich dürre Halme, totes Laub, Sonnenstrahlen, Schatten und Lichtreflexe.

Treiben wir es, nachdem wir es dazu gebracht haben, seine Tätigkeit gründlichst einzustellen, noch weiter und zwingen es in einen Zustand so tiefer Ergebenheit, dass nichts anderes mehr von Bedeutung ist als die bloße Rückmeldung der Sinne, die noch übrig sind – das Gemurmel des Lebensstroms. Dann ist alles mathematische, platonische und abstrakte Vorstellen und Denken vollkommen ausgelöscht, Vergangenheit und Zukunft sind entschwunden, nur noch die Gegenwart existiert.

Diese reflektierte, absichtlich herbeigeführte »Geistesabwesenheit«, die in ihrer Technik den äußersten Gegenpol dessen bildet, was die Hindus als *Yoga* bezeichnen, führt vor allem dazu, dass das Schwergewicht auf Kosten aller anderen Dinge auf die *reine subjektive Empfindung* verlagert wird.

Vielleicht wäre es an diesem Punkt ratsam, die Augen zu öffnen, damit sich unser psychologisches Experiment nicht, alt, wie wir sind, im Schlaf verdämmert. Daher bitte ich Sie, geneigter Leser, sich vorzustellen, Sie seien ein in die Jahre gekommener Handwerksmeister, der einen gemütlichen Abend in Gesellschaft seiner ebenfalls betagten Ehefrau verbringt. Sie sitzen in einem Lehnsessel am Kamin, in einem zweiten Ihnen gegenüber Ihre Frau, beide haben Sie die Beine hochgelegt auf einem geradezu biblischen Fußschemel, einem Gegenstand, der einem großen Kniekissen vor dem Predigerstuhl einer altmodischen Methodistenkirche gleicht.

Und nun fordere ich Sie auf, genauestens zu analysieren, wie Ihr auf sich selbst zurückgeworfenes Bewusstsein in seiner entspannten Passivität diese nicht sonderlich komplizierte Situation wirklich und wahrhaftig aufnimmt. Gestatten Sie mir, Ihnen sogleich in ungehobelter Direktheit eine Frage zu stellen: Nehmen Sie sich selbst in dem Augenblick, in dem Sie darüber nachzudenken beginnen, mit durchdringender, bestechender, übermächtiger Klarheit als eigenständiges, vollständiges, von der Identität der alten Dame auf der anderen Seite des Kamins getrenntes Individuum wahr? Ich meine, Sie haben doch wohl keine Sekunde lang das Gefühl, als seien Sie selbst und die vertraute Person, die Ihnen da gegenübersitzt, ein einziges Geschöpf mit doppeltem Bewusstsein?

Ich glaube, ein solches Gefühl ist bei älteren Paaren nichts Ungewöhnliches, aber ich muss einräumen, dass es nicht meiner eigenen Erfahrung entspricht. Ich stelle mir vielmehr vor – und ich meine zu ahnen, dass es Ihnen genauso geht –, dass der ganze Raum mitsamt diesen zwei sich gegenübersitzenden Menschenwesen, deren eines – die alte Dame – Sie in seiner Gesamtheit, deren anderes – Sie selbst – dagegen nur als Körper und Beine sehen können, in einem Vakuum schwebt.

Also schön! Überlegen Sie jetzt genau, welchen Eindruck Sie von eben diesem Vakuum haben, in dem eine komplette alte Dame sowie ein kopf- und halsloser, ansonsten aber vollständiger alter Herr zwischen vertrauten Möbelstücken vor einem lodernden Kaminfeuer gemütlich beisammensitzen.

Sie werden vermutlich zugeben müssen, dass Sie in diesem Vakuum, diesem unsichtbaren Behältnis, in dem der Raum mit seinem Kaminfeuer, seinem Mobiliar, seinem zu drei Vierteln vorhandenen alten Herrn und seiner kompletten alten Dame schwebt, nichts Geringeres ist als Ihr eigenes Bewusstsein, *Ihr eigener Geist. Sie* sind das Vakuum, in dem das alles schwebt! Das ist Ihr erster Eindruck, eine intensivere und unmittelbarere Erfahrung als der Eindruck, der sich als Nächstes – und zwar als logische Konsequenz oder rationale Schlussfolgerung aus dem ersten – zwangsläufig einstellt, dass nämlich das Bewusstsein der alten Dame ein zweites Vakuum oder »Behältnis« ist, in dem sich dieselben Objekte befinden, nur dass in diesem anderen »Bild« der alte Herr als Ganzes zu sehen ist, während die alte Dame – wir schließen natürlich die Möglichkeit eines im Raum vorhandenen Spiegels aus – als kopfloser Körper in Erscheinung tritt.

»Aber«, werden Sie fragen, »was kommt als Nächstes?« Nun ja, als Nächstes komme ich zu dem Punkt, den die alten Frauen meiner Ansicht nach den alten Männern gegenüber so entschieden voraushaben. Das Bild, das ich beschrieben habe, wäre nicht vollständig, wenn wir eine Empfindung oder ein Gefühl oder wie immer Sie es nennen wollen, unerwähnt ließen, etwas, das Sie in Ihrem eigenen Innern registrieren und das Sie als logische Kehrseite Ihrer Partnerin im gleichen Maße nicht vorenthalten können.

Ich spreche von Ihrem Wissen darum, dass dieses *Vakuumbehältnis*, also Ihr »Geist«, in dem sich Ihrem

Empfinden nach alle Dinge, einschließlich der kompletten alten Dame und dessen, was Sie von Ihrer eigenen Person sehen können, in der Schwebe befinden, mehr ist als nur ein sich selbst reflektierender passiver Behälter der vielen Formen und Farben, Geräusche und Gerüche und Hitze- und Kältewellen, aus denen sich Ihr gegenwärtiges Umfeld zusammensetzt.

Es ist so viel mehr – und Sie wissen dies in der einzigen Weise, in der ein Wissen über jeden Zweifel erhaben ist, nämlich aus einem inneren und unmittelbaren *Einssein mit ihm* heraus –, dass Sie sich genötigt sehen, es als lebendiges Wesen zu betrachten. Es ist ein bewusstes Geschöpf, eine Person, eine Entität, ein »Ich«, eine »Seele«, ein »Ego« oder eine »Psyche« mit einer eigenen Identität; und es verfügt über die Macht – das zumindest ist die Form, die Ihre Selbstreflektiertheit unweigerlich annimmt – und die Fähigkeit, das, was es sieht und empfindet, entweder mit großem Genuss oder mit ebenso großem Widerwillen zu betrachten. Es kann sich, mit anderen Worten, darum bemühen, sich an dem zu erfreuen, was es enthält, oder es kann seinen Ekel, seinen Abscheu und seine Verachtung für das, was es enthält, bewusst und willentlich züchten.

Vor ihm tauchen, indem es in dieser entscheidenden Selbstbetrachtung fortfährt, buchstäblich die beiden Drachen auf, der rote und der weiße Drache, die Merlin in der Unterwelt erblickte und Vortigern zeigte*: nämlich die absolute Langeweile und der absolute Genuss; und mit diesen das intuitive Wissen, dass ein lebendiges Wesen die magnetische Kraft seines gesamten Seins auf die Anziehung oder aber auf die Abstoßung richten kann.

Inzwischen ist meinen Lesern wohl klar geworden, wohin ich sie führe. Denn dieser gesamte Lebensprozess, in dem wir selbst darüber entscheiden, ob wir das Schauspiel der Dinge um uns herum als erfreulich oder als deprimierend empfinden, ist, wie Robert Burton es in seiner *Anatomy of Melancholy** beschreibt, ein »Kulissenwechsel«, der von der rätselhaften Kraft der Assoziation abhängt.

Nun ist unser alter Mann – wie wir zu verdeutlichen versucht haben – gewohnt, seine Lebensfreude mit Dingen in Verbindung zu bringen, die sich außerhalb seiner heimischen vier Wände mit ihren hart erarbeiteten und ersparten, sauber polierten, sorgfältig arrangierten, mit stolzgeröteten Wangen präsentierten Schätzen befinden. Der alten Frau dagegen ist es zur zweiten Natur geworden, mit versonnener Zufriedenheit ihren sauberen Kamin, ihren gewienerten Fußboden, ihre makellosen Wände, ihre auf Hochglanz polierten Möbel, den ungehinderten Blick aus ihren geputzten Fenstern zu genießen und den matriarchalischen Märchen zu lauschen, die ihr Abend für Abend erzählt werden, wenn die letzte Flamme flackernd erlischt und die stillen Kohlen redselig werden.

Und die Privilegiertheit der alten Dame reicht noch weiter. Denn ihr ganzer weiblicher Organismus, diese Einheit von Körper und Seele, ist so eingebettet und verwurzelt in der Natur, der Materie und den Elementen, dass sie tausend flatternde, huschende, Freude bereitende Veränderungen in den alltäglichen Erscheinungsformen dieser drei Mysterien wahrnimmt, die den gleichgültigen Sinnen und dem viel beschäftigten Verstand des pensionierten Destillators der Quintessenzen, ihres in die Jahre gekommenen Ehemanns, vollständig verborgen bleiben.

Gestatten Sie mir nunmehr jedoch, liebe Leser, in den Schoß unserer alten Dame, auf die ausgestreckten Knie unseres alten Herrn ein Buch, eine Zeitschrift oder eine Tageszeitung nach ihrem oder seinem sicher völlig unterschiedlichen Geschmack zu legen, und schon sieht die Sache völlig anders aus!

Nun flüchten sie sich in die gleiche wundersame Welt, die Zuflucht, die sich Menschen beiderlei Geschlechts durch die Erfindung des Buchdrucks unterschiedslos eröffnet hat, die wunderbare moderne Zuflucht für die bisexuelle Seele des Homo sapiens; sie genießen das Aufatmen von der drückenden Last der unmittelbaren Gegenwart, sei sie langweilig oder aufregend, in ihrem seligen Ausflug in »die lichteren Lüfte, die göttlicheren Gefilde«* eines *Anderswo*.

Hier, im himmlischen Wohlgefühl des »glücklichen Lesens«, sind sie endlich vereint; und wenn auch, wie Elia schreibt*, Mary vielleicht den ehrlichen Romanen und den Ereignissen der großen weiten Welt den Vorzug gibt und Charles sich lieber mit den seltenen Perlen der Literatur befasst, haben doch beide einen Schlupfwinkel gefunden, in dem sie vor dem hektischen Treiben ihrer Verwandten in mittleren Jahren und vor den Plagen ihrer eigenen Gedanken sicher sind, einen Ort in jenem unendlich fernen Land der Wonne, in dem sie vor langer Zeit als Kinder ihre Sorgen hinter sich zu lassen pflegten, diesem »wiedergewonnenen Paradies«*, zu dem alle Sterblichen, Alte wie Junge, den Schlüssel besitzen, solange sie fähig sind – zu *lesen*.

KAPITEL 2
DAS ALTER DER FRAU
UND DIE NATUR

Ob ein alter Mensch glücklich ist, hängt auf fatale Weise von der Natur ab; und gegen das unbarmherzige Zerstörungswerk, das die Natur in ihren bedrohlichen Launen vollbringt, müssen alle erbitterten Widerstandskräfte mobilisiert werden, die eine Menschenseele nur aufbringen kann. Wenn es um die eher simplen Einflüsse von Wetter und Klima geht, bietet das Alter gegenüber der Jugend eine ganze Reihe von Vorzügen. Zunächst einmal kann es sich ein alter Mensch leisten, im Schutz seines Hauses zu bleiben – eine sehr naheliegende Absage an die bösen Geister der Lüfte.

Zugleich führt der zwangsläufige Verzicht auf viele der Aktivitäten, die einen Menschen nötigen, sich Tag für Tag den launischen Elementen auszusetzen, dazu, dass wir viel sensibler auf atmosphärische und klimatische Veränderungen reagieren.

Ein Mensch in der so genannten Blüte seines Lebens ist normalerweise von der spannenden Perspektive, seine nächsten Ziele zu verfolgen, so sehr in Anspruch genommen, dass ihm die Wirkung der atmosphärischen Turbulenzen und ätherischen Kräfte entgeht, die uns auf schnellen, luftigen Schwingen im Flug streifen.

Und doch sind das Dinge, die das Bewusstsein der Menschen bis ins Innerste berühren. Wenn wir alt werden, fassen wir nicht mehr so radikale Vorsätze wie in der Jugend; aber wir haben unsere ganz eigenen und schwer zu durchschauenden Methoden, uns, oft immer wieder von neuem, dem Druck des Lebens anzupassen.

Beispielsweise ist es erstaunlich, wie weit wir, indem wir uns die aufgezwungene Ruhe zunutze machen, unsere Sinne schärfen können für all die köstlichen und zarten Veränderungen, die das wechselhafte Spiel des Wetters mit den uns umgebenden stofflichen Elementen sowohl unter freiem Himmel als auch im Haus bewirkt.

Wer auf die Siebzig zugeht, kennt im Allgemeinen das euphorische, beflügelte Lebensgefühl, das sich in dem Zustand einstellt, den wir als Rekonvaleszenz bezeichnen. Und der körperlichen Verfassung des Alters haftet zweifellos etwas an, das die gleichen, herrlich tränenseligen, wunderbar verzückten, göttlich idiotischen Gefühle – strahlend wie die eines verliebten Gottes, verzaubert wie die einer Frau mit ihrem neugeborenen Kind – auslösen kann, die das Erlebnis der Rekonvaleszenz so paradiesisch machen.

Aber, werden Sie mir entgegenhalten, die Rekonvaleszenz ist das Übergangsstadium vom Kranksein zum Gesundsein, während das Alter gekennzeichnet ist durch den Übergang von der Gesundheit zu der Krankheit, die letztlich unserem Leben ein Ende setzen wird! Ich räume diesen entscheidenden Unterschied rückhaltlos ein; dennoch bleibt, auch wenn der Sonnenaufgang sich zum Tag erhellt und der Sonnenuntergang sich zur Nacht verdunkelt, die Tatsache bestehen, dass das besondere Wesen beider Dämmerungen, ehe sie ihr jeweils entgegengesetztes Ziel erreichen, nahezu, wenn auch zugegebenermaßen nicht *vollkommen*, identisch ist.

Die geläuterten Sinne des Alters haben, wenn sie auf diese zweite Götterdämmerung reagieren, dem beschleunigten Puls der Rekonvaleszenz tatsächlich etwas Wichtiges voraus, weil sie von einem abgehärteten, unabhängigen und rationalen gesunden Menschenverstand gesteuert werden, während die Gefühle bei einem Rekonvaleszenten oft fieberhaft hochbrodeln.

Ich könnte mir jedoch vorstellen, dass eine ganz bestimmte starke Übereinstimmung zwischen der konzentrierten, sensibilisierten Reaktion des Alters und der gleich gearteten Reaktion der Rekonvaleszenz auf die subtilen Veränderungen der Elemente etwas mit dem natürlichen Nachlassen des Sexualtriebes zu tun hat.

Einer der größten Irrtümer unserer heutigen Ausflüge in die Pseudowissenschaft ist die Behauptung, unsere Freude an der Natur habe ihren Ursprung in der Sexualität.

Zugleich könnte man aus den Selbstverstümmelungen, die in der klassischen Mythologie unter den fanatischen Liebhabern der Großen Mutter* grassieren, schließen, dass die Natur eher dazu neigt, uns unserer erotischen Anziehungskraft gänzlich zu berauben, als wie ein Aphrodisiakum auf uns zu wirken. Natürlich kann das »Verliebtsein« unsere Freude an der Natur steigern; und es muss eine ganze Reihe von Heiligen gegeben haben, die ihre natürliche Empfindung von sich abgetrennt und verfremdet haben, indem sie diese durch den Filter der objektiven Welt betrachteten.

Wie überall gibt es auch hier einzelne Ausnahmen; aber ich glaube, man kann sagen, dass beide, der normale Mensch mittleren Alters im Zustand der Rekonvaleszenz und der normale ältere Mensch, der, wie es mir Thomas Hardy einmal gesagt hat*, »sein Alter spürt«, weitgehend befreit sind vom Stachel des sexuellen Begehrens. Und beide sind sich bewusst, dass sie eine negative und eine positive Erfahrung zugleich machen.

Sie erleben, dass einerseits der ungeheure Reiz des anderen Geschlechts nachlässt und andererseits die Elemente einen größeren Zauber gewinnen.

Natürlich hat die hingebungsvolle Bewunderung, mit der alte Menschen beiderlei Geschlechts ihre jugendlichen Günstlinge gern überschütten, sehr viel mit erotischer Anziehung zu tun; und wer könnte, obwohl jede menschliche Leidenschaft Qualen der Eifersucht erzeugen kann, die »so grausam sind wie der Tod«*, bestreiten, dass das Alter durch das Hingezogensein zur Jugend oft an Leben gewinnt, auch wenn es manchmal tatsächlich grausam verletzt wird.

Ich würde, offen gesagt, aufgrund meiner eigenen Beobachtungen behaupten, dass alte Frauen, weil sich das süße Gift feiner in ihren Adern verteilt, unbekümmerter mit solchen Gefühlen spielen können als alte Männer, aber wenn sexuelle Leidenschaften, ob normal oder abnormal, ob bei Affen, Schlangen Sauriern oder

Priestern, ins Spiel kommen, löst sich der kluge Verstand in Luft auf. Die Natur rät selbst den göttlichen Orakeln, ihre Worte auf die Goldwaage zu legen, wenn sie sich in das Geschick von Liebenden, alten oder jungen, weiblichen oder männlichen Geschlechts, einmischen!

Ich spreche jedoch aus eigener gesicherter Erfahrung, wenn ich behaupte, dass ein bewusstes, zielgerichtetes, konzentriertes Bemühen darum, die natürlichen Elemente allen widrigen Umstände, allen Gebrechen zum Trotz *zu genießen*, eine Perspektive der Befriedigung eröffnet, die so geheimnisvoll und verlockend, so unergründlich und unendlich ist, dass sie uns Liebe und Religion gleichermaßen ersetzt – und mehr als nur ersetzt.

Alte Menschen, die in dieser Hinsicht klug sind, schlagen buchstäblich alles konservative Geschwätz in den Wind, das ihnen weismachen will, unsere Reaktionen auf die Natur seien gesünder, vernünftiger und angenehmer, wenn wir sie dem Zufall überließen. Es macht einen so großen Unterschied, ob wir froh sind, lebendig zu sein oder nicht, dass wir es uns nicht erlauben können, einen Weg zu verwerfen, nur weil er uns zu ichbezogen, zu pedantisch, zu selbstgefällig, zu egoistisch oder zu egozentrisch erscheint. Es ist allemal besser, ichbezogen glücklich als auf törichte Weise unglücklich zu sein. Seien Sie lieber ein besserwisserischer Pedant, der seinen Spaß hat, als ein unfreiwilliger Einfaltspinsel, der sich selbst quält.

Unvorstellbar ist der Grad des menschlichen Aberglaubens! Sklavisch werfen wir uns vor den heiligen

Hallen der Physik in den Staub und schreien: »Die Wissenschaft lehrt!«, »Die Wissenschaft spricht!«, »Die Wissenschaft erbringt den Beweis!«

Wir sind bereit, jedes unausgegorene und kurzlebige Dogma als unfehlbare Wahrheit hinzunehmen, wenn es nur mit dem Segen der Wissenschaft daherkommt. Sofern es jedoch um unsere eigenen Experimente geht – durchgeführt von der einzigen zum Wunderwirken fähigen Kraft, über die wir verfügen, *nämlich unserem Verstand*, einer Kraft zudem, deren Verfassung und Naturell darüber entscheidet, ob wir glücklich sind oder nicht –, sind wir zu faul, zu dumm, zu skeptisch, zu gleichgültig und vor allem zu beschäftigt, um uns konsequent, unermüdlich, beharrlich und ausdauernd zu bemühen!

»Aber«, werden Sie mir entgegenhalten, »ist das Alter nicht die Zeit der tiefen Spurrinnen? Ist es nicht die Zeit der hoffnungslos eingefahrenen *Gewohnheiten*? Ist es nicht die Zeit, in der wir aufgrund unserer Schwächen und Gebrechen und der schwindenden physischen und geistigen Kräfte den Antrieb und die Konzentrationsfähigkeit verlieren?« Ja, es *ist* die Zeit, für die all das zutrifft. Und doch ist die schöpferische und zerstörerische Kraft, die in der Seele auch noch des kläglichsten Alten wohnt, so gewaltig, so göttlich, dass wir uns diese Gewohnheiten, diese Spurrinnen, sogar die Schwächen und Gebrechen zunutze machen können wie ein Künstler die Grenzen seines Mediums. Welches ist die pragmatischste und tiefste aller »Spurrinnen«, die das sterbliche Leben kennt? Die »Spurrinne« des

Geschlechts – weiblich oder männlich! *Die Grenze des verwendeten Mediums* ist ein entscheidender Faktor aller Kunst. Und das Geschlecht ist eine unumstößliche Grenze.

Hier nun sind wir gleich zu Beginn unserer Überlegung, welche Wege und Mittel uns zur Verfügung stehen, um die Vorzüge des Alters in seiner Beziehung zur Natur zu nutzen und die Nachteile desselben zu umgehen, unversehens mit einem grundsätzlichen Problem konfrontiert, der Frage nämlich, ob wir vom Schicksal dazu bestimmt sind, uns der Natur gegenüber wie ein Mann oder wie eine Frau zu verhalten. Kaum ein normaler Mensch, der unsere zum »kosmischen Empfinden« gebündelten Gefühle genau zu analysieren versucht, würde es für möglich halten, wie selten und wie wenig aufschlussreich auf dieses wichtige Thema Bezug genommen wird. Tatsächlich gleicht unser Umgang mit der Natur sehr stark unserem Umgang mit den Mysterien der Religion.

Beides ist geprägt von der eindeutigen, um nicht zu sagen unvermeidlichen Neigung zu einem verschwommenen, nebelhaften und zutiefst erotischen Mystizismus. Und wenn wir die *weiblichen* Vertreter einer mystischen Literatur mit den *männlichen* Vertretern derselben vergleichen, müssen wir – selbst wenn wir nur die englischsprachigen Werke nehmen – unweigerlich zu dem Schluss kommen, dass sie sich in dem, was sie unter »mystischer Verzückung« verstehen – einer Erfahrung, die Naturfanatiker und Gottesfanatiker teilen –, auf höchst interessante Weise unterscheiden. Sie nimmt in der weiblichen Empfindung völlig andere Formen an als in der männlichen.

Der erotische Drang eines Mannes ist so beschaffen, dass er instinktiv und spontan mit seinem Denken und allen seinen Sinnen nach der Natur greift, als wolle er sie sich unterwerfen; und auch das göttliche Mysterium reißt er an sich, so wie Jakob den Engel packt* und die ganze Nacht lang mit ihm ringt!

Und so wie Jakob mit dem Engel kämpft, der in Wirklichkeit natürlich die »Anima Mundi«, die Weltseele, ist, ringen auch Goethe, Wordsworth, Shelley*, William Blake* und Walt Whitman unterschiedslos mit dieser einen kosmischen Dimension des Multiversums, als ginge es darum, sie sich gefügig zu machen.

Wie gänzlich anders als Jakob erleben dagegen die großen weiblichen Heiligen den Zustand religiöser Verzückung; und wie anders sehen Dichterinnen die Natur! Was sie schreiben, ist im Stil, im Naturell und in der Stimmung so vortrefflich, so seelenvoll, so mitreißend, so erhebend wie die Werke ihrer männlichen Kollegen; da es aber weibliche Gefühle ausdrückt, die sich von denen der Männer unterscheiden, ist es in einem solchen Kontext – dem Umgang mit der Natur oder mit Gott also –, der in höchstem Maße mit sexueller Erregung gleichzusetzen ist, verblüffend anders.

Ich glaube im Übrigen nicht, meine Gedanken zu weit zu treiben, wenn ich behaupte, dass es noch eine *dritte Einstellung* zu Gott und zur Natur gibt. Ich meine damit die Einstellung jenes seltenen Menschentyps, der weder homosexuell noch lesbisch ist, sondern den wir als bisexuell bezeichnen könnten. Er ist der sexuellen Lust durchaus nicht abhold, sondern vielmehr wie Homer in seiner *Odyssee* und wie Euripides in so vielen seiner Dramen* besessen vom erotischen Wesen *beider* Geschlechter.

Ein wunderbares Beispiel für diesen dritten Typ einer Menschenseele, aus der die mystische Verzückung spricht, liefert Emily Brontë. Wer könnte je die trotzige Beschwörung ihres eigenen unbezwingbaren Geistes vergessen:

> Du, du bist das Sein und der Atem,
> Und was *du* bist,
> Kann niemals vernichtet werden!*

Die Einstellung des Dichters Wordsworth zur Natur ist eindeutig männlich, und doch verschafft er uns wieder und wieder Einblick in das Wesen der weiblichen Haltung, die eher passiv als aktiv ist, aber in ihrer bedingungslosen Faszination für die Elemente viel weiter geht, als es einem Mann je möglich wäre, wenn es darauf ankommt, als Mittler für die Kräfte der Luft, der Erde, des Wassers und des Feuers zu fungieren.

Eine alte Frau ist in ihrer intuitiven Art, auf die unbelebte Welt zu reagieren, einem alten Mann ein Stück weit voraus; und wir dürfen nicht vergessen, dass sich die unbelebten Objekte, die ihre Aufmerksamkeit in Anspruch nehmen, zwar eher im Haus als im Freien befinden, dass diese aber dem ständigen Einfluss von Licht, Farben und Schatten unterworfen sind, die von außen herein dringen.

Wenn wir die Impressionen, die Dorothy Richardson in ihrem großen Werk* heraufbeschwört und die man in der Malerei als »Stillleben« bezeichnen würde, mit denjenigen vergleichen, die Walter Pater*, Marcel Proust oder Henry James* in ihren Büchern beschreiben, müssen wir in der Tat feststellen, dass sie ihren männlichen Kollegen hinsichtlich der vollkommenen Besessenheit von diesen unbelebten Erscheinungen, die den unberechenbaren und wechselhaften Einflüssen des Wetters und der Jahreszeiten unterliegen, haushoch überlegen ist.

Aber sind die Frauen auch überlegen, wenn es um die Freude geht, die uns die Natur und die Elemente *im Freien* wie *in unseren vier Wänden* bereiten können? Das ist eine hübsche Frage, die es verdient, eingehend und mit größtem Ernst bedacht zu werden.

Alles in allem bin ich der Meinung, dass Frauen in Bezug auf die Elemente unter freiem Himmel – und ich verwende diese Verallgemeinerung, anstatt von »Landschaft« zu sprechen, weil es mir an dieser Stelle nicht um irgendeinen ästhetischen, pittoresken und malerischen Aspekt der Natur geht – im Nachteil sind, wenn man ihre gesellschaftlichen und häuslichen Interessen und Pflichten mit dem beruflichen und sportlichen Engagement der Männer vergleicht. Ich meine, um es klar zu sagen, dass eine Frau, die aus dem Haus geht, um ihre Einkäufe oder ihre Höflichkeitsbesuche zu machen, nicht so viele überschüssige geistige und körperliche Energien hat und nicht so viel Spielraum für die Beschäftigung mit Erde, Himmel, Meer und den

Launen des Wetters, wie es bei den Männern im Allgemeinen der Fall ist.

Darüber hinaus spricht nicht nur die zartere physische Konstitution der Frauen, sondern auch die Gefahr, die dem, *was sie tragen*, durch Wind und Wetter droht, dagegen, dass sie sich in tiefster und vollkommener Hingabe bedenkenlos den Elementen überlassen.

Ich nehme auch an, dass sich Frauen in dieser Hinsicht stärker voneinander unterscheiden als Männer. Betrachten wir diesen Punkt einmal näher. Wenn sich Frauen der Natur überlassen, tun sie dies, so glaube ich, auf eine von vier Arten. Sie können, um es kurz zu machen, sie *erstens* besitzergreifend und mütterlich umschließen; *zweitens* ihr in narzistischer Selbstverliebtheit begegnen; *drittens* ihr als jungfräulich-athletische Diana entgegentreten; *viertens* sich symbiotisch wie Dryaden* der Männlichkeit anpassen, um ihren Partnern zu schmeicheln. Den so genannten Künstlertyp lasse ich bei dieser Aufzählung weg, weil er in seinem Wesen, zumindest was seine Fantasie betrifft, im Allgemeinen eher bisexuell ist.

Die umschließende Frau, von der im ersten Punkt die Rede ist, gehört zum mütterlichen Typ. Sie bewegt sich in der freien Natur mit der zwanglosen, unbewussten Freude einer erstgeborenen Tochter der Großen Mutter. Selten gibt sie einem Ding vor dem anderen den Vorzug, nichts lehnt sie ab. Sie ist wie selbstverständlich ein Medium für die Gefühle und Empfindungen, von denen man annehmen muss, dass es die unterhalb der menschlichen Gedankenwelt strömenden Gefühle unseres Planeten selbst sind. Sonne und Regen erfreuen und nähren sie; Schnee und Eiseskälte empfindet sie als belebende Herausforderung; und wenn sie eindeutige Vorlieben hat oder sich zu bestimmten Dingen hingezogen fühlt, spricht sie mit einer so besitzergreifenden Selbstverständlichkeit über sie, dass sie auf eine merkwürdig persönliche Weise zu ihrem Eigentum werden. Plötzlich ist es *ihre* Sonne, *ihr* Regen, *ihre* Eiseskälte und *ihr* Schnee. Als wäre sie in Wahrheit ein Mikrokosmos der mütterlichen Erde, verzichtet sie auf Staunen, Überraschung und Bewunderung, während sie mit traumwandlerischer Sicherheit, die ebenso bescheiden und unaufdringlich wie selbstverständlich und spontan ist, das begrüßt, was ihr Wohlbefinden steigert, und das vermeidet, was ihm Abbruch tut.

Eine alte Frau des mütterlichen Typs – sofern sie, was sehr unwahrscheinlich ist, tatsächlich beschließen würde, ihre intuitive Freude durch einen bewussten Willensakt zu steigern – wäre demnach, wie mir scheint, gut beraten, wenn sie Monat für Monat, durch Frühling, Sommer, Herbst und Winter hindurch, hier ein wenig und da ein wenig, allmählich und beharrlich ihr *geistiges* Bewusstsein immer mehr erweitern würde, bis auch die ödesten Kontinente und die abgelegensten Regionen ihres kreatürlichen Seins von neuen Kanälen bewusster Erkenntnis durchzogen wären.

Wesentlich leichter ist es für die alte Dame, die ich als den narzisstischen Typ beschrieben habe, die Freude an der Natur bewusst zu steigern, weil das, was Gertrude

Stein als das »törichte Wesen«* in einem jeden von uns bezeichnet, hier weniger wiegt.

Mit ihrem noch jugendlichen Geist – denn diese unmütterlichen Frauen verlieren ihre innere Spannkraft nie – kann sie ihre arthritischen Gelenke und ihre welken Wangen ignorieren, kann über ihre nachlassende Sehkraft und ihr schlechter werdendes Gehör lachen, während sie sich, sofern sie sich ganz auf diese Erfahrung konzentriert, Tag für Tag tiefer bis ins Mark vom Geheimnis des Regens und der Sonne, des Morgengrauens und der Abenddämmerung durchdringen lässt. Als junge Frau hat sie es als das höchste Vergnügen empfunden, ihren eigenen Körper zu spüren – gleichgültig, was andere davon hielten! – und die Elemente mit jeder Pore ihrer Haut in sich aufzunehmen. Im Alter nun kann ihr, wenn sie dies wünscht und will, die Meinung ihrer Freunde und Nachbarn in zunehmendem Maße gleichgültig sein, sie braucht auf nichts und niemanden mehr Rücksicht zu nehmen, nur was ihr eigenes unmittelbares Fühlen, ihre Selbstwahrnehmung und ihre Selbstbetrachtung betrifft, zählt jetzt noch!

Jeder, der mit einer Frau dieses Typs zusammengelebt hat, weiß, dass all das mit einer gehörigen Portion an gesundem Menschenverstand und selbstlosem Verhalten einhergehen kann! Es ist der geheime und verborgene Unterton einer unverwüstlichen Ichbezogenheit, auf die sie ein uneingeschränktes Recht hat, das Recht aller lebendigen Kreaturen auf ihre ureigene, einsame und nicht mitteilbare kosmische Empfindung.

Das geheime Leben einer alten Frau dieses Typs ist ganz und gar ihre eigene Sache. Niemand kann es ihr geben. Niemand kann es ihr nehmen. Das Gefühl, das sie für ihren Körper hat – so welk und gebrechlich, so ungelenk und schwerfällig er auch geworden sein mag –, geht nur sie selbst und die geheimnisvolle Dimension etwas an, in der das Schicksal sie zum Älterwerden befähigt hat. Es geht nur sie selbst und das Leben etwas an. Es *ist* ihr Leben, und wenn es ihr Wille ist, bleibt es so bis an ihr Ende.

Aber wenden wir uns dem dritten Typ zu. Es gibt keinen größeren Gegensatz zu unserer narzistischen alten Dame als die Spezies der jungfräulichen Diana! Man braucht keine besonderen psychologischen Kenntnisse, um sich der Tatsache bewusst zu sein, dass der physische Zustand zufälliger Jungfernschaft, sei die Jungfer nun jung oder alt, nichts zu tun hat mit der schicksalhaften seelischen und geistigen Verfassung der Frau, die eine geborene Artemis, eine geborene Jägerin der übermenschlichen Freuden des Unbelebten, eine geborene Freimaurerin der Elemente ist.

Eine solche Frau kann, wie die Frau aus Samaria*, fünf Ehemänner gehabt haben. Sie kann, wie Nereus' Gattin*, 50 Kinder geboren haben. Das alles sind bloße Äußerlichkeiten, die Umstände, die Gefängnisse, die sich in ihrer Lebensgeschichte aneinander gereiht haben. Der Kern ihres Lebens, sein kontinuierliches Wesen, seine unantastbare Folge innerer Erfahrungen ist ihre Abkehr von der Menschheit, ihre Flucht in die Natur. Ihr eigentlicher Seelengefährte war immer das

Unbelebte. Ihr psychisches Liebesleben war immer ihre enthusiastische Hingabe an die Elemente.

Die für die so genannte alte Jungfer typische Ängstlichkeit ist der äußere Ausdruck einer inneren Unsicherheit, die daher rührt, dass sie ihre eigentliche Bestimmung im Leben nicht erkennt. Aus diesem Grund kann sie die Chance, wirklich sie selbst zu sein, oft erst im Alter wahrnehmen; und genau deshalb ist sie von allen vier Frauentypen im Allgemeinen diejenige, die im Alter am glücklichsten ist.

Irgendwann wird sie erkennen – durch plötzliche Offenbarung oder allmähliches Begreifen –, dass sie die hingebungsvolle Vestalin* der Erde, der Luft, des Wassers und des Feuers ist; und dass sie ein unbestreitbares Recht auf ihre elementare Einsamkeit hat. Und je hinfälliger und gebrechlicher ihr Körper wird, umso näher kommt sie in ihrem innersten psychischen Selbst der ekstatischen Verschmelzung mit der Natur.

Wenn sie klug ist, wird sie ihre ganze Willenskraft darauf richten, diese natürliche Disposition bis zum Äußersten auszuschöpfen. Mit tausend Tricks und Kniffen, mit tausend Ausflüchten und Täuschungsmanövern wird sie sich ihren häuslichen Pflichten und ihren familiären Bindungen entziehen und sich in das göttliche Grenzgebiet flüchten, in dem sie die Braut des Nichtmenschlichen und des Übermenschlichen ist. Sie war schon immer das, was man eine Novizin der Elemente nennen könnte; und nun, auf ihre alten Tage, legt sie endlich das ewige Gelübde ab und entscheidet sich endgültig für den Nonnenschleier des Kosmischen Ordens!

Wenn wir uns schließlich den vierten und letzten Typ des weiblichen Alters in seiner Beziehung zur Natur ansehen, die alte Dame also, deren Einstellung zum Unbelebten innerhalb und außerhalb ihrer eigenen Person bestimmt wird von ihrer bedingungslosen Hingabe an die Männer und ihrer ständigen Sorge darum, was diese wohl von ihr halten, hat es den Anschein, als rekrutiere sich die große Masse der alten Frauen heutzutage aus diesem Typ. Es sind diejenigen, die größte Sorgfalt auf ihre äußere Erscheinung, auf ihr Kleid, ihre Sprechweise, ihre Gestik verwenden. Es sind diejenigen, denen die Männer, ob alt oder jung, selbstverständlich den Vorzug geben; denn sie bedienen die Männer, lesen ihnen jeden Wunsch von den Augen ab; sie imitieren die Sprechweise der Männer, teilen ihre Interessen, entwickeln den gleichen Geschmack; so bestärken sie die Männer, denen sie im Laufe ihres Lebens begegnen, stets in ihrer Selbsttäuschung, pflegen und hätscheln sie. In ihrer Lebensart und im Ausdruck ihrer Lebensart schaffen sie es mühelos, sich der von den Männern geschaffenen konventionellen geistigen Atmosphäre anzupassen.

So ähnelt ihre Einstellung zur Natur, anfangs bewusst, später dann ohne ihr Zutun und intuitiv, zunehmend derjenigen der Männer, mit Ausnahme der Situationen, in denen sie, aus Gründen aufreizender Verlockung, eine kokettierend weibliche Haltung einnehmen, die sich demonstrativ von dem unterscheidet, was man von männlichem Verhalten erwarten würde.

Es sind dies die alten Damen, die einem belesenen Mann schöne Augen machen und ihm versichern, er erinnere sie an einen »grauen Wolf« oder an einen »Faun«. Es sind diejenigen, die nichts Eiligeres zu tun haben, als sich den botanischen, ornithologischen, geologischen oder gar den poetischen Wortschatz des Mannes oder der Männer, mit dem oder mit denen sie es zu tun haben, zu Eigen zu machen.

Sie haben es als Töchter, Schwestern, Geliebte, Ehefrauen, Mütter und Tanten den Männern so lange recht gemacht, haben sie so lange verwöhnt und sich ihnen gegenüber liebreizend verhalten, dass sich aus den Reaktionen ihrer Geliebten und Söhne auf diese planetarischen Einflüsse zwischen ihrer Haut und den natürlichen Elementen so etwas wie eine Nebelschicht gebildet hat. So erweisen sie sich – wo es um die Männer geht – sogar als Großmütter und Urgroßmütter noch als die vollkommensten Begleiterinnen für alle Unternehmungen unter freiem Himmel.

Der Lauf der Zeit und unabwendbare Schicksalsschläge bringen es jedoch manchmal mit sich, dass alte Damen dieses Typs irgendwann einmal allein dastehen. Wenn dann, wie man so schön sagt, das Leben weitergehen soll, sind sie gezwungen, eine innere Anpassung zu vollziehen.

Aber wie sieht diese innere Anpassung aus? Seit ihrer Kindheit sind sie im anderen Geschlecht aufgegangen, haben für und durch es gelebt. Ihre Ansichten, ihre Wertvorstellungen, ihr Geschmack, ihre Lebensart, ihr Raffinement und ihre Ursprünglichkeit, das alles hat, auch wenn es in einer weiblichen Person zum Ausdruck kommt, eine Färbung angenommen, wie sie für die Haltung der Männer seit jeher charakteristisch ist.

Wie also sollen sich diese Frauen auf der Zielgeraden ihres irdischen Lebens die Kunst aneignen, die Schönheit der Natur und der Elemente kraft ihrer eigenen Persönlichkeit und ihrer einmaligen Seele auf sich wirken zu lassen?

Nun ja, ich sage dies mit aller Zurückhaltung: Meinem Empfinden nach können sie an der männlichen Ausprägung ihrer Beziehung zur Natur zwar auf ihre alten Tage nichts ändern, aber sie können – und der Erfolg einer solchen Bemühung könnte eine wundersame *vita nuova* sein – den Elementen selbst den rücksichtslosen, launenhaften und sogar grausamen Geist einer maskulinen Persönlichkeit zuschreiben, der in ihnen die traditionell weibliche Reaktion hervorruft, die auf Männer so anziehend wirkt und die, so könnten sie allmählich vielleicht feststellen, auch diese nichtmenschlichen Kräfte selbst nicht völlig gleichgültig lässt.

Natürlich wird die unpersönlich gewordene Wissenschaft unserer Tage alles daransetzen, sie vom Gegenteil zu überzeugen; aber wenn man den Hinweisen folgt, mit denen die ältesten Überlieferungen aus der Geschichte unserer Spezies gespickt sind, hat es Zeiten gegeben, in denen die Götter der Erde, des Wassers und der Luft in liebevoller Wechselbeziehung zu den feinfühligen Töchtern der Menschheit standen.

Zusammenfassend könnte man sagen: Nirgendwo tritt die abgrundtiefe Kluft zwischen den Geschlechtern so gravierend zutage wie in der unterschiedlichen Einstellung alter Männer und alter Frauen zur Natur.

Entgegen allen herkömmlichen Erwartungen und im krassen Gegensatz zu dem, was Kunst und Literatur uns glauben machen wollen, möchte ich mit fast dogmatischer Gewissheit behaupten, dass hinsichtlich der Reaktion auf die magischen Kräfte jenes Zauberstoffs, aus dem unsere Dimension besteht, der Unterschied von Mann zu Mann wesentlich geringer ist als der von Frau zu Frau.

Der »normale« Mann – und das ist in England quer durch alle Schichten auch ein Gartenfreund* – betrachtet die Natur mit dem Auge eines Möchtegern-Eroberers, eines siegreichen Sportsmanns, eines aufmerksamen Forschers. Er ist stets distanziert und räuberisch zugleich. Das ist eine ganz einfache Haltung; aber wie andere einfache Dinge auch kann sie sich aus einer erstaunlichen Vielzahl verschiedener Elemente zusammensetzen.

Falls sich ein Leser bemüßigt fühlt, meine Worte anzuzweifeln, so soll er sich nur irgendeinen ganz normalen berufstätigen Mann aus seinem Bekanntenkreis vorstellen, einen Verwaltungsangestellten, einen Land- oder einen Fabrikarbeiter, einen Arzt, einen Anwalt oder einen Geschäftsmann, der sich auf den Weg zu seiner Arbeit oder seinen geschäftlichen Unternehmungen macht. Was für ein Blick – so frage ich Sie – ist das, mit dem dieser Mann den Himmel über sich, die Erde unter seinen Füßen, die Sonne, den Mond oder flackernden Feuerschein, einen Fluss, einen See, einen Teich oder einen Strand auf seinem Weg betrachtet?

Ist es nicht voll und ganz der Blick eines Überlegenen, der Blick eines Plünderers? Jeder Mann ist ein verhinderter Höhlenmensch; und der erste, entscheidende, spontane Blick, den ein Mann auf die Natur wirft, wenn er aus der Tür tritt, ist der Blick eines Vergewaltigers.

Selbst der grobschlächtigste und dickhäutigste aller Männer bemächtigt sich, wenn er auf dem Weg vom heimischen Herd zu seiner Arbeit beiläufig den sich ihm bietenden »Anblick« in sich aufnimmt, der Erde, der Wolken, der Sonne, der Luft, der Pfützen am Straßenrand so, als wären alle diese unbelebten Dinge ein empfänglicher Ausdruck, ein lebendiger Fühler des grundsätzlich weiblichen Wesens der Natur.

Der zweite Gedanke oder vielmehr der zweite spontane Impuls des normalen Mannes, der aus seiner Höhle hervortritt, ist jedoch der des Jägers, des Fischers, des Fallenstellers, des Dompteurs, des Verfolgers auf der Pirsch, des Forschers, des Sammlers, des Abenteurers, des Pioniers.

Jeder Mann hat seine eigene spezielle Weise, sich unser aller Großen Mutter zu nähern, sich an sie heranzupirschen und auf sie zu stürzen. Das ist seine heimliche Leidenschaft, sein Doppelleben, seine ganz persönliche Flucht aus der Langeweile seiner Arbeit, mit einem Wort: sein *Steckenpferd*. Warum ist gerade England für Männer das Paradies schlechthin? Weil sich die Männer hier im Gegensatz zu den Frauen uneingeschränkt ausleben können!

Möglicherweise sind die Frauen in Deutschland noch stärker von den Männern unterdrückt und – wie soll ich es ausdrücken? – stehen noch krasser unter deren Knute. Aber ihre Unterdrückung *beweist* nur, dass dem Deutschen amtlicherseits die Freiheit verwehrt wird, seine Männlichkeit so auszuleben, wie es den Männern in Großbritannien im Allgemeinen möglich ist.

Der Wunsch, *seine Hobbys mit seiner Gefährtin zu teilen*, gehört zu den grundlegenden Charakterzügen des normalen Höhlenmannes. Unser Brite ist seinem Wesen und seiner Geschichte nach ein Natureroberer, ein Naturerforscher, mit einem Wort: ein *Naturalist*. Und so albern und stümperhaft seine persönliche Obsession auch sein mag, wünscht er sich doch, dass seine Freundin, seine Ehefrau, *sogar seine Mutter* sein Interesse teilen möge.

In England ist eine Frau, wenn sie es ihrem männlichen Gefährten in allem recht machen möchte – und das will im Grunde jede Frau –, gezwungen, auf schmerzliche und tiefgreifende Weise gegen ihre elementare Weiblichkeit zu verstoßen. Um vollkommen und ohne Einschränkung sie selbst zu sein, braucht die typische Frau die besondere, ungeteilte Aufmerksamkeit ihres Geliebten. Da nun aber jeder Mann auf dieser Insel dazu erzogen wird, einen – wie wir es heute nennen – Ödipuskomplex gegenüber der Natur zu entwickeln, die ja immerhin Ausdruck weiblicher Prinzipien ist, hat jede Frau in unserem Mutterland vom ersten Tag an eine übermächtige Rivalin, weshalb ihr nichts anderes übrig bleibt, als ihr eigenes fundamentales Wesen zu verstümmeln und seine Grundbedürfnisse zu leugnen. In dieser Selbstkasteiung wird sie in allen gesellschaftlichen Schichten durch sämtliche Konventionen, durch sämtliche Aspekte der Erziehung bestärkt. Jede Frau ist gezwungen, sich selbst *umzuformen*. Sie sieht sich genötigt, sich so zu kleiden, so zu empfinden, so zu reden, ja, so zu *denken* wie ein Mann. Ihre Liebhaber und Söhne, ihre Ehemänner und Brüder wollen in ihr nicht das Idol ihrer uneingeschränkten Verehrung sehen, sondern suchen in ihr das, was alle barbarischen Höhlenmänner wollen: eine armselige, unterwürfige Gefährtin im Kult der Großen Mutter.

Und je »höher« – um das unseren Gepflogenheiten entsprechend so auszudrücken – die Frau in der gesellschaftlichen Rangordnung steht, umso gründlicher wird sie in diesem Sinne versklavt.

Die britische Aristokratie ist ihrem Wesen nach eine *Aristokratie der Männer*. In dieser Hinsicht unterscheidet sie sich vom französischen Adel; und was die Adeligen in Deutschland betrifft, so sind sie im Vergleich zu unserer anarchischen, unbekümmerten und überaus privilegierten herrschenden Klasse nichts anderes als verkorkste Spezialisten, hochmütige Fachleute von emsigem Fleiß, engstirnige Vertreter ihres Berufsstandes.

Um der Wahrheit die Ehre zu geben, müssen wir einräumen, dass die Frauen in aller Welt, ob alt oder jung, entsprechend ihrer Hautfarbe und der Nation oder der geografischen Umgebung, in die sie zufällig hineingeboren wurden, vollkommen unterschiedliche Rollen im Zirkus des Lebens spielen.

Sich selbst überlassen – was allerdings selten der Fall ist –, haben Frauen ihrem angeborenen weiblichen Wesen nach im Allgemeinen die größte Freude am Leben und können sich selbst am besten verwirklichen, wenn sie sich nicht in der Gesellschaft von Männern, sondern in der anderer Frauen befinden. Ausnahmen von dieser Regel erleben wir nur, wenn der Partner, den sie gewählt, oder der Sohn, den sie geboren haben, zu den Männern gehört, die in ihrer Seele einen weiblichen Anteil haben.

Warum sind die Amerikanerinnen im weltweiten Vergleich die freigeistigsten, kreativsten und interessantesten aller Frauen? Henry James hat sie einmal als die Aristokratie Amerikas bezeichnet. Aber sie unterscheiden sich von unserer Aristokratie, die im Wesentlichen männlich geprägt ist, durch die bemerkenswerte Tatsache, dass sie, ebenso wie die amerikanischen Männer, im Kreis ihrer Geschlechtsgenossinnen am stärksten sie selbst sind, während die männlichen Vertreter des englischen Adels – echte barbarische Höhlenmenschen hinter der Fassade ihrer konventionellen Kultiviertheit – darauf beharren, dass ihre Partnerinnen alles im Leben mit ihnen teilen. In dieser Hinsicht ist die Amerikanerin die Universalfrau unseres Planeten. Sie denkt, spricht, putzt sich heraus, isst, trinkt und amüsiert sich spontan und unbekümmert in der Gesellschaft *anderer Frauen*, mit ihnen und für sie.

All das führt zu einem einzigen Schluss: Die alte Dame, die in Großbritannien am glücklichsten ist, ist vom weiblichen Wesen des vierten Typs, wie ich es zu nennen mir erlaubt habe. Zwischen ihre Genussfähigkeit und ihre vom Schicksal bestimmte Umgebung schiebt sich das atmosphärische Medium der intuitiven Interessen ihres Vaters, ihres Sohns, ihres Bruders, ihres Geliebten, ihres Ehemanns! Und diese Interessen hat sie so uneingeschränkt übernommen, dass ihre *Tragödie* einsetzt, wenn sie durch den Verlust ihres Mannes oder ihrer Männer auf ihre eigenen, tief verschütteten weiblichen Ressourcen zurückgeworfen wird. Aus diesem Grund sollte ein kluger Ratgeber eine alte Dame dieses Typs, deren Glück ihm am Herzen liegt, dazu bringen, dass sie etwas von dem männlichen Ambiente, das ihr im Laufe der Zeit so vertraut geworden ist, auf die unberechenbaren und bedrohlichen Elemente der Natur überträgt.

»Aber«, werden Sie mir vielleicht entgegenhalten, »ist nicht die Natur selbst ihrem Wesen nach weiblich? Ist sie nicht die Rivalin einer jeden Frau? War sie nicht als die ›Große Mutter‹ schon immer das heiligste Objekt der Verehrung ihres Kind-Mannes?«

Dieses Argument wiegt schwer; aber ich weigere mich, das Los unserer männergeprägten alten Frau als wirklich so hoffnungslos anzusehen, wenn sie erst einmal auf sich selbst gestellt ist!

Wir dürfen nicht vergessen, dass der in der Menschheitsgeschichte unendlich weit zurückreichende Mythos, dem zufolge die Natur weiblich ist, genau genommen auf *die Erde* beschränkt werden müsste. Demeter und Kybele waren *Erdgöttinnen*[*], keineswegs Verkörperungen unserer gesamten Lebenssphäre. Es gibt auch noch den Himmel! Von alters her hat die Überzeugung geherrscht, dass der Himmel das männliche Prinzip des kosmischen Lebens repräsentiert, das sich nicht nur von der mütterlichen Fruchtbarkeit der Erde unterscheidet, sondern die schöpferische Kraft ist, die diese Fruchtbarkeit bewirkt.

So soll denn unsere einsame alte Frau mit den Winden tändeln und sich von der Sonne umschmeichelt fühlen. So soll sie denn ihr Ich vernebeln und ihren Masochismus befriedigen, indem sie sich der unendlich mächtigen, unendlich grausamen, unendlich zärtlichen Herrschaft des grenzenlosen Raums unterwirft! Und so soll sie denn das, was der ehrenwerte John Morley* als den »letzten entsetzlichen Vernichtungsschlag« bezeichnet, mit dem verzückten Beben einer Braut erwarten, die bereit ist, sich in der letzten leidenschaftlichen Umarmung der ewigen Stille zu verlieren.

KAPITEL 3
DAS ALTER UND
DIE INNERE HALTUNG

Wenn wir uns von der spezifisch weiblichen nun der allgemeinen menschlichen Einstellung zur Natur zuwenden, möchte ich vorausschicken, dass ich es zwar als höchstes Lob betrachten würde, von einem Kritiker mit einer alten Frau verglichen zu werden, dass ich aber vom Schicksal *nicht* auserkoren wurde, als Frau zu sprechen. Ich kann die Rolle des Teiresias* so gut einnehmen wie jede andere – wozu jeder Schreiberling imstande sein muss, der mit dem doppelgesichtigen Rätsel ringt –, glaube aber, dass man vom enger umrissenen Standpunkt des eigenen Geschlechts aus einen besseren Überblick gewinnt und auf dem Beobachtungsposten von Chesil-Beach* festeren Boden unter den Füßen hat als im Treibsand einer wohlmeinenden Fantasie.

Wenn es um diese zaghaften Versuche des Psychologisierens geht, wie sie zwischen dem Parallelbewusstsein der beiden Geschlechter existieren, scheint es mir klüger, ins eigene Herz zu blicken, als aus den lebhaftesten äußeren Eindrücken verallgemeinernde Schlüsse zu ziehen. Im Grunde ist es nur allzu wahrscheinlich, dass die Gefühlswelt eines jeden Mannes selbst mehr Elemente eines weiblichen Bewusstseins enthält, als auch der schärfste Blick von außen erfassen könnte.

Falls das zutrifft, ist es ebenfalls sehr wahrscheinlich, dass die besten Methoden im Umgang mit dem Älterwerden, die ein Mann für sich und in sich gefunden hat, für Frauen – die diese Methoden in ihre eigene Sprache übersetzen können – wesentlich hilfreicher sind als alles, was er in anmaßendem, durch seine zwangsläufig beschränkte Erfahrung bestimmtem Mitgefühl sagen könnte.

Wenn ich als Mann demnach herauszufinden versuche, in welche Richtung ältere Menschen in ihrer Haltung zur Natur sich am klügsten mit ihrem Willen wenden, stelle ich, da der Verstand eines Mannes nun einmal so funktioniert, fest, dass ich auf die alte Frage nach einem unfehlbaren Orakel für die menschliche *Moral* zurückgeworfen werde, auch wenn dies in unseren schrecklichen Zeiten wie purer Hohn klingen mag. Im alten China machten sich die kultivierteren taoistischen Meister über das schlichte konfuzianische Gebot von »Güte und Rechtschaffenheit« lustig; wahrscheinlich gibt es tatsächlich das innere Bedürfnis nach etwas, das die Einstellung der Seele zu sich selbst enger umfasst als diese beiden Tugenden. Ich persönlich neige dazu, es mit Mark Tapley* zu halten – wobei ich seiner Maxime allerdings einen etwas metaphysischeren Anstrich geben würde! –, indem ich mich unter widrigeren und weniger widrigen Bedingungen gleichermaßen *zwinge, glücklich zu sein*. Das ist natürlich kein Trick, den man über Nacht erlernt. Man muss das zäh und beharrlich üben. Aber es ist eine geheimnisvolle und magische Fähigkeit, die unter bestimmten Umständen fast als Zauberkraft bezeichnet werden könnte.

Ob sie uns von Natur aus gegeben ist oder von außen an uns herangetragen wird, ist die Natur doch Teil dieser geheimnisvollen Kraft, die einem Erfahrungsbereich zuzuordnen ist, in dem es zwischen Egoismus und Selbstlosigkeit keine Unterscheidung gibt. In allen Krisensituationen, in jeder extremen Lebenslage hat die Aktivierung dieser Kraft eine Wirkung, die über die Grenzen unserer individuellen Persönlichkeit hinausreicht.

Angesichts der Erfahrungen, die mir das Schicksal beschert hat, neige ich zu der Ansicht, dass diese Kraft, aus der zu schöpfen wir uns ein Leben lang bemüht haben, wie von selbst aus einem Winkel unserer Seele in uns aufwallt, der nicht nur über unser unmittelbares Ich, sondern auch über den zeitlich-räumlich-stellaren Kosmos mit seinem ganzen Gewicht und Druck hinausreicht! Ich habe, mit anderen Worten, das merkwürdige Gefühl, dass sie uns aus einer anderen Dimension des Multiversums zuwächst.

Zumindest aber können wir uns darauf einigen, dass sie uns aus der Tiefe unseres Seins erreicht, gleichgültig, ob dieses Sein auf unsere Dimension des Erlebens beschränkt ist oder nicht.

Wenn wir uns in dieser Kraft, sei sie durch Zeit und Raum begrenzt oder nicht, üben, darf ein Element dessen, was man gemeinhin als »Glauben« bezeichnet, nicht fehlen, denn das Ausüben dieser »Willenskraft«, sofern es gestattet ist, den vertrauten Begriff in diesem Zusammenhang zu verwenden, setzt den Glauben daran voraus, dass es eine solche »Willenskraft« gibt und dass sie, so schwierig es sein mag, ihren Zauber auch ausüben kann.

Was immer unsere Mark-Tapley-Theorie, der zufolge der wahre Philosoph sich zwingt, unter den widrigsten wie unter den günstigsten Umständen gleichermaßen glücklich zu sein, an metaphysischen Implikationen mit sich bringt, müssen wir doch zugeben, dass das Alter der Jugend insofern etwas voraus hat, als der alte Mensch das Berufsleben hinter sich gelassen hat und quasi »außer Gefecht« gesetzt ist.

Und, so viel steht fest, das große »Desiderat« hinsichtlich unserer Beziehung zur Natur ist nicht die Muße, uns umsehen zu können, sondern die Muße, unsere Seele in das zu versenken, was wir betrachten.

Abgesehen von den Kriegsanstrengungen, die gegenwärtig das ganze Land erfassen, gibt es weder in Kriegs- noch in Friedenszeiten viele Menschen, denen die Muße vergönnt ist, sich so eingehend mit der Natur zu befassen, wie ich es beschreibe. Jeder ist mit seinen eigenen Angelegenheiten beschäftigt, und diese schwappen über den Rand, sickern durch den Boden der uns zur Verfügung stehenden Zeit!

Jeder, ob in einem Beschäftigungsverhältnis oder nicht, hat seine Urlaubszeiten und seine Hobbys; aber bei all unserer Betriebsamkeit, unseren Ausbildungsanstrengungen, unseren Berufspflichten und unseren praktischen Interessen, bei all der Energie, die wir auf unser berufliches Fortkommen verwenden, bringen nur die wenigsten von uns die Kraft und den Unternehmungsgeist auf, ihren so viel beschäftigten und gehetzten Verstand auf die Verehrung der Natur zu reduzieren.

Am Ende eilen uns jedoch die Einschränkungen des Alters selbst zu Hilfe: Endlich können wir uns, mit der Klugheit des Erwachsenen, noch einmal den Empfindungen eines Kleinkindes hingeben. Noch einmal können wir das göttliche Leben reiner Kontemplation genießen, das auch das Leben aller Pflanzen, Planeten, Übermenschen und Götter ist, das Leben, nach dem wir uns aus tiefstem Herzen die ganze Zeit über gesehnt haben und auf das uns die gelegentlichen Freuden der Liebe, der religiösen, philosophischen und künstlerischen Betrachtung nur einen aufregenden und verlockenden Vorgeschmack geliefert haben!

Wenn der tiefere Sinn und Zweck unseres Lebens die Freude am Leben ist, so sind wir in der Jugend und in mittleren Jahren – nicht nur in Kriegszeiten – ständig gezwungen, diesen Sinn und Zweck außer Acht zu lassen; das Alter gibt uns jedoch die Gelegenheit, den Sinn unseres Lebens zu erfüllen.

Auf unserem Pilgermarsch zu diesem wiedergewonnenen Paradies können wir das, was wir als Kinder unbewusst erreicht haben, im Alter bewusst verwirklichen, sofern wir noch unsere sieben Sinne beisammen haben.

Das größte und dauerhafteste Glück, das dem Menschen vergönnt ist, erschließt sich ihm nicht durch

Liebe, Lust, Macht, Besitz oder aktives Bemühen, sondern durch eine ganz besondere Empfindung, die ihn überkommt, wenn er das gesamte unbelebte Mysterium umarmt, aus dem sich unsere Dimension zusammensetzt. Verwischt hat diesen Aspekt das Bewusstsein, dieses heikle Ding, das uns auf verhängnisvolle Weise vom Sinn des Lebens ablenkt, der doch von jeher und für alle Zeit eine Sache jedes Einzelnen ist.

In unserer Dimension besteht alles aus Gegensätzen und Widersprüchen, die fraglos notwendig sind; und die beiden gegensätzlichen Kräfte, die auf der untersten Ebene unseres Lebensbewusstseins wirken – und die uns, wie ich nicht müde werde anzudeuten, von einem Ort außerhalb von Zeit und Raum erreichen –, sind einerseits der Impuls, das zu umarmen, was wir in unserer Unkenntnis anderer Dimensionen irrtümlich als den Kosmos bezeichnen, und andererseits der Impuls, uns selbst hintanzustellen und anderen Kreaturen zu dieser Umarmung zu verhelfen. *Freu dich an allem und sei freundlich gegen alle.* Das ist unsere elementarste Lebenseinstellung und der nachdrücklichste Ausdruck unseres lebendigen Willens.

Dass es eine zweischneidige Sache ist und einen egoistischen wie einen selbstlosen Impuls beinhaltet, zeigt nur, dass es das ist, was wir wollen. Rufen wir uns an dieser Stelle in Erinnerung, dass wir alle praktischen und nach außen gerichteten Tätigkeiten bereits verworfen haben. Diese elementare egoistisch-selbstlose Geste muss daher ihrem Wesen nach eine kontemplative Vision sein oder, um alle unsere Sinne einzubeziehen, eine kontemplative Umarmung dessen, was wir den Kosmos nennen.

Nun sind wir als Menschen so beschaffen, dass wir in jeder Sekunde unseres bewussten Lebens andere Geschöpfe wahrnehmen, die Not und Unbill oder gar äußerste Schmerzen erleiden.

Der Krieg hat das Leid verschärft und gemehrt, ihm ein fast unendliches Spektrum von Gesichtern und Erscheinungsformen gegeben – physischer, geistiger, seelischer, allgemeiner und besonderer Art. Aber das Leid hat es schon vor dem Krieg gegeben und wird es auch nach dem Krieg geben; denn ob wir nun ein wenig leiden, sehr leiden, unvorstellbar leiden – vor keinem dieser Schicksale gibt es in unserer Dimension des Multiversums ein Entrinnen.

Doch so, wie unser gegenwärtiges Leben unter dem schier unerträglichen Druck ächzt und stöhnt, sich biegt und nachgibt, sich unter Heulen und Jammern aufbäumt, verbiestert, verkümmert oder völlig zerfasert, reagiert es auch, weil es die Gelegenheit zu einer solchen Reaktion bereitwillig beim Schopf ergreift, auf die belebten und die unbelebten Dinge und Stoffe, die uns umgeben.

Wenn die eine Seite unseres dualen und in sich widersprüchlichen Lebenszwecks unsere eigene Freude ist, so besteht die zweite Seite in dem Bemühen, anderen zum gleichen Glück zu verhelfen. Und hier haben wir den springenden Punkt des Ganzen: Wie verbinden wir diese beiden »Strömungen« so miteinander, dass sich ihre Kräfte vereinen und mehren, anstatt sich gegenseitig aufzuheben oder auszuschalten?

Ein nicht unbeträchtlicher Teil des Unbehagens – und oftmals ist es eine reine Qual –, das mit dem verzweifelten Bemühen verbunden ist, ein inneres Gleichgewicht zwischen diesen beiden entgegengesetzten Impulsen herzustellen, lässt sich aus der Welt schaffen, indem wir rückhaltlos und ehrlich zugeben, dass ihre gegensätzlichen Ansprüche gleichberechtigt nebeneinander existieren; und wir dürfen meiner Ansicht nach niemals vergessen, wie wichtig es ist, uns in diesem notwendigen Gleichgewicht von Denken und Tun unermüdlich zu üben.

Natürlich helfen uns in der turbulenten Realität der Welt die praktischen Notwendigkeiten des Alltags, dieses Gleichgewicht zu wahren. Unser normales Dasein sorgt, besonders dann, wenn der wirtschaftliche Druck zunimmt, ganz von selbst dafür, dass wir unsere Impulse vernünftig aufteilen zwischen der Verteidigung unserer eigenen Interessen und der Sorge um das Wohl derer, die von uns abhängig sind. Konventionen, ethnische Eigenheiten, religiöse Überzeugungen, Familienbande, allgemeine Loyalität – alle diese Dinge verknüpfen sich zu tausend unsichtbaren Fäden, die unseren Egoismus und unser Bedürfnis nach Unabhängigkeit in Zaum halten. Und den Alten fällt es sehr viel schwerer, diese Fäden zu zerreißen, als den Jungen.

Der Druck jedenfalls ist für uns alle vorhanden; und normalerweise können wir uns getrost darauf verlassen, dass Gewohnheiten und Zwänge uns daran hindern, vom rechten Weg abzukommen. Andererseits sind die Gebrechen und Zipperlein des Alters, wie wir wissen, so etwas wie eine Bewilligungsurkunde, von den härteren Strapazen des Existenzkampfes Abstand nehmen zu dürfen.

Was wir nie dem Zufall überlassen dürfen, sondern im Gegenteil beharrlich und mit Willenskraft intensivieren und verfeinern müssen, ist unser Umgang mit jenen Momenten der Muße, die von Rechts wegen ausschließlich uns selbst gehören. Die Konzentration, die dazu erforderlich ist, kann man, besonders wenn sie den äußeren gesellschaftlichen Zwängen abgerungen werden muss, nur durch lange Übung lernen.

Jeder Mensch unterscheidet sich innerlich wie äußerlich von allen anderen; das kommt noch zu dem geheimnisvollen Abgrund hinzu, der sich zwischen Männern und Frauen insgesamt auftut.

Die Schulmeister der schreibenden Zunft sollten nie vergessen, dass sie, im Gegensatz zu den unvergleichlichen Wahrsagern, die das zum Ausdruck bringen, was alle Menschen gemein haben, mit ihren begrenzteren Botschaften nur geistesverwandte Seelen erreichen. Je näher sie mit ihren Ansichten der tieferen, einfacheren und weniger vergänglichen Vision der genialen Köpfe unserer Spezies kommen, umso geringer ist die Gefahr für sie selbst und ihre Adepten, sich auf eine bestimmte »Schule« festzulegen.

Jeder dieser großen Meister, die sich in der Allgemeingültigkeit ihrer Verlautbarungen gleichen, war stets der Entdecker einer neuen und bislang unerprobten Perspektive der Offenbarung.

Aber diese Meister sind keine Berufsphilosophen, und wenn wir uns auf das Gebiet der orthodoxen Philosophie begeben, steigen wir auf eine niedrigere, wesentlich verworrenere und verwirrendere Ebene hinunter. Über die Jahrhunderte hinweg haben die akademischen »großen Denker« die Reaktion der Menschen auf das Leben kaum jemals – und ganz sicher nicht wesentlich – beeinflusst.

Ihre Entdeckungen schöpfen nicht wie Rabelais, Montaigne, Shakespeare, Cervantes oder Goethe aus dem Gleichgewicht einer natürlichen Harmonie, sondern aus einem einzigen irrationalen Erkenntnisblitz, der dann, nicht selten mit aller List und Tücke, mit kunstvoller Rhetorik und logischen Argumenten untermauert, verstrebt, geglättet und unwiderstehlich gemacht wird. Der Erkenntnisblitz wird dadurch vielleicht beeindruckender und einleuchtender, aber, so dürfen wir zu Recht mutmaßen, auch grundsätzlich weniger wahr.

Wir könnten sogar behaupten, dass sich unser großer Denker umso weiter von dem magischen Quell entfernt, aus dem er seine ursprüngliche Erkenntnis geschöpft hat, je kunstvoller und feingeistiger seine rationalen Ausführungen werden. Um jedoch zur entscheidenden Frage zurückzukommen, auf welche Weise wir – im einsamen und geheimen Lauf unseres individuellen Bewusstseins – den egoistischen und den selbstlosen Impuls am besten miteinander vereinbaren können, schlage ich die folgende, völlig unkomplizierte praktische Übung vor.

Stellen Sie sich vor, Sie erleben auf einem Spaziergang oder, sofern Ihrem Bewegungsdrang physische Grenzen gesetzt sind, in dem Moment, in dem Sie Ihr Buch aus der Hand legen und den Blick zum Fenster schweifen lassen, eine besonders schöne Abenddämmerung. Ich führe dieses Beispiel nicht nur deshalb an, weil über den Zauber dieses Naturphänomens allgemeine Übereinstimmung herrscht, sondern auch, weil es ein Ereignis ist, das man an jedem beliebigen Ort beobachten kann, auf der Straße, durch ein Fabrikfenster, auf der Terrasse eines Krankenhauses, auf dem kurz geschorenen Rasen des Freigeländes einer Irrenanstalt ebenso gut wie in ländlicher Einsamkeit.

Nun gut! Nehmen wir also an – und diese Annahme setzt kein außergewöhnliches philosophisches oder ästhetisches Auffassungsvermögen voraus –, dass Sie als alter Mann oder als alte Frau beim Anblick dieser Abenddämmerung von einem unbeschreiblich süßen Gefühl übermannt und aus sich herausgetragen werden, einem Gefühl, in das sich die wundersame Ahnung mischt, dass vor Ihnen viele andere dasselbe empfunden haben.

Was Sie empfinden, ist nicht nur eine Reaktion auf die Schönheit der Natur. Es ist viel mehr als das – und doch zugleich auch eine Empfindung, deren, wie so viele andere zarte, unbeschreibliche Sinneseindrücke, jeder Mensch unweigerlich irgendwann einmal teilhaftig wird. Es ist eine Stimmung, die den geheimsten Wesenskern der Religion, den verborgensten Wesenskern des heldenhaften Sieges über das Böse beinhaltet.

Es ist eine zugleich egoistische und selbstlose Stimmung. Und wenn Sie sich ihr überlassen, schicken Sie unwillkürlich aus der Tiefe Ihres Selbst einen magnetischen Strom in die Weite des Raums aus, einen Strom, der all die Leidbeladenen dieser Erde sucht, um das mit ihnen zu teilen, was sich Ihnen in dieser außergewöhnlich schönen Abenddämmerung erschlossen hat.

Die Frage, welche Einstellung zur Natur eine alte Frau oder ein alter Mann sich am besten zu Eigen machen sollte, ist aufs Engste verbunden mit dem psychologischen Phänomen, das ich – indem ich den Begriff aus Ibsens *Wildente** entlehnt, ihm aber eine viel weiter gefasste Bedeutung gegeben habe – unsere *Lebenslüge* zu nennen mir erlaubt habe.

Mit diesem sonderbaren Begriff meine ich die besondere Haltung, die wir unserem Wesen zu Eigen machen und die uns in allen Wechselfällen und Beliebigkeiten des Schicksals Zufriedenheit und Trost spendet, die uns beschwichtigt und mit irrationalem Stolz und Frieden erfüllt.

An diesem Punkt ist es mir besonders wichtig, die Aufmerksamkeit meiner Leser zu gewinnen und sie vom Wahrheitsgehalt dessen zu überzeugen, was ich in Worte zu fassen versuche; denn das ist nicht nur der Schlüssel zum Verständnis meiner Argumentation, sondern in meinen Augen auch der unterirdische Damm im geheimnisvollen Mühlbach unserer Lebensfreude, der sich aus der Quelle unseres Glaubens an unsere Selbstheilungskräfte speist.

So möchte ich denn, auf die Gefahr hin, übertrieben

pedantisch zu erscheinen, meine Leser bitten, mir noch einmal in der Analyse unserer wundervollen Welt zu folgen. Unsere Lebenslüge ist demnach jene fundamentale Einstellung uns selbst gegenüber, die es uns ermöglicht, selbst angesichts von Enttäuschungen, Niederlagen, Demütigungen, Fehlern und Katastrophen den Mut nicht zu verlieren und den Kopf nicht hängen zu lassen.

Die schlimmsten Erschütterungen, die unsere Selbsttäuschung und unser persönlicher Stolz erfahren können, sind augenscheinlich diejenigen, über die wir nachgrübeln, *wenn wir allein sind*, wenn wir also vom Unbelebten umgeben sind, wie wir es, vielleicht fälschlicherweise, zu nennen pflegen. Das Unbelebte mag von vier Wänden umschlossen sein, wir mögen es durch Fensterscheiben betrachten oder unter freiem Himmel umfangen; in jedem Fall aber setzt es sich aus allen Aspekten der Erde zusammen: aus Luft, Wasser und Feuer, aus dem also, was wir unwissenschaftlich, aber nicht unphilosophisch die Chemie der Natur nennen.

Und ich will darauf hinaus, dass bestimmte tiefgehende seelische Erschütterungen, sei es der Verlust langjähriger Gefährten, der Verlust der gewohnten Umgebung oder – und dieser schwerste aller Schläge ist Gegenstand unserer gegenwärtigen Betrachtung – der vollkommene Verlust unserer Selbstachtung, die furchtbare Macht haben, unsere gewohnte Einstellung zu dieser göttlichen und heilenden Beschaffenheit der Natur zunichte zu machen.

Schwer getroffen vom Verlust unserer angestammten Selbstachtung, fühlen wir uns so lächerlich, so schwach, so erbärmlich, so gemein, so feige, so verbrecherisch, so heimtückisch, so ehrlos und so verachtungswürdig, dass uns sämtliche Lebensgeister verlassen, dass wir die Natur nicht mehr wahrnehmen, die Willenskraft nicht mehr aufbringen, uns an der Natur zu erfreuen und uns der heilsamen Wirkung der Erde und des Himmels zu überlassen.

Na schön! In dieser unseligen Lage ist es, wie so oft in Krisensituationen, das Beste, mit einem beherzten letzten Anlauf zur Talsohle der Erniedrigung hinunterzuspringen! Wenn wir erst ganz unten angelangt sind, werden wir feststellen, dass die Natur selbst – stets mild gestimmt gegen jene, die mit den Worten, für die Herr Keyserling* nur die hochmütigste Verachtung übrig hat, rufen: »Tritt mich, aber lass mich leben!« – uns helfen wird, uns wieder aufzurappeln.

Aber wir haben die Hölle »beackert«, und darum kann uns keine äußere Demütigung, keine innere Selbstzerfleischung noch tiefer stoßen. Wir sind in unseren eigenen Augen wie auch, unserem Gefühl nach jedenfalls, in den Augen der Welt auf jenen Grund der Tiefsee gesunken, für den es im Bardenwörterbuch der Waliser*, des introvertiertesten Volkes überhaupt, das eigenartige Wort *abred** gibt – das Gaius Julius Caesar vermutlich von seinem Druidenfreund* erklärt wurde. Schön! Und nun können wir uns an eine völlig neue Bestandsaufnahme unserer Situation machen. Für uns selbst und für die Welt sind wir jetzt nicht mehr besser als die kleine grüne Raupe, die sich im »Kuckucksspeichel« verkriecht*. Wir sind, wie es der unvergleichliche Gogol ausdrücken würde, »eine Last für die Welt«.

Schön und gut. Wenn es *so* ist, wollen wir uns unsere Lage kühn und ohne Scham eingestehen! Wir, diese erbärmlichen und verachtenswerten Versager, wir, diese elenden und unfähigen Verbrecher, wir, diese Zielscheibe des Gespötts für alle gefestigten Menschen, können jetzt kehrtmachen, wie selbst der armseligste Wurm »umkehren« kann, und uns von neuem am Tosen des Windes, am Rascheln der Blätter, am Rauschen der Brandung, an Licht und Schatten auf dem Misthaufen, am Wogen der Grashalme, am Muster der versprengten Steine erfreuen!

Von der Beschaffenheit unserer Fantasie hängt es ab, ob das Gefühl, uns auf einer Ebene mit den schwächsten Abkömmlingen des planetarischen Lebens zu befinden, nicht nur uns selbst Mut macht, sondern uns darüber hinaus ein nie erlebtes, weiches und liebevolles Verständnis für all diese Mitkreaturen und Kinder der Großen Mutter vermittelt, die so hilflos und oftmals so grausam, gemein und feige sind wie wir selbst!

Wir dürfen nicht außer Acht lassen, dass für uns alte Männer, und wahrscheinlich gilt dies, wenn auch auf andere Weise, ebenso für alte Frauen, dieses Ding, das ich unsere »Lebenslüge« nenne – unsere tiefste, verborgenste Achtung vor uns selbst also –, in unserer jetzigen Verfassung noch eine ebenso notwendige Lebensbasis ist wie in unseren beschwingteren Jugendjahren und im kraftvolleren mittleren Alter.

Und es ist – angesichts unserer vielfältigen Schwächen und Gebrechen – jetzt wichtiger denn je, sie vor allen Erschütterungen zu schützen und von jeder Verstellung und Anmaßung zu befreien. Wir müssen sie zurückführen – das ist das Schlüsselwort – auf das niedrigste und einfachste nur mögliche Niveau! Damit meine ich nicht, dass wir auch nur ein Jota von unserem natürlichen und rechtmäßigen Stolz, wir selbst zu sein, zurücknehmen sollten. Dieser Stolz ist der Zwillingsbruder der planetarischen Bescheidenheit, unseres höchsten *novum organum** der Weisheit.

Ich meine vielmehr, dass wir stolz auf unsere natürlichen Einschränkungen sein und mutig dazu stehen sollten. Und gerade in dieser Hinsicht gewinnt die Natur mit ihren Urelementen Erde, Luft, Feuer und Wasser eine geheimnisvolle Bedeutung. Denn es gibt nur vier Dinge, die bewirken, dass unsere Lebenslüge gänzlich von der Meinung der Welt unabhängig und von den Irrtümern und Fehlern, die uns in unserem Existenzkampf unterlaufen, nicht berührt wird. Und diese vier Dinge sind: die Versenkung in Bücher; das bedingungslose Verfolgen eines Ziels; eine spezielle erotische Obsession; und das Kultivieren eines Lebens der reinen Empfindung. Von diesen vier Dingen ist Letzteres das einzige, das vollkommen dem Willen eines normalen Menschen unterliegt.

Welches Elend, welcher Ärger, wie viele Enttäuschungen, wie viel Bitterkeit und Schwarzmalerei, wie viele schmerzliche Demütigungen bleiben uns erspart, wenn wir in unseren unmittelbaren Empfindungen leben, anstatt mit anderen in Wettstreit zu treten oder uns von der Liebe, Bewunderung und Wertschätzung anderer, von unserer gesellschaftlichen Stellung und unseren Erfolgen und Leistungen in der großen, weiten Welt abhängig zu machen!

Indem wir diese besondere Art der Empfindung kultivieren, indem wir uns also immer mehr den Elementen öffnen, die Elemente immer bewusster wahrnehmen, uns zunehmend die Fähigkeit aneignen, uns an den Elementen zu erfreuen, gewinnen wir das Selbstvertrauen, den Mut und die Sicherheit, ohne jede Scham wir selbst zu sein; und nur, wenn wir schamlos wir selbst sind, können wir – besonders auf unsere alten Tage – tiefe, ungetrübte Freude empfinden.

Woran liegt es, dass diejenigen Menschen, die wir im Allgemeinen als »Berühmtheiten« bezeichnen, oft sehr viel unbeschwerter, natürlicher und unbefangener wirken als die meisten anderen?

Die Antwort liegt auf der Hand: weil die zentrale Lebenslüge dieser Menschen – und in dieser Hinsicht gehören sie zu den Glücklichen, wie unglücklich sie auch sonst sein mögen – mit der Luftpumpe der öffentlichen Meinung künstlich aufgeblasen wird wie der Luftschlauch in einem Reifen.

Dieselbe Wohltat erfährt jeder Ehemann durch seine Gattin und bis zu einem gewissen Grad jeder Mann durch jede Frau, und einige von uns sehen den erstaunlichsten Aspekt des menschlichen Wesens darin, wie die Frauen ihrerseits – Frauen, die noch nicht einmal unbedingt betörend schön oder außergewöhnlich klug sein müssen – es schaffen, ihre eigene Lebenslüge zu schützen und davor zu bewahren, dass ihr die Luft ausgeht wie einem zerfetzten Reifen, während sie gleichzeitig ihrem Partner mit Eifer immer neues Leben einpumpen.

Meiner Vermutung nach sind Frauen der Natur so viel näher als Männer und dem Druck der praktischen Anforderungen und der unveränderlichen Chemie der stofflichen Welt so viel stärker ausgesetzt, dass es ihnen, wenngleich sie die geborenen Schauspielerinnen sind, leichter fällt als uns, sie selbst *für* sich selbst zu sein. Der Raum zwischen einem Mann und dem Lebensstrom, vor allem zwischen einem alten Mann und dem Lebensstrom, ist ausgepolstert mit Dingen aller Art. Moralische, politische und wissenschaftliche Aspekte und Konventionen umgeben ihn wie undurchdringliche Panzer. Selbst seine Steckenpferde sind wie undurchsichtige Schutzschilde, mit deren Hilfe er die Wirklichkeit auf sicherem Abstand hält!

Und all diese seelischen Schutzschichten, mit denen sich ein alter Mann umgibt, sofern er nicht, wie es bei Künstlern der Fall ist, ein weibliches Element in sich hat, stehen nicht nur zwischen ihm und dem Lebensstrom, sondern zwischen ihm und seiner eigenen Seele.

Ich würde sogar so weit gehen zu behaupten, dass die Lebenslüge eines Mannes, im Gegensatz zu der einer Frau, die deren ureigenste Haut wärmt und kräftigt, sie elastisch und weich macht, *seine* Haut überzieht wie eine Lack- oder Farbschicht, die nur allzu leicht Kratzer bekommen kann!

Na schön! Und was schließen wir aus alledem? Wir schließen daraus, dass Frauen es sich leisten können, das zu bleiben, was William James und mein Freund Captain White als »einmal geboren«* bezeichnen, während Männer zweimal geboren werden müssen. Sie müssen, mit anderen Worten, die stolze Bescheidenheit, die den Frauen angeboren zu sein scheint, bewusst in sich heranzüchten, denn sie ist unbedingt notwendig, wenn sie ihre eigene Seele und ihre Sinneseindrücke wahrhaben und ihre Lebenslüge auf sicheren Grund stellen wollen, wo sie weder tiefer fallen noch von einem scharfen Stein der Wirklichkeit durchbohrt werden kann, wenn sie ihren Weg antritt!

Manchmal stelle ich mir vor – und ich frage mich, ob einer meiner Leser für die Wahrheit dieser Behauptung seine Hand ins Feuer legen würde –, dass Frauen, obwohl ihre Lebenslüge wie angegossen sitzt, obwohl sie ihnen wie eine zweite Haut passt und möglicherweise sogar tatsächlich eine äußere Schicht ihrer Haut ist, es als weniger befriedigend empfinden, über ihre Lebenslüge nachzugrübeln, als Männer, so sehr sich diese auch äußerlich mit dem beschäftigen mögen, was Byron »den Hof, das Feld und den Hain« nennt*.

Vielleicht sind Frauen aus genau diesem Grund so viel forscher und hemmungsloser, wenn es darum geht, Zustimmung oder Abneigung auszudrücken. Es scheint so, als würden Honig und Galle ihrer spontanen Reaktionen ihre gewohnte Contenance außer Kraft setzen; eine Contenance übrigens, die Männer nur sehr selten verlieren.

Spontane Ausbrüche dieser Art tun der Würde einer Frau nicht nur keinen Abbruch, sondern scheinen sie manchmal geradezu zu bestärken. Bei einem Mann hingegen, und ganz besonders bei einem älteren Mann, bewirkt der Druck seiner eigenen Bedeutsamkeit, die unterbewusste Wahrnehmung seiner eigenen Person als eines einmaligen Individuums – keiner auf der ganzen Erde ist genau wie er, was natürlich für jeden von uns gilt! – mit all seinen weithin sichtbaren Marotten, Launen, Vorurteilen und Ansichten, dass seine Reaktionen eher wohl überlegt und bewusst gesteuert sind.

Was jedoch, abgesehen von dem Unbehagen, mit dem wir unsere Stellung innerhalb der Gemeinschaft beobachten – ein Aspekt, den Frauen viel leichter nehmen als Männer –, unsere Sensibilität für die Natur am stärksten beeinträchtigt und unsere gelegentlichen Bemühungen, uns freudig den so genannten kosmischen Gefühlen zu überlassen, am nachdrücklichsten stört, sind die Sorgen und Ablenkungen des gesellschaftlichen Lebens. Beide Geschlechter teilen sich diese Sorgen, die proportional in dem Maß zunehmen, in dem sie mit dem Zwang verbunden sind, Entscheidungen treffen zu müssen.

Wenn Katastrophen uns von außen ereilen und zu den »gottgegebenen« Schicksalsschlägen zählen, die wir passiv erdulden müssen, scheint dies unsere Freude an der Natur weniger zu schmälern, als uns vor die Notwendigkeit zu stellen, schwerwiegende und folgenreiche Entscheidungen zu treffen.

Und weil alte Frauen sich nun einmal ein Leben lang mit einer Art von häuslichen Sorgen beschäftigt haben, die ständig neue Entscheidungen fordern, können sie, selbst wenn sie sich aus dem Arbeitsleben praktisch zurückgezogen haben, diese Urempfindungen weniger frei genießen als alte Männer.

In Wahrheit hört für Frauen das Arbeitsleben natürlich nie auf. Und obwohl die Elemente ihnen physisch mehr anhaben können und sie empfänglicher sind für die Kräfte der Natur, sind ihnen die Sorgen des Alltags so sehr zur zweiten Natur geworden, dass sie sich, auch wenn Entscheidungen längst nicht mehr in ihren Händen liegen, nicht so leicht von diesen Dingen frei machen können wie die Männer, die sich mit ihren Steckenpferden, ihrer Politik, ihren Theorien, ihren dogmatischen Überzeugungen und ihren im Laufe des Lebens erbrachten Leistungen eine Vielzahl von Jakobsleitern* schaffen, auf denen sie gen Himmel entschweben und solche trivialen Sorgen hinter sich lassen.

Oft erweist es sich jedoch, dass für Männer eines bestimmten Typs gerade diese Steckenpferde selbst die reine, schlichte Freude an den Elementen beeinträchtigen, für die ich hier eine Lanze breche.

Ist es nicht merkwürdig, dass die eine tiefe und unendliche Befriedigung, die uns niemand nehmen kann, nämlich die Befriedigung, die wir im Verschmelzen mit dem Unbelebten empfinden, eine so besondere Art der Konzentration erfordert?

Spinoza präsentiert uns als der Weisheit letzten Schluss die Erkenntnis, dass die besten Dinge auch die schwierigsten seien. Wahrscheinlich hat er Recht. Aber wahr ist ebenfalls, dass die besten Dinge auch die nächstliegenden, gewöhnlichsten und einfachsten sind; und dass dieser Widerspruch im Zentrum unseres gegenwärtigen Themas steht, ist an sich schon ein Beweis, dass wir auf der richtigen Fährte sind. Alle praktischen, nüchternen, fließenden »Wahrheiten« des Lebens enthalten einen derartigen Widerspruch. »Wer nicht für mich ist, ist gegen mich«, lautet die eine Seite der Medaille, »Wer nicht gegen mich ist, ist für mich« die andere!

Sofern unsere Philosophie sich nicht schon an der Wurzel selbst widerspricht, muss sie zwangsläufig falsch sein. »Mein Joch ist leicht zu tragen« muss immer Seite an Seite stehen mit: »Wer *ist* also noch zu retten?«

Wenn wir die Kunst erlernen wollen, mit fast erotischer Befriedigung und mit der ganzen Verve unserer komplexen menschlichen Empfindsamkeit das zu umarmen, von dem die Wissenschaft uns vorgaukeln will, es sei nichts anderes als Elektrizität oder Energieschwingungen oder die Bewegung von Atomen oder die so genannten »Quanten«, so scheint dies wahrhaftig ein abenteuerliches und unmenschliches Unterfangen zu sein.

Aber betrachten wir es einmal aus pragmatischer, realistischer Sicht. Was könnte unserer Bestimmung als bewusste Wesen in einer Seinsdimension, die wie die unsere aus dem Zusammenspiel von Raum und Zeit geschaffen ist, dienlicher sein, als diese beiden absoluten Größen voneinander zu trennen und uns, während wir uns wie Mr. Shandy beim Aufziehen seiner Uhr* darauf einrichten, die Zeit zu unserer Handlangerin zu machen, auf die andere Größe zu konzentrieren.

Jeder von uns, ob Mann oder Frau, ist letztendlich ein einsames und einzigartiges Bewusstsein. Und was sollte dieses einsame Bewusstsein, jenseits aller anderen Gefühle, jenseits aller Gedanken und Erfahrungen, wahrnehmen, wenn nicht die Wirkung dessen, was gemeinhin gern als *Materie* bezeichnet wird?

Und wie wirkt diese Materie auf uns ein? Tut sie dies nicht in Gestalt der im Wechsel erlebten und in wechselnder Gewichtung miteinander verbundenen Leiden und Freuden?

Und wenn wir mit diesem fremdartigen Strudel geheimnisvoller Kräfte allein sind, den wir in Unkenntnis dessen, was außerhalb desselben liegt, absurderweise mit dem Namen »Universum« beehren, ist dann nicht der erste Eindruck, der sich uns aufdrängt, der eines gewaltigen Gemischs aus unergründlicher »Materie«, die, wenn Sie es unbedingt so haben wollen, aus elektrischen Schwingungen besteht, die aber in jedem Fall bewohnt ist von anderen, uns mehr oder weniger ähnlichen Wesenheiten, an deren Freude und Schmerz wir aufgrund der Vergleichbarkeit mit unserer eigenen Erfahrung gezwungenermaßen glauben müssen?

Einige dieser anderen Wesenheiten sind durch familiäre Bande untrennbar mit uns verbunden; andere kreuzen zwar schicksalhaft unsere Wege, stehen uns aber weniger nah. Sie alle werden durch Vorlieben und Abneigungen angetrieben, sie alle können uns, wie die gewaltigen Naturelemente, von denen wir und sie umgeben sind, Freude und Schmerz bringen.

Natur ist der richtige Name, und »Universum« ist der falsche Name, mit dem wir die drückende Gesamtlast dieses mannigfaltigen und vielschichtigen Konglomerats belegen, dem sich das Innenleben des Alters – darin besteht sein Geheimnis – anpasst.

KAPITEL 4
DAS ALTER UND DIE ELEMENTE

Im letzten Kapitel haben wir deutlich gemacht, dass unter Natur nicht nur die Landschaft zu verstehen ist, die vor dem Fenster liegt, wenn wir auf dem Land leben, und auch nicht das luftige Fleckchen Himmel oder Grün, auf das wir gelegentlich einen Blick erhaschen, wenn wir Großstadtbewohner sind. Es ist die Gesamtheit des uns umgebenden Raums, der unauflöslich mit dem Rätsel der Zeit verschmolzen ist.

Wir müssen ihr auch alle von Menschenhand geschaffenen Artefakte zurechnen, da sie letztendlich alle Bestandteil der chemisch-stofflichen Materie sind, die unsere Spezies in ihrer unbändigen, beängstigenden Energie in Mauern, Häuser und Straßen, in Dächer, Schornsteine, Fabriken und Lagerhallen umgewandelt hat, samt dem ganzen in ihnen aufgebauten Maschinenpark.

In seiner Seele ist der Einzelne vollkommen allein, auch wenn er ein noch so liebender Ehemann, eine noch so liebende Ehefrau, ein noch so liebendes Kind ist, auch wenn er sich im geselligsten Kollegenkreis bewegt, auch wenn er sich in Gesellschaft der großzügigsten Nachbarn, der vortrefflichsten Freunde befindet. Seine Seele, so verliebt sie auch sein mag, kann nicht immerzu den geliebten Menschen umfangen; sie kann nicht immerzu das Bild der gesamten Nation, geschweige denn das der gesamten Menschheit umfangen! Sie kann nicht immerzu die Schönheit einer bestimmten Landschaft, bestimmter Bäume, Blumen, Flüsse oder Seen umfangen.

So gierig und unersättlich die Sinne auch sein mögen, durch die die Seele ihre sexuellen Bedürfnisse befriedigt und ihren Hunger und Durst stillt, kann sie doch all diese Dinge nicht immerzu genießen.

Was aber kann sie, in ihrer vollkommenen Einsamkeit, ohne Unterlass umfangen und genießen, worin kann sie sich verlieren? In was kann sie, wenn ihre Gedanken von der Arbeit, vom Spiel, von den Geschäften oder von der Zeitungslektüre abschweifen, jederzeit eintauchen und Ruhe und Frieden finden? Spinoza hat sich dieser Frage sicher mutig gestellt, nur ging es ihm dabei um Zuneigung, weniger um physische Lust. Er verweist uns an eine unergründliche, ewige, unveränderliche und gleichgültige Macht, die, sofern sie wirklich über unserem Universum steht und in ihren unerforschlichen Wegen und Eigenschaften unseren Horizont tatsächlich übersteigt, in der Gesamtheit ihres Wesens so vollkommen identisch mit unserem Universum ist, dass selbst wir, Kreaturen einer Stunde, ein untrennbarer Teil ihrer selbst und ihrer Unsterblichkeit sind.

Als dieser große Jude seine Seele ausschickte, sich auf eine so gewaltige Suche zu begeben, ging es ihm darum, ein unveränderliches, ewiges Objekt der »Liebe« zu finden; und ich gebe zu, dass eine traurige Ironie darin liegt, wenn wir, beim Kern seiner Erkenntnisse angelangt, auf so vernichtend negative Sätze stoßen wie: »Wer Gott liebt, kann nicht danach streben, dass Gott ihn widerliebt«, oder: »Die geistige Liebe zu Gott ist ein Teil der unendlichen Liebe, womit Gott sich selbst liebt«*.

Für den mathematischen Verstand ist dieser alles umfassende Gott Spinozas zweifellos ein vernünftigeres und würdigeres Objekt der »Liebe« als der alttestamentarische Jehova; ob er allerdings der Realität näher kommt als der anthropomorphe Weltenschöpfer unserer Dimension, darf mit Recht bezweifelt werden. In jedem Fall fehlt es ihm an der weitherzigen, gütigen, weihevollen, begnadeten Größe des pantagruelischen Spenders aller Wohltaten bei Rabelais!

Aber Worte sind schlüpfrig und trügerisch. Sie sind wie die noch unentwickelten Aale, die in Schwärmen aus der Saragossasee zurückschwimmen zu ihrem Ursprungsstrom in Ultima Thule*. Und auf ihrer Wanderung drehen und winden sie sich, und wenn sie sich winden, siehe da!, dann glitzert auf ihren silbrigen Leibern eine Galaxie bunter Regenbogen!

Wir nun müssen uns auf unsere eigene bescheidene und umständliche Art bemühen, eine ebenso enge Verbindung zum Flackern der lebendigen Gedankenflamme zu wahren wie die Glasaale zum sich brechenden Sonnenstrahl und dabei nicht aus dem magischen Sog unseres Ursprungsbeckens zu geraten!

Was sind das für Empfindungen, die wir erleben, wenn unser inneres Ich den zutiefst einsamen und doch eingekreisten Mittelpunkt seiner Selbstwahrnehmung zu beschreiben sucht? Hier bin *ich*; und *dort*, von allen Seiten mich einkreisend, von allen Seiten auf mich einstürmend, ist dieses »Außer-Ich«, dieses »Nicht-Ich«, dieses allgegenwärtige *Nicht-Selbst*, das offensichtlich schon beim allerersten Aufflackern von Selbstwahrnehmung unweigerlich in Erscheinung tritt!

Wie es aussieht, müssen wir in unserer Analyse eine Reihe unausweichlicher Prozesse durchlaufen. Ganz zu Anfang sind wir uns lediglich der Tatsache bewusst, dass das »Ich« in uns – ein Selbst, das von Moment zu Moment in der immer gleichen Ganzheit und Identität weiter besteht – spürt, es ist es selbst, und sich sagt: »Ich bin ich.«

Hier erhebt sich die Frage: Spielt das Rätsel von Zeit und Raum ganz zu Anfang dieser elementaren Bewusstheit bereits eine Rolle? Ich bin versucht, diese Frage zu bejahen, obwohl es, wie ich zugeben muss, auch möglich ist, sich das eigene Selbst als reines, im absoluten Nichts existierendes Bewusstsein vorzustellen, das sich aufspaltet in die Urdualität von Beobachter und Beobachtetem.

Selbst wenn sich das Rätsel von Zeit und Raum in der ersten Phase unseres Bewusstseins vermutlich eher vage und wenig prägnant darbietet, so spielt es doch in jedem Fall auf der zweiten Stufe eine Rolle.

In der ersten Phase bleiben Zeit und Raum, auch *wenn* sie existieren, dem Verstand verborgen, und wir können uns, als ein Bewusstsein im Nichts, sagen: Ja, du bist ich, alter Freund, denn obwohl ich dich nicht sehen, fühlen, hören, anfassen oder schmecken kann, bin ich mir bewusst, dass du »ich« bist, dass du schon immer »ich« warst und es immer bleiben wirst, auch wenn du in einem vollkommenen Nichts existierst!

In dem Augenblick jedoch, in dem wir in philosophischer Absicht versuchen, unseren Geist seines zeitlichen und räumlichen Gehalts zu entleeren, in dem Moment also, in dem wir unseren Sinnen gestatten, normal und frei zu funktionieren, muss jede Analyse eines solchen tätigen Bewusstseins eine greifbarere Vorstellung von Zeit und Raum ins Spiel bringen, als wir sie in den vagen Schattenbildern haben, die in der ersten Phase als Voraussetzung und als Rahmen für das Denken genügen.

Es ist interessant festzustellen, wie weit wir uns mit diesem ersten gedanklichen Sprung fortbewegen von der ursprünglichen bewussten Wahrnehmung des Ich in einem Umfeld, das wir als »Nichts« empfinden, obwohl höchstwahrscheinlich schon mit dem Gedanken an ein vorstellbares »Nichts« der unvermeidliche Rahmen von Zeit und Raum dezent, aber entschieden auf den Plan tritt.

Sobald wir den Blick nach diesem Bocksprung des Selbst über das Selbst nach außen kehren, öffnet sich uns ein überaus vielschichtiges und detailliertes Panorama.

Denn nun haben wir zum einen unsere physische Identität, die mit grandiosem Schwung auf unser Bewusstsein herabstürzt; wir haben darüber hinaus die grenzenlose stoffliche Masse unserer Dimension von Zeit und Raum; wir haben unseren physikalisch-objektiven Körper; und wir haben eine Unmenge anderer, menschlicher und nichtmenschlicher Identitäten, deren jede ihren eigenen Körper und, wie wir von uns auf diese schließen können, ihr eigenes mehr oder weniger entwickeltes Bewusstsein ihres Selbst hat.

Auf dieses gewaltige Weltenspektakel ist der Blick unseres eigenen persönlichen Bewusstseins gerichtet. Und das Spannende daran ist, dass es sich, ohne sich in einem Nichts von allem anderen absondern zu müssen, immer noch als ein integrales, seiner selbst bewusstes Ich begreifen kann, das fähig ist, entweder ganz für sich oder in Abgrenzung von anderen, menschlichen oder nichtmenschlichen Kreaturen wie auch von der unendlichen stofflichen, chemischen und ätherischen Masse der vier unbelebten Elemente, zu denken: »Ich bin ich.«

Mit der Beziehung zwischen unserem inneren Selbst, dessen grundsätzliche Wahrheit »Ich bin ich« lautet, und dem eigenen Körper sowie allen anderen Identitäten in allen anderen Körpern und dem unendlichen Konglomerat unbelebter Elemente steht der eine gewaltige Vorteil im Zusammenhang, den das Alter gegenüber der Jugend und der Lebensmitte genießt, ja, gegenüber allen anderen Lebensabschnitten, mit Ausnahme der frühesten Kindheit.

Aber ich würde sogar noch weiter gehen und behaupten, dass von allen Beziehungen zwischen dem

Menschen und der Welt, in der er lebt, einzig und allein diejenige zwischen dem »Selbst« und dem grenzenlosen, es umgebenden »Nicht-Selbst«, das wir das Unbelebte nennen, als eine *absolute Beziehung* bezeichnet werden kann, auch wenn der Begriff paradox erscheinen mag. In der Jugend und in mittleren Jahren lassen wir uns durch tausend Wünsche, Bedürfnisse, Zwänge, Verbindlichkeiten, Pflichten, Verantwortungen, Ziele, Freuden, Rivalitäten, Abenteuer, Leidenschaften, Neugierden, Ambitionen, Pläne, Intrigen und sportliche Aktivitäten vom Unbelebten ablenken.

Die einzige ernsthafte Konkurrenz, die dem Alter in seinem Kult des Unbelebten erwächst, geht – wenn man vom Säuglingsalter absieht – von den Kranken, insbesondere den Bettlägerigen aus, denn diese sind zwangsläufig und nach allgemeiner christlicher Auffassung von allen menschlichen Pflichten entbunden, außer von der, sich geduldig und höflich in ihr Leiden zu fügen.

Wo es aber um das elementarste aller moralischen Prinzipien geht, das Prinzip nämlich, dass wir uns zwingen sollen, uns erstens unter allen Umständen des Lebens zu freuen und uns zweitens unter allen Umständen unseren Mitmenschen gegenüber anständig zu verhalten – wo also unsere einzige moralische Verpflichtung in dem Bemühen besteht, uns jedes Sonnenstrahls und jedes Windstoßes, jedes Wolkenfetzens, jedes Staubfähnchens und jedes Blätterregens zu bemächtigen, die wir vom Fenster oder vom Balkon aus, durch einen Türspalt oder über das Verdeck eines Kinderwagens hinweg ausmachen können –, haben alle drei oben genannten Personenkreise dem Rest der Menschheit unermesslich viel voraus.

Und unter diesen dreien ist das Alter wiederum der privilegierteste Seinszustand, denn wenn auch Säuglinge und Kranke fast ebenso frei von Pflichten und Verantwortungen sind wie alte Menschen, ist Letzteren doch die Landschaft, in der sie sich bewegen, und der Blick auf die Elemente, der sich ihnen bietet, ungleich zugänglicher als jenen hilfloseren Elementalisten.

Aber welch eine Zuflucht vor dem, was wir unseren Mitmenschen fatalerweise schulden, eröffnet uns das Unbelebte oder Nichtbelebte! Je mehr wir lernen, es zu essen und zu trinken, es zu umfangen und uns von ihm umfangen zu lassen, uns mit ihm zu verbinden, mit ihm zu verschmelzen, in es einzutauchen, uns in ihm zu verlieren, desto vollkommener ist unser Seelenfrieden, desto wirksamer ist der Schutz unserer Einsamkeit, desto gründlicher wird unser geheimster Egoismus befriedigt.

Und diese erlernte Lust an den Elementen kann man in der Stadt ebenso gut befriedigen wie auf dem Land, obwohl wir das, was wir herkömmlicherweise Natur nennen, in dicht besiedelten Städten kaum finden und noch viel weniger in Bergwerken, Fabriken und Werkstätten.

Die Elemente jedoch, aus denen unsere Erdenwelt besteht und die den chemischen Grundstoff des Lebens aller Pflanzen, aller Steine und Flüsse, der Winde und der unvorstellbaren Gesamtheit des ätherischen Raums ausmachen, sind *keineswegs* schwer zu finden, sondern sie sind noch im schäbigsten Elendsviertel, in der lärmerfülltesten Fabrik, im tiefsten Bergwerksstollen, in der hektischsten Amtsstube gegenwärtig.

Sie sind in der gesamten unbelebten Materie um uns herum vorhanden, in jedem flackernden Feuer, in jedem Lufthauch, in jedem Ziegel und Mauerstein und vor allem im Licht, im Raum und in der Weite, die durch ein beliebiges Fenstergeviert zu sehen sind.

Es wäre lachhaft zu behaupten, diejenigen unter uns seien nicht ungeheuer privilegiert, die das unglaubliche Glück haben – ein solches Glück, dass es geradezu verbrecherisch erscheint, nicht alle Menschen daran teilhaben zu lassen –, da zu leben, wo die Natur, in der herkömmlichen Bedeutung des Wortes, vor der Haustür liegt. Aber wo der Zufall oder das Schicksal oder die Gesellschaft ungerecht war, verfügt die kluge und berechnende Seele über ihre eigenen Tricks und Kniffe, um das Beste aus ihrer benachteiligten Lage zu machen.

Das Leben ist Kampf, von der Wiege bis zur Bahre; und die mächtigste und gütigste aller Gottheiten ist die große Göttin des Zufalls. »Steh uns bei, o *Tyche Sōteer**, Hilf und rette uns, o Göttin der Schicksalsfügung!«

Ob wir nun, wie manch einer glaubt, aus einer anderen Dimension in diese Welt geboren werden oder nicht, sicher ist jedenfalls, dass uns alles, was uns beglückt, alles, was wir besitzen, alles, was wir in unserem Leben *sind*, sei es als Wanderer in der Fremde oder als bodenständige Einheimische, alles, wodurch, wofür und wovon wir leben, von der Natur gegeben wird!

Alles außer der Seele. Indem wir aber lernen, unser Augenmerk auf die Elemente der Natur zu richten, statt auf deren komplexere Erscheinungsformen, schützen wir uns auf kluge Weise vor den ungnädigeren Launen des Zufalls.

Ebenso klug ist es, *selbst dann* vor allem und insbesondere auf die Elemente, auf Luft, Wasser, Erde und Feuer zu achten, statt auf die lebendigere Schönheit der Natur, wenn sie sich uns zufällig in ihrer herkömmlichen Erscheinung in Form von Bäumen, Wiesen, Blumen und einer herrlichen Landschaft direkt vor unserer Tür präsentiert. Es ist auch deshalb der klügere Weg, weil uns die berauschenden Aspekte der Natur viel spontaner und zwingender in ihren Bann ziehen als die schlichteren Elemente.

Aber in Bezug auf die Natur gehe ich noch weiter in meiner Argumentation; denn wenn wir ihre berauschenderen Aspekte betrachten, scheint es mir klüger, das Augenmerk lieber auf die *Pflanzenwelt* zu richten, auf die Welt der Gräser, Bäume und Blumen, der Moose, Farne, Binsen, Flechten und Pilze, anstatt auf die Vielzahl der höher entwickelten Lebewesen.

Denn gerade so, wie uns Wiesen, Wälder und Blumen unweigerlich stärker faszinieren als die allgegenwärtige Luft, die Sonne und der Matsch am Straßenrand mit seinen Wasserpfützen, fühlen wir uns auch im ersten Moment stärker angezogen vom Ruf des Kuckucks, vom Gurren der Taube, vom Sturzflug des Falken, vom eleganten Gleiten des Reihers und vom Schrei der Eule, vom Anblick einer Schlange, die unseren Weg kreuzt, eines Fuchses, der über einen Berghang huscht, einer Herde Kühe, die im seichten Fluss stehen, einer Stute, die mit ihrem Fohlen über die Wiese tollt, eines Lachses, der im Sprung einen Wasserfall überwindet, einer Gruppe Hirsche hinter ihrem Gehegezaun, eines Eichhörnchens, das im Geäst kekert, und eines Igels, der sich im Straßengraben zusammengerollt hat, als von den Gräsern und Kräutern, Wurzeln, Moosen und Hecken, hinter und unter denen wir sie entdecken und hören.

All diese unsere pelzigen, geschuppten und gefiederten Verwandten, die von ihrer Gestalt und ihren Gewohnheiten her so anders sind als wir, wecken unser Interesse schlagartig, wenn sie uns begegnen. Wir können uns ihrer Anziehungskraft nicht entziehen.

Wenn zur allgemeinen Faszination dann noch das besondere Interesse des Naturforschers an diesen komplexen Lebensformen hinzukommt, verdoppelt sich diese Anziehungskraft.

Aber kein noch so lebhaftes Interesse an unseren Mitgeschöpfen, keine noch so innige Erkenntnis der Blutsverbindung zu unseren irdischen Verwandten in dieser stellaren Dimension, kein noch so wissbegieriger biologischer Forschergeist reicht an die feinere, hintergründigere und ganz anders geartete lebendige Harmonie heran, die wir mit Wiesen und Wäldern, Blumen, Moosen und Farnen empfinden.

Ohne Zweifel besteht eine tiefgehende ursprüngliche Verbindung zwischen uns und der Pflanzenwelt. Aber diese Verbindung verlangt uns eine intensivere und aufmerksamere Beschäftigung, eine stärkere Abkehr von den Menschen und eine gründlichere Läuterung der Sinne ab, als es das wohlwollende Verständnis für die Tiere der Erde und der Lüfte erheischt.

Gerade so, wie es einfacher ist, sich auf dem Land im Einklang zu fühlen mit den Hecken und Wiesen, als in den Straßen einer Großstadt zu registrieren, dass sich der Wind dreht oder die Wolken am Himmel dahinziehen, fällt es uns auch leichter, in der spannenden Beobachtung eines Kaninchenbaus oder einer Krähenkolonie völlig aufzugehen, als in dem weniger aufregenden Vergnügen, über eine gewöhnliche, eintönige, hügellose, unspektakuläre Wiese zu wandern, auf der vielleicht nicht einmal ein Schaf weidet, kein Maulwurf seinen Hügel aufwirft, keine Spitzmaus durchs Gras huscht, kein aufgestörter Kiebitz lauthals zetert.

»Natur« ist ein weit gefasster, vager, allgemeiner Begriff, der eine gewaltige Bandbreite menschlicher Eindrücke umfasst. Aber ob wir ihn nun wie weiland Goethe, Wordsworth und Emerson im philosophisch-kosmisch-mystischen Sinne gebrauchen oder in seiner gewöhnlichen, allgemein verbreiteten Bedeutung, umfasst die Natur doch so oder so die Gesamtheit an Gewicht, Masse und Volumen aller belebten und unbelebten Dinge, die unter dem Druck der Evolution auf dieser Stufe entstanden sind.

Ich nehme an, dass jeder von uns die Natur in beiderlei Bedeutungen auf irgendeine Weise liebt; aber in unserem Verhältnis zur sichtbaren Welt vollziehen sich, wie Wordsworth darlegt, von der frühen Kindheit bis zum Alter alle möglichen kaum merklichen Veränderungen.

Und auch die Einstellung zur Natur ist von Mensch zu Mensch verschieden, selbst wenn wir sie in dem weit gefassten, allgemeinen Sinn eines »Landschafts-« oder »Küstenpanoramas« begreifen. Die einen fühlen sich zum Beispiel im saftigen Wiesengrün einer friedlichen Weidelandschaft wohler, die anderen in der Einsamkeit der Wildnis; die einen erfüllt das Rauschen des Meeres mit nostalgischer Sehnsucht, den anderen gefällt, wie Charles Lamb von sich sagt, »das Gemurmel des Binnenlandes«* besser. Die einen geben dem Schroffen, Formlosen, Bizarren den Vorzug vor dem Pittoresken, die anderen geraten nur angesichts einer balsamisch-schönen, kitschigen »Ansichtskartenlandschaft« ins Schwärmen.

Wir können davon ausgehen, dass die Natur in diesem umfassenden, allgemeinen Sinn – ob wir sie nun als etwas Mystisches erleben oder uns, wie Wordsworth es von seiner Kindheit beschreibt, mit einer Begeisterung und Lust an ihr erfreuen, die keiner abgehobenen Verklärung und keiner dem Auge verborgenen Faszination bedarf – fast ausnahmslos für alle Menschen reizvoll ist. Bedauerlicherweise bleibt aber in der heutigen Form des gesellschaftlichen Zusammenlebens diese überreiche, mit nichts zu vergleichende Natur den meisten von uns vorenthalten; vorenthalten nicht nur denjenigen, denen es vom Schicksal bestimmt ist, auf ewig hinter den Mauern der Großstädte gefangen zu sein, sondern auch jenen Landbewohnern, die durch die Last ihres anstrengenden und eintönigen Tagwerks so in Anspruch genommen sind, dass ihnen kaum noch Kraft bleibt, sich mit etwas anderem zu befassen als mit den Wetterumschwüngen und ihren – oft verheerenden – Folgen.

Da nun keiner von uns, ob alt oder jung, ganz genau weiß, was das Schicksal für ihn bereithält oder wohin es ihn vielleicht einmal verschlagen wird, sind wir alle – besonders dann, wenn unsere natürlichen Kräfte zu schwinden beginnen – gut beraten, unser Glück in den elementalen Bestandteilen der Natur zu suchen, die weder städtische Mauern und Straßen noch Fabriken, Asphalt und Verkehr, ja nicht einmal *Kriege*, gänzlich verdrängen oder verdecken können!

Ich rate daher – diese Freiheit nehme ich mir – jedem älteren Menschen, sich tagein, tagaus in *einer ganz speziellen Art der Freude an der Natur* zu üben, indem er, soweit dies *willentlich* möglich ist, ihre pittoresken, romantischen und wissenschaftlichen Aspekte links liegen lässt.

Damit will ich keineswegs sagen, dass für einen Menschen, der ein geborener Künstler ist, der ästhetische Gesichtspunkt nicht die faszinierendste Seite der Natur wäre. Aber gerade *weil* das so ist, kann er sich, was diesen Aspekt betrifft, getrost auf den Zufall und den eigenen inneren Drang verlassen.

Das Gleiche gilt für den wissenschaftlichen, den praktischen, den pittoresken und den romantischen Aspekt, je nachdem, wo unsere Interessen und Neigungen liegen. Ein unwiderstehlicher Drang wird uns – sobald sich nur der Hauch einer Chance bietet! – dazu treiben, uns ohne viel Federlesens Hals über Kopf in das heißgeliebte Vergnügen zu stürzen und darin zu schwelgen!

Wordsworth, der trotz aller seiner Grenzen diesen Rätseln von allen unseren Dichtern immer noch am ernsthaftesten auf den Grund gegangen ist, hat unmissverständlich klar gemacht, dass er als Kind keiner mystischen Verklärung bedurfte, um sich mit Lust und Leidenschaft in den Formen und Farben der Berge, Wiesen, Flüsse und Wälder zu ergehen. Das metaphysische »Etwas«, das ihn durch »die Freude hoher Gedanken tief bewegt«* und mit dem kategorischen Imperativ* der moralischen Verpflichtung daherkam, trat erst später in Erscheinung.

Was man im weitesten Sinne als »Sakrament der Elemente« bezeichnen könnte, ist, wie ich es hier in groben Zügen darzustellen versuche, etwas vollkommen anderes als Wordsworths religiöser Mystizismus; es ist andererseits aber auch eine innere Einstellung, die ein beträchtliches Maß an analytischer Selbstwahrnehmung erfordert und voraussetzt, dass wir unseren Verstand und unseren Willen einigermaßen unter Kontrolle haben. Bei allen irdischen und ätherischen Problemen, mit denen die Beziehung des Ich zum gewaltigen »Nicht-Ich« behaftet ist, sind wir arme Toren, wenn wir es dem Zufall überlassen, mit welchen teuflischen Hindernissen uns unsere körperlichen Gebrechen den Blick auf beseligende Visionen verbauen. Und dann erst die vielen Grenzbereiche und Überschneidungen, die es zu bedenken gilt!

Gerade so, wie der strengste Puritaner sehr bald feststellen muss, dass sich, weil das Leben ein so verschlungenes Geflecht ist, in seine Verehrung Gottes als eines geistigen Wesens unweigerlich immer wieder heimliche Anflüge ritualistischer und sinnlicher Gedanken* einschleichen, mischen sich glücklicherweise in die Ehrfurcht vor den nüchterneren, schlichteren, greifbareren chemischen Elementen der Natur, die wir in den Städten ebenso uneingeschränkt finden wie auf dem Land, ständig aufs Angenehmste und Erfreulichste diejenigen Aspekte der Großen Muttergöttin, deren Genuss wir gelernt haben dem Zufall zu überlassen.

Ein Vogelschwarm durchfliegt das für uns sichtbare Himmelsfleckchen; ein Grasbüschel oder ein Mooskissen durchbricht die Eintönigkeit unseres Straßenpflasters; ein winziges blühendes Unkraut auf einer altvertrauten Schutthalde fällt uns unvermittelt ins Auge; und während wir uns mit heraklitischer Konzentration* zwingen, uns am Hochlodern eines Kaminfeuers oder einer Gasflamme zu erfreuen, weil dies als Ersatz für die glühende Sonne die Schöpferkraft, die unsere Erde hervorgebracht hat und vermutlich auch vernichten wird, am ehesten symbolisiert, können wir durchaus das Glück haben, dass ein Geranienblatt auf der Fensterbank oder das plötzliche Rascheln von Pappelblättern an der Fensterscheibe uns einen fernen Blick auf die lebendige Pflanzenwelt öffnet, die wir bewusst in den Hintergrund unserer Gedanken gedrängt haben.

Ich kann jedoch nicht glauben, dass ein wirklich naturliebender Mensch – ob sich seine Liebe nun auf die gesamte Landschaft oder auf Flora und Fauna bezieht – ableugnen würde, welch ein tiefer Wert dieser Selbstdisziplin, für die ich eintrete, selbst für einen glühenden Verehrer der »pflanzlichen« oder »animalischen« Welt zukommt.

Ich will im Grunde nicht mehr damit sagen, als dass ein solcher Mensch, sofern er das unglaubliche Glück hat, auf dem Land zu leben, angesichts der Unberechenbarkeit des Schicksals, das ihn beispielsweise durch einen schrecklichen Unfall an das Krankenbett einer großstädtischen Klinik fesseln könnte, gut beraten wäre, wenn er seine gewohnte Art, Freude im Leben zu empfinden, so ausrichtet, dass eine derartige Katastrophe seiner grundsätzlichen *Einstellung zur Freude* keinen ernsthaften Schaden zufügen oder sie gar völlig zunichte machen könnte.

Wir alle würden demnach gut daran tun, die Natur grundsätzlich weder »wie in Stunden gedankenloser Jugend«* zu betrachten noch wie die Menschen, die es nach lieblicher Schönheit oder landschaftlicher Erhabenheit verlangt, sondern nüchtern und ernsthaft ein scharfes Auge auf diejenigen unvergänglichen elementalen Aspekte zu richten, die an einem trostlosen Ort nicht anders sind als an einem romantischen Fleckchen, in einer eintönigen Umgebung nicht anders als vor einem wildverwegenen Hintergrund, in der Stadt nicht anders als auf dem Land.

Vielleicht können wir vom Fenster unserer Kellerwohnung oder unseres Dachkämmerleins aus die ersten Strahlen der Sonne nicht sehen, wenn sie am Morgen rotglühend am Rand der Welt auftaucht.

Aber wenn er auch kein so überwältigendes Naturphänomen ist, so liegt doch ein eigenartiger und ganz besonderer Reiz in dem goldenen Schimmer, der unvermittelt einen bestimmten Mauervorsprung hervortreten lässt und der im diesigen Morgenlicht umso köstlicher und geheimnisvoller wirkt, ob er nun auf das Gesims eines Hauses, die schlanke Spitze eines Kirchturms oder das rußige Schornsteingewirr über den Dächern fällt.

Und auch wenn wir höchstwahrscheinlich, auf unserer eisernen Bettstatt in unserem großstädtischen Dachkämmerlein liegend und den Regen betrachtend, der in Sturzbächen am Fenster hinunterströmt, mit wehmütigem Seufzen an das vertraute Donnern der Brandung, an das Rascheln im Schilf oder an das dunkle Grollen eines Tannenwaldes im Sturm denken, ist doch der Wind, der schroff durch die Türritzen, um die Treppenvorsprünge und über die zerklüftete Dachlandschaft pfeift, kaum weniger faszinierend und geheimnisvoll – was sicher niemand leugnen wird!

Der schwärzeste Großstadtkanal kann unsere nächtlichen Gedanken, wenn sie sich von seinem koboldhaften Gurgeln und Schmatzen und Schluchzen zu den Kais und Mündungen der Geheimnisse forttragen lassen, auf ebenso weite Reisen schicken wie der Bach, der murmelnd und wispernd unter den moosbewachsenen Steinen einer ländlichen Brücke dahinplätschert.

Auch wenn ihm der Zugang zur ländlichen Idylle verwehrt ist, entfremdet dies den Verehrer der Urelemente innerlich nicht von der gewaltigen Wirkung der irdischen Kräfte, die dem Wald seinen geheimnisvollen Zauber, den schwankenden Ästen ihre Erhabenheit, dem unzugänglichsten Sumpf und dem einsamsten Wehr ihren Luftflug wehmütiger Gedanken verleihen.

Zudem muss gesagt sein, dass der Mondschein auf einem Felsen in seiner reinen, nackten Schönheit nicht schwächer, sondern stärker empfunden wird von einem Menschen, der sein Bewusstsein geschult hat, den Mond und das schäbigste Mauerwerk als zwei voneinander getrennte Geheimnisse ein und desselben unbegreiflichen Wirkens des Weltenstoffs zu betrachten, aus dem unsere gesamte irdische Dimension gemacht ist.

Meinem Leser wird klar, welchen Vorteil die von mir propagierte Art der Naturverehrung für alte Menschen – Männer wie Frauen – hat, wenn er sich die Einschränkungen vor Augen führt, die körperliche Gebrechen mit sich bringen: die Unfähigkeit, Wind und Wetter zu trotzen und extreme Hitze oder Kälte auszuhalten, und überdies das Nachlassen der geistigen Flexibilität und der emotionalen Stärke, das mit dem allmählichen Abebben des Lebensstroms einhergeht.

Im Alter ist man, selbst wenn man nicht ans Haus gebunden oder ans Bett gefesselt ist, zwangsläufig in seinen Außenaktivitäten beschnitten. Jede Art der Naturverehrung, die die allumfassenden und unerschöpflichen Elemente des grenzenlosen Unbelebten zum Gegenstand hat, ist daher dem künstlerischen und dem wissenschaftlichen Prinzip der Reflexion gleichermaßen überlegen.

Je weiter ein alter Mensch in unserer gemäßigten Zone geht, wenn er Sonne und Mond in ihrem Lauf, Wind und Regen in ihrer Unbeständigkeit, ursprüngliche und menschgewordene Materie in ihren vielfältigen Beschaffenheiten und Farben verehrt, umso größer und bewegender wird seine Freude sein. Ich gebe bereitwillig zu, dass es sich für einen, dessen Bewegungsfreiheit eingeschränkt, vielleicht sogar auf ein einziges Stück Gehweg, ein einziges kiesbestreutes Geviert begrenzt ist, durchaus empfiehlt, sich wenigstens ansatzweise mit den leichter auszumachenden Sternen, Planeten und Sternkreiszeichen vertraut zu machen!

Mehr noch: Durch die Fenster eines Dachstübchens oder die Gitterstangen vor einer Kellerwohnung betrachtet, wo nur ein kleines Fleckchen Himmel sichtbar ist, können wir den einen oder anderen dieser göttlichen Begleiter unseres Schicksals, dieser himmlischen Wächter und Verwalter unseres Glücks in den Kreis unserer geheimsten Gedanken holen. *Sie* sind die wahren und unsterblichen Beichtväter unserer Nöte und Sorgen, die eingeschworenen Vertrauten unserer besten und schlimmsten Verhaltensweisen. Der alte Mann oder die alte Frau, die ihre Einsamkeit mit den Himmelskörpern teilt, verfügt über eine geheime Zuflucht, die ihm oder ihr nur das Erblinden nehmen kann.

Und selbst wenn wir erblinden, bleibt uns mit dem Klang des Windes noch die Stimme des Raums selbst, des Erzeugers aller Dinge, der seinen unvergänglichen

Protest gegen das erbarmungslose und sinnlose Chaos der Zeit laut herausschreit.

Und wenn sich zur Blindheit auch Taubheit gesellt und wenn zur Taubheit Lähmung hinzukommt, können wir immer noch im Sinne Odysseus', des Leidgeprüften, sagen: »Fügt auch das noch zu allem anderen hinzu: denn auch das kann ich ertragen!« Ja, solange uns der letzte Rest einer, wie Hamlet es ausdrückt, »Maschine... zugehört«*, spüren wir, und sei es nur durch die Poren unserer Haut, noch die in Dunkelheit getauchten, verstummten Elemente, die wir zu den Gefährten unseres Leids und zum Gegenstand unserer Freude erkoren haben.

Tatsächlich kehren wir im Alter – in unserer zweiten Kindheit, wenn Sie so wollen – zu den Anfängen unserer Spezies zurück, jenem Goldenen Zeitalter »vor dem Sündenfall«, als die Menschen noch so deutlich spürten, wie sie es seither niemals mehr wahrgenommen haben, dass das Leben der Natur pluralistisch und das Geheimnis aller Dinge im Vielen, nicht im Einen zu finden ist.

Vielleicht erreicht uns gelegentlich sogar von diesen großen nichtmenschlichen Gefährten des nichtmenschlichen Wesenskerns unserer innersten Seele die unaussprechliche Botschaft, dass sie – die ja auch so alt sind! – genau wie wir leiden und genau wie wir *auf den Übergang zum nächsten Stadium* warten.

Verwirrt von den rauschenden Flügelschlägen der Zeit, wissen wir nicht, *worauf* wir und sie warten; aber »Warten!« ist unser Losungswort, und so *warten wir*, weder der Zeit unterworfen noch durch die Zeit beschränkt, mit diesen unseren Verbündeten.

Aber ich muss meinen Lesern an einem deutlicheren Beispiel zeigen, worauf ich mit all dem hinaus will. Gestatten Sie mir daher, Ihnen das Bild eines alten Mannes oder einer alten Frau vor Augen zu führen, der oder die zur Frühstückszeit die gute Stube oder die Küche betritt. Hier, so stellen wir uns vor, haben jüngere Hände schon das Feuer im Kamin oder im Herd entzündet, und über den rotglühenden Kohlen fängt gerade der Kessel an zu summen.

Nehmen wir an, es ist Spätherbst, und es fällt nur fahler, geisterhafter Sonnenschein zum Fenster herein, durch das wir im diesigen Morgenlicht nur undeutlich das Gartenmäuerchen oder den Zaun mit dem kleinen schmiedeeisernen Tor und den zwei Steinstufen davor erkennen können.

Vor dem Hintergrund seines bewusst geschärften Vorstellungsvermögens, von dem ich hier schon gesprochen habe, betrachtet unser alternder Freund versonnen den summenden Kessel und die rote Glut: Und weil diese beiden unbelebten Objekte für jeden klugen »Abstraktor der Quintessenz«*, der in der Lage ist, die Dinge auf das Wesentliche zu reduzieren, von hohem Symbolwert sind, strömt eine Flut weitreichender Assoziationen auf seine Gedanken ein – oder wird bewusst von ihm heraufbeschworen.

Der geschwärzte Kessel, vermutlich aus Eisen und von alltäglichster Form, umgibt sich im fahlgelben Licht, das durch das Fenster hereinfällt, und im rotglühenden Schein des Feuers mit einer wabernden Aura der langen Jahrhunderte, in denen menschliche Gerippe, in vollem Fleisch oder nur Haut und Knochen, in guter oder in schlechter Verfassung, darauf gewartet haben, dass »das Wasser kocht«.

Keine geweihte Opferschale, die ein Priester in seinen erhobenen Händen hält, könnte den poetischen Gehalt des irdischen Lebens besser zum Ausdruck bringen als dieser auf dem Herd oder dem Kaminfeuer vor sich hin summende, rußgeschwärzte Gegenstand aus dem harten grauen Stoff, der den Menschen bei Homer kostbarer war als das »grausame Erz«* ihrer Schwertklingen.

Und wenn die Gedanken unseres Freundes aufgrund seiner Entschlossenheit, sich am einfachsten Ritual der irdischen Kräfte zu erfreuen, schon angesichts des geschwärzten Kessels unweigerlich in Bewegung geraten, wie viel mehr dann beim Anblick des Feuers selbst!

»Ha!«, ruft das Herz der Ewigkeit, das sich unter dem prometheischen Zauber täglich verjüngt. »Ha! Mir ist warm. Ich habe das Feuer gesehen.«

Alten Menschen wird oft vorgeworfen, sie seien beim Essen zu gierig. Sollen sich die Ankläger in den besten Jahren doch einmal selbst ansehen! *Ihre* Gier richtet sich auf wesentlich weniger vorzügliche, weniger natürliche, weniger bodenständige, weniger himmlische Dinge als auf das Essen. Wer im Alter nicht gierig ist beim Essen, zeigt damit nur seine Undankbarkeit gegenüber der unerschöpflichen Weisheit der Natur, die, wenn Augenfreuden und stolze Lebenslust verblassen, die dritte uns mit dem Leben verbindende wollüstige Sinnesempfindung weckt: die Sinnesempfindung, die uns mit den armseligsten Geschöpfen der Erde vereint und bis ans Ende unserer Dimension – *saecula saeculorum** – im symbolträchtigsten und religiösesten Akt, dessen wir fähig sind, vereinen wird.

Einem jungen Menschen, der seine Mahlzeit hastig hinunterschlingt und dann ungeduldig auf seinem Stuhl herumrutscht, bis er sich endlich vom Tisch entfernen darf, um vor Einbruch der Dunkelheit noch ein paar Minuten im Garten oder auf der Straße zu erhaschen, und der mit unverhohlener Verachtung auf den zahnlos mümmelnden Mund seines Großvaters starrt – einem solchen jungen Menschen würde ich zurufen: »Geh und amüsier dich! Aber gesteh dem Alten das gleiche Recht zu.«

Oh ja, wenn ihr das nächste Mal einen dieser altersschwachen dressierten Hunde aus dem Zirkus des Lebens dabei ertappt, wie er beim Essen alles um sich herum vergisst, so spottet nicht seiner. Wir alten Menschen *sind* gierig beim Essen, so ist es nun mal.

Und es ist unser gutes Recht! Dieses unschöne Ritual, das euch so absurd und armselig erscheint, ist das älteste Mysterienspiel der Welt und die älteste Symbolhandlung der Geschichte. Diese zahnlosen Gaumen mahlen an eben diesem Morgen die Quintessenz der Erträge von tausend leuchtend gelben Kornfeldern!

Demeter persönlich ist es, die in diesem Kessel rührt; der himmlische Pflug selbst ist es, der aus den Ackerfurchen dieses Brot hervorgebracht hat! Haben Sie, lieber Leser, je den Widerschein der feurigen Zungen bemerkt, der vor dem Fenster sichtbar wird, wenn Sie frische Kohlen im Herd oder im Kamin nachgelegt haben und die gelben Flammen aufflackern? Verlassen Sie Ihren Sessel für einen Augenblick und sehen Sie hinaus. Vor dem grauen Mauerwerk und dem eisernen Zaungitter, über dem regentriefenden Laubwerk und der feuchten Erde schwebt wie eine mystische Fata Morgana aller Herdfeuer aus allen Jahrhunderten ein hell lodernder verzauberter Schein!

Es ist dies ein Bild des Feuers als Abstraktum, die platonische Idee des Feuers, die stoffliche und doch nicht fassbare Wirklichkeit des Feuers, seine himmlische Essenz, mit der Johannes Scotus Erigena* die Aristoteliker hätte durcheinander bringen können, in der Heraklit den Anfang und das Ende der Welt* gesehen hätte.

Nun ja! Dieser Widerschein rührt vom wirklichen Feuer her und führt zugleich ein Eigenleben, und genauso verhält es sich mit dem Vergnügen, das der alte Mann dabei empfindet, wenn er genüsslich bei seinem Brot und seinem Tee sitzen bleibt.

Aber stellen wir uns nun vor, wie die alte Frau mit ihrem Schultertuch und der alte Mann mit seinem Gehstock über die Schwelle schlurfen, das schmiedeeiserne Törchen auf- und hinter sich wieder zumachen und einen kleinen Spaziergang die Landstraße hinauf oder hinunter unternehmen. Es stimmt, dass sie auf dem Land leben. Es stimmt, dass die Landschaft, in der sie leben, unzählige malerische Wunderwerke der Natur zu bieten hat. Es stimmt, dass ein gelehrter Botaniker, ein begeisterter Ornithologe, ein leidenschaftlicher Erforscher geologischer Formationen eine paradiesische Fülle faszinierender Entdeckungen machen würde, könnte er nur mit dem Auto, dem Bus oder auch mit dem Fahrrad in die einsameren Gefilde dieses weihevollen Orts gelangen.

Aber unseren alten Leutchen fehlt sowohl der Mut als auch die Kraft für solche Unternehmungen. Bleiben ihnen die kostbareren und reicheren Freuden der Natur darum bis an ihr Lebensende verwehrt?

Ganz im Gegenteil! Wir wissen nur zu gut, welche Enttäuschungen, unliebsamen Überraschungen und peinlichen Rückschläge die Jünger der Kunst und der Wissenschaft erdulden müssen, selbst wenn sie tatsächlich das Glück hatten, Zugang zu diesen besonderen Schatzkästchen der Natur zu finden.

Unser betagtes Paar braucht jedoch gar nicht so weit zu gehen. Ohne ihr bescheidenes Heim in einem allzu rosigen Licht zu sehen, können wir mit Recht davon ausgehen, dass die beiden nicht allzu weit laufen müssen, bis sie auf ein schlammgetrübtes Bächlein stoßen, das über einen kahlen, schiefergrauen Stein fließt und von dort aus mit einem Plätschern, das eher dem Gebrabbel eines Schwachsinnigen gleicht als den hellen Klängen einer Panflöte, ein paar Zentimeter tief in einen morastigen Tümpel tröpfelt. Nur ein begnadeter Maler, nur ein großer Dichter, nur ein Naturalist oder Geologe, der, um mit Spengler zu sprechen*, über das »physiognomische Auge« Goethes verfügen würde, könnte diesem öden Weg, diesem morastigen Tümpel, diesem jämmerlichen Rinnsal etwas abgewinnen.

Unser ganz normaler alter Mensch dagegen stochert so lange mit der Spitze seines Gehstocks oder seines Regenschirms im Morast, auf dem Stein, im Bach, im zehn Zentimeter hohen Wasserfall herum, bis sich entweder ganz von selbst ein köstliches Glücksgefühl einstellt oder er mit einiger Beharrlichkeit jenen *inneren Zustand der Freude* erreicht hat, den er bewusst herbeizuführen versteht und der nun – zufriedenstellendes Ergebnis jahrelanger Übung – in einer kaum weniger erstrebenswerten Sinnesempfindung gipfelt.

Aber gleichgültig, ob ein glücklicher Zufall, also das Wirken von »Tyche Sōteer«, der rettenden Göttin der Schicksalsfügung, oder ausdauernde Übung in der »Kunst des Elementalismus«, wie man es nennen könnte, zum Verschmelzen der Sinnesempfindungen unseres alten Menschen mit diesen schlichten und unprätentiösen Verkörperungen der Erde und des Wassers führt, bringt es doch in jedem Fall eine wundervolle Befriedigung mit sich, die nur schwer in Worte zu fassen ist.

Nehmen wir uns nun die Freiheit, uns vorzustellen, dass unser alter Freund oder unsere alte Freundin ein Stück weiter die Landstraße hinauf- oder hinuntergeht. Ein von Weidezäunen durchzogener, sanft ansteigender Wiesenhang kommt in Sicht, hie und da mit Stechpalmensträuchern bewachsen, deren immergrünes Blattwerk vor diesigem Grün und verhangenem Himmel in jenem strahlenden Glanz leuchtet, den diese Pflanzen immer dann anzunehmen pflegen, wenn alles um sie herum düster und grau ist.

Augenblicklich bringt die vage, unbeschreibliche Erinnerung an einen weit zurück liegenden Moment, in dem er sich angesichts einer solchen Naturerscheinung – eines ebenso strahlenden metallischen Glanzes vor einem ebenso trüben Hintergrund – im siebten Himmel fühlte, den Denkapparat unseres betagten Menschen in Bewegung. Mit einer bewussten Willensanstrengung fängt er diesen himmlischen Moment ein, bevor er ihm wieder entgleiten kann, und lässt sich davontreiben ins Zeitlose.

Nehmen wir nun an, während unser Freund umkehrt und sich – da er höchstwahrscheinlich zu gebrechlich für einen ausgedehnteren Spaziergang ist – auf den Heimweg macht, fällt sein Blick auf den geschichtsträchtigen Fluss dieser Gegend, der zwischen den verstreuten Gehöften dahinmäandert.

Einem jüngeren Menschen würden vermutlich augenblicklich fröhliche Ausflüge und Vergnügungen in den Sinn kommen, die einen erfüllt von hochsommerlicher Ausgelassenheit, die anderen in abgeschiedenerer Atmosphäre genossen, vielleicht in einer Jahreszeit und in einem Mondlicht, in denen ein kleiner verbotener Abstecher auf Justice Shallows Territorium* verlockend erscheint.

Aber das Alter hat, wie schon erwähnt, in diesem Zusammenhang seine eigenen Vorzüge. Unbehelligt vom sehnsüchtigen Wunsch nach Liebe, Turtelei, Bootsfahrten oder sportlichen Herausforderungen, kann der Greis den Fluss als *solchen* betrachten, kann über das uralte Geheimnis dieses einen sich dahinschlängelnden

Stroms nachgrübeln, der sich von allen anderen Verkörperungen des wässrigen Elements, von allen Tümpeln, Teichen und Meeren, von allen Gebirgsbächen, Quellen und Seen unterscheidet, über dessen Ursprung im Binnenland ein magischer Schleier liegt, dessen Verschmelzen mit dem fernen Ozean ein Symbol ist für die Hälfte aller metaphysischen Rätsel dieser Welt.

Und während sie nach Hause schlurfen, werden unser Greis und unsere Greisin, sofern sie echte »Elementalisten« sind, ihre träge Seele intuitiv oder bewusst zwingen, sich mit allen Dingen zu vereinigen, auf die ihr Blick fällt. Ihr ästhetisches Empfinden wird nicht beleidigt durch den Anblick einer schlampig in die Landschaft gestellten Reihenhauszeile. Sie werden sich nicht einerseits für einen schönen gepflügten Acker oder einen Wald mit altehrwürdigen Bäumen begeistern und andererseits einen Bogen um einen dampfenden Misthaufen oder einen mit Kohlköpfen bepflanzten Acker machen.

Sie werden sich ihre Freude auch nicht durch die graue Last des wolkenverhangenen Himmels, den süßlichen Modergeruch von abermillionen faulender Blätter oder den aufgeweichten Matsch in schlammfarbenen Spurrillen schmälern oder ganz verderben lassen.

Ja, sie profitieren davon, dass sie nicht mehr gezwungen sind, zu arbeiten und Sport zu treiben, mit anderen zu konkurrieren und *für* andere Verantwortung zu tragen. Das Alter hat sie befreit. Sie sind in die göttliche Freimaurerloge jenes gewaltigen Kreislaufs irdischer Veränderungen eingetreten, in dem aus dem Leben

Tod und aus dem Tod Leben wird. Sie teilen mit dem Fluss zu ihren Füßen und mit den Felsen in der Höhe das unermessliche Alter.

Sie fühlen undeutlich, was diese ihrem Empfinden nach fühlen. Sie fühlen hinter dem dunklen Reflex der chemischen Zersetzung den unvergänglichen kosmischen Pulsschlag, die Systole und Diastole des neuen Lebens, das aus dem Absterben des Alten entsteht.

Auf ihrem Heimweg durch die vertraute Landschaft begrüßen sie jede knorrig verkrümmte Baumwurzel, die sich in den Straßengraben am Wegrand bohrt, als wäre sie ein heimliches Zeichen des Alters für das Alter. Der Chor der Saatkrähen, die sich in der Abenddämmerung sammeln, war vielleicht nicht immer an diesem Ort zu hören; aber der unbekannte Stern, der jetzt schwankend, halb versunken wie das Licht einer Leitboje in einem unendlichen Hafen undeutlich in der Ferne blinkt, zwingt sie nicht, ihn zu benennen, zu bemessen oder seinen Standort zu bestimmen. Sie sehen ihn so, wie ihre Väter ihn gesehen haben.

Älter als die Wiesen, älter als der Fluss ist dieses immer wiederkehrende Unterpfand der heraufziehenden Nacht. Und sie spüren die Dunkelheit selbst, die sich auf sie herabzusenken beginnt, wie andere sie seit der ersten Dämmerung der Zeit gespürt haben; spüren sie, während sie ihrem Heim entgegenschlurfen, als eine unendliche Flucht vor der schmerzenden Trennung allen Anfangs in das wohltuende Verschmelzen allen Endes.

KAPITEL 5
DAS ALTER UND
DAS GEWISSEN

Bei dem schwierigen Unterfangen, das Gewissen im Alter zu analysieren, sehen wir uns wieder einmal mit dem ewigen Unterschied zwischen den Geschlechtern konfrontiert. Dieser Unterschied ist eher ein tiefgründiger und verborgener, denn nach außen hin herrscht zwischen beiden Geschlechtern im Allgemeinen Übereinstimmung.

Hören Sie einmal zu, wenn ein Mann und eine Frau über ein Thema debattieren, das um die uralte Frage von Gut und Böse kreist, und Sie werden in den moralischen Grundsätzen und in den stillschweigend vorausgesetzten, der Diskussion zugrunde liegenden Annahmen der beiden keinen Unterschied feststellen.

Der Mann ist vermutlich der Ruhigere und Besonnenere von beiden. Er ist mit Sicherheit der Großspurigere, der Umständlichere und der Meister der logischen Argumente. Er ist darüber hinaus der Selbstgefälligere.

Aber beide verwenden sie die gleichen tradierten Moralbegriffe. Beide berufen sie sich auf die gleichen allgemeinen Grundsätze. Einem unsichtbaren Beobachter würde lediglich auffallen, dass die Schläge der Frau mehr Wirkung zeigen und sich gezielter gegen die offensichtlichen Schwachstellen im Panzer ihres Kontrahenten richten und dass ihre Angriffe ihn da treffen, wo er persönlich am verwundbarsten ist, während seine Attacken eher den Frauen im Allgemeinen gelten.

So viel zur oberflächlichen Seite der Debatte. Wir wollen es uns jedoch angelegen sein lassen, ein wenig tiefer zu blicken, und in dem Moment, in dem wir dies tun, gewinnt die Kontroverse an Gewicht.

Während, wie wir schon bemerkt haben, der Mann ernsthaft und im überlegenen Ton der gebieterischen Vernunft und Autorität die Regeln festlegt und sich dabei auf Gewohnheiten, gesellschaftliche Konventionen, Sitten und Bräuche beruft und während die Frau ihre Stacheln mit dem Wermut persönlicher Angriffe tränkt und diese gegen die liebsten und empfindlichsten Lebenslügen des Mannes richtet, tritt ein noch feinerer Unterschiede zutage.

Abgesehen von einigen wenigen, oft wiederholten kritischen Äußerungen über die Frauen im Allgemeinen, führt der Mann nur positive Argumente ins Feld. Uns wird jedoch schon bald klar, dass seine positive Methode von ihr geschickt gekontert wird, indem sie sich auf den negativen Pol des moralischen Elektrizitätsfeldes verlegt.

Ich will damit sagen, dass der Mann stur auf seinen logischen Schlussfolgerungen herumreitet, die mit besserwisserischen Vorurteilen gespickt sind und mit dem ständigen Hinweis auf seine unerschütterlich konsequente Haltung untermauert werden, während die Frau ihre Kritik an seiner Haltung in der zur Debatte stehenden Frage mit einem Trommelfeuer von Vorwürfen belebt, in denen sie das Problem über Jahre hinweg aufrollt, es zurückführt bis zu ihrer ersten Begegnung, zurückführt bis zu den Fehlern, die seine Eltern bei seiner Erziehung und die gar schon seine Großeltern wiederum bei deren Erziehung gemacht haben!

Seine positiven Argumente in der Sache, zu der er, nett und umgänglich, wie er ist, gerade Stellung bezogen hat, werden als nebensächlich beiseite gefegt; stattdessen muss er sich nun gegen eine enzyklopädische Fülle von Vorwürfen verteidigen, die sich auf seinen und seiner Familie altbekannten Mangel an Benimm und Anstand, an vornehmer Herkunft und an Höflichkeit beziehen.

Mit diesen geschickten Angriffen nicht nur *ad hominem*, sondern *ad gentem** nimmt sie der ganzen gebieterischen, pseudorationalen Logik des selbstgerechten Mannes den Wind aus den Segeln, so dass er von seinem sicheren Kurs abkommt und in ein emotional aufgeladenes Fahrwasser gerät, in dem er sich genauso fehl am Platz fühlt, wie sie in ihrem Element ist.

Dem unsichtbaren Beobachter dieser typischen Auseinandersetzung wird jedoch nicht entgehen, dass der *Gnadenstoß*, der den Mann schließlich zur Strecke bringt, mit einer Waffe aus seinem eigenen Arsenal geführt wird, einer Waffe, die ihm im Eifer des Gefechts auf unerfindliche Weise entglitten und in *ihre* Hand geraten ist. Und am Ende hat er, statt sich mit unerschütterlicher Selbstgefälligkeit zu sagen, dass die überlegene Vernunft einer gefühlsbeladenen Aufwallung weichen musste, in seinem Trotz und seiner Verblüffung das Gefühl – und das bringt seine Lebenslüge besonders stark ins Wanken –, seinen eigenen Prinzipien untreu geworden zu sein.

Aber was als Nächstes folgt, ist noch viel verwirrender für den Mann, auch wenn es ihm zugleich eine unbeschreibliche Erleichterung verschafft. Er ist jetzt in der glücklichen Lage, eine jener mythologischen Verwandlungen mitzuerleben, die bis in die vorgeschichtlichen Anfänge des menschlichen Lebens auf der Erde zurückreichen.

Verwirrt, erstaunt, beleidigt, für den Rest des Tages entschlossen, seine schlechte Laune nicht mehr abzulegen und, wie Sir Thomas Urquhart gesagt hätte, »metagrabolisiert«*, seiner Selbstachtung und seiner Selbstgefälligkeit beraubt, erlebt unser alternder Justinian* plötzlich, wie seine nicht weniger betagte Theodora mit ausgebreiteten Armen und diesem seligen, unbeschreiblich zärtlichen Lächeln auf ihn zukommt, das sein Herz schon zum Schmelzen gebracht hat, als er ihr vor einem halben Jahrhundert seine Liebe gestand.

Der Versöhnungskuss weckt in ihm ein Gefühl, das ihm von ähnlichen Gelegenheiten vollkommen vertraut ist, das er sich aber bedauerlicherweise nie deutlich genug in Erinnerung rufen kann, um es mit seiner Vernunft in Einklang zu bringen, das Gefühl nämlich, dass man ihn nicht nur bis ins Innerste seiner Seele versteht, sondern ihn darüber hinaus, auch wenn er nicht recht weiß, warum, genau in dem Augenblick am meisten bewundert, in dem sein Selbstwertgefühl seinen Tiefpunkt erreicht hat!

Weil dieses Gefühl ihn aber ungeheuer aufbaut, traut er sich nicht, es genauer unter die Lupe zu nehmen, obwohl er sich des vagen Verdachts nicht erwehren kann, dass sich hier eine übernatürliche Kraft in das Leben gemengt hat, die auf unberechenbare Weise der moralischen Überlegenheit des Mannes über die Frau Abbruch tut und gar die logischen Grundfesten des Universums mit einem bedenklichen Schatten des Zweifels überzieht.

Unglücklicherweise hat diese erstaunliche Offenbarung ihren ganz eigenen Zauber und verschwindet ebenso schnell wieder, wie sie gekommen ist. Der Groll des Mannes ist besänftigt; und indem sein Unrechtsempfinden sich in Wohlgefallen auflöst, kehren seine Selbstachtung und sein Selbstwertgefühl wieder im gewohnten Maße zurück. Aber mit seiner wiedergewonnenen Selbstgefälligkeit stellen sich auch seine sämtlichen konservativen, rationalen und logischen Überzeugungen wieder ein.

Er ist sich nun wieder sicher, wie vollkommen Recht er doch hatte mit seiner Meinung zu der strittigen Frage.

Der kategorische Imperativ ist immer noch der kategorische Imperativ, und die Kluft zwischen Recht und Unrecht ist so unüberbrückbar wie eh und je. Und weil er vor lauter Erleichterung, wieder er selbst zu sein, instinktiv davor zurückschreckt, sich die blauen Flecke seines Sturzes genauer anzusehen, bleibt ihm in solchen Momenten die Tatsache verborgen, dass er das Alter Ego in der lebenslangen Verbindung zweier Geschöpfe ist, die so vollkommen verschieden sind, dass weder ihre gemeinsame Sprache noch ihre gemeinsame Menschheitsgeschichte die Streitfrage, wenn sie erst einmal eine Gewissensangelegenheit geworden ist, auf einen gemeinsamen Nenner zurückführen kann.

Wenn es um das Gewissen geht, ist der Unterschied zwischen einer alten und einer jungen Frau vollkommen unerheblich. Beide legen – abgesehen von einigen wenigen persönlichen Ausnahmen vielleicht – die gleiche schickliche und selbstverständliche Unmoral und das gleiche unbeirrbare Aufbegehren gegen Gesetz und Ordnung an den Tag.

Was bei einer jungen Frau noch ein natürlicher Drang ist, dem sie in aller Unschuld instinktiv nachgibt, wird bei einer alten Frau zum wohlerprobten, beißenden Zynismus. Jedenfalls will es dem alten Mann so erscheinen. Eine alte Frau sieht in diesem vermeintlichen Zynismus lediglich eine jener Grundwahrheiten, die von den Männern nicht anerkannt werden, weil sie sowohl zu kleinlich als auch zu kindisch dazu sind.

Bei der Frage sexueller Verfehlungen sind Männer traditionsgemäß der Überzeugung, dass die Tugendhaftigkeit einer jungen Frau nur durch eine Mischung aus Unwissenheit und Stärke zu schützen sei. Die von Männern geschaffene Literatur ist durchdrungen von der Vorstellung, dass alte Frauen entweder tatsächlich mit dem Teufel im Bund oder aber stets gewillt sind, junge Mädchen mit ihren Zaubertränken und sprüchen ins Verderben zu locken.

Aber die Natur, die große Schöpferin, verfolgt bei alledem ihren eigenen Sinn und Zweck, und dieser richtet sich mehr auf die Erzeugung und Pflege der Nachkommenschaft als auf die Reinheit der Mutter und die Frömmigkeit des Vaters.

Die Natur – oder doch zumindest die Natur der uns eigenen Wirklichkeit – hat es so eingerichtet, dass die Einstellung der Frau zum Leben nicht von ihren moralischen Überzeugungen, sondern vom Gefühl der Liebe und des Hasses bestimmt wird; und manchmal sogar von einem explosiven, brodelnden Gemisch dieser beiden Leidenschaften. Nicht die Frauen, sondern die Männer sind es, die man so oft lamentieren hört: »Wie kannst du behaupten, du liebst mich, wenn du fähig bist, so etwas zu tun?«

Jede Frau weiß, dass »Liebe« zu einer völlig anderen Kategorie der psychischen Gegebenheiten gehört als »Liebenswürdigkeit«. Bei den Männern jedoch hört man diesen schlichten Vorwurf aus dem Munde eines senilen alten Egozentrikers ebenso häufig wie aus dem seines verwirrten Enkels! Es ist der untaugliche und klägliche Versuch, die erstaunliche Gleichgültigkeit, die ihre gottgegebenen Gefährtinnen den Ansprüchen von Vernunft und Gerechtigkeit entgegenbringen, zu einem rational analysierbaren Phänomen zu erheben.

Was der gestandenste Ehrenmann ebenso schwer begreifen kann wie der genusssüchtigste Jüngling, ist die Tatsache, dass die Liebe für eine Frau untrennbar zu ihrem Wesen gehört und dass es darum – zumindest in ihrem eigenen Verständnis – absolut nichts zu bedeuten hat, wenn sie es einmal an Liebenswürdigkeit oder Selbstbeherrschung fehlen lässt.

Jede Frau wünscht sich am meisten, dass ihr Mann vollkommen abhängig von ihr sei, dass er seine Kraft und seinen Lebenssinn so aus ihr gewinnt, wie der Baum seinen Saft aus der Erde zieht. Dass der Mann diese Abhängigkeit ebenfalls *braucht*, steht fest; was er sich aber *wünscht*, steht auf einem anderen Blatt. Er möchte gelobt werden. Er möchte gewürdigt werden. Er möchte bei Laune gehalten werden. Er möchte in seiner Bequemlichkeit, seinen Wünschen, seinen Vorlieben, Hobbys und Ansichten bestärkt werden.

In seinen Augen gehört zur »Liebe« grenzenlose Bewunderung, hin und wieder gepaart mit einem besonderen Akt der Rücksichtnahme zur rechten Zeit, ganz zu schweigen von der bedingungslosen Nachsicht mit allen seinen persönlichen Fehlern!

Für sie ist die »Liebe« schlicht und einfach das Geheimnis des Lebens; und sie kann sich überhaupt nicht vorstellen, dass ein momentanes Aufbegehren oder ein vorübergehender Anfall von Bosheit oder gar Wut die Aufrichtigkeit ihrer »Liebe« in Frage stellen könnte.

Nun liegt trotz der abgrundtiefen Kluft zwischen den Geschlechtern – einer Kluft, die so tief ist, dass nur die rotglühende Asche des Weltuntergangs sie auffüllen könnte – der größte Vorteil eines glücklich verheirateten Paares, das miteinander alt geworden ist, zweifellos in der Tatsache, dass beide sich über die Jahre hinweg gezwungenermaßen in der schwierigen Kunst üben mussten, Seite an Seite nicht nur mit ihrem *naturgegebenen Gegenpol* zu leben, sondern darüber hinaus mit einem Geschöpf, das sich in einem anderen Element bewegt als sie selbst!

Das entspricht der Vorstellung, als würde auf wundersame Weise ein Fisch seine kristallklaren Gewässer mit in die Lüfte nehmen und sich dort mit einem Vogel vermählen.

Eine solche Verbindung kann der erhebendste und aufregendste Zustand sein, der einem Menschen je vergönnt ist. Sie kann aber auch unendlich tragisch sein. Der springende Punkt ist, dass die frühere Erfüllung erst erreicht werden kann, wenn die starke physische Anziehung zwischen den Geschlechtern vollkommen durch etwas *anderes* abgelöst worden ist. Und dieses »andere« ist ein *Mysterium tremendum*, ein unergründliches Geheimnis.

Wir wissen, was in der Bibel über Mann und Frau steht, die »ein Fleisch« werden. Ich nun würde, da unsere fleischliche Lust im Alter ausdörrt oder doch zumindest »zerging' und löst' in einen Tau sich auf«*, in diesem Zusammenhang eher so frei sein zu sagen, dass diese beiden betagten Alten »ein Gebein werden«.

Um diese Erfüllung zu finden, durch die, wie wir mit einem neuerlichen Blick auf die Schöpfungsgeschichte behaupten könnten, unser alternder Adam seiner verlorenen Rippe wieder habhaft wird, muss die Frau ihre bereits schwächer strömende Hass-Liebe ein wenig sublimieren, und der Mann muss, einem erfahrenen Seemann gleich, sein Umhergeworfensein als selbstverständlich hinnehmen.

Jeder echte Bewunderer von Rabelais, dieses größten Geistes moderner Zeiten, wie Balzac ihn kurioserweise nennt, wird sich an das goldene Medaillon auf der Brust des jungen Gargantua* erinnern, das eine Darstellung der geschlechtlichen Vereinigung zeigt.

Beziehen wir nun dieses »Novum Organum« auf die schwierige Frage, welche Einstellung das Alter zu Gut und Böse hat, so wird klar, dass es unserem sich quälenden Gewissen durchaus gut tut, wenn sich die »Lauge« der weiblichen Intuition mit der »Säure« der männlichen Vernunft vermischt. Wenn diese beiden unterschiedlich galvanisierten Lote nebeneinander in die Tiefe gelassen werden, zeigen sie die gefährlichen Strömungen des Lebens viel deutlicher an, als es eines von ihnen allein vermag.

Aus diesem Grund können wir den weisen Sprüchen über Gut und Böse, zu denen sich ein alter Junggeselle oder eine alte Jungfer versteigt, weniger vertrauen als dem Urteil derjenigen, die so ausgestattet sind, wie es der gute Grandgousier* für seinen strammen Stammhalter bestimmte, denn dieser trug »auf der Brust ein schweres goldenes Medaillon, dessen emaillierte Oberfläche eine gar stattliche Figur zeigte, nämlich einen menschlichen Körper mit zwei einander zugewandten Köpfen ...; rundherum standen in ionischer Schrift die Worte: Die Liebe suchet nicht das Ihre.« Und im

Schlusswort des Zweiten Buchs gibt Rabelais seinen Lesern den guten Rat: »Traut nun und nimmermehr denen, die aus einer Kutte schauen.«

Wie steht es nun aber um das Verhältnis zwischen der alten und der jungen Generation? Sicher weist der dramatische Zeitabschnitt der Geschichte, in dem diese, wie unsere Vorfahren missbilligend gesagt hätten, Schlüpfrigkeiten zu Papier gebracht werden, eine interessante Soll- und Habenbilanz dessen auf, was die Jugend und das Alter zum Schicksal der Menschheit beigetragen haben. Wie bei der Frage der weiblichen Intuition und der männlichen Vernunft sieht es so aus, als könnten die geheimen Ziele der Evolution nur erreicht werden, wenn ein ausgewogenes Gleichgewicht hergestellt wird.

Müssen wir nicht zu dem Schluss kommen, dass wir die schlimmsten Auswüchse des Nationalismus und des Faschismus und auch einige der weniger angenehmen Züge des Kommunismus der Unwissenheit, der Gewalttätigkeit und der unterdrückten Sexualität der Jugend zu verdanken haben? Und müssen wir nicht des Weiteren sagen, dass der britische Amtsschimmel in seinen destruktivsten Erscheinungsformen von der Sturheit und Arroganz des Alters geprägt ist?

So schlägt denn das Pendel der gewaltigsten Schlacht in der Geschichte der Menschheit aus zwischen gewaltbereiter Begeisterung und ängstlicher Gleichgültigkeit, zwischen dem Fanatismus der Jungen, die aus dem einen Loch, und der Selbstgefälligkeit der Alten, die aus dem anderen Loch zum Vorschein kommen.

Und leider Gottes beschränken sich die Missverständnisse zwischen Jungen und Alten keineswegs auf den Krieg. Jeder von uns kennt den giftigen Stachel dieser tiefsitzenden Feindschaft auch aus den friedlichsten Zeiten. Der Vorwurf des »Egoismus« fliegt wie ein Pingpongball von einem zum anderen. »Der Egoismus der Jugend«, »der Egoismus des Alters« – wie sehr uns dieses gewohnheitsmäßige Gezeter zum Hals heraushängt!

Jawohl, wir müssen tiefer bohren; uns in den innersten Kern dieser beiden viel beschrienen Egoismen hineinbohren. Und welch ein segensreicher Augenblick wird das sein, wenn die Klügeren unter den Moralisten endlich dieses Papageiengeplapper vom »Egoismus« ganz aus ihrem Wortschatz streichen!

Was, um alles in der Welt, soll denn ein »Ego« anderes sein als »ego-istisch«? Darin gleichen wir uns, da sind wir alle über einen Kamm geschoren.

Oder, um ein fröhlicheres Bild zu bemühen, angesichts der alten ägyptischen Schänke zu den Fleischtöpfen* sind wir alle Gäste und Saufkumpane. Wenn man hört, wie ein Mensch von gütigem Wesen, der zufällig unter einem günstigen Stern geboren wurde, als »Egoist« beschimpft wird, könnte man manchmal meinen, das Gebot der »Selbstaufopferung« sei nichts als eine List, die glücklosere Zeitgenossen ersonnen haben, um den Brunnen des menschlichen Glücks mit dem gallebitteren Tropfen der Gewissensbisse zu vergiften.

Die Wahrheit ist, dass eine vernünftige Unterscheidung zwischen Gut und Böse nur unter der Voraussetzung zu treffen ist, dass einem jeden »Ego« das abgrundtiefe Recht zukommt, ein »Ego-ist« zu sein.

Nur auf der Grundlage dieser unhintergehbaren Regel des gesunden Menschenverstands können wir in Bezug auf Gut und Böse eine verlässliche Perspektive gewinnen. Ist dies erst einmal gewährleistet, wird unsere Bewunderung und Hochachtung für Menschen, die aus einem tiefen inneren Bedürfnis heraus das Wohl anderer über ihr eigenes stellen und vielleicht gar ihr Leben für etwas hingeben, das ihnen wichtiger ist als das Leben, nicht nachlassen, sondern noch größer werden.

Es ist ganz und gar ungeheuerlich, davon auszugehen, dass das Leben unserer *jungen Männer* das vorherbestimmte und angemessene Opfer für die Sache der Gerechtigkeit sei, wie wir es in Kriegszeiten immer wieder gern getan haben. Sokrates nahm den entgegengesetzten Standpunkt ein, als er zu verstehen gab, dass er das Leben alter Männer, das doch der Natur zufolge ohnehin seinem Ende entgegen geht, für eine näher liegende, wenn auch möglicherweise weniger heldenhafte Opfergabe an die Götter hielt.

Wir können allerdings schwerlich leugnen, dass gerade die Begeisterung des Menschen für alles Dramatische und Spektakuläre dafür verantwortlich ist, wenn aufsehenerregende Heldentaten mit einem Glorienschein umgeben werden, während wir für das, was wir gelegentlich als »alltägliche Tugenden« bezeichnen, nur ein verächtliches Lächeln übrig haben.

Und doch will mir scheinen, dass in den Augen der Götter der eigentliche gewaltige Unterschied zwischen dem Rätsel des Guten und dem Rätsel des Bösen, wie es sich uns in unserer Wirklichkeit zeigt, ein Unterschied ist, dem wir im Alltäglichen viel leichter auf den Grund gehen können als im Spektakulären. Jeder, der sich eingehend mit der erhabenen Weisheit unserer Spezies beschäftigt, der Weisheit, wie wir sie bei Homer und Rabelais, Shakespeare und Cervantes finden, wird erkennen, dass der Unterschied zwischen Gut und Böse in den Gefilden des »banalen Alltags« sogar größer ist als in den Gefilden des Gewaltigen und Kolossalen.

Gerade in den einfachen Bräuchen und in der Alltagsroutine des normalen Durchschnittsmenschen steckt doch die immerwährende, unsterbliche Poesie des Lebens. Und wer könnte bestreiten, dass der feine Unterschied zwischen Gut und Böse ein wesentlicher Bestandteil dieser Poesie des Alltags ist?

Damit wird klar, wo wir den besonderen Vorteil zu suchen haben, den das Alter gegenüber der Jugend und den mittleren Jahren genießt. Während sich der jugendliche Romantiker nämlich in aufsehenerregende Heldentaten und spannende Abenteuer stürzt und der weltgewandte, tüchtige »Mann in den besten Jahren« unter der Last der materiellen Verantwortung hart und unflexibel wird, findet der alte Mensch, durch seine Krankheiten und Gebrechen zurückgeworfen auf die elementale Freude darüber, am Leben zu sein, Zeit und Muße genug, um über das große Rätsel von Gut und Böse nachzudenken. Er findet Zeit und Muße genug, um dem leisen Gemurmel der Flut zu lauschen, »die uns hierher getragen«*, dem Gemurmel, das gleichsam von den meerumrauschten Seufzern der Winde aus ferner Vergangenheit zurückgeweht wird zu den schlammigen Schilfufern der vertrauten Gegenwart.

In all den volltönenden und großartigen Taten, zu denen die Jugend durch ihre unbändige Gier nach aufregenden Abenteuern angestachelt und das charakterlich verhärtete mittlere Alter durch die Last seiner drückenden Verantwortung getrieben wird, gerät der feinere Unterschied zwischen Gut und Böse, ja, die metaphysische Frage nach Wesen und Ursprung von Gut und Böse überhaupt, nur allzu leicht in Vergessenheit.

Um eine ausgewogene Sicht auf diese Dinge zu gewinnen, bedarf es nicht nur einer gewissen Verbundenheit mit den Elementen, wie wir sie bei alten Seeleuten und Bauern beobachten können und wie sie, unter weniger schrecklichen als diesen Kriegsumständen, auch erfahrene Flieger vielleicht einmal an den Tag legen werden, sondern auch – wie soll ich sagen? – einer *bewusst kultivierten Offenheit* für diese ursprünglichen Phänomene.

Woran liegt es, dass in den Luft- und Seeschlachten dieses Krieges viel mehr Tapferkeit und viel weniger erbitterter Hass offenbar wird als in den Landschlachten? Und welchen Grund hat es, dass es von allen derzeitigen Kriegsschauplätzen gerade die Wüstengebiete Libyens und Ägyptens sind, in denen am ritterlichsten gekämpft wird?

Liegt es nicht an der natürlichen Ehrfurcht, die wir selbst und unsere Gegner dem prähistorischen Sand des Nahen Ostens entgegenbringen, in dem wir, wie es mein Bruder Llewelyn* ausdrücken würde, die »Wiege Gottes« sehen und der nach den Lüften und den Ozeanen immer noch die unverfälschteste und von den Menschen unberührteste Erscheinungsform des Unbelebten ist?

Um uns in die Tiefen unserer Seele zu versenken, um dem verborgensten Geheimnis von Gut und Böse mit klarem, freiem und unverbildetem Verstand auf den Grund gehen zu können, müssen wir uns radikal von allem pseudowissenschaftlichen Geschwätz distanzieren, das in den wimmelnden, lärmenden Zentren der Zivilisation blüht und gedeiht.

Ich würde keine Sekunde lang behaupten, dass diese wünschenswerte Abkehr von der Welt, dieses Verschmelzen mit dem Urgrund der Elemente in einer Großstadt nicht möglich wäre. Aber es erfordert dort eine stärkere geistige Konzentration, mehr Beharrlichkeit, bewusste Übung und Willenskraft als auf dem Lande.

Das Wissen um diese Tatsache ist der Grund, warum die Einsiedler und Heiligen aller Zeiten das einsame Leben gewählt haben. Aber wenn diese auch, wie Goethe sinngemäß gesagt hat, vom Brunnenquell der Weisheit trinken dürfen, ist für unsere *charakterliche* Entwicklung doch die lebendige physische und seelische Verbindung mit anderen Menschen nötig – so irritierend eine solche für unseren Egoismus auch sein mag.

Für unser intellektuelles Wachstum, für die Vertiefung der kreativen Kraft, die uns die Götter verliehen haben, ist die Einsamkeit wünschenswert, wenn nicht gar notwendig; wenn es aber darum geht, unsere Ideen in die Tat umzusetzen, liegen die Dinge vollkommen anders.

Jeder weiß, dass es die Hölle ist, mit Heiligen und Sehern zusammenzuleben, und viele haben aus eigener bitterer Erfahrung gelernt, dass Philosophen noch viel schlimmer sind.

Und was heißt das? Ganz einfach: Das gründlichste Verständnis von Gut und Böse macht aus uns noch keine *guten Menschen*, wenn wir darüber hinaus im Gerangel des Lebens nicht wie Kieselsteine am Strand der Ebbe und der Flut der menschlichen Verhältnisse unterworfen sind.

Die größte und einem glücklichen Leben zuträglichste aller irdischen Tugenden ist zugleich diejenige, die man in der Einsamkeit am schwersten erwerben kann. Ich spreche von der Tugend der Bescheidenheit. Man könnte annehmen, dass ein ungebundenes, glückliches Leben in der Einsamkeit der Natur, wo unser zerbrechlicher Menschenkörper den grenzenlosen Elementen trotzen muss und wir der Verantwortung der Gesellschaft entzogen sind, ganz selbstverständlich zur Bescheidenheit führt. Aber weit gefehlt. Es bringt vielmehr einen unangemessenen und maßlosen Stolz mit sich! Der Stolz auf die Herkunft, auf den Besitz, auf intellektuelle Fähigkeiten – nichts von alledem kann dem *Stolz auf die eigene geisige Gesinnung* an Hochmut und selbstgefälliger Impertinenz das Wasser reichen.

Diese harte Anklage gegen die berühmten Weisen der Menschheit stützt sich auf die schlichte tägliche Erfahrung. Wer sind die Menschen, die unser Leben erträglich machen, die das Wohl derjenigen, mit denen das Schicksal sie zusammenführt, mehren und ihre Leiden lindern?

Sind es die Menschen, die wir im Allgemeinen als religiös oder geistlich gesinnt bezeichnen? Mitnichten. Es sind diejenigen, die sich durch ihr gütiges Wesen, durch ihren Sinn für Humor, ihre Toleranz und Rücksichtnahme auszeichnen.

Und was steckt hinter dieser Güte, dieser Toleranz und Lebensweisheit? Immer das Gleiche – eine Bescheidenheit, die durch nichts zu erschüttern ist! Wahrscheinlich würden mir die meisten darin beipflichten, dass das gesündeste, angenehmste und bekömmlichste Produkt der Evolution nicht der »große Mann« ist, wie wir ihn hochtrabend zu nennen pflegen. Dazu kennen wir diese unseligen »großen Männer« einfach zu gut. Die Hälfte allen Elends, aller Tragödien und Schrecken in der Geschichte der Menschheit geht auf ihr Konto.

Auch der einsame Prophet, der ehrfurchtheischende Wahrsager oder der gefeiertste Künstler ist nicht dieser selige Wohltäter der Menschheit! Das gesündeste und vielversprechendste Kind der evolutionären Wehen ist ein ganz alltäglicher guter Mensch, der kluge und tolerante *brave Bürger*, auf den immer Verlass ist.

Der gewitzte, durchtriebene Spitzbube macht sich gern über diese braven Bürger lustig, als wären sie hoffnungslose Trottel, Nieten und Langweiler. Du liebe Zeit, so einfach gestrickte Gemüter sind sie nun wirklich nicht! Es gehört im Gegenteil eine große Portion

Intelligenz und einige Freiheit des Denkens dazu, ein »guter Mensch« zu sein.

Je länger wir in dieser Seinsdimension leben, umso massiver türmt sich unsere Erfahrung von Gut und Böse auf und umso zahlreicher werden die Widersprüche und Ungereimtheiten. Und weil Weisheit nicht aus Meinungen und Schlussfolgerungen besteht, sondern aus einer spezifischen Mischung geistiger und sinnlicher Ingredienzen, können wir uns das lebendige Umfeld dieser Erfahrung nur in der dünnen, reinen Luft der Bescheidenheit bewahren.

Jonathan Swift, der von allen unseren Schriftstellern wohl als bitterster und misanthropischster gelten kann, hat, soviel ich weiß, einmal erklärt, so etwas wie einen »guten alten Mann« gebe es nicht. Schon die Tatsache allein, will er meiner Ansicht nach damit sagen, dass wir es schaffen, unsere Gedanken über mehr als ein halbes Jahrhundert hinweg vor allem um das kreisen zu lassen, was wir, wie wir scheinheilig meinen, »uns selbst schuldig sind«, ist ein hinlänglicher Beweis dafür, dass wir Spitzbuben sind.

Man braucht tatsächlich nur einen Blick auf die durchgeistigten, ansehnlichen und kultivierten Gesichtszüge unserer *berühmten* alten Männer zu werfen, um zu erkennen, dass Swift mit seinen Anwürfen nicht völlig Unrecht hatte.

Aber wie ich mir schon erlaubt habe zu bemerken, haben wir das vielversprechendste Produkt der ethischen Entwicklung des Menschen nicht unter den »großen Männern«, welchen Alters auch immer, zu suchen, sondern es ist dies der *Normalbürger*, der wie die Mehrzahl der einfachen Menschen über eine gesunde Mischung aus Humor, Güte und eigenständigem Urteilsvermögen verfügt.

Worauf ich an dieser Stelle hinaus will, ist die Tatsache, dass der durchschnittliche alte Mensch allein durch die langen Jahre, die auf ihn eingewirkt haben, eine grundsätzliche Einstellung zur Frage von Gut und Böse gewonnen hat, auf deren Basis er handfestere Schlüsse ziehen kann als der größte Prophet aus seinen logischen Überlegungen.

Und auf was laufen diese Schlussfolgerungen hinaus? Genau darauf, dass auf lange Sicht das Gute zwangsläufig über das Böse triumphieren muss, weil es das ist, was es ist. Was *ist* schließlich »das Gute«, wenn wir es bis auf das letzte winzige Bestandteilchen analysieren? Es ist weder das »Gesetz des Universums« noch der »Wille des Schöpfers«, wie es uns Glaubensdiktatoren und mystische Führer weismachen wollen.

Es ist auch nicht die Frömmigkeit der Auserwählten, die ihren Lohn dereinst im Himmelreich erhalten werden. Es ist schlicht und ergreifend der Auftrieb, der in unserer Dimension unter vielen anderen dominiert; und davon, wie dessen Kampf auf Leben und Tod mit jenem anderen Auftrieb ausgeht, der in unserer Dimension sein mächtigster Gegenspieler ist, hängt das gesamte kreatürliche Leben dieser Welt ab.

Das Gute war aufgrund der Gegebenheiten von Anfang an gezwungen – und ist dies immer noch und wird es auch in Zukunft sein –, das zu tun, wovor sämtliche puritanischen Moralapostel immer gewarnt haben, nämlich sich des Bösen zu bedienen, und zwar sich seiner zu bedienen, um damit allen von Leben beseelten Geschöpfen, die es als dominanter Auftrieb nur erreichen kann, ein warmes Nest zu bereiten.

Aber das Gute muss sich nicht nur zu seinem eigenen göttlichen Zweck des Bösen bedienen. Es muss darüber hinaus bewusst das kleine Körnchen des Bösen akzeptieren, das es zwangsläufig in sich selbst entdeckt. Die *unvollkommene Tugend* ist, wie Croce sagt*, die »einzig wahre Tugend«. Würde die Tugend den Anspruch des Absoluten erheben, so gäbe es keine Tugend mehr.

Wenn also ein glühender Verfechter dieses Absolutheitsanspruchs, der so tödlich für das Leben ist wie das Böse selbst, in jugendlichem Eifer die vorwurfsvolle Frage an mich richten würde: »Ist das nicht *ein gefährlicher Ansatz*, mit dem Sie jede Bosheit, jede Grausamkeit, jede Unterdrückung rechtfertigen können? Und berufen Sie sich damit nicht, wie Milton es ausdrückt*, auf die Notwendigkeit, mit der jeder Tyrann seine teuflischen Taten rechtfertigt?«, so könnte ich die Antwort in einem einzigen Begriff zusammenfassen, in dem Wort *Unterscheidung*.

Ich gehöre keineswegs zu denen, die sinnlose Grausamkeiten billigend in Kauf nehmen. Kein Verbrechen bringt mich so sehr in Rage wie die brutale Gewalt, die Tieren in der Vivisektion angetan wird. Aber diese Frage der Definition von Gut und Böse ist – wie alle entscheidenden Fragen des menschlichen Lebens – eine Frage des Unterscheidens. Sie hängt von der *Art* des

Bösen, vom *Ausmaß* des Bösen und von den *Folgen* einer *jeden* bösen Tat ab.

Es wäre unsinnig zu behaupten, es entbehre jeder Grausamkeit, wenn wir Tiere schlachten, um sie zu essen; und nicht wenige Menschen, die sensibel veranlagt sind und über ein reiches Vorstellungsvermögen verfügen, entschließen sich aus eben diesem Grund, Vegetarier zu werden.

Meiner Ansicht nach ist jedoch ein menschliches Gewissen, das nicht zu unterscheiden vermag zwischen dem Töten zum Zweck der Nahrungsgewinnung und dem Quälen eines Lebewesens um der wissenschaftlichen Forschung willen – und wir alle wissen, dass sich in die Befürwortung der Vivisektion durch die Humanitaristen eine gefährliche Portion Kasuistik und Heuchelei mischt –, ein Gewissen, das Scheuklappen trägt.

Es ist eine Sache, wenn ein Tier getötet wird, um als Nahrung zu dienen, und eine ganz andere, wenn es im Namen des wissenschaftlichen Fortschritts gequält wird; die Kluft, die zwischen diesen beiden Dingen klafft, ist so bodenlos wie das Leben selbst.

Und auch dann, wenn es um die Frage der Ethik eines Krieges geht, ist unbedingt zu unterscheiden. Es ist noch kein Verbrechen, im Krieg als Infanterist, Marinesoldat oder Flieger an einer Kampfhandlung beteiligt zu sein. Für den unterscheidungsfähigen Geist beginnt das Böse in dem Moment, in dem sich der Einzelne, dem die Wahl gegeben ist, *grausam zu sein oder nicht*, bewusst für die Grausamkeit und gegen Ritterlichkeit und Milde entscheidet.

Und Gleiches gilt für das weite Feld der sexuellen Freuden. Für das unterscheidungsfähige Gewissen, das sich überdies durch die unschätzbare Gabe eines gesunden Menschenverstands auszeichnet, ist gegen die Lust an der Sexualität *an sich*, normal oder abnormal, nicht das Geringste einzuwenden. Das Böse tritt erst auf den Plan, wenn Sadismus ins Spiel kommt; und jedem, der über einen unterscheidungsfähigen Verstand verfügt, ist klar, dass sich ein solcher Sadismus nicht auf konkrete Akte physischer und psychischer Grausamkeit beschränkt, sondern dass seine Grenzen sehr viel weiter zu ziehen sind.

So weit sind diese Grenzen für einen Menschen mit rechtschaffenem und sorgsam abwägendem Gewissen gefasst, dass es ihm, auch wenn sämtliche gesetzlichen, gesellschaftlichen und anders gearteten *äußeren Schranken* fallen, schwer fallen würde, um einer bloßen flüchtigen Sinneslust willen einem Partner schweren und dauerhaften Schaden zuzufügen, so berechtigt der Wunsch nach der Befriedigung einer solchen Lust ansonsten auch sein mag.

Wenn wir aus einer tiefen, verzehrenden Liebe heraus nicht anders können, als unserem Partner oder unserer Partnerin untreu zu werden, so kommt es zwangsläufig zu einer jener emotionalen, mehr noch, unser ganzes Sein erschütternden Lebenskrisen, an denen weder die Befreiung von moralischen Zwängen noch die Gleichstellung der Geschlechter oder die Lockerung gesellschaftlicher Normen etwas ändern kann. Wir erleben dann eine jener abgrundtiefen menschlichen Tragödien, die immer mit Schmerz und Reuegefühlen verbunden sind, gleichgültig, zu welcher Entscheidung wir am Ende kommen.

Und gerade in dieser Hinsicht, wenn es nämlich um die Frage des Ehebruchs geht, genießt der alte Mensch allen jüngeren gegenüber einen gewaltigen Vorteil. War es Sophokles oder Perikles, der diesen bedeutsamen Ausspruch tat, als die beiden weisen Männer in ihren alten Tagen auf einem ihrer Spaziergänge einer berückend schönen jungen Frau begegneten? Wie dem auch sei, jedenfalls war es alles andere als ein Ausruf des Bedauerns!

Es war ein aus tiefstem Herzen kommender Seufzer der Erleichterung darüber, dass uns am Ende die Natur selbst von dieser grausamsten aller Gewissensfoltern befreit.

KAPITEL 6
DAS ALTER UND
GUT UND BÖSE

Viel dichter am Nerv des Gewissens und dessen Unbestechlichkeit viel abträglicher als fleischliche Begierden und Versuchungen des Teufels ist im Alter grundsätzlich alles, was mit dem eigenen Geldbeutel zu tun hat. Selbst wenn sie keine ausgesprochenen Geizkragen sind, fällt es alten Männern – und alten Frauen vermutlich gleichermaßen – unverhältnismäßig schwer, sich in Gelddingen großzügig zu zeigen!

Sie können sich natürlich darauf berufen – eine Entschuldigung, die jungen Leuten und Menschen mittleren Alters nicht zu Gebote steht –, dass sie nichts mehr hinzuverdienen können, sofern sie nicht, wovor der Himmel sie bewahre, ausgefuchste Wucherer sind.

Überdies sorgt ihre zunehmende Abhängigkeit von den kleinen Annehmlichkeiten des Lebens, insbesondere von solchen, die mit Wärme, Essen und Trinken zu tun haben, dafür, dass es sie schon beim bloßen Gedanken an Armut und Not schaudert.

Und wir dürfen auch nicht vergessen, dass sie vermutlich im Laufe ihres Lebens so manches traurige Beispiel für das häusliche Elend gesehen haben, das übertriebene Verschwendungssucht anrichten kann.

Der unverzeihlichste und unerfreulichste Charakterfehler, den ein alter Mann, abgesehen von Herzlosigkeit und Herrschsucht, haben kann, ist nicht Geiz, sondern Überheblichkeit. Damit meine ich nicht selbstgefällige Geschwätzigkeit, die, so lästig und ermüdend sie auch sein mag, meist eher ein bemitleidenswerter als ein abstoßender Zug ist. Und ich meine auch nicht Eitelkeit, die nicht nur bemitleidenswert ist, sondern manchmal sogar etwas Liebenswertes haben kann.

Ein wirklich überheblicher alter Mann ist jedoch eine Ausgeburt des Grotesken, ein abstoßender Anblick, wie ein Tier, ein Schwein oder ein Esel beispielsweise, das man in Menschenkleider gesteckt hat. Wenn es aber ums Horten, Sammeln, Sparen, Zusammentragen und Schatzanhäufen aller Art geht, sollten wir, so meine ich, auch wenn wir solche Schrulligkeiten als junge Menschen noch so lästig und quälend finden, alles andere als knauserig sein; sollten wir unseren Bedürfnissen im Gegenteil großzügig nachgehen.

Worin soll sich denn der unbezwingbare Drang, der uns treibt, unser Bild und unsere Handschrift – die Prägung der gültigen Münze unseres Ego sozusagen – unserer materiellen Umgebung aufzudrücken, im Alter verwirklichen, wenn nicht in *irgendeiner* Form des Hortens? Tatsächlich gibt es kaum ein besseres Beispiel dafür, wie viel das »Gute« dem »Bösen« verdankt und wie ausgiebig wir uns des »Bösen« bedienen müssen, wenn wir unser inneres Gleichgewicht wahren wollen, als eben dieses Laster des Alters.

Jeder Großvater, darauf können Sie Ihr Leben wetten,

weiß ganz genau aus tausendfacher Erfahrung seiner eigenen jungen Jahre, dass nicht nur die hemmungslose Prahlerei und Verschwendungssucht der Jugend, sondern auch das unbedingte Bedürfnis der mittleren Jahre, vor den Augen der Welt gut dazustehen, zur Folge hat, dass die Schwachen beraubt, die Gutmütigen ausgenutzt und die Hilfsbedürftigen der Armut preisgegeben werden, ganz zu schweigen von den grausamen Entbehrungen und den Existenzängsten, denen die unmittelbar von den Genannten abhängigen Menschen ausgesetzt sind.

Theodore Dreiser*, der faszinierendste Mensch, den ich neben Thomas Hardy je kennen gelernt habe, hat einmal in meinem Beisein seinem Staunen und seiner Verwunderung darüber Ausdruck gegeben, dass sich angesichts des angeborenen Egoismus der Menschen überhaupt so etwas wie ein Gewissen herausgebildet hat.

Ja, bei Gott!, nicht die »Frage des Bösen« ist das Geheimnis. Das Geheimnis ist die »Frage des Guten«. Für den normalen Durchschnittsbürger, der aufgehört hat, *alles* als selbstverständlich zu betrachten, muss die Tatsache, dass es so etwas wie einen »guten Menschen« gibt, an ein Wunder grenzen.

Wie, um alles in der Welt, konnte dieses wundersame Gewissen, das imstande ist, den in uns allen wohnenden widerspenstigen und aufsässigen Teufel zurechtzustutzen, anzuprangern, in die Schranken zu verweisen, zu bändigen und in Ketten zu legen, je auf der Bildfläche erscheinen? Gesetzt den Fall, dass sich, wie ich gerade ausgeführt habe, das Gute bei der Verfolgung seiner

Ziele tatsächlich *des Bösen bedient*, so bleibt immer noch die Frage: Wie ist das Gute überhaupt entstanden und wie konnte es sich als eine so beeindruckende Größe in unserem Gewissen festsetzen? Oder, um es anders auszudrücken: Wie konnten die Menschen »wie Gott« werden und wissen, was gut und böse ist, wie es in der Schöpfungsgeschichte heißt*?

Die platonische Philosophie und in ihrem Gefolge die Neuplatoniker Plotin, Porphyrios, Iamblichos und Proklos* stellen das Gute gleich mit dem einen Gott, der das oberste Prinzip und das wahrhaft Seiende ist; und viele Denker, ob christlichen Glaubens oder nicht, haben ins gleiche Horn geblasen und dem Bösen jeglichen positiven Aspekt abgesprochen!

Das ist, wie wir alle wissen, auch das Credo der christlichen Wissenschaft und das der Oxfordgruppenbewegung* nicht minder. Es ist jedoch *nicht* das Credo des Apostels Paulus und seines russischen Seelenverwandten, Dostojewski. Und auch nicht das von Homer und Shakespeare, von Cervantes und Rabelais.

Von den östlichen Urreligionen ist die persische Mythologie mit ihrem strengen Dualismus diejenige, welche die beiden gegensätzlichen Kräfte noch rigider voneinander getrennt hat als Paulus. Für die soldatischen Adepten des Sonnengottes Mithras* stellte sich das Leben als ein Kampf zwischen den guten und den bösen Geistern dar, in dem die Positionen eindeutig festgelegt waren.

Die moderne Wissenschaft neigt, sofern sie sich überhaupt mit dieser Frage beschäftigt, im Allgemeinen dazu, ihr Augenmerk auf den tief verwurzelten natürlichen Instinkt zu richten, den wir bei Säugetieren, Fischen, Vögeln und Insekten und bis zu einem gewissen Grad sogar in der Welt der Pflanzen beobachten können, den Instinkt nämlich, *den Nachwuchs zu beschützen*. Und in entsprechender Weise sollten wir wohl unsere Aufmerksamkeit all den Stammesgesetzen und Vorschriften zuwenden, die, unter der Hoheit von Priestern und Medizinmännern, schon immer dazu beigetragen haben, den Stamm in seinem Kampf ums Überleben zu stärken.

Wir haben jedoch keinen Grund anzunehmen, dass die beiden gegensätzlichen Erklärungen für das Vorhandensein dieses lästigen *hospes comesque corporis**, dieses uns innewohnenden »Gastfreundes und Begleiters des Körpers«, nicht miteinander vereinbar wären. Denn selbst dann, wenn der Kampf zwischen Gut und Böse, wie die Perser annahmen und Paulus glaubte, eine kosmische oder überkosmische Angelegenheit *ist*, wäre er doch in der langen Geschichte unserer religiösen Überzeugungen nicht so ausführlich behandelt worden, wenn es nicht in der Natur selbst etwas gäbe, das diese gewaltigen Kräfte begünstigt.

Tatsächlich dämmert uns, wenn wir die Poesie und Prosa und die Zeitzeugnisse aus der fernen Vergangenheit unserer Spezies betrachten, die Erkenntnis, dass das Gewissen in jedem von uns ein organischer Sextant ist, ein lebendiger Kompass, auf den eine Vielzahl unterschiedlicher und faszinierender Kräfte einwirken und der seine magnetischen Eigenschaften aus verborgenen und oftmals völlig unbekannten Quellen bezieht.

Die polytheistischen, monotheistischen, pantheistischen Religionen mit ihrem gewaltigen Aufgebot an Gottheiten sind nur eine der magnetischen Kraftquellen. Eine zweite ist der natürliche Trieb, sich fortzupflanzen und die Nachkommen zu hegen, zu pflegen und in ihrer Entwicklung zu fördern. Der unerbittliche Kampf zwischen den Spezies ist eine weitere. Und während im persönlichen Leben des Einzelnen auch das eine Rolle spielt, was wir als ein Gefühl für das allgemein Notwendige bezeichnen könnten, hat die Frage nach dem Ursprung von Gut und Böse nur wenig Einfluss auf unsere konkrete Entscheidung zwischen beiden.

Ein Gefühl ist offensichtlich allen Äußerungen des »Gewissens« in uns gemein. Es gleicht einem Sammelpunkt für die universellen Ablagerungen aus einer unendlich weit zurückreichenden Vergangenheit und hat die Rolle einer Kompassnadel übernommen, nach der wir unseren Weg richten. *Ich spreche vom Gefühl der Angst.*

Keiner bleibt davon unberührt. Wir mögen über einen noch so wissenschaftlichen Verstand verfügen; wir mögen die drohende Gefahr des Übernatürlichen mit Hilfe der Biologie, der Anthropologie und der kühnsten psychologischen Forschung gebannt haben.

Aber die Angst werden wir trotzdem nicht los. Keiner von uns kann sich mit einem nichtleitenden Feld gegen dieses furchtbare Mikrofon aus dem Äther des Übersinnlichen abschirmen; und solange unser Gewissen seinen Dienst tut – was der Fall ist, solange uns nicht Schmerzen oder Krankheit in die Knie zwingen –, wird uns die Angst begleiten.

Wir können uns daran gewöhnen, uns die sichtbare und greifbare Welt als die einzige existierende Welt vorzustellen, aber wir können unser eigenes Denken nicht verdinglichen. Wir können die immateriellen Gedanken, die unser Leben bestimmen, die Gedanken, die unser lebendiges, unvergängliches Ich ausmachen, nicht auf eine physikalische Definition und eine chemische Voraussetzung reduzieren.

Ich bitte meinen Leser, sich da, wo er sich beim Lesen dieses Satzes gerade befindet, einen Augenblick Zeit zu nehmen und Einkehr zu halten. Die dingliche Welt, die ihn umgibt – die Proportionen des Zimmers, der Bahnsteig, die Bäume im Garten, der Kies unter seinen Füßen – oh ja, all das kann sich durch die lebendigere Kraft, die stärkere Unmittelbarkeit und Faszination der Gedanken, die sich in seinem Kopf überschlagen, in Sekundenschnelle in gegenstandslosen Dampf, in weniger als Dampf, auflösen.

Fast alle diese Gedanken kreisen um das Gewissen. Und was ist der Schauplatz dieser Gedanken, die Bühne sozusagen, auf der sie aufeinander folgen und miteinander verschmelzen?

Ah!, jetzt kommen wir zum springenden Punkt. Der Spielort dieser Gedanken, *die sein eigenes Ich sind*, die eine Wesenheit innerhalb, unterhalb, oberhalb, jenseits seiner körperlichen Existenz sind, ist eine dunkle, grenzenlose, nie endende Ausdehnung nach innen, eine

Ausdehnung nach innen, die auf furchtbare und tragische Weise *exponiert* ist.

Und dieses dunkle, unbekannte, nach innen zurückweichende Grenzenlose, das unser denkendes Ich umgibt, ist der Grund, warum wir das Vorhandensein der Angst registrieren. Im Zentrum dieser nach innen zurückweichenden Dunkelheit, dieser von aller dinglichen Substanz entleerten Hohlheit, ist es für unser armes schauderndes Ego, unsere zarte *animula vagula blandula**, die »kleine Seele, unstete, schmeichelnde«, ein Leichtes, sich einen lauernden, unentrinnbaren übernatürlichen Beobachter vorzustellen – nennen Sie ihn Ihn, nennen Sie ihn Es, wie immer Sie wollen –, der den zitternd zwischen dem Nordpol und dem Südpol einer schicksalsschweren und unvermeidlichen Entscheidung hin und her schwankenden Zeiger unseres Gewissens registriert.

»Reine Einbildung!«, werden Sie aufbegehren, und vermutlich haben Sie Recht. Aber solange unser Bewusstseinskern diesem dunklen, inneren Grenzenlosen ausgeliefert ist, können wir kaum sicher sein, dass wir in der Dunkelheit wirklich ganz allein sind.

Es ist etwas Furchtbares an der Einsamkeit im Bewusstsein eines jeden Menschen; und auch an der Einsamkeit im Bewusstsein eines jeden »niederen Tieres«. Wer von uns hätte nicht irgendwann einmal erlebt, wie diese »niederen Kreaturen« sich stolz zurückziehen, wenn es ans Sterben geht?

So furchtbar aber unsere Einsamkeit ist, noch furchtbarer ist der *Einlass*, den unser denkendes Ego in seinem einsamen Ausgeliefertsein der Angst, der Angst als Abstraktum, der platonischen und überdimensionalen Vorstellung der Angst gewährt.

Denn genau diese dunkle Leere, die unser denkendes Selbst *in seinem Inneren* umgibt, macht sich das, was wir als »abergläubische Furcht« bezeichnen, zunutze; und auf sie spekuliert seit undenklichen Zeiten auch jedes Priestertum. Gewiss weist unsere Religiosität viele Aspekte auf, die erfreulicher und weniger bedrohlich sind als der genannte, aber am effektivsten und verhängnisvollsten hat sie sich in unserem Bewusstsein stets als Stimme des Gewissens bemerkbar gemacht, die aus dem Dunkeln zu uns spricht.

So nimmt es denn nicht wunder, dass die Religion, besonders in ihrer von allen als Blitzableiter fungierenden Mittlern und Fürsprechern befreiten Form, wie sie die Puritaner pflegen, manch einen Menschen mit besonders empfindsamem Gewissen wie den Dichter Cowper dem Wahnsinn direkt in die Arme getrieben hat.

Denn Priester und Medizinmänner müssen sich zwar den Vorwurf gefallen lassen, von Anbeginn an aus dieser verhängnisvollen Empfänglichkeit Kapital geschlagen und sie bestärkt zu haben, aber wir müssen ihnen andererseits zugute halten, dass sie in ihrer Funktion als Fürsprecher und Mittler zwischen dem furchtbaren Beobachter im Dunkeln und unserem ängstlichen Gewissen die Stimme dieser »höheren Instanz« oft genug mit ihrem Gemurmel und Getöse übertönt haben.

Unsere wahre Beschützerin jedoch, der Trost und die Zuflucht unseres Gewissens, ist die große schöpferische Natur. Hier, im natürlichen Prozess der moralischen Evolution – der einzigen Evolution, die unabdingbar ist und ohne die der wissenschaftliche Fortschritt mehr Schaden anrichtet als Nutzen bringt –, finden wir echte und tatkräftige Hilfe.

Denn unser Gewissen selbst entwickelt sich weiter, und darin allein liegt die eigentliche Hoffnung für unsere in den Grundfesten erschütterte Welt. Und die grandiose Ironie des Ganzen liegt in der Tatsache, dass gerade der Organismus, mit dessen Einsamkeit-im-Dunkeln die Priester und Medizinmänner so lange ihr Spielchen getrieben haben, nun *selbst* die eine große Gegenkraft ist, die die Macht hat, sie alle mit einem gigantischen Schlag in die Luft zu jagen!

Das meine ich selbstverständlich nicht wörtlich, denn die Verfolgung einer Religion hat ihre Wurzeln immer in einer anderen Religion. Ein eifernder Rationalist, ein kompromissloser Wissenschaftler ist seiner Natur nach ein Verfolger. Für ihn ist jede Religion eine konkurrierende Religion, und der gesunde Menschenverstand des Durchschnittsbürgers muss mit Mercutio aufschreien: »Hol' der Henker eure beiden Häuser!«[*]

Doch unsere einzige Hoffnung auf eine glücklichere Welt – eine Welt also, in der jeder Einzelne seine Vorlieben, Launen, Grillen, Freuden, Leichtfertigkeiten und Steckenpferde, seine Thesen, Einwände, Empörungen, Empfindsamkeiten, Ketzereien und Glaubenskritiken, seine Eigenbrötlerei, Gleichgültigkeit und Teilnahmslosigkeit, seine Abneigungen, Hemmungen und Sonderbarkeiten gefahrlos ausleben und äußern kann – liegt in der natürlichen Evolution des menschlichen Gewissens.

Wir brauchen doch bloß in diesen Dynamo der Selbstvorwürfe, den wir unser Gewissen nennen, die automatische Erkenntnis einzubauen, dass es keinen Beobachter-im-Dunkeln geben kann, der weniger duldsam, weniger nachsichtig, weniger entgegenkommend, weniger *verständnisvoll* wäre als dieser aus einem natürlichen Evolutionsprozess hervorgegangene menschliche Instinkt, und – siehe da! – schon hat es ein Ende sowohl mit der Qual der Selbstgeißelung, zu der die Jugend neigt, als auch mit dem dünnen Eis der Lebensangst, über das wir uns in mittleren Jahren vorantasten.

Dann verfestigt sich bei den Stärkeren unter uns ein solider gesunder Menschenverstand, während eine heitere Selbstironie die Haltung ist, die sich die Schwächeren aneignen, um Gott und den Teufel in ihre Schranken zu verweisen.

Doch selbst nach dieser philosophischen Austreibung des »Bewohners der Finsternis« und seiner Urteilssprüche bleiben uns – wenn wir uns über die Tiefe unserer Unsicherheit keinen Illusionen hingeben – genügend heilige und unheilige Geister erhalten, die es zu bannen gilt.

So mannigfaltig sind die Erschütterungen, die uns durch zufällige und schicksalhafte äußere Einflüsse drohen, dass die Angst auch dann, wenn wir den bedrohlichen Beobachter, den unsere viktorianischen Vorfahren als »immerwährendes Auge« bezeichneten, längst restlos »eliminiert« haben, noch genügend Macht über unsere inneren Triebe hat, um uns zum ständigen misstrauischen Abwägen zu zwingen.

Und das liegt zum einen an der hartnäckigen Überzeugung, dass es *Unglück bringen müsse, wenn man Freude empfindet*. Wir leben in dem Wahn, die launische Göttin Fortuna oder Tyche ständig besänftigen zu müssen, damit sie uns nicht, weil sie Zeichen von Selbstzufriedenheit an uns entdeckt, ein unsanftes Erwachen bereitet. Also fühlen wir uns verpflichtet, freiwillig ein paar Tropfen Essig in unseren Wein zu träufeln, um möglichem Unheil vorzubeugen.

Aber gibt es denn, so werden Sie fragen, ein Mittel gegen diese abergläubische Furcht, die so alt ist wie die Menschheit selbst? Nun ja! Es mag vielleicht eine kühne Behauptung sein, aber ich neige zugegebenermaßen zu der Annahme, dass dieser Magier aller Magier, der gesunde Menschenverstand des Durchschnittsbürgers, tatsächlich über ein paar Zaubertricks verfügt, die das Wunder vollbringen können.

Die Befürchtung, dass jedes Mal, wenn wir uns zu unserem glücklichen Gemüt, unserer glücklichen Lage, unserem glücklichen Familienleben, dem glücklichen Stern, unter dem wir geboren sind, gratulieren, unweigerlich ein Unglück auf den Fuß folgen müsse, ist so alt wie die Menschheit selbst, und dieser abergläubischen Furcht begegnen wir meiner Ansicht nach am besten mit einer Lebensphilosophie, die den eigentlichen Daseinszweck unserer Dimension des Multiversums darin sieht, dass *das einzelne Leben die größtmögliche Freude aus dem Leben im Allgemeinen schöpft.*

Eine solche Sicht der Dinge, die sicher stärker im Einklang mit der Natur ist als jede andere, setzt als praktische Bedingung keine geringere Annahme voraus als diese: dass der durch den Gebrauch der Sinne erlangte Zustand der rationalen Freude das *legitime moralische Ziel* eines jeden Bewusstseins und dass der Zustand der Not und Verzweiflung sein »Anderes« sei, sein Antipode, sein Gegenteil, sein größter Feind. Ich spreche deshalb von einem *durch den Gebrauch der Sinne erlangten Zustand der rationalen Freude*, weil die Sinne zwar einerseits das Instrument unserer dauerhaftesten und unverwüstlichsten Befriedigung sind, andererseits aber auch so empfänglich für Schmerz und Unbehagen, für Kummer, Widerwillen, Erschöpfung und Überdruss, dass sie dem Einfluss äußerer Ereignisse weitaus weniger entgegenzusetzen haben als das vom sinnlichen Genuss losgelöste Vergnügen am Tun oder Denken. Dennoch müssen wir den »durch den Gebrauch der Sinne erlangten Zustand der rationalen Freude« im weitesten Sinne begreifen. Wir müssen beispielsweise darunter die Kraft der Vorstellung subsumieren, die Erinnerung an all jene unbeschreiblichen Sinneseindrücke heraufzubeschwören, die wir mit den eindrucksvollsten und tiefstempfundenen Augenblicken unseres Lebens in Verbindung bringen.

Wir müssen darunter auch die wunderbaren Träumereien und Fantasien subsumieren, denen wir uns hingeben können, wenn wir bestimmte altmodische Landschaftsgemälde – die nicht einmal Meisterwerke sein müssen – betrachten oder in jenen Büchern lesen, die uns zur Langsamkeit zwingen. Ungeachtet aller Bemühungen können wir jedoch nicht leugnen, dass viele unserer angenehmeren und euphorischeren Reaktionen auf die sichtbare und hörbare Welt im Alter einen Dämpfer erfahren. Nicht selten ist der Sexualtrieb die treibende Kraft hinter der schwärmerischen Verzückung, und dieser schwindet manchmal vollständig dahin, wenn wir die Siebzig erst einmal erreicht haben.

Auch Blindheit, Taubheit und alle erdenklichen Lähmungserscheinungen können uns Stück für Stück der Mittel berauben, über die wir mit der Natur in Verbindung treten. Wenn wir jedoch unverändert am Grundprinzip unseres Gewissens festhalten – dem Prinzip nämlich, das sich in dem Satz zusammenfassen lässt: *Freu dich an allem und sei freundlich gegen alle* –, werden wir schnell merken, dass sich die Frage nach Gut und Böse, soweit es unser persönliches Leben betrifft, auf ein schlichtes, zufriedenstellendes Bemühen reduzieren lässt.

Wenn wir im Zusammenhang mit dem schon immer existierenden Gegensatz zwischen Gut und Böse über das Gewissen, insbesondere das Gewissen alter Menschen, nachdenken und versuchen, angesichts der vielen Dinge, die uns zu gesellschaftlichen Gepflogenheiten geworden sind, unsere eigenen annehmbaren Kriterien zu entwickeln, geraten wir mit unserem Plädoyer für die *moralische Verpflichtung zum sinnlichen Vergnügen* auf Kollisionskurs mit einem asketischen Grundsatz, der fast so alt ist wie unsere Spezies selbst. Ich spreche von der Lehrmeinung, die uns von religiösen Führern und Mystikern, einschließlich der Heiligen des Christentums und der Stoiker des griechischen Altertums, vermittelt wird, der zufolge der kluge Mensch oder »der hochgestellte Mensch«*, wie das chinesische Kaiserreich seine Beamten nannte, den Sinnesfreuden ebenso gleichgültig gegenübersteht wie den Leiden der Sinne.

Wir erleben heute ein weltweites Aufbegehren gegen diese Überzeugung, wobei besonders bemerkenswert ist, dass dieser Aufstand – an dessen Spitze keine »schlechten«, sondern ganz im Gegenteil ausgesprochen »rechtschaffene« Leute stehen – in erster Linie die Sinnesfreuden der Sexualität im Visier hat.

Mir will allerdings scheinen, dass in diesem Zusammenhang die Freuden der Sexualität und mit ihnen die heute weithin vertretene Überzeugung, dass hinter allem sinnlichen Genuss der Sexualtrieb stehe, etwas zu sehr in den Vordergrund gerückt werden.

Bei meinem Versuch, mich hier als eine Art spiritistisches *Medium* für die guten wie die schlechten Begleiterscheinungen des Alters zur Verfügung zu stellen, drängt es mich, da der Sexualtrieb im Alter häufig nachlässt und abflacht, die Aufmerksamkeit auf das zweite Eisen zu lenken, das wir in einem den Sinnesempfindungen gewidmeten Leben im Feuer haben, nämlich auf die Freuden des Essens und Trinkens.

An dieser Stelle beeile ich mich hinzuzufügen, dass ich, wenn ich »Essen und Trinken« sage, weder Saufgelage noch Völlereien im Sinn habe. Meine Bemerkungen richten sich ausschließlich auf die schlichten und alltäglichen Freuden unseres Geschmackssinns, mit denen wir die natürlichen und legitimen Bedürfnisse von Gaumen und Magen befriedigen.

Mich deucht nun, dass in Bezug auf die Freuden des Essens und Trinkens – dieses wunderbare »zweite Eisen im Feuer« des sinnesfreudigen Lebens, das ich propagiere – in der wertvollen, aber auch gefährlichen psychoanalytischen Forschung eine ernstzunehmende Lücke oder »Lakune«* klafft.

Den Studenten dieser heiklen und faszinierenden Pseudowissenschaft lege ich hier und jetzt nachdrücklich und ernsthaft ans Herz, das Augenmerk ihrer psycho-neurotischen Forschungen – und wir wollen voraussetzen, dass die abscheuliche Praxis der Vivisektion abgeschafft ist – auf die Rolle zu richten, die die Sättigung der leiblichen im Vergleich zur Befriedigung der sexuellen Bedürfnisse für das menschliche Wesen spielt.

Wenn es so ist, wie ich anzunehmen geneigt bin, dass wir aus dem Gemütszustand, den das Alter mit der frühen Kindheit gemein hat und den die Redensart von der »zweiten Kindheit« so verächtlich persiflieren soll, eine neue Sicht des Lebens gewinnen können, die nicht wirklichkeitsferner ist als andere, dann verdient es meine bescheidene Behauptung, beachtet zu werden: die Behauptung nämlich, dass der wahre Ersatz für das Sakrament der Lebenszeugung das der Lebenserhaltung sei. Essen und Trinken, diese wunderbar prosaische Lebensnotwendigkeit, ist auch der wunderbar poetische Ritus, der bewirkt, »dass Tag dem Tag die Liebe zur Natur verbinden mag«*. Und sein »Prinzip« beeinflusst wie das »Prinzip« der Sexualität oftmals die Art, wie wir die Dinge um uns herum aufnehmen.

Stellen Sie sich vor, Sie nutzen Ihren nächsten freien Sommernachmittag, um einen gemütlichen Spaziergang in einer landschaftlich hübschen, aber nicht besonders spektakulären Gegend zu unternehmen. Glauben Sie, dass Sie sich selbst aufmerksam genug beobachten können, um Ihre Gefühle und Gedanken im Geist zu registrieren? Wenn dem so ist, werden Sie unweigerlich entdecken, dass die Freude, die Ihnen aus diesen Gedanken und Gefühlen erwächst, eine ganz besondere, subtile und unvergleichliche ist: und dass es eine Freude ist, die mehr Gemeinsamkeiten mit dem Essen und Trinken aufweist als mit dem »Liebesakt«.

Denken Sie daran, dass Sie gegen unsere Spielregeln verstoßen, wenn Sie, nur um zu Ihrer eigenen Genugtuung den Autor zu widerlegen, einen Eid darauf schwören, dass Ihre Gefühle völlig anders sind als die von ihm geschilderten.

In *mancher Hinsicht* anders werden Ihre Gefühle selbstverständlich sein; aber wenn Sie ehrlich spielen, werden Sie zugeben müssen, dass Sie tendenziell den gleichen allgemeinen Strom der Gefühle erleben.

Und meine erste Begründung läuft darauf hinaus, dass Sie sofort und intensiver als alle Formen, Farben und Geräusche das wahrnehmen werden, was ich als den *Geruch des Tages* bezeichnen möchte. Als Nächstes wird Ihnen, noch bevor Sie Ihre Aufmerksamkeit auf ein bestimmtes Objekt richten, das *Gefühl des Tages* lebhaft ins Bewusstsein dringen. Damit meine ich die

Wärme oder die Kälte der Luft, den Frost oder die Hitze, die der Boden unter Ihren Füßen abstrahlt, und vor allem die Berührung des Windes auf der bloßen Haut. Aber nun kommen wir zum dritten und entscheidenden Punkt: dem *Geschmack des Tages*.

Natürlich spielt jeder dieser drei in Wechselwirkung zueinander stehenden Aspekte auch beim einfühlsamen »Liebesakt« eine Rolle; aber ich kann mir nicht vorstellen, Widerspruch zu ernten, wenn ich behaupte, dass diese drei Sinneseindrücke sehr viel enger mit dem intimen Erlebnis des Essens und Trinkens verbunden sind als mit dem des Liebesaktes.

Die vage zur Kenntnis genommene Ursache dieser faszinierenden Befriedigung, die jeder Mensch – besonders im Alter – erlebt, wenn er sich in freier Natur bewegt, liegt im Reiz des Zusammenwirkens von Geruch, Gefühl und Geschmack, die zu einem, wie wir es passend, wenn auch vielleicht nicht sonderlich elegant formulieren könnten, *Wiederkäuen* der sinnlichen Befriedigung verschmelzen.

Wenn Sie dieses psychische Einverleiben der Natur bedenken, kommen Sie zwangsläufig zu der Erkenntnis, dass es ein *konstanterer* Prozess ist als das gelegentliche »Erobern« der Großen Mutter oder – sofern eine weibliche Seele in Ihrer Brust schlägt – die Hingabe an diese, so ekstatisch diese sporadischen Erfahrungen auch sein mögen.

Darüber hinaus liegt es in der Natur solcher erotischen Höhenflüge, dass sie nicht nur sporadische Erscheinungen sind, sondern dass ihnen auch unweigerlich tiefe Müdigkeit und Erschöpfung auf dem Fuße folgen. Diejenigen, die am beredtesten für das ekstatische Erlebnis des Liebesrauschs eintreten, sehen die beherrschende Sehnsucht des Menschen darin, über seine eigenen Bewusstseinsgrenzen hinauszugehen, indem er im Leben eines anderen aufgeht, das heißt in diesem Fall im Leben unserer Urmutter. Meiner Überzeugung nach ist es jedoch eine harmonischere Geste und auch eine, die eher in der Macht und Möglichkeit des normalen Durchschnittsmenschen steht, wenn wir unsere Kraft auf den sakramentalen Ritus verwenden, in dem wir den Körper der Großen Mutter essen und trinken, als wenn wir unsere Identität veräußern und unsere Persönlichkeit im bewusstseinsübersteigenden Rausch der sexuellen Vereinigung mit ihr untergehen lassen.

Im Übrigen beginnt, worauf ich schon an anderer Stelle hingewiesen habe und was selbst die Psychoanalytiker nicht leugnen können, der natürlichste, beständigste, normalste und aufregendste Genuss des Menschen beim Saugen an den Brüsten der Mutter und nicht beim untauglichen Versuch, mit ihr zu schlafen.

Am schwierigsten, riskantesten und tückischsten wird der Boden, auf dem ich mich mit meiner Argumentation bewege, wenn es mir obliegt, mein persönliches Gewissensurteil, dem zufolge es unsere erste Pflicht und vornehmste Verantwortung jenseits aller anderen Tugenden ist, dass wir uns *zwingen, vergnügt zu sein*, als Grundprinzip unserer Wissenschaft – ja, als das fundamentalste Gute, das wir im Gegensatz zum fundamentalsten Bösen erkennen können – zu verteidigen.

Ich weise ausdrücklich darauf hin, dass ich *nicht* vom »Glücklichsein« spreche, denn in der Theorie wie in der Praxis meiner Beschäftigung mit der »Kunst des Glücklichseins« bin ich zu dem Schluss gekommen, dass wir uns zwar zwingen können, zu genießen und uns zu erfreuen, nicht aber, glücklich zu sein. Das Glück kommt und geht wie eine Erleuchtung.

Dennoch hat, das möchte ich in aller Bescheidenheit zu bedenken geben, die Erfahrung gezeigt, dass es *tatsächlich* nicht selten gelingt, das dunkle Reich des Unglücks zu bezwingen und die Flagge des Lebens mitten im Pfuhl der Verzweiflung zu hissen, wenn wir uns beharrlich zwingen, vergnügt zu sein.

Denn was ist schließlich das unveränderliche Merkmal des Guten, wenn wir es dem Bösen gegenüberstellen? Dass es sich auf die Seite des Lebens schlägt natürlich, während das Böse sich auf die Seite des Todes schlägt. Und was war im Laufe unserer Geschichte nach allgemeiner Überzeugung die treibende Kraft hinter jeder Stärkung unserer moralischen Grundsätze? Zweifellos jener Inbegriff des ehrfürchtigen Glaubens, der gemeint ist, wenn wir von der »Anbetung« eines göttlichen Wesens, einer göttlichen Kraft, eines göttlichen Elements oder Prinzips sprechen.

Nun denn! Sind nicht die meisten von uns – ich sage »die meisten«, weil auch Tod und Teufel ihre Götzendiener haben – Verehrer des Lebens?

Und wodurch kann der Mensch seiner Verehrung für das Leben den natürlichsten, spontansten und naheliegendsten Ausdruck geben? Indem er sich *zwingt, das*

Leben zu genießen! Alle sittlichen Gebote – mit Ausnahme der bloßen gesellschaftlichen Gewohnheiten –, alle diejenigen Gebote, meine ich, deren Lebensfunke in der Natur selbst entzündet wird oder sogar durch etwas, das jenseits von Zeit und Raum existiert, sind Grundsätze, die wir nicht nur in der Gesellschaft unserer Mitmenschen befolgen können, sondern auch dann, *wenn wir vollkommen allein sind*. Und wir können dem Leben keine größere Ehrerbietung entgegenbringen, als wenn wir uns tief im Herzen zwingen, es auch unter den ungünstigsten Bedingungen zu genießen, solange wir lebendig sind.

Zugegebenermaßen empfinde ich eine merkwürdige Genugtuung, wenn ich vom »Genießen des Lebens« spreche, weil dieser schlichte »Akt des Genießens«, der mir vorschwebt, dem mitleidigen Lächeln zum Trotz, das solche naiven philosophischen Überlegungen bei vielen provozieren werden, die beredteste mentale, emotionale und dynamische Geste ist, deren unser armes, geplagtes Ego fähig ist.

Sie ist, wie ich schon sagte, eine Geste, die in der Einsamkeit ebenso gut praktiziert werden kann wie inmitten eines Menschengewimmels. Und sie setzt als Grundbedingung nichts weiter voraus, als dass wir auf der Erde und am Leben sind.

Wenn wir aus der Tiefe unserer Seele den elektrischen oder magnetischen Kraftstrom hervorrufen, der uns die psychische Stärke gibt, gegen Selbstmitleid, düstere Stimmungen, Langeweile, Sorgen, Bedrückungen, Zynismus und Verzweiflung anzukämpfen, befinden wir uns in der gleichen Ausgangsposition, in der Spinoza war, als er alles auf das Absolute und die Beziehung des Einzelnen zum Absoluten zurückgeführt hat*.

Uns Alte zwingt jedoch nichts, Spinozas Logik oder Hegels Logik oder überhaupt irgendeiner Logik zu folgen. In seinen späten Jahren hat Goethe in seinen Gesprächen mit Eckermann wortreich erklärt, dass wir nur Kant zu studieren brauchen, um den Punkt zu erkennen, an dem uns die logische Vernunft in einem Circulus vitiosus immer wieder im Stich lässt und an dem sich die klügsten Köpfe vom Absoluten ab- und der Natur zuwenden.

Aber so, wie Spinoza seine innere Sehnsucht nach einem ewig währenden Objekt seiner Liebe zu befriedigen suchte, indem er alles auf das Absolute zurückführte, können wir ein bleibendes Objekt unserer Sinnesfreude finden, indem wir alles auf die unbelebten Elemente unserer Dimension und unter den *verstandesmäßig erfassbaren Kategorien* von Raum und Zeit zurückführen, woraus wir ebenso viel Gewinn beziehen wie Spinoza jemals aus Gott. Alles kann uns genommen werden: Freunde, Geliebte, Besitztümer, Jugend, Gesundheit, Geld, Ruhm, Ehre, Selbstachtung, Sicherheit und Geborgenheit. Aber nur der Tod kann uns das grenzenlose Unbelebte nehmen, das uns umgibt.

Lassen Sie sich, mein Leser, von mir überreden, sich vorzustellen – denn besser könnte man ein fröhliches Gelage der Jugend nicht würzen –, Sie seien nicht nur alt und gebrechlich, sondern zudem blind, taub und ans Bett gefesselt.

Dennoch nehmen Sie durch irgendwelche unerfindlichen Ritzen und Spalten Ihrer Sinnesempfindungen mit Hilfe Ihrer Erinnerungen das grenzenlose Unbelebte wahr, das uns alle umgibt. Die Gegenwart Ihrer Pflegerin und Ihres Arztes und sogar – denn das Gemüt des Kranken ist ein reizbares Ding – Ihrer Frau und Ihres Kindes ist Ihnen vielleicht zuwider geworden; aber Himmel und Erde, Sonne, Mond und Fluss sind Ihnen immer noch willkommen, und auf sie gerichtet kann Ihr Bewusstsein über die Sinneskanäle, die Ihnen noch erhalten geblieben sind, zu seiner ultimativen Geste ausholen.

Wir dürfen jedoch nicht vergessen, dass diese nach außen gerichtete Geste, mit der wir uns zur Freude am Unbelebten zwingen, sozusagen nur die *eine Seite* unseres lebendigen Selbst ist. Daneben existiert eine zweite, *innere Seite*. Diese »innere Seite« blickt in die gewaltige, inwendige, hohle Dunkelheit, jenes geheimnisvolle und unstoffliche Nichts, das bis Gott weiß wohin zurückreicht – denn es gibt in ihr weder Form noch Substanz und Materie – und aus dessen »Leere« wir in unserem verderblichen Hang zum religiösen Aberglauben diesen furchterregenden, allgegenwärtigen »Himmelshund«[*], diesen »Phantombeobachter« heraufbeschwören, dessen von gesellschaftlichen Normen bestimmtes, oft monströses und pathologisches Urteil wir mit Hilfe unseres klügeren, edleren und feinsinnigeren Verstandes permanent berichtigen müssen.

Während nun der oberste Grundsatz für unser nach *außen blickendes* Gewissen lautet, uns trotz aller Gebrechen und Schmerzen, trotz des Unbehagens und der Langeweile an allem zu freuen, gebietet uns das nach *innen blickende* Gewissen, das im Angesicht der inneren Leere jenem Phantombeobachter die Stirn bietet, aus diesem inneren Abgrund Kraft zu schöpfen und auch den zweiten Teil des Diktums zu befolgen, der uns befiehlt: »Sei freundlich gegen alle.«

Verglichen mit der poetischen Weisheit klassischer Philosophen wie Empedokles und Heraklit* oder moderner Seher wie Shakespeare, Rabelais und Montaigne haben, darin wird mir kaum ein Leser widersprechen, die großen philosophischen Systeme den Nachteil, dass sie uns die Beschwörungsformel und das orakelhafte Schlüsselwort nicht liefern, das in seiner sprichwörtlichen Kürze geeignet ist, den Teufel auszutreiben, wenn Apollon uns am Boden zerstört hat*.

Wir brauchen etwas, das tiefsinniger ist als ein *Leitspruch* und profaner als ein *Gebet*, das aber jederzeit wiederholbar ist und uns wie von selbst über die Lippen geht, wenn wir in einer Krisensituation unsere Kräfte sammeln.

Sobald mein Leser an dieser Stelle die Richtung meiner Gedanken erfasst hat, kann er mein »Freu dich an allem und sei freundlich gegen alle« ohne weiteres als zu schulmeisterlich, zu besserwisserisch oder gar als zu konkret zurückweisen und durch eine eigene innere Einstellung ersetzen, die er vielleicht lieber nicht artikulieren möchte.

Daneben aber gibt es noch etwas, das in meinen Augen ungemein wichtig ist und darum unbedingt hier erwähnt werden soll. Vorausgesetzt, dass wir im letzten Schritt unserer Selbstbetrachtung – wenn wir auf dem Grundfelsen anlangen, sofern man dieses Wort im Zusammenhang mit einem lebendigen Wesen gebrauchen kann – die doppelseitige Beschaffenheit unseres Bewusstseins freilegen, auf der Außenseite die unendlich große stoffliche Welt, auf der Innenseite den leeren Raum unserer Gedanken, so zieht diese doppelseitige Selbstwahrnehmung zwangsläufig eine weitere Schlussfolgerung nach sich: die Schlussfolgerung nämlich, dass es über das rein »astronomische Universum« hinaus noch etwas gibt, noch etwas geben muss.

Das schiere *Ausmaß*, die bloße Ausdehnung durch Teleskope oder Mikroskope aus unendlicher Ferne herangeholt, können wir getrost als mathematischen Zaubertrick des Gehirns, als dreidimensionale Sinnestäuschung abtun. Dass uns das nichtstoffliche Außer-Ich der atomaren, chemischen und elektrischen Energien unendlich erscheint, zeigt nur, dass der Verstand an diesem Punkt seine Grenze erreicht hat.

Er errichtet damit gleichsam ein Hinweisschild für die »Sackgasse« unserer Dimension. Die kommt uns unendlich vor, weil sie weniger als nichts ist; und die Tatsache allein, dass wir uns samt und sonders ein Leben lang durch solche Spiegelfechtereien am Rande unseres Bewusstseins tyrannisieren lassen, macht alle materialistischen Erklärungsversuche schon an der Wurzel zunichte.

Dieser irrtümlich angenommenen atomaren oder elektronischen »Unendlichkeit«, die unsere Außenwelt bildet, steht auf der »anderen Seite« unseres bewussten Ego eine vollkommen leere Dunkelheit gegenüber, in der unsere Gedanken im absoluten Nichts auf sich selbst zurückgeworfen sind.

Und nun sehen wir uns offensichtlich – wie Kant hinreichend deutlich gemacht hat, bevor Hegel durch sein akrobatisches Jonglieren mit dem Absoluten wieder Verwirrung stiftete – bezüglich der »reinen Vernunft« mit einem unentrinnbaren Agnostizismus* konfrontiert.

Mit der einen Seite unseres Bewusstseins nehmen wir bereitwillig das materielle Umfeld einer astronomischen Welt auf, einer Welt, die wir uns räumlich oder zeitlich oder in Bezug auf beides weder als begrenzt noch als grenzenlos vorstellen können, und mit der anderen Seite unseres Bewusstseins sehen wir uns dem leeren Raum unseres Denkens gegenüber, das in einem geschlossenen Kreis über sich selbst nachgrübelt.

Hier nun kommen wir zum Abschluss der Geschichte. Hier liegt der Grundfels, das Fundament, auf dem die ganze Sache mit dem Gut und Böse gründet. Aus den Gezeitenströmen des Lebens, die in diesen Sog geraten, geht am Ende dieser *um sich kreisende Strudel* des Selbst im Nicht-Selbst hervor, der in einem fort sein eigenes Multiversum aus Weltblasen erzeugt, deren jede einzelne ihren Schöpfer widerspiegelt.

Und anhand dieser Argumentation wird offensichtlich, warum der beste Prüfstand für eine wahrhaft begründete Unterscheidung zwischen Gut und Böse im Alter zu finden ist.

Er ist dort zu finden, weil sich das Problem aufs Äußerste vereinfacht hat durch die Gleichgültigkeit des Alters der Welt und dem Teufel gegenüber, die es beide als Fußangeln, Nebensächlichkeiten, Fantasiegebilde, monströse Grausamkeiten, perverse Trugbilder, Feinde des Lebens, Stellvertreter und Handlanger des Todes und als die einzigen unmissverständlichen Erscheinungsformen des Bösen empfindet – was sie in einem irdischen Sinne ja auch sind.

Und er ist dort zu finden, weil die Alten nach den langen Jahren der Erschütterungen und Enttäuschungen, der Demontage, der Beleidigungen und Erniedrigungen, die ihnen nicht nur von ihren Mitmenschen zugefügt wurden, sondern auch von den unbekannten Mächten, denen Zufall und Leiden sich verdanken, endlich erkannt haben, dass das Leben selbst das Gute und Erhabene ist, dass die unbezwingbare Freude am Leben die höchste Tugend und die böswillige Diskriminierung des Lebens die schwerste Sünde des Menschen ist.

KAPITEL 7
DAS ALTER UND DER GESUNDE MENSCHENVERSTAND

Weil das Alter die natürliche Personifizierung und die Hochburg der *reiflichen Überlegung* ist, verfügt es mit der wachsenden Anzahl der Lebensjahre in besonderem Maße über eine Eigenschaft, die in der Jugend selten anzutreffen ist und in mittleren Jahren so gern pervertiert wird, nämlich über eine gute Portion gesunden Menschenverstandes.

Nicht zu unterschätzen ist dabei auch die Tatsache, dass der gesunde Menschenverstand sich das Instrument der Bescheidenheit zunutze macht, wenn er die Tiefen ergründet, die Untiefen auslotet und die Entfernung zum Horizont berechnet.

Wenn sich ein alter Mensch dieses göttlichen Instruments bedient, ist es keineswegs so, dass er aufhört, er selbst zu sein, und wie eine fotografische Platte lediglich die Bilder seiner Umgebung wiedergibt. Er malt immer noch Kunstwerke in Öl. Er ist nach wie vor ein Künstler, der die Natur über das Medium einer besonderen Methode der *Helldunkelmalerei* interpretiert. Er reagiert auch jetzt noch so auf die Elemente, wie es seinem persönlichen Naturell entspricht.

Aber die Farben auf seiner Palette sind nicht mehr

durch leidenschaftliche Besessenheiten getrübt; die Oberflächenstruktur seiner Leinwand wird von keinen Gefühlsausbrüchen übertüncht oder verwischt, und kein Selbstmitleid verzerrt die Perspektive seines Blicks.

Alle diese Verunreinigungen sind säuberlich von dem inneren Spiegel abgewischt, in dem er die Welt sieht; und obwohl die Reichweite dieses Spiegels begrenzt sein mag, ist an dem Bild, das er zeigt, nichts übertrieben, nichts durch konvexe oder konkave Krümmung verfälscht.

Wäre es nicht möglicherweise besser, wenn die Lehrer unserer Kinder die intellektuellen und emotionalen Qualitäten dieser besonderen menschlichen Größe, die das hervorgebracht hat, was nach dem unfehlbaren Ratschluss vieler Generationen in den Kreis der literarischen Meisterwerke gehört, gründlicher analysieren würden, als sie es im Allgemeinen zu tun pflegen?

Und wäre es nicht auch möglich, dass wir, wenn dies beherzigt würde, zu einem früheren Zeitpunkt im Leben, als es gewöhnlich der Fall ist, dazu angehalten würden, die solcherart entdeckten Eigenschaften in uns selbst bewusst zu entwickeln? Natürlich werden wir nicht durch einen Willensakt zu genialen Künstlern, aber wir können uns sehr wohl willentlich so etwas wie den ethischen Hintergrund und das geistige Klima eines Homer oder Shakespeare, eines Cervantes oder Rabelais, eines Montaigne, Goethe oder Walt Whitman zu Eigen machen. Denn es wird niemand bestreiten, dass alle diese erleuchteten Dichter, so unterschiedlich sie ansonsten auch sein mögen, *eines* gemein hatten.

Dieses »Eine« ist ein fein justierter gesunder Menschenverstand. Tatsächlich verfügen auch wir normalen Sterblichen bereits über ein kleines Quäntchen dieses kostbaren Guts. Und was wir da haben – das ist das Wunderbare daran –, ist geeignet, ein objektives und heiteres Licht sowohl auf diejenige Seite unseres Bewusstseins zu werfen, die sich den äußeren Elementen von Raum und Zeit entgegenreckt, als auch auf die andere Seite unseres Bewusstseins, die in die dunkle Leere blickt, in der die Gedanken in ihrer Ureinsamkeit auf sich selbst zurückgeworfen werden.

Tatsächlich nützt uns dieser Inbegriff eines heiteren und positiv eingestellten gesunden Menschenverstands, in dem wir zwangsläufig den gemeinsamen Nenner oder das Universalgeheimnis erkennen müssen, das Homer, Shakespeare, Rabelais, Montaigne und Cervantes miteinander verbindet, insofern, als er uns vor dem düsteren Grenzland der Mehrdeutigkeiten mit seinen Einbildungen, Mutmaßungen und verschwommenen Vorstellungen bewahrt, in das sich – wie weiland Faust, als er den Teufel anrief – unsere rastlose Seele gern flüchtet, wenn wir vor dem letzten »Bis hierher und nicht weiter!« stehen.

Denn diese begnadeten Denker, die ich gerade erwähnt habe, waren, bei all ihrem genialen Vorstellungsvermögen und all ihrer schöpferischen Fantasie, ausnahmslos von bodenständigem Wesen und der realen Welt zugewandt. Die poetische, gelassene und heitere Stimmung, die unser gewohnheitsmäßiges Denken wie gefiltertes Sonnenlicht erhellt, wenn wir uns von diesen

Klassikern durchdringen lassen, hat nichts mit den Träumen, Visionen, Ahnungen, übernatürlichen Erscheinungen und okkulten Offenbarungen zu tun, die wir unter dem Sammelbegriff *Mystizismus* zusammenfassen.

Zugleich bleibt uns jedoch die tiefe und heilsame Überzeugung, dass die Wirklichkeit des Lebens keineswegs durch Zeit und Raum begrenzt ist.

Wir leben in einer Zeit des agnostizistischen Denkens, das ist sicher wahr, aber gleichzeitig sind wir der unerschütterlichen Überzeugung, dass das überbordende, lebendige Potential des Daseins reicher, komplexer und vielfältiger ist als das in sich ruhende Universum aus Zeit und Raum, das wir als einziges erfassen können, wenn wir die Elemente in uns aufnehmen.

Wir sind der unumstößlichen Überzeugung, dass diese Welt aus Zeit und Raum, so unfassbar sie auch durch mystische und okkulte Offenbarungen auf uns wirken mag, nicht alles ist. Und diese Aussage ist keine schwärmerische Hypothese und keine höhere Eingebung.

Sie ist eine vollkommen nüchterne, rationale, unirritierbare und praktische Grundvoraussetzung unseres ganz gewöhnlichen Erkenntnisvermögens. Wir können gar nicht anders, als so zu denken, zu glauben und zu fühlen. Das beweisen ja die Projektile unserer religiösen Überzeugung selbst, die ihrerseits der Menschheit dazu gedient haben, aus diesem Teufelskreis der einschränkenden Logik auszubrechen! Unser Raum-Zeit-Gefüge ist nur eine Dimension in einem gewaltigen Konglomerat aus nicht begreifbaren Seinszuständen.

Es muss Spinoza, wie Nietzsche andeutet, ein diebisches, unorthodoxes Vergnügen bereitet haben, unser raumzeitliches »Blockuniversum«* so vollkommen mit dem göttlichen Wesen gleichzusetzen, dass Gott selbst sich im metaphysischen Zirkelschluss seines eigenen *zwingenden Seins* verfängt. So sah sich der Philosoph genötigt, andere Konzepte der göttlichen Existenz zu postulieren, die als *vollkommen außerhalb der mit dem Verstand erfassbaren* begriffen werden müssen.

Ich behaupte jedoch, dass wir Gott selbst, die alles umfassende Wirklichkeit eines als Einheit betrachteten Universums, mitsamt seinem »Blockuniversum« getrost ins Reich der Vermutungen verweisen können, wenn wir – anstatt die ausgesprochen menschliche Schlussfolgerung zum Axiom zu erheben, der zufolge, da jeder von uns eine »Einheit« ist, der große »Gott-Kosmos«, in dem jeder von uns ein kleiner »Mensch-Kosmos« ist, ebenfalls eine »Einheit« sein muss – beherzt die Fesseln der Logik sprengen und das »Viele« als eine bekömmliche Alternative zu dieser wenig zuträglichen Einheit postulieren!

Dass die menschliche Logik eine solche »Einheit« fordert, ist bei mathematischer und metaphysischer Betrachtung zweifellos wahr. Aber die einfachste praktische Lebenserfahrung wirft nicht nur gewaltige Zweifel in uns auf, ob die *Logik als solche* geeignet ist, der Wirklichkeit gerecht zu werden, sondern sie ermutigt uns geradezu, deren rationale Folgerungen mit Vorsicht zu genießen und ihre wissenschaftlich-theoretischen Ansprüche bedenkenlos zu missachten.

Unsere agnostizistischen Zweifel an der Unumstößlichkeit der logischen Annahme einer kosmischen Einheit bilden jedoch nicht unbedingt einen Damm gegen den Ansturm des mannigfaltigen Mystizismus, der stets darauf lauert, uns mit seiner rauschenden Flut der Doppeldeutigkeiten zu überschwemmen.

Man hat dem Alter oft vorgeworfen, es lasse den schwärmerischen Mystizismus der Jugend verkümmern und verdörren. In Wirklichkeit aber sind alte Menschen in diesem wichtigen Punkt klüger als junge Leute und als solche in mittleren Jahren.

Die Erfahrung hat sie gelehrt, die Grenzen des Mystizismus zu erkennen. Sie haben gelernt, zu den paradiesischen Tagen der frühen Kindheit zurückzukehren, in denen der Zauber und das Geheimnis der realen Welt und das Wunder des Hier und Jetzt sich selbst genügten.

Ja, das Alter kann es sich leisten, auf Träume zu verzichten. *Träume*. Wie es uns zum Hals heraushängt, dieses Wort mit seinem aalglatten, wachsweichen Klang, so »abgenutzt und viel besungen«* in den poetischen Schwärmereien der Jugend!

So gesteht denn dem Alter zu, dass es sich zum eingeschworenen Feind der Träume erklärt; oh ja!, und der ganzen nebulösen Fracht mystischer Zweideutigkeiten dazu! Wo sollte noch Platz sein für mystische Verklärung, wenn das menschliche Bewusstsein, entblößt bis auf seine nackte, ursprüngliche Existenz und dem Tod so nah, auf seiner Außenseite die Elemente umfängt und auf seiner Innenseite in der stillen Einsamkeit seiner endlich erreichten Ganzheit sich in asketischer Betrachtung auf sich selbst besinnt?

Denn das lautere, faszinierende Vergnügen, sich in den Urelementen unserer Dimension zu verlieren – ein Vergnügen, das beständiger ist als alle anderen –, ist das *genaue Gegenteil* aller Mystifizierung.

Und es hat auch nicht das Geringste mit Mystifizierung zu tun, wenn wir hier den anmaßenden Alleingültigkeitsanspruch der Dimension, in der wir leben, angreifen. Die Mystifizierung liegt in dem überheblichen Anspruch selber, nicht etwa in unserem Angriff gegen diesen.

Wenn unser gesunder Menschenverstand uns sagt, dass diese unsere aus Erde, Feuer, Wasser und grenzenlosem Äther bestehende Welt nur eine von vielen Dimensionen eines Multiversums ist, so haftet diesem einfachen Hinweis auf die Wahrheit nichts Mystisches an.

Und wenn unser Individualbewusstsein, allein mit sich »im dunkeln Hintergrund und Schoß der Zeit«* seines ultimativen Rückzugs, sich weigert, seine beglückende Einsamkeit mit irgendeinem imaginären Demogorgon* dieses Abgrunds zu teilen, ist das nicht nur eine vernunftbestimmte Ablehnung. Nein, mit der wohltuenden Befreiung von den ganzen Besitztümern der Visionen, Offenbarungen und Gerüchte wird die reale nächste Dimension, auf die wir uns, je näher wir dem Tod kommen, mit jedem Tag ein Stückchen weiter zubewegen, bei all ihrer Unbegreiflichkeit zur *wahrhaftigsten aller Wahrheiten*.

Und sie wird zu einer Wahrheit, in deren Licht betrachtet die Frage nach Gut und Böse sich als eine Angelegenheit erweist, in der es sehr sorgfältig und differenziert zu unterscheiden gilt. Beginnen wir also damit, dass wir zwischen »Mystizismus« und »Mysterium« unterscheiden, da hier der Unterschied im Aspekt des Schmerzes zutage tritt. Der Tod ist selten angenehm; und die Tatsache, dass wir dem Wesen der Dinge entsprechend Jahr für Jahr dem Tod unaufhaltsam ein Stück näher rücken, schafft eine lebendige Beziehung zwischen dem Mysterium des Schmerzes – und der Frage nach Gut und Böse.

Selbst die besten philosophischen Systeme werden, und das gilt mit Ausnahme von Paulus und seinem Nachfolger Dostojewski für alle Seher, deren Lehren die westliche Welt geprägt haben, dem Mysterium von Gut und Böse insofern nicht gerecht, als sie den beiden furchtbaren Hörnerspitzen, auf denen die *reale* Wirklichkeit unseres Lebens in unserer Dimension aufgespießt ist – dem Mysterium des Schmerzes und dem Mysterium des Zufalls –, keine Beachtung schenken.

Kein Wunder, dass der Mann von der Straße und, hilf Himmel!, auch der Mann vom Bauernhof, ganz zu schweigen von der Frau am Waschzuber, schon immer versessen darauf waren, auf Holz zu klopfen und einen großen Bogen um Freitage oder die Zahl Dreizehn zu machen. Abergläubische Handlungen und Bräuche dieser Art sind die tragikomische Antwort der eingeschüchterten Glaubensgemeinde der Kirche der Natur, wenn sie sich vor diesen Hörnern des höchsten Altars in den Staub wirft.

Ist es nicht traurig, dass all dem Wogen und Branden und Beben, mit dem sich die Evolution unseres Gewissens vollzieht, zwei für unser Moralgefühl so empörende Dinge wie Schmerz und Zufall zugrunde liegen? *Hört! Hört! Hört!* Das Hohe Gericht tagt!

Und wie wird der Urteilsspruch lauten? »Schuldig«, wird der Urteilsspruch lauten, und er wird von dem einen Richter verkündet werden, dem wir trauen können, nämlich unserem eigenen Gewissen.

Aber ach!, die Angeklagten sind so zahlreich und unterschiedlich wie das Multiversum selbst, und der Urteilsspruch des Gerichts muss sich gegen unbekannte Mächte und Wesen richten. Ja, unbekannt sind die Ursachen, die unsere Dimension, in der Schmerz und Zufall die entscheidende Rolle spielen, hervorgebracht haben.

Aber wir wissen von diesen unbekannten Mächten und Wesen immerhin, dass sie sich in nichts so schuldig gemacht haben wie in der Vorrangstellung dieser beiden dämonischen zum Himmel stinkenden Hörner.

Vor diesen Teufeln muss sich alles lebendige Fleisch verneigen. Und leider Gottes sind die meisten Philosophen unserer Zeit – wenn sie beim Verfassen ihrer logischen und rationalen Werke über die von ihnen so genannte Ethik den Anspruch des Egoismus und des »Altruismus« gegeneinander abwägen und leichthin das Idealbild einer Versöhnung dieser beiden rücksichtslosen Kräfte auf der allgemeinen Basis dessen, was eher verschleiernd als »Selbstverwirklichung« bezeichnet wird, entwerfen – sorgfältig darauf bedacht, nicht mehr als einen abfälligen Blick auf den Zufall zu werfen und dem Schmerz nicht mehr zukommen zu lassen als ein gönnerhaftes Nicken.

Die Jugend ihrerseits ist so sehr mit Sex und Revolution beschäftigt, das mittlere Alter so vereinnahmt von Ehrgeiz und Verpflichtungen, dass diese teuflischen Hörner des Demogorgon unbeachtet bleiben. Im Alter aber besteht unsere Dimension des Multiversums wie in der frühen Kindheit aus Ereignissen, in denen die Karten vom unberechenbaren Zufall einerseits und vom launischen Schmerz andererseits gemischt werden, während Sex, Kunst und Revolution, Ehrgeiz, gesellschaftliche Normen und Verpflichtungen in nebelhafte Ferne rücken.

Die Jugend neigt dazu, die guten Leutchen, denen sie auf ihrem traumverlorenen Weg begegnet, als fühllose Dickhäuter zu bedauern, obwohl diese doch ganz harmlose Durchschnittsmenschen sind, die fröhlich ihren Alltagsgeschäften nachgehen, sich an der Natur erfreuen, Sex für die selbstverständlichste Sache der Welt halten und mit Kunst und Revolution nichts weiter im Sinn haben.

Menschen in mittleren Jahren reagieren dagegen sowohl auf die fanatische Besessenheit der Jugend als auch auf den eigenbrötlerischen Starrsinn des Alters mit unverhohlener Entrüstung. Das Alter wiederum kehrt, wenn es die Lektion des Lebens gelernt hat, bewusst zu dem Urzustand der Unschuld sinnlicher Empfindung zurück, in dem das Zusammenspiel von Zufall und Schmerz stets gegenwärtig ist.

Das Zurechtrücken der Perspektive ist ein natürliches Bedürfnis aller lebendigen Kreaturen; und wir gewinnen die richtige Perspektive, aus der wir Gut und Böse betrachten und vernünftig voneinander unterscheiden können, nur, wenn wir unseren Blick aufmerksam auf Zufall und Schmerz richten.

Nehmen wir beispielsweise die Untugend des Neides. Man denke an die Bitterkeit, den glühenden Hass, das Bedürfnis, »den Wirbel zu legen, der diese Musik macht«*, an all diese Bosheiten, die der Neid in uns schürt. *Der da* lebt in Saus und Braus; *er* wird mit Ruhm und Ehre überhäuft. Zum ärgsten aller Höllenteufel mit ihm!

Wenn wir es uns aber, anstatt unser Schicksal mit dem anderer zu vergleichen, denen der Zufall gnädiger war und die weniger häufig vom Schmerz heimgesucht wurden, zur Gewohnheit machen, unser Los am Schicksal derer zu messen, die unter den Schikanen des Zufalls zu leiden hatten und denen der Schmerz besonders schwer zugesetzt hat, so werden wir es bald als einen schweren, gotteslästerlichen Frevel empfinden, unsere Energien auf negative Weise mit bitterem Sarkasmus zu vergeuden, statt sie zu nutzen, um die wenigen uns verbliebenen Sinneswahrnehmungen intensiver zu genießen. Das ist die wahre Lehre des Epikur: zutiefst dankbar zu sein, wenn uns der Zufall in den kleinsten Dingen hold ist und wenn der Schmerz uns für den Augenblick verschont.

Aber das ist nur der geistige *Hintergrund* des klugen Menschen, der das grandiose Zauberkunststück gelernt hat. Ein solcher Mensch hat es sich zur Gewohnheit gemacht, seine Fantasie und seine Willenskraft auf etwas Spezielleres zu richten, nämlich auf die Verfeinerung und Vertiefung der positiven Sinneseindrücke, die ihm zur Verfügung stehen.

Um das Problem von Gut und Böse richtig erfassen zu können, ist es unerlässlich, im Umgang mit Zufall und Schmerz äußerstes Geschick zu entwickeln. Der Neid auf das Glück anderer ist aber nur eines von vielen Übeln, die wir zu umgehen lernen, wenn wir unsere Energien so gekonnt in positive Bahnen lenken.

An die Stelle eines Hintergrundes aus Wut, Bitterkeit und weinerlichem Selbstmitleid tritt ein Hintergrund der Befreiung und Erlösung. Und wenn wir diesen negativen Trost hinter uns gelassen haben, können wir aus der Freude an den wenigen uns gebliebenen, unzerstörbaren Sinnesempfindungen heraus den wohlwollenden Blick des *Zufriedenen*, nicht die kalten, abweisenden Augen des *Unzufriedenen* auf diejenigen richten, die unseres Mitgefühls bedürfen.

Die Armen haben nicht deshalb Mitgefühl mit den Armen, weil sie voller Selbstmitleid ihren eigenen Mangel an »großen« Freuden beklagen würden, sondern weil sie die »kleinen« Freuden aus ganzem Herzen genießen, weil ihrem Wesen nach alle Freuden *gleich* sind. Dass weder alle Menschen noch alle Tiere diese an sich gleichen Freuden auch im gleichen Maße genießen, wie es die Gerechtigkeit verlangen würde, liegt an dem unterschiedlichen Naturell, das uns der Zufall oder das Schicksal, wenn Sie so wollen, von Geburt an mitgegeben hat.

Ungeachtet dieser kosmogonischen Ungerechtigkeit können wir die Kunst der angenehmen Sinneswahrnehmung unendlich verfeinern, ob wir nun »bei null« anfangen oder ob die Karten durch unser Naturell von vornherein günstig für uns gemischt sind. Es ist sogar so, dass Menschen der erstgenannten Kategorie dem eigenartigen Naturgesetz vom *Überleben des Untauglichen* zufolge diejenigen der zweiten Kategorie häufig überholen.

Nun denn! Vorausgesetzt, dass Zufall und Schmerz die beiden Heraklessäulen* oder, wenn Ihnen ein negativeres Symbol lieber ist, Skylla und Charybdis* unserer Reise über die Meere des Lebens sind, wie sollen wir dann im Angesicht dieser höllischen Zwillinge unseren Kurs nehmen, unsere Position überdenken und unsere Navigationskarte überarbeiten? Wo schreit, einfacher ausgedrückt, die herkömmliche Navigationskarte von Gut und Böse, mit der Erfahrung des Alters betrachtet, nach Korrekturen?

Überlegen wir als Erstes einmal, welche der allseits bekannten Zehn Gebote* wir guten Gewissens *ad acta* legen können. Nun ja! Getrost vergessen können wir diejenigen Gebote, in denen uns befohlen wird, Gott zu »lieben«, »keine anderen Götter neben ihm zu haben« und den »Sabbat zu heiligen«.

Auf die Astronomie übertragen, wären diese Gebote Himmelskörper, die wir, wenn wir das Schiff unseres

Lebens nach den Gestirnen navigierten, mit Recht als dunkle oder erkaltete Sterne betrachten könnten. Und wir können sogar noch weiter gehen und feststellen, dass die Empfindungen, die das Wort »Anbetung« impliziert, insbesondere das Gefühl der Ehrfurcht und Verehrung, nichts in unserer Vorstellung von den schöpferischen Ursachen solcher Wunder verloren haben, sondern sich vielmehr auf das richten sollten, was »oben im Himmel«, »unten auf der Erde« und »im Wasser unter der Erde« ist. *Du sollst nicht töten* ist auch eines der mosaischen Gebote, die im Gefahrenbereich von Zufall und Schmerz gegebenenfalls mit Vorsicht zu genießen sind. Das Gleiche gilt für das uneingeschränkte Verbot des »Ehebruchs« und die generelle Verurteilung des Stehlens, die sich allzu offensichtlich auf den fragwürdigen Status quo der *Besitzenden* gegenüber den *Habenichtsen* beruft.

Kommen wir jedoch endlich zu dem Gebot, das unsere vorbehaltlose Bewunderung verdient: »Du sollst nicht falsch Zeugnis reden wider deinen Nächsten«, so stehen wir vor einem Imperativ, den wir nicht nur in seiner Ganzheit annehmen, sondern sogar noch verstärken und ausweiten müssen. Auch das letzte der mosaischen Gebote, »Du sollst nicht begehren ...«, können wir meiner Ansicht nach ohne den leisesten Vorbehalt befolgen.

Wenden wir uns nun vom Alten Testament ab und dem Neuen Testament zu und stellen, indem wir dies tun, fest, dass es sowohl dem Gebot, nicht zu töten, als auch dem, keinen Ehebruch zu begehen, genügen würde, wenn wir sagen: »Du sollst keine Grausamkeit begehen.«

In den Evangelien wird Jesus mehr als einmal gefragt, wie er es mit dem »Gesetz und den Propheten« halte, und wir alle kennen den Kernsatz seiner Erwiderung: »Du sollst den Herrn, deinen Gott, lieben von ganzem Herzen, von ganzer Seele und von ganzem Gemüt und deinen Nächsten wie dich selbst.«* Dem wäre noch die ebenso berühmte Aussage hinzuzufügen: »Alles, was ihr wollt, dass euch die Leute tun sollen, das tut ihnen auch.«*

Mit diesen Worten Jesu wird uns, wenn wir alle übernatürlichen göttlichen oder teuflischen Ursachen des Entstehens von Zufall und Schmerz ausschließen, ein Gebot vermittelt, das auch das empfindlichste und höchstentwickelte Gewissen spontan und intuitiv gutheißen kann.

Jesus geht aber noch weiter, indem er im einzigen seiner Gleichnisse*, das wir ohne Einschränkungen annehmen können, unmissverständlich klar macht, wer dieser »unser Nächster« ist. Und es erweist sich, dass »unser Nächster« – wie es unser Gewissen selbstverständlich erwarten würde, nur dass wir die Mahnung auf alle fühlenden Kreaturen ausweiten müssen – das nächstbeste Opfer ist, das Zufall und Schmerz uns in den Weg stellen.

An dieser Stelle sei besonders darauf hingewiesen, dass dieses Opfer, von dem im wunderbarsten aller Gleichnisse die Rede ist, nicht etwa als ein besonders *verdientes* Objekt unserer eher zufälligen Barmherzigkeit beschrieben wird, sondern schlicht und ergreifend als ein Mitgeschöpf, dem das Glück nicht gewogen war.

Der Mann war vielleicht – oder auch höchstwahrscheinlich – von anderer Herkunft und Hautfarbe, sprach eine andere Sprache und hatte andere Lebensgewohnheiten als die ehrenwerten Einheimischen, die ihn in seinem Unglück liegen ließen, und auch als der Fremde auf der Durchreise, der ihm half. Er war vielleicht – oder auch mit hoher Wahrscheinlichkeit – ein Mörder, Ehebrecher und Lügner oder noch wahrscheinlicher ein führender Politiker ohne alle moralischen Grundsätze. Andererseits hatten die Räuber, denen er in die Hände fiel, wohl nur ein Auge auf seinen ungewöhnlich prallen Geldbeutel geworfen.

Bemerkenswert ist aber auch, dass der einfache Mann, der die unglückselige Kreatur in eine Herberge brachte, keinerlei Anstalten machte, sich in seine Angelegenheiten zu mischen oder seinen Seelenzustand zu ergründen.

In diesem schönsten aller Gleichnisse, das so wohltuend frei ist von der tyrannischen Gegenwart eines »Blockuniversums«, werden wir schlicht und einfach in das *einzige Verständnis* jener zweideutigen »Liebe« – so eng verwandt mit dem unzweideutigen »Hass« – eingeweiht, das ein sorgfältig abwägendes Gewissen akzeptieren kann.

Zu »lieben« ist eindeutig keine Frage des Willens, aber freundlich zu sein, unabhängig davon, ob wir »lieben« können oder nicht, liegt im Bereich unserer Möglichkeiten; und freundlich gegen alle Geschöpfe zu sein, die uns der Zufall über den Weg führt, nur weil sie dessen, wie wir auch, *bedürfen*, ist die wahre Quintessenz aller Gesetze und Propheten.

Wenn wir nun einen Schritt weiter gehen in dem ehrgeizigen Versuch, hinter das lebendige Geheimnis der größten ethischen Revolution zu kommen, die die Welt je gesehen hat, stoßen wir auf den verblüffenden Leitsatz: »Liebt eure Feinde!«*

Folgen wir ohne Zaudern der Richtung, die uns dieses unübertroffene Gleichnis weist, und setzen wir an Stelle des Satzes »Liebt eure Feinde« das einleuchtendere Gebot: »Seid freundlich gegen eure Feinde.« Dieser Grundsatz verlangt uns nicht ab, »auch die andere Wange hinzuhalten«* – eine Haltung, in der sich, wie Nietzsche so scharfsinnig einwendet, alles andere als ein Gefühl der Demut gegenüber unserem Feind ausdrückt und mit der wir tatsächlich »feurige Kohlen auf sein Haupt sammeln«*.

Er gebietet uns aber, uns, gleichgültig, ob wir die Sieger oder die Besiegten im unausweichlichen Kampf des Lebens sind, unseren Feinden gegenüber so zu verhalten, wie wir es uns umgekehrt von ihnen wünschen. Grundsätzlich fällt es uns schwerer, gegen die Glücklichen freundlich zu sein als gegen die Unglücklichen; unser zutiefst christianisiertes Gewissen verlangt jedoch von uns, *freundlich gegen alle* zu sein. »Hau deinem Feind eins auf die Hucke und sei dann freundlich gegen ihn«, würde dieses allumfassende Gebot in der Lesart des gesunden Menschenverstandes lauten. Wenn er erst einmal am Boden liegt, ist er wieder dein »Nächster«, und es ist an der Zeit, »Öl und Wein auf seine Wunden« zu gießen* und seine Rechnung in der Herberge zu begleichen.

Damit kommen wir zu dem Kanon überraschender Aussagen in der so genannten Bergpredigt. Und wenn wir wirklich ernsthaft und vorbehaltlos zu begreifen suchen, wie unser hoch entwickeltes Gewissen zu derart extremen Forderungen steht, müssen wir zumindest einige dieser Aussagen sehr eingehend und kritisch unter die Lupe nehmen.

Eines muss in jedem Fall vorangestellt werden. Das tiefste, edelste und klügste aller christlichen Geheimnisse ist die Demut; und man muss zugeben, dass Jesus, als er seine Jünger als »das Salz der Erde« und »das Licht der Welt«* bezeichnete, ihnen jene missionarische Selbstgefälligkeit eingab, die noch in dem Moment, in dem sie die andere Wange hinhält und ihre Feinde »liebt«, vom unheiligen, freudigen Bewusstsein einer heiligen Überlegenheit erfüllt ist.

Dieser Art von Passivität, die im Die-andere-Wange-Hinhalten liegt, haftet ein salbungsvoller Triumph an, den jeder »große, vortreffliche Mann«* nur verurteilen kann und der für den humanistischen Verstand als Ausdruck einer edlen und heroischen Tugend nicht annehmbar ist.

Eine solche Demonstration der Überlegenheit birgt in Wahrheit einen feineren Stachel als tausend feindselige Attacken. Selbst wenn diese Überlegenheit keine »feurigen Kohlen auf unser Haupt sammelt«, setzt sie sich im nichtchristlichen Bewusstsein als provokatives Element fest, das die durch unsere Tugendhaftigkeit angestachelten negativen Gefühle nicht abmildert, sondern vielmehr verstärkt.

Nun ist die bescheidene und zurückhaltende Kritik, die ich hier an diesen berühmten, weltgestaltenden Lehrsätzen zu üben gewagt habe, in Wirklichkeit nichts anderes als das Urteil des normalen menschlichen Gewissens, wie es sich im Laufe der Jahrhunderte herausgebildet hat, und sie ist nicht so sehr ein heidnischer Widerstand gegen das Geheimnis Jesu, sondern eine legitime Weiterentwicklung des *messianischen Geistes*. Doch um eine solche Entwicklung zu erkennen und zu erklären, bedarf es oft der Erfahrung und des inneren Abstands des Alters.

Im Grunde laufen meine sämtlichen Aussagen zum Thema Gut und Böse darauf hinaus, dass die vom menschlichen Gewissen halb entdeckte, halb erzeugte Unterscheidung zwischen beidem eine Unterscheidung ist, die *nie vollständig und endgültig* in die Hände eines bestimmten Erlösers gelegt wurde, sondern immer das Ergebnis der evolutionären Entwicklung war und bis heute ist.

Um noch deutlicher zu machen, worauf ich mit dem Gesagten hinauswill: Das Alter lehrt uns offenbar, dass die Auseinandersetzung zwischen Gut und Böse in unserer Dimension niemals beigelegt werden wird und dass wir Gut und Böse in ihrem wesentlichen Aspekt, von allen Nebensächlichkeiten befreit und gefiltert, reduzieren können auf die unserer Willenskraft unterworfene Entscheidung zwischen einem *Ausdruck der Freude*, der dem Zufall trotzt und ihm zugleich Dankbarkeit entgegenbringt, und dem hilflosen Wüten gegen den Zufall, mit dem wir uns zugleich dem Selbstmitleid, der Verzweiflung und Hoffnungslosigkeit überlassen.

So befriedigend diese letzte Unterscheidung für das normale menschliche Gewissen im Augenblick allerdings auch sein mag, ist sie doch noch keineswegs vollständig. Das grundlegendste Gesetz unserer Dimension betrifft das notwendige Vorhandensein von *Gegensätzen*, den schöpferischen Aspekt eines gewissen grundsätzlichen Widerspruchs.

Wir müssen demnach unserem »Freu dich an allem!«, dem ersten und obersten Motto aller Menschen, die guten Willens sind, das »Sei freundlich gegen alle!« zur Seite stellen, damit das »Gute schlechthin« als Gegensatz zum »Bösen schlechthin« in seiner nicht weiter reduzierbaren Form zutage treten kann.

Von allen großen Kirchenlehrern ist Augustinus zweifellos derjenige, der dem absurdesten Irrglauben aufsaß. Keinem griechischen, chinesischen oder ägyptischen Moralphilosophen hätte es je einfallen können, sich im Zusammenhang mit dem Moralgefüge des Universums etwas so Abscheuliches vorzustellen wie die Vision dieses finsteren Heiligen* von den ungetauften Säuglingen, die, eine Handspanne groß nur, in der Tiefe der Hölle schmoren! Wenn Augustinus uns in seinen Lehren also weismachen will, das Böse sei etwas Teuflisches, so können wir ihn mit seiner eigenen eindeutig teuflischen Vorstellung von einem eindeutig teuflischen Kinder quälenden Gott widerlegen.

Die tragende Rolle, die Schmerz und Zufall, diese Heraklessäulen auf der gefahrvollen Reise unseres menschlichen Daseins, in unserer Dimension spielen, macht die Reduzierung des Bösen auf einen ausschließlich negativen Aspekt zu einer so absurden Vorstellung.

In einer Welt wie der unseren gebietet uns zweifellos der gesunde Menschenverstand, keinen Tag vergehen zu lassen, an dem wir uns nicht zwingen, uns so genau wie nur möglich vorzustellen, wie wir uns zu der Frage von Gut und Böse stellen würden, wenn es ein teuflischer Zufall so wollte, dass wir unter Qualen sterben. In einem solchen Moment würde der ganze Streit um Egoismus und Altruismus, um Selbstverwirklichung und Selbstverleugnung, um Pragmatismus und Idealismus, um Sinnesgenuss und Asketentum seine Bedeutung verlieren! Übrig blieben lediglich die beiden großen Gebote, die das Gewissen des gewöhnlichen Sterblichen voll und ganz ausfüllen, nämlich das Gebot, dem zufolge wir uns zwingen sollen, das Leben bis zur bitteren Neige zu genießen, und das Gebot, dem zufolge wir in unseren Gedanken, Wünschen und Taten freundlich sein sollen gegen unsere »Nächsten«, gegen alle Mitgeschöpfe also, denen wir begegnen. Unsere Tage in unserer Dimension mögen gezählt sein – könnte ich Sie nur im Tonfall eines greisen Predigers beschwören! –, aber wir *müssen* – verzeihen Sie diesen altmodischen Ton der Heilsverkündung – den positiven Charakter des Bösen erkennen, solange wir noch auf Erden wandeln. Wenn das eine Extrem darin besteht, dass wir uns zwingen, das Leben gelassen zu ertragen und, wenn möglich, zu genießen, so äußert sich das andere Extrem darin, dass wir in unserem Selbstmitleid das Leben verfluchen; ja!, dass wir uns wünschen, wir könnten es mit Stumpf und Stiel ausrotten!

Und was sagt uns dieser Unterschied? Er sagt uns, dass das Gute schlechthin und das Böse schlechthin nichts anderes ist als die Grundeinstellung, die wir *zum Leben* einnehmen oder uns zwingen einzunehmen, wobei die gute Einstellung Dankbarkeit und Barmherzigkeit, die böse dagegen Selbstmitleid und Verbitterung beinhaltet. Eine weitere logische Folgerung aus dem oben genannten Unterschied liegt weniger deutlich auf der Hand, ist deshalb aber nicht weniger wahr, die Folgerung nämlich, dass sich hier die größte menschliche Tugend einerseits und der größte menschliche Fehler andererseits gegenüberstehen – die göttliche Eigenschaft der *Bescheidenheit* und die teuflische Eigenschaft des *Hochmuts*.

»Muss *ich*«, heult der Teufel in uns auf, »*ich, ich, ich* mir das gefallen lassen? Verflucht sollen sie *alle* sein!« »Das gemeine Los, der gemeine Schmerz, das gemeine Glück«, murmelt der andere. »Sie seien mein, wie es mir vom Schicksal bestimmt ist!«

Aber, werden Sie vielleicht unwillkürlich aufbegehren, was hat das alles damit zu tun, dass wir innerlich ständig hin- und hergerissen sind zwischen der Stimme des Gewissens einerseits und der Stimme der passiven Bosheit andererseits?

Es hat alles damit zu tun! Zum einen verleiht der klare Blick auf uns selbst, wie wir uns, dem Zufall und dem

Schmerz auf Gedeih und Verderb ausgeliefert, am Rande des Todes bewegen, jeder Sekunde unseres bewussten Lebens, in der wir von diesen dreien verschont bleiben, eine zehnfache Bedeutung und Wertschätzung.

Zum anderen ist das oberste Gebot unseres Gewissens, uns mit aller Kraft zu einer *inneren Bejahung der Freude* zu zwingen, eine Einstellung, die – ob wir den Zustand der Freude selbst erreichen oder nicht – an sich schon geeignet ist, den Druck der egoistischen und selbstlosen Impulse des flüchtigen Augenblicks von uns zu nehmen.

Nichts ist dem gesunden Menschenverstand und der Befreiung aus der Not und Verwirrung eines entscheidungsunfähigen Gewissens so zuträglich, als wenn wir den alltäglichen Zwiespalt auf das grundlegende Gebot reduzieren: *Freu dich an allem und sei freundlich gegen alle.*

An dieser Stelle sei angemerkt, dass der erste Teil dieses kategorischen Imperativs – da wir ja Menschen sind und keine Heiligen – von Natur aus zwar Priorität über den zweiten genießt, dass wir aber, indem wir als Vertreter der Spezies »Homo sapiens«, die sich selbst nach ihrer *eigenen Vorstellung* umformen können, mit unermüdlichem Eifer beide inneren Einstellungen Stück für Stück miteinander verweben, einen Nährboden der Lebenskraft schaffen, von dem wir in schwierigen Zeiten zehren können.

Und – auch das sei mir hinzuzufügen gestattet – im Allgemeinen lehrt uns die Erfahrung des Alters, dass unseren »Nächsten« mit all ihren Bedrückungen, Nöten und Problemen ein solcher »Nährboden« der Lebensfreude in Verbindung mit selbstverständlicher Freundlichkeit besser bekommt als die düsteren Regungen eines reuigen Gewissens, das sich im selbstquälerischen Altruismus Erleichterung verschafft.

Aber wenden wir uns wieder der Bergpredigt zu. Zweifellos wird es unter meinen Lesern solche geben, die in jeder Kritik an diesen berühmten Worten nicht nur eine unverfrorene Gotteslästerung, sondern auch eine ungehörige Missachtung des guten Geschmacks sehen.

Was dem Gewissen eines einfachen Menschen, das sich ja eher auf den Geist als auf das Wort des Neuen Testaments beruft, sicher manchmal schwer zu schaffen macht, ist der Schluss, den wir aus der erstaunlichen Botschaft Jesu ziehen müssen, dass es nämlich nicht weise sei, recht zu tun, weil »recht eben recht ist, ungeachtet aller Folgen«*, sondern weil wir ein paar eindeutige Vorteile gewinnen, wenn wir uns entsprechend verhalten.

Es ist auch nicht zu bestreiten, dass diese Verheißungen und künftigen Wohltaten die lebendigen Gewässer des Evangeliums durchziehen wie Farbschlieren einen klaren Strom, nachdem er das Gelände einer alten Färberei durchflossen hat.

»Selig sind, die da Leid tragen«, heißt es, »denn sie sollen getröstet werden.« »Selig sind die Sanftmütigen, denn sie werden das Erdreich besitzen.« »Selig sind die Barmherzigen, denn sie werden Barmherzigkeit erlangen.« »Seid fröhlich und getrost, denn es wird euch im Himmel reichlich belohnt werden.«*

Wie Shakespeare im Gefängnismonolog Richards II. aber zu verstehen gibt, steht es in der Macht eines jeden gewöhnlichen Sterblichen und ganz gewiss eines *alten* Menschen, der einige Erfahrung mit dieser chaotischen Welt gesammelt hat, »das Wort selbst dem Wort entgegen zu setzen«[*].

Sehen wir uns beispielsweise einmal an, welche tiefe Bedeutung in der ersten dieser verblüffenden Aussagen steckt: »Selig sind, die da geistlich arm sind, denn ihrer ist das Himmelreich.«

Natürlich steht fest, dass das »Himmelreich« ein Zustand der Glückseligkeit ist, den wir *nicht* als Lohn für unsere Tugend in einer fernen Zukunft zu erwarten brauchen. Das »Himmelreich« ist ein *Seinszustand* im Jetzt, kein Paradies am Ende einer Pilgerfahrt.

Und jetzt tauchen wir wahrhaftig ein in das revolutionäre Geheimnis Jesu, das sämtliche Tugenden dieser Welt und alle unsere vorherigen Bewertungen von Gut und Böse auf den Kopf stellt. Das »Himmelreich« ist nun nicht mehr und nicht weniger als diese erstaunliche Kraftquelle, die auch der einfachste Mensch in sich erzeugt, wenn er sich zwingt, sich an allem zu freuen und freundlich gegen alle zu sein.

Und wer sind nun, wenn wir es auf den Punkt bringen, diese *Ptōchoi Pneumatoi*, diese »geistlich Armen«? Es sind ganz ohne Zweifel diejenigen, die ihr Bewusstsein von der »letzten Schwäche« der ehrwürdigen Heiligen befreit haben, nämlich von der Untugend, sich als das Licht der Welt und das Salz der Erde zu betrachten!

Auch wenn wir alle anderen Formen der Abgrenzung, alle anderen Überlegenheitsgefühle gegenüber der »großen Masse« abgeschüttelt haben – bevor wir nicht diese letzte Überheblichkeit, diesen *geistlichen Hochmut,* ablegen, bevor wir nicht die »Gleichheit aller Menschen« anerkennen, wird unsere Freude an den Urelementen des Lebens getrübt bleiben. Zweifelsfrei scheint festzustehen, dass wir, die wir indoeuropäischen Ursprungs sind – ob indisch oder europäisch, ob germanisch oder romanisch, ob angelsächsisch oder keltisch –, außer im frühen chinesischen »Tao« oder »Weg« in seiner nichtkonfuzianischen Bedeutung* nichts finden, das unserem Gebot, *Ptōchoi Pneumatoi,* »Arme im Geist« zu sein, gleicht.

Aus diesem Grund könnte man die größte Hoffnung auf einen wirklich demokratischen Völkerbund, der sich auf den Geist des nicht besitzergreifenden Individuums statt auf die Zwänge des besitzergreifenden Staats beruft, in der Tatsache sehen, dass wir mit den Chinesen verbündet sind und dass der nichtindoeuropäische Weg eines Chiang Kai-shek* zumindest in irgendeiner Weise etwas mit dem Gedanken des Neuen Internationalismus zu tun hat.

KAPITEL 8
DAS ALTER UND
DIE ANDEREN

Die schlimmsten Plagen, die uns heimsuchen, wenn wir älter werden, rühren – von chronischen Schmerzen oder dauerhafter geistiger Umnachtung einmal abgesehen – nicht von äußeren Katastrophen her, sondern von der täglichen Begegnung mit anderen Menschen.

Alte Menschen verfügen fraglos über einige wirkungsvolle Waffen – man könnte fast sagen, Panzerdivisionen – der Selbstverteidigung, als da wären: die Herrschaft über den Geldbeutel, die Anhänglichkeit ihrer Kinder, die Kunst, Mitleid zu erregen, die intensive Beschäftigung mit der eigenen körperlichen Befindlichkeit und eine gewisse Unbekümmertheit oder, wie unsere Feinde es nennen würden, eine dickhäutige Gleichgültigkeit, wenn es um den Eindruck geht, den wir bei unseren Mitmenschen hinterlassen.

So schlagkräftig sind diese Instrumente der Verteidigung, dass sich ihrer ein alter Mensch, der die absolute Gewalt über die Geldschatulle ausübt, sich des steten Gehorsams einer ihrer Lebenslust beraubten Tochter sicher sein kann oder so egozentrisch und gefühlskalt ist wie ein altes Krokodil, als *Angriffswaffen* bedienen kann, um sich zum verhassten Tyrannen über seine Familie aufzuschwingen.

Wer aber durch ungünstige Umstände oder sein gutmütiges Naturell keinen dieser entscheidenden Vorteile genießt, wird feststellen müssen, dass »mehr gegen ihn gesündigt wird, als er selbst gesündigt hat«*.

Welche Strategien wählt demnach ein alter Mensch mit intaktem Selbstwertgefühl am besten, um den Winter seines Lebens zu genießen, ohne anderen so auf die Nerven zu fallen, dass sein Tod eine »freudige Erlösung« für alle Beteiligten ist?

Die erste und bei weitem wirkungsvollste dieser klugen Strategien besteht in meinen Augen darin, sich in der Kunst der Unabhängigkeit zu üben. Der alte Mensch muss, mit anderen Worten, lernen, für sich zu leben und zufrieden zu sein, *auch wenn er sich selbst überlassen ist.*

Wenn wir aufhören, ständig um unsere unternehmungslustigeren Ehegatten oder unsere jugendlicheren Gefährten »herumzuscharwenzeln«, um es etwas altmodisch auszudrücken, befreien wir sie von einer drückenden Last und tun uns mit diesem Verhalten selbst einen großen Gefallen.

Früher einmal, vor dem Aufbegehren der Jugend, hieß es, man solle Kinder »sehen, aber nicht hören«. Heute nun müssen sich Oma und Opa selbst bemühen, diesen Anspruch zu erfüllen und sich nicht nur vor den Ohren, sondern möglichst auch vor den Augen ihrer Lieben »rar zu machen«.

Denn schließlich sind wir Alten gezwungen, nicht

nur den herrschenden »Zeitgeist« zu berücksichtigen, sondern auch das Wesen der Kultur, in die wir hineingeboren wurden. Unterscheidet sich das neue China unter Chiang Kai-shek – unser stärkster Hoffnungsschimmer am Horizont einer demokratischen Zukunft – so vollkommen vom alten China, dass den Eltern keine förmliche Höflichkeit und kein bereitwilliger Gehorsam mehr von ihren Kindern entgegengebracht würde? Ich möchte das bezweifeln. Und wir wissen auch, dass im Familienleben der Franzosen die Alten trotz ihres körperlichen Verfalls und ihrer Gebrechlichkeit nachgerade die Rolle von Engeln und Teufeln spielen.

In Amerika jedoch und auch in weiten Teilen des britischen Einflussbereichs pocht die Jugend heute energisch und lautstark auf ihre Unabhängigkeit. Die jungen Leute gehen ihrer eigenen Wege, sie leben ihr eigenes Leben; und auch wenn sie ihre Eltern nicht vernachlässigen, geschweige denn vergessen, gilt ihr eigentliches Interesse doch ihren Altersgenossen.

Aus diesem Grund müssen alte Menschen, die in unserem angelsächsisch-keltischen Kulturkreis aufgewachsen sind, es ihren Kindern gleichtun und sich möglichst unabhängig von den nachfolgenden Generationen machen. Müssen sie deshalb aber unter ihresgleichen im Altersheim leben, wie es heute so oft der Fall ist?

Gott bewahre! Sie sollten, soweit es ihre körperlichen Gebrechen zulassen, *allein leben*. Und das wiederum heißt nicht, dass sie sich in eine Einsiedlerzelle zurückziehen, sondern dass sie sich in der erhabenen Kunst üben – dieser höchsten, subtilsten, klügsten und notwendigsten aller Künste –, *ein Doppelleben zu führen.*

Und schon sind wir beim entscheidenden Unterschied zwischen einem weisen und einem törichten Alten. Es gibt alte Menschen, die ihrer Geschwätzigkeit, ihrer Eitelkeit und ihrer Wichtigtuerei freien Lauf lassen und ihre Abhängigkeit von den bedauernswerten Freunden und Verwandten, die sich um sie kümmern, sie unterhalten und bei Laune halten müssen, in vollen Zügen auskosten, indem sie sich an ihnen festsaugen wie Blutegel.

Daneben gibt es solche, die sich – weniger lästig zwar, aber eben doch auch ziemliche »Spielverderber« – eigenbrötlerisch und mürrisch in sich zurückziehen. Sie mögen verborgene Perlen in sich tragen; aber auch bei den Austern in den Tiefen des Meeres verhält es sich so, dass nicht einmal die kleinen Meerasseln, die auf ihnen herumkrabbeln, die Schönheit dieser kunstvollen Gebilde je erblicken.

Der vernünftige Weg sieht so aus, dass man wie eine Luftblase auf den zufälligen, dem örtlichen Chaos unterworfenen Strömungen und Strudeln eines jeden Tages schwimmt und in lebhaftem, wachem Wechselspiel sein gesamtes Farbenspektrum widerspiegelt und gleichzeitig wie ein gewiefter, geschmeidiger Aal mit einem Auge ständig den Bodenschlamm absucht nach einer zufälligen fetten Wurmbeute. Ein wirklich mit allen Wassern gewaschener alter Mensch, der wie alle lebendigen Geschöpfe beides zugleich machen möchte, sollte sich also, mit anderen Worten, zwingen – und Zwang *müssen* wir gegen uns selbst ausüben, auch wenn wir noch so schwach sind –, sich in die Interessen, Gefühle, Freuden und manchmal auch die Nöte seiner Nächsten hineinzuversetzen und doch ständig wie ein steinalter Karpfen, der mit offenem Maul und wedelnden Flossen seinen Teich durchpflügt, heimlich nach bekömmlichen Brocken zu schnappen und die ihm angemessene Nahrung in seligem Genuss zu verdauen.

Da, wo wir noch nicht gelernt haben, Interesse zu entwickeln, müssen wir eben vorerst Interesse vortäuschen. Dann wird sich, weil es eine Lebensregel ist, dass die äußere Geste die innere Einstellung nach sich zieht, schon bald ein echtes Interesse einstellen. Die große Kunst besteht in dem Reiz, mittelbar und stellvertretend zu erleben.

Damit meine ich die Kraft, wie ein alter Baumstumpf, auf dessen verwittertes Holz die Vögel mit ihrem Kot ein paar Samenkörner fallen gelassen haben, den frischen Lebenssaft der Jugend in sich aufzusaugen.

Wir müssen unsere Erfahrung bedauerlich schlecht genutzt haben, wenn wir die vielleicht ernüchterndste aller Lektionen noch nicht beherrschen: dass alle unsere Mitmenschen ebenso sehr mit sich selbst beschäftigt sind wie wir selbst.

Was *sie* im Auge haben, ist das Gleiche, was *wir* im Auge haben, nämlich die geistige und emotionale Befriedigung der eigenen Selbstdarstellung, nicht das altruistische Vergnügen, *anderen* zuzuhören.

Natürlich will jeder von uns ganz allgemein einen vorteilhaften Eindruck hinterlassen, möchte bewundert und geliebt werden. Aber in der Hitze und Spannung des Augenblicks wird der uns allen innewohnende Wunsch, uns mit unseren Klagen und Erklärungen, Bekenntnissen und Beschuldigungen, Geschichten und Erinnerungen Gehör zu verschaffen, einfach nur gehört zu werden, alle ängstlichen Sorgen um den Eindruck, den wir mit unserer Rede auf unser Gegenüber machen, schnell beiseite fegen – zumindest für den Augenblick. Nur gehört werden! Nur für eine kurze beglückende Zeitspanne den gesamten Bühnenraum ausfüllen! Und es gehört zu den schwerwiegenden Torheiten alter Menschen, solche überbordenden Gefühlsäußerungen durch Einwände, Abwehr, Krittelei und Widerspruch zu stören.

Auch wenn wir viele Dinge hören, bei denen sich in uns ein ganzer Abgrund von Widersprüchen auftut, tun wir gut daran, für den Augenblick als empfindsamer Resonanzboden zu fungieren und keine philosophischen Ratschläge zu erteilen, sofern wir nicht ausdrücklich darum gebeten werden.

Wie aber verhält es sich mit einem Paar, das zusammen alt geworden ist? Ist der weniger Redselige von beiden dazu verdammt, der ewige Zuhörer zu sein? Aber keineswegs!

Nichts von alledem, was ich gerade gesagt habe, lässt sich auf ein in Liebe ergrautes Paar übertragen, auf zwei Menschen, die wie alte Wüstenraben zu dem »idealen Einen« zusammengewachsen sind, von dem im *Sym-*

posion die Rede ist*, bei denen in den langen Jahren des Lebenskampfes und des Ringens miteinander Knochen mit Knochen, Seele mit Seele, Geist mit Geist verschmolzen ist.

Verbindungen dieser Art sind jedoch dünn gesät, denn sie setzen nicht nur eine unglaublich günstige Konstellation der Sterne voraus, sondern auch ein fast übermenschliches Geschick im Umgang mit der hohen Kunst des »Gebens und Nehmens«. Es ist dies eine Kunst, in der die Betonung ebenso auf dem »Nehmen« wie auf dem »Geben« liegt, denn – um mit Nietzsche zu sprechen* – ebenso, wie kein vernünftig empfindender Mensch das Gefühl ertragen kann, seinen Feind durch allzu große Sanftmütigkeit zu »beschämen«, wird es in der dauerhaften Verbindung, von der hier die Rede ist, keine der Parteien ertragen, mit dem selbstgerechten Anspruch der moralischen Überlegenheit über den anderen zu triumphieren.

Eine Verbindung dieser Art setzt auch Rücksicht und Respekt für die unabweisbaren Unterschiede der physischen, geistigen und emotionalen Interessen voraus, die nicht nur Männer und Frauen in zwei Lager teilen, sondern jeden Einzelnen – Mann, Frau oder Kind – von jedem anderen trennen.

Anfangs, wenn uns die leidenschaftliche Besessenheit der Liebe beflügelt, wahre Wunder der Verbundenheit zu vollbringen, kommt es zwangsläufig zu den »Meineiden der Verliebten«*, über die »Jupiter lacht«. Das sind Momente, in denen wir uns *selbst* schier zerreißen, denn es ist die Zeit, in der einer den anderen vereinnahmt und in der ekstatischen Verzückung, die den Augenblick zur Ewigkeit macht, mit dem anderen *identisch* ist – so wie Emily Brontës Cathy, die ihre Gesprächspartnerin unversehens mit dem Ausruf verblüfft: »Ich *bin* Heathcliff!«*

Eine so leidenschaftliche Liebe leuchtet im grellen Licht, das der gezackte Blitz des Unmöglichen auf sie wirft. Eine weniger spektakuläre, aber oft ebenso tragische Situation entsteht jedoch, wenn bei einem gemeinsam in Harmonie gealterten Paar der eine Partner stirbt und der andere allein zurückbleibt. Dann ist dieser eine *mehr* als allein.

Beide, sowohl der noch lebende als auch der gestorbene Partner, haben göttliche Augenblicke des Alleinseins erlebt. Jetzt aber birgt das Alleinsein nichts Herrliches mehr. Das Positive ist immer auf seinen negativen Gegenpol angewiesen, das Negative immer auf den positiven Pol. Das Alleinsein dessen, der *allein zurückgeblieben* ist, ist kein Alleinsein mehr. Es ist Verlorenheit. Die Sinne haben nichts mehr, auf das sie sich richten könnten. Das Alleinsein usurpiert das ganze Leben.

Dass so viele Menschen irgendwie über diese schmerzlichste aller Trennungen hinwegkommen, ändert nichts an der Wahrheit dessen, was ich gerade gesagt habe. Der größte Zauberer überhaupt ist die Zeit; und die Macht der Zeit ist unvorstellbar. Aber an diesem kritischen Punkt zeigt sich auch der Unterschied zwischen Männern und Frauen. Die einen wie die anderen *können* einen solchen Verlust verwinden. Nur fällt dies den Frauen eindeutig leichter, und das hat seinen guten Grund. Die Frau ist der Inbegriff der Natur, und deren Unverwüstlichkeit kennen wir alle. Der Mann ist der Inbegriff der Kraft, die mit dieser Natur ringt, sich von ihr abspaltet und – mit eindeutig mäßigem Erfolg – versucht, sie zu verändern.

Aber zugleich auch ist er in der Natur fest verwurzelt, liegt in der Natur die Wirklichkeit seines Lebens. Aus ihr bezieht er den Lebenssaft seines Kampfes mit ihr; und ohne sie hat das, was geschieht, keinen Bezug zur Realität. Eine Frau kann einem Mann das Leben schwer machen, aber es gewinnt durch sie auch einen realen Charakter. Haus, Garten, Mobiliar, Haustür, Fenster Schornsteine, die Gesichter von Gästen, Licht und Schatten an den Wänden, ein Klopfen an der Tür, ein vom Wind verwehtes Blatt – all diese vertrauten Dinge sind für den Mann so lange Luftspiegelungen oder Spiegelbilder, bis sie durch seine Frau wirklich werden. Wenn aber die Frau stirbt, bleibt er als unvollständige Hälfte zurück.

Wenden wir uns nun aber von diesen glücklichen Paaren ab, die, sofern sie weder von chronischen Schmerzen noch von einer anderen Höllenplage heimgesucht werden, besser als jeder andere wissen, welche Freude es ist, am Leben zu sein, und betrachten wir aus einer neuen Perspektive die Beziehungen eines älteren Menschen zu den unterschiedlichen Personen, die seine Wege kreuzen.

Was einem leidenschaftlichen und sensiblen jungen Menschen meiner Meinung nach im Allgemeinen sofort auffallen muss, wenn er mit einem Älteren zusammentrifft, ist dessen Ichbezogenheit und Gleichgültigkeit gegenüber der entsetzlichen Not und der unsagbaren Ungerechtigkeit in der Welt, in der wir leben.

Die Jugend demonstriert mit Vorliebe ihre moralische Überlegenheit. Sie glaubt, ihr vom Gefühl der eigenen Schwäche und Hilflosigkeit belastetes Gewissen beruhigen zu können, indem sie ihre selbstgerechte Entrüstung über die Abgebrühtheit der Alten gegen die Leiden dieser Welt zur Schau stellt.

Und nicht nur das. Der heilige Zorn der Jugend über die Selbstverständlichkeit, mit der sich die Alten mit ihren körperlichen Beeinträchtigungen beschäftigen, und über die freundliche Gleichgültigkeit, mit der sie revolutionäre Ideale belächeln, bekommt durch ihr eigenes erratisches Herumtasten in der Welt der sinnlichen Genüsse einen besonders pikanten Beigeschmack. »Der Weg der Maßlosigkeit führt« eben nicht immer, wie William Blake behauptet, »in den Palast der Weisheit«*. Genauso häufig – oder vielleicht sogar noch häufiger – führt er zu ebenso verzweifeltem wie törichtem Verhalten.

Und dieses Verhalten nimmt nicht selten die Form einer asketischen Selbstzerfleischung an, die den Brunnen der unschuldigen Freude vergiftet. So verwandelt sich der zartbesaitete Idealismus der Jugend in eine Art puritanischer Missgunst, eine Missgunst, die auf fatale Weise dem nagenden Groll des engstirnigen Moralisten ähnelt, wenn er den sinnlichen Freuden begegnet, die er so erbittert anprangert, obwohl er sie insgeheim ersehnt.

Für den jugendlichen Idealisten ist es so ungefähr das Schwerste auf der Welt, Nachsicht mit denjenigen zu üben, deren Gewissen mit den Erfahrungen des Lebens unempfindlicher geworden ist. Sein eigenes Unbehagen verleitet ihn zu der Überzeugung, diese Menschen seien nichts weiter als selbstgefällige Idioten.

Nun empfindet natürlich jeder vernünftig denkende Außenstehende scheinheilige Selbstgefälligkeit – und vergessen wir nicht, dass es durchaus eine jugendliche Variante dieses unangenehmen Charakterzugs gibt – als eine Beleidigung des guten Geschmacks und als moralisch verwerflich. Aber Selbstzufriedenheit muss nicht in *jedem Fall* mit Scheinheiligkeit gepaart sein. Wer von seinen Charakteranlagen her zu ihr neigt, kann sie frank und frei als das annehmen und würdigen, was sie ist. Und es ist nicht einzusehen, warum nicht jeder umtriebige, rast- und ruhelose Mensch einen Blick darauf werfen und sie wie die Selbstzufriedenheit einer in die Jahre gekommenen Katze, die sich wohlig vor dem Kamin räkelt, als ein großartiges Geschenk der Natur und ein bemerkenswertes Phänomen dieser Welt betrachten sollte.

Dass wir einerseits zutiefst beschämt sind, weil wir uns nicht stärker mit den Gepeinigten und Beladenen identifizieren, andererseits aber keinerlei Skrupel haben, die friedfertigen, wenn auch vielleicht ein wenig fantasielosen Mitgeschöpfe, die über ein weniger empfindsames Innenleben verfügen als wir selbst, zu schikanieren, zu traktieren, zu malträtieren und aufs Übelste zu drangsalieren, ist eindeutig ein Fehler der menschlichen Natur.

Das Leben auf unserer Erde kann so beschwerlich, das Sterben so langsam und qualvoll sein, dass wir unseren strapazierten Nerven ruhig die Ersatzbefriedigung eines Sonnenbades in diesen wohltuenden Oasen der menschlichen oder, wenn Sie so wollen, *animalischen* Selbstzufriedenheit gönnen könnten, anstatt uns der wütenden Missgunst hinzugeben, die im Gewand der moralischen Entrüstung daherkommt.

Wie gut kennen wir Alten mit der Zeit diesen merkwürdigen Ausdruck heimlicher Verachtung, den die beharrliche Beschäftigung mit unseren bescheidenen Sinnesfreuden bei der Jugend in ihrem eifernden Idealismus und bei den Menschen mittleren Alters in ihrer unduldsamen Nüchternheit hervorruft!

Wie schützen wir uns am klügsten vor dem schmachvollen Unbehagen, das dieser Blick in uns erzeugt? Ganz einfach! Wir müssen an diesem Punkt die Quintessenz unserer langen Lebenserfahrung ins Spiel bringen. Wir müssen uns das in Erinnerung rufen, was unsere Kinder und Kindeskinder so leicht vergessen, nämlich die fundamentalen Bedingungen des menschlichen Daseins auf Erden, die schreiende Ungerechtigkeit, die im vom bloßen, nackten Zufall abhängigen Glück des einen und Unglück des anderen liegt und die tiefer geht als irgendwelche sozialen Missverhältnisse. Würden sämtliche sozialen Unterschiede restlos beseitigt und würde es durch die vernünftige und humane Organisation der Produktion und Verteilung von Gütern keine extreme Armut mehr unter den Menschen geben, so wären da immer noch die tausendundein Beispiele »höherer Gewalt« – Unfälle, Missgeschicke, Verletzungen, Verstümmelungen, Missbildungen, Krankheiten, Verbrechen, Wahnsinnstaten, Seuchen, Blitze aus heiterem Himmel, Pfeile des »wahllosen Unglücks«[*], teuflische Verkettungen unsäglicher Leiden, unter Schmerzen beendetes Leben, unter Schmerzen verlängertes Leben, Leben, das zu keinem anderen Grund erhalten wird, als noch mehr Schmerzen zu ertragen –, die im Grundstoff unserer Welt jenseits und außerhalb aller gerechten Neubestimmungen der menschlichen Statuten liegen und von diesen nicht erfasst werden.

Was aber hat dieser furchtbare, dieser verheerende Unterschied, das reine Glück des einen und das reine Unglück des anderen lebendigen Geschöpfs, mit der Selbstzufriedenheit eines betagten Affen zu tun, der Nüsse knackt und sich dabei laust, oder mit der einer altersschwachen Hündin, die sich genüsslich kratzt und mit zahnlosen Kiefern auf einem Knochen herumkaut?

Er hat alles damit zu tun! Wenn in unserer Dimension des unergründlichen Multiversums so viele Dinge geschehen, die ausschließlich vom Zufall abhängen, Dinge, die so abscheulich sind, dass selbst der Gedanke daran unerträglich ist, und wenn das Leben – wie es ja tatsächlich der Fall ist – Dramen bereithält, die so grauenerregend sind, dass sie das empfindliche Nervengewebe unseres Mitgefühls und das »Einfühlungsvermögen« unserer Fantasie bis ins Unerträgliche strapazieren, warum sollte es dann keinen »zynischen Egoismus«, wie er scheinheilig genannt wird, geben, keine zeitweilige Beschäftigung mit irgendeinem seligen Rauschzustand der Gefühle, der nicht seine unbestreitbare Berechtigung hätte?

Eine solche egoistische Beschäftigung mit den eigenen Empfindungen ist nur dann mit Recht zu verurteilen, wenn sie nicht mit einer gütigen und freundlichen, sondern mit einer feindseligen und boshaften inneren Einstellung gegenüber unseren Mitgeschöpfen einhergeht. Die erstgenannte innere Einstellung können wir wunderbar fördern, indem wir unser eigenes spontanes Vergnügen automatisch mit einem bestimmten leidvollen Ereignis in Verbindung bringen, das in dieser selben Sekunde unsere Mitgeschöpfe trifft.

Auf den ersten Blick erinnert uns das vielleicht an Nero, der die Leier zupft, während Rom in Flammen aufgeht*, oder an Lukrez, der, am sicheren Ufer stehend, über einen Schiffsuntergang sinniert*, oder an das Mädchen in *Die Brüder Karamasow*, das sich vorstellt, wie es ein Kind foltert und dabei Ananaskompott isst*.

Aber es ist gibt einen Unterschied. Ein solcher Habitus kann unter Umständen die unsichtbaren Fäden verstärken, die alle Kinder unserer Mutter Erde verbinden. Im christlichen Glaubensbekenntnis ist von der »Gemeinschaft der Heiligen«* die Rede; aber es gibt nicht den geringsten Grund, dieses Gefühl der Gemeinschaft auf die »Heiligen« zu beschränken.

Es ist vielmehr die Gemeinschaft »aller Geschöpfe«, eine lebendige Verbindung all derer, die in unserer Dimension vom Zufall gelenkt und von Qualen gepeinigt werden. »Aber«, wird mein kritischer Leser sich an dieser Stelle einzuwerfen bemüßigt fühlen, »kann denn irgendetwas heuchlerischer und empörender sein, als die Leiden und Nöte anderer auf diese Weise bewusst in einem Atemzug mit unserem eigenen Vergnügen zu nennen? Ist darin nicht ein Hauch der abstoßenden, unterschwellig sadistischen Haltung des neurotischen jungen Mädchens aus Dostojewskis Roman zu erkennen?«

Ich kann darauf nur antworten, dass ich den positiveren Aspekt des von mir propagierten Habitus bisher absichtlich nicht erwähnt habe. Ich würde jedoch vorschlagen, dass jeder auf seine Sinnesempfindungen fixierte Mensch, dessen Beziehungen zu seinen Mitmenschen durch Alter und Krankheit auf ein Minimum reduziert wurden, die »Gemeinschaft aller Seelen« für sich selbst erneuert, indem er einen bestimmten Teil der Energie, die er aus seiner Freude schöpft, konsequent in eine kraftvolle Welle inneren Mitgefühls umwandelt oder, einfacher ausgedrückt, indem er ein inbrünstiges Gebet für diejenigen Notleidenden spricht, für deren Qual er mit seinem eigenen emotionalen Gefüge naturgemäß äußerst empfänglich ist.

»Aber«, wird mir mein Leser vielleicht wieder ins Wort fallen, »setzt ein solcher, der religiösen Tradition entlehnter Akt des Betens nicht den konventionellen Glauben an die objektive Existenz eines Gottes voraus?«

Dem kann ich nicht zustimmen. Aber lassen Sie uns in dieser wichtigen Frage, die von größter Bedeutung für alle alten Menschen ist, da jede Form des Betens von der Existenz jener geheimnisvollen Gefilde ausgeht, in denen wir so bald schon »versammelt werden zu unseren Vätern«, einen genaueren Blick auf die eigentliche Natur dessen werfen, was wir als Gebet bezeichnen.

Wir sprechen hier, das müssen wir uns in Erinnerung rufen, von der Beziehung alter Menschen zu den anderen, und es scheint mir nur richtig, zu diesen »anderen« die unendlich große Zahl derer zu rechnen, die Homer die »Luftgebilde der Toten«* nennt. Und Stellvertreter aller Toten sind für uns jene Toten, denen wir das Leben verdanken; und je älter wir werden, umso liebevoller, umso häufiger und umso intensiver gedenken wir unserer Eltern. Wir fangen gar an, für unsere Eltern Partei zu ergreifen bei all ihren Streitigkeiten mit diesen sonderbaren Fremden – uns selbst!

Wir fangen an, sie besser zu verstehen, ihnen mehr Achtung entgegenzubringen, sie weniger kritisch zu betrachten. Bald werden wir »mit ihnen vereint sein«, sei es im vollkommenen Vergessen oder in einer anderen Dimension des Lebens. Und wenn wir das eigentliche Wesen des Betens ergründen wollen, lohnt es sich, daran zu denken, dass es in den alten Kulturen und Religionen üblich war, nicht *für* die Eltern, sondern *zu* ihnen zu beten. Dahinter steht nichts anderes als der intuitive und dringende Wunsch aller Menschenseelen, mit allen anderen Seelen, ob tot oder lebendig, eine weltumspannende Gemeinschaft zu bilden. Es ist dies ein inneres Bedürfnis, das tragische Band, das die bewussten, lebendigen Individuen unserer gesamten Dimension verbindet, anzuerkennen und zu stärken.

Obwohl wir uns aber eins fühlen mögen mit allen anderen empfindenden Kreaturen, die dem Leben die Freude, die es zu bieten hat, abgewinnen oder je abgewonnen haben, müssen wir gezwungenermaßen aufgrund der Raum-Zeit-Kategorien, in deren beschränktem Rahmen wir unsere eigene Wirklichkeit erfahren und begreifen, von der unumstößlichen Basis aller unserer Spekulationen ausgehen, dass die räumlich-zeitliche Grenze unserer Gegenwart mitnichten das Ende der Messlatte allen vorstellbaren Seins sein kann.

Es ist daher, wenn wir unsere Gebete an »alle Seelen« richten, ob sie unter Schmerzen leben oder sterben oder unserer schmerzensreichen Dimension endlich entrückt sind, unmöglich, diese heimlichen Anrufungen nicht mit der Raum-Zeit-Grenze in Verbindung zu bringen, die uns von allen Seiten umgibt.

Ebenso unmöglich ist es uns aber, diese Grenze zu erfassen, ohne gleichzeitig zu erkennen, dass es, sofern das Geheimnis des Lebens nicht absurden Beschränkungen unterliegt, dahinter noch irgendetwas anderes gibt und geben *muss*, auch wenn dieses Etwas weder durch Worte noch durch Vermutungen, Fantasien oder *mystische Eingebungen* zum Ausdruck gebracht werden kann. Nun denn! Genau dieses »Etwas«, dieses unbestreitbar vorhandene, wenn auch gegenwärtig nicht wahrnehmbare »Jenseits« bildet den Hintergrund, den wir fürs Beten brauchen.

So alt wie die Geschichte der vernunftbegabten Menschheit selbst ist die seit jeher geltende Übereinkunft, dass es den Alten, wenn sie an Arbeit, Krieg und

Liebesfreuden nicht mehr teilhaben können, bestimmt ist, die Wärme des Feuers und der Sonne zu genießen, ihr täglich Brot mit dankbarem Herzen zu verzehren, ihren Mitmenschen mit Ratschlägen zur Seite zu stehen und vor allem, als Dreingabe zu all dem, *zu beten.*

Und die unumstößliche Wahrheit – lassen Sie es uns unerschrocken, lassen Sie es uns gotteslästerlich zugeben – lautet, dass es völlig nebensächlich ist, auf welches Objekt oder auf welche Objekte sich diese Gebete richten. Wichtig ist nur das eigentliche psychische Phänomen *des Betens an sich.*

Wenn wir ein für alle Mal dem schlüssigen Beweis folgen, den Kant – der größte aller Metaphysiker – dafür erbracht hat, dass der menschliche Geist in seinem Wesen untrennbar mit der räumlich-zeitlichen Beschaffenheit unserer Dimension verbunden ist, und wenn uns unser schlichter gesunder Menschenverstand gleichzeitig sagt, dass diese räumliche und zeitliche Dimension nicht *alles ist, was es gibt,* wird deutlich, dass der Akt des Betens, der uns so selbstverständlich ist, kein erkennbares und erfahrbares Objekt haben kann.

In den Sonntagsschulen lernen wir, dass es, nachdem uns Jesus die Existenz eines liebenden Vaters offenbart hat, der seine schützende Hand über uns hält, selbst in harten und vom grausamen Zufall bestimmten Zeiten wie den unseren möglich ist, sich ein gelassenes und fröhliches Gemüt zu bewahren.

Aufgabe der Denker und Philosophen zum jetzigen Zeitpunkt der Geschichte ist es nun, uns zu zeigen, wie wir es anstellen können, gelassen und fröhlich zu bleiben. Und nicht nur das; ihre Aufgabe ist es, uns zu zeigen, wie wir gelassen und fröhlich bleiben können, ohne an einen *liebenden Vater* zu glauben, der über die Welt wacht.

Eine Möglichkeit, dieses wünschenswerte Ziel zu erreichen, ist eine nüchterne, *von mystischen Gedanken freie* Praxis des Betens. Je größer die Zahl der Menschen ist, die es sich zur Gewohnheit machen, zu beten, umso stärker ist der Kraftstrom, den sie erzeugen. Wenn uns Gott genommen wird, bleibt uns nur ein vernünftiger Weg – wir müssen selbst Götter werden!

Und die Art des Betens, die ich alten Menschen hier ans Herz lege, ist wirklich und wahrhaftig »gott-gleich«. Sie ist, genau genommen, ein Weg, das Schicksal zu lenken. Wir wenden uns nicht als Bittsteller an den unbekannten Demiurgen* dieser Dimension, sondern wir gebieten. Und wenn schon dem göttlichen Gebot eines einzigen eine schöpferische Kraft zukommt, um wieviel mehr dann erst die gebieterischen Gebete einer Vielzahl von Menschen!

Tatsächlich sind auf diese Weise einige der bedeutendsten Ereignisse in der Geschichte der Menschheit herbeigeführt worden; nicht zuletzt das Erscheinen Jesu, des Erlösers selbst, der so lange in den Gebeten als »Hoffnung« Israels herbeigesehnt worden war. Dass sich gerade dieser Sieg als eher moralischer denn politischer Natur erwiesen hat, ändert nichts an der Tatsache als solcher. Auch wenn das Beten – das letztlich nichts anderes ist als ein intensives Projizieren von Vorstellungen und Fantasien – zu einem Ergebnis führt, stimmt dieses keineswegs immer und in jeder Hinsicht mit der beabsichtigten Wirkung des Gebets überein.

Wenn wir dieses Prinzip auf die tragische Situation unserer Tage übertragen, müssen wir davon ausgehen, dass die vereinten Gebete des geknechteten Europa für einen Sturz des Despoten zwar einen Sieg Hitlers verhindern, nicht aber die Umstände bestimmen können, unter denen der Zusammenbruch der Naziherrschaft vonstatten geht oder die Alliierten die Oberhand gewinnen.

Was die uns selbst verbliebenen letzten Lebensjahre betrifft, wäre es also klüger, vielversprechender und der Natur der Dinge angemessener, ganz allgemein für eine Niederlage Hitlers zu beten als für einen genauer definierten Sieg des britischen Weltreichs. Ja, ich habe aus eigener Erfahrung gelernt, dass es eine Form des Betens gibt, die absolut nichts mit demütigem Flehen zu tun hat und die mit äußerster Vorsicht zu praktizieren ist.

Durch solche ständig wiederholten und auf den Punkt gebrachten *Gebote* können wir den Weltenschöpfer zwingen, den Lauf der Dinge so zu lenken, wie es der »Absicht« der »Strömungsrichtung außerhalb unserer selbst, die zur Gerechtigkeit strebt«* entspricht, ob diese »Absicht« nun auch seine »Absicht« ist oder nicht.

Und was *ist* nun dieser Weltenschöpfer, der hinter unserer Dimension steht? Ha! Genau da liegt ja der Hund begraben. Wir wissen es nicht. Wir sind einbezogen in ein faszinierendes telepathisches Experiment. Und wenn wir zulassen, dass die moderne Inquisition der biologischen Wissenschaft nach Gutdünken die grausamsten Experimente am lebenden Nerv empfindungsbegabter Tiere macht, warum sollten wir dann – gestützt auf die Erkenntnisse unserer barbarischen *medizinischen* Experimente der vergangenen hundert Jahre – verächtlich auf ein *psychisches* Experiment herunterblicken, das so alt ist wie die Menschheit selbst?

Warum auch sollten wir davon ausgehen, dass unsere Gebete fruchtlos und vergebens sind, nur weil wir sie unter den gegebenen Umständen – weil wir also keine Ahnung haben, was sich jenseits unserer Sinneswahrnehmungen abspielt – nicht an ein bestimmtes unsichtbares Wesen richten können? Selbst in unserer Dimension sind – wie auch die Wissenschaft gezwungenermaßen einräumen muss – unendlich viele unbekannte Kräfte am Werk, die eher durch mentale elektromagnetische Wellen zugänglich zu machen sind als durch die empörenden und unmenschlichen Experimente, die in irgendwelchen Physiklabors durchgeführt werden.

In einer Dimension des Lebens wie der unseren, in der das Geschehen offenbar von einem Zusammenspiel aus blindem Zufall und impulsiver Unbekümmertheit gelenkt wird, können sich Katastrophen aller Art ereignen. Nun denn! So müssen wir die formbare Masse des Schicksals in die Hand nehmen und die Ereignisse selbst schaffen, indem wir beharrlich in unserer *Vorstellung ein Bild* dessen ausformen, was unserem Wunsch – und daher auch unserem Beschluss – nach geschehen soll.

Wie war es möglich, dass es der Spezies der Termiten in unvorstellbar ferner Vergangenheit gelungen ist, eine kastenbildende Zivilisation von so erschreckender und langlebiger Gleichförmigkeit hervorzubringen? Durch nichts anderes als die glückliche oder tragische Verkettung einer zufälligen Folge von Ereignissen, in deren Verlauf es möglich war, eine überkommene Lebensweise auf Dauer zu verankern und erstarren zu lassen.

Genau so und nicht anders verhält es sich, auf die Menschen bezogen, wenn Hitler seinen fanatisierten Landsleuten in Aussicht stellt, die Herrschaft Deutschlands über einen versklavten Kontinent auf ewig zu festigen und unangreifbar zu machen.

Aus diesem Grund scheint es mir – damit wir uns auf unserer Seite nicht zu einem allzu straff organisierten totalitären Bündnis der Neuen Welt formieren – geraten, einfach nur darum zu beten, dass Hitler besiegt wird, solange wir nicht klarer als bisher sehen, in welche Richtung es die entscheidenden Strohhalme der menschlichen Sehnsucht im Sog dieser wild durcheinander wirbelnden Strudel treibt.

Ich persönlich kann mich des Eindrucks nicht erwehren, dass der große Wellenkreis, der inmitten dieser chaotischen Strudel von *General Kai-sheks und Madame Kai-sheks** neuem China ausgeht, mehr von dem »Gewährenlassen und Nachgeben«, mehr von dem Glauben an den gesunden Menschenverstand erkennen lässt, der unsere zuverlässigste Orientierungshilfe ist, als irgendeine andere Bewegung in dem dunklen Strom.

Die kapitalistische Demokratie ist bei all ihren Mängeln zumindest ein behelfsmäßiger Schutz gegen bürokratische Willkür und staatlichen Despotismus. Und worum wir vor allem beten müssen, ist die Entwicklung eines flexiblen und objektiven Kontrollsystems, mit dessen Hilfe die Rechte des Einzelnen selbstverständlich und kraft Gesetzes vor staatlicher Einflussnahme geschützt werden.

Menschen beiderlei Geschlechts haben, wenn man sie vom übergroßen Druck der *Propaganda von oben* befreit, ein sicheres Gespür für den richtigen Weg.

Ich selbst pflege nur ein Gebet für unsere neue demokratische Welt zu sprechen, und darin bitte ich darum, dass die Macht aller führenden Staatsmänner und Herrscher beschränkt sein möge und dass die normalen Bürger das bekommen, was sie sich wünschen – nicht unbedingt das, was sie sich wünschen *sollten*, sondern das, was sie sich *wirklich* wünschen!

Es gibt Momente, da ist man versucht – und ich gebe zu, ich bin keine Ausnahme –, mit dem althergebrachten, pathetischen Vertrauen in die schicksalhafte Macht der Evolution zu beten. Und tatsächlich sollte man meinen, dass der achtlose Zufall und die unberechenbare menschliche Natur – Letztere die unverhofften Gelegenheiten beim Schopf ergreifend, die sich durch Ersteren bieten – die höchsten irdischen Medien sind, die den geheimnisvollen Strom transportieren, diese »Strömungsrichtung außerhalb unserer selbst, die zur Gerechtigkeit strebt«. In diesem Sinne ist das Beten selbst als innerer Ausdruck der elektromagnetischen Wellen der Seele eine unermessliche schöpferische

Kraft. Es ist ein elektrischer Strom, der durch die schöpferische Lebenskraft in uns erzeugt wird und in jede Richtung gelenkt werden kann.

Sicher trifft es zu, dass unsere gewohnten Gebete zum Gott unserer Väter eine besondere Wirkung auf uns haben. Die aufgestaute Sehnsucht nach Vergebung und Frieden, der Wunsch, das Gute möge über das Böse und das Schöne über die Nöte des Lebens siegen – diese Gefühle, wie sie in der Frömmigkeit der Menschengeschlechter und in der Wortgewandtheit der Kirche zum Ausdruck gekommen sind, berühren uns auch heute noch wie eine vertraute Melodie.

Die Art von Gebet, die ich hier im Sinn habe, erfüllt einen anderen und viel nüchterneren Zweck. Und auch hier gilt: Wenn wir über eine ernst zu nehmende eigene Lebensphilosophie verfügen, wird uns keine dieser formelhaften Beschwörungen behagen, die im Volksglauben ihren Ursprung haben und mit denen wir törichterweise die Schrecknisse des Zufalls von uns abzuwehren hoffen.

Gebete dieser Art sind normal und nur allzu menschlich, aber sie spenden keine Kraft, sondern sie zeugen von Schwäche und sind ein Nährboden der Schwäche. Sie gehören ins Nebelreich der »Weissagungen«, um mit Cicero zu sprechen*, und sie sind das vollkommene Gegenteil dessen, was ich hier unter Beten verstehe, auch wenn Kaiser und Könige, alte Weiber und okkultistische Träumer gleichermaßen seit alters her eine Schwäche dafür hegen.

Die Gebete, von denen ich spreche, sind ein wesentlicher Bestandteil im Leben alter Menschen. Es sind dies Gebete für die anderen, nicht für uns selbst. Und sie sind die natürlichen Begleiter unserer einfachen sinnlichen Freuden und unser von Herzen kommender Dank für diese. Sie sind der stets mögliche Ausdruck dessen, was wir uns bei allem Gejammer, aller Wehleidigkeit und allen Gebrechen ganz allgemein an gutem Willen bewahrt haben.

Bei alledem dürfen wir nicht vergessen, dass diese innere Regung des Verstandes und des Willens höchstens insofern an das Übernatürliche rührt, als sie die Notwendigkeit seiner Existenz anerkennt.

Der entscheidende Aspekt des Betens ist doch, dass es von einem geheimnisvollen und unfassbaren positiven Einfluss auf diejenigen – Lebenden oder Toten – ist, denen die Gebete gelten, und gleichzeitig eine handfeste und beständige positive Wirkung auf uns selbst ausübt.

Was wir – darauf habe ich mich bereits hinzuweisen erkühnt – im Grunde beim Beten vergessen können, ist das *Objekt, die Person oder das Ding, an das* sich unsere Gebete richten. Die einen wählen als Objekt vielleicht einen Menschen, den sie persönlich kennen, einen Elternteil etwa, für den sie besondere Hochachtung empfinden, die anderen einen Vorfahren oder einen Helden der Geschichte.

Wieder andere sehen sich vielleicht veranlasst – und es gibt Beispiele dafür, dass uns Dankbarkeit und Bewunderung zu solchen Überspanntheiten verleiten können –, zu einer lebenden, aber nicht unmittelbar gegenwärtigen Person zu beten, die sie glühend verehren.

Gebete dieser Art können allerdings nichts anderes sein als eine romantisch verklärte Idealisierung. Und wenn es darum geht, *für uns selbst zu beten,* kann ich nur zum wiederholten Mal betonen, dass es das einzig Kluge und Sinnvolle ist, um die Kraft zu bitten, die es uns möglich macht, uns trotz aller Widrigkeiten *an allem zu freuen und freundlich gegen alle zu sein.*

Wenn wir um eine bestimmte Wohltat bitten oder darum, dass uns ein bestimmtes Schicksal oder Leid erspart bleiben möge, stellen wir das Beten sogleich auf eine Stufe mit den abergläubischen Gewohnheiten von Leuten, die auf Holz klopfen, die Salz über die Schulter werfen oder die immer einen Glückspfennig im Portemonnaie haben!

Dass der Glaube an die Macht des Betens rational – und wenn dem Wort in dieser Zeit der grausamen Verbrechen im Namen der Wissenschaft nicht eine so monströse Bedeutung anhaften würde, würde ich sogar sagen: »wissenschaftlich« – begründet ist, beweist die Erfahrung der telepathischen Kommunikation, die jeder von uns täglich erleben kann.

Indem ich das sage, öffne ich nicht im Entferntesten dem Okkulten, dem Mystizismus, dem Übersinnlichen die Tür. Wie immer kommt es darauf an, dass wir eindeutig zwischen dem Mystischen und dem Mysteriösen unterscheiden. Ersteres ist mit Trugbildern, Zweideutigkeiten und Täuschungen aller Art überfrachtet.

Bei Letzterem geht es um unwiderlegbare, wenn auch rätselhafte Tatsachen.

Die Welt und alles, was sie umfasst, ist wahrhaftig ein Rätsel – ein Rätsel allerdings, das weder der Mystizismus noch die Wissenschaft wird lösen können. Dazu ist der Mystizismus zu sehr durchdrungen von erotischen Fantasien und deren Verdrängung, zu empfänglich für die Einflüsterungen der unterdrückten Sinne. Und die Wissenschaft ist zu sehr beschränkt durch ihre eigenen dogmatischen Meinungen und Methoden.

Weder dem einen noch der anderen noch beiden im Verein ist es gegeben, das Geheimnis des Lebens zu enträtseln. Nichts, das in unserer Macht steht, wäre dazu imstande – und das hat seinen guten Grund.

Gleichgültig, wie der Mensch das Geheimnis des Lebens zu ergründen sucht – ob durch mystische Eingebung, Logik und Vernunft oder wissenschaftliches Experimentieren –, sein Weg ist immer bestimmt von der Allgegenwart von Zeit und Raum oder, wenn Ihnen das lieber ist, der neuerdings miteinander verschmolzenen »Raum-Zeit«.

Auf was können wir in dieser Frage aller Fragen nun aber bauen? Wir können auf die einfachste, klarste, ruhigste und geduldigste Kraft bauen, über die wir verfügen: die Kraft eines geläuterten und unabhängigen gesunden Menschenverstandes.

Und die Kraft, die diese vielen Anstöße und Wege in einer unmittelbaren und einfachen Synthese in sich vereint, gibt uns das absolute Wissen – ein Wissen, das sicherer ist als das »Ich bin ich« oder das »Du bist du«

oder das »*Es* ist keiner von uns beiden« –, dass es jenseits der Raum-Zeit-Dimension, deren Einflüssen wir im Jetzt so hoffnungslos ausgeliefert sind, noch *etwas anderes* geben muss.

Und weil unser astronomisches Universum nicht alles ist und wir das Wissen, *dass es das nicht ist*, weder einer einmaligen Offenbarung verdanken noch der wissenschaftlichen Schlussfolgerung unseres logischen Verstandes, sondern dem, was uns unser gesunder Menschenverstand tagaus, tagein vor Augen führt, erweist es sich als identisch mit dem Agnostizismus, den wir in der Frage des Seins bei Rabelais und Shakespeare ebenso finden wie in der Grundeinstellung des Mannes auf der Straße.

Wenn wir uns das erst einmal eingestanden haben, geht ein gewaltiges, befreites Aufatmen durch unser gefangenes Bewusstsein, und es bietet sich uns ein göttlicher Ausweg. Wir wissen, dass wir nichts wissen. Und in dieses uneingeschränkte Nichtwissen ergießen sich wie in das himmlische Dunkel der absoluten Freiheit unbeschreibliche Wellen der Zuversicht und mit ihr *das Recht zu beten.*

Gestehen wir den Alten also zu, dass sie sich in den Schoß der Häuslichkeit fallen lassen. Sie können nicht mehr viel für andere Menschen tun, außer ihnen auf der Basis ihrer eigenen Lebenserfahrung vielleicht ein paar behutsame Ratschläge zu geben. Wenn sie aber von ihrer Querulanz und Mürrischkeit, von ihrem Selbstmitleid und Selbstbetrug befreit würden, so würden sie feststellen, dass der müde dahinplätschernde

Strom ihres Lebens auf wunderbare Weise geläutert und vertieft ist durch diese ultimative Flutwelle der menschlichen Weisheit, die Erkenntnis unseres absoluten Nichtwissens.

Ein solches Nichtwissen gibt uns das unbestreitbare Recht, unsere eigene Form und Methode des Betens zu finden und zu praktizieren, das sich zwar, weil das so sein *muss*, an das Namenlose und Unvorstellbare richtet, aber diejenigen Nöte von Mensch und Tier ins Auge fasst, die uns persönlich am betroffensten machen.

Die Kunst, in Würde und Anstand alt zu werden, alt zu werden, ohne anderen über Gebühr zur Last zu fallen, beruht auf den beiden größten menschlichen Tugenden, als da wären Bescheidenheit und Dankbarkeit. Sollen sich die Jungen um Staat und Politik kümmern. Halten wir im Alter die Fahne der Anarchie und der Freiheit hoch!

Mit welchem Feinsinn hat Homer, bei all seiner Nachsicht für die pompöse Geschwätzigkeit des alten Nestor, angesichts der gefährlichen Zuspitzung der Dinge, als Telemachos die Rückkehr in den gastfreundlichen Palast an den Gestaden von Pylos zunächst verweigert, darauf hingewiesen, wie lästig und kränkend die herrische Güte eines alten Kriegers sein kann!*

Natürlich war Nestor ein kerngesunder und kraftstrotzender alter Kämpe. Die meisten von uns sind auf ihre alten Tage jedoch so hoffnungslos auf die Hilfe ihrer Verwandten angewiesen, dass es die pure Torheit wäre, ihnen ihren Liebesdienst nicht so leicht und angenehm zu machen, wie wir nur können.

Jeder alte Mensch sollte einen feierlichen Eid auf den Tod und den Hades schwören, dass er keinen ihm erwiesenen Dienst, wirklich *keinen,* als selbstverständlich nimmt. Dankbarkeit heißt das Zauberwort. Aus ihr allein kommt der Kraftstrom, der dem Helfenden seine Aufgabe um so vieles erleichtert!

Überdies wirkt es auch für unsere eigene Person Wunder, wenn unser Selbstmitleid und unser Gequengel im Ausdruck der Dankbarkeit untergeht. Und mehr noch! Einem unergründlichen Gesetz der Psyche folgend, kann der Strom der Lebenskraft von den jüngeren Menschen in unserem Umfeld auf uns übergehen, sofern wir die Schwingungen des Kraftstroms nicht unterbrechen, indem wir ihre Hilfe als selbstverständlich nehmen.

Eine Sache können wir, wenn wir nicht blind und taub sind – und selbst dann bleibt uns immer noch die Möglichkeit der telepathischen Kommunikation erhalten –, eine Sache also können wir in jedem Fall tun. *Wir können zuhören.* In den mittleren Jahren ist man oft merkwürdig gleichgültig und unzugänglich gegenüber den Freuden und Leiden der Jugend. Wenn wir Alten es nun schaffen, uns für jede noch so kleine Gefälligkeit, die uns von einem jungen Menschen erwiesen wird, umgehend mit lebhafter Zuwendung und Aufmerksamkeit zu revanchieren, haben wir unendlich viel gewonnen.

Woran liegt es denn, dass nicht nur kleine Kinder, sondern – wie der Junge bei Proust* – auch größere Jungen und Mädchen und Heranwachsende eher die

Gesellschaft der Großeltern als die der Eltern suchen? Daran, dass Letztere genug Zeit haben *zuzuhören!* Ja, wir können es so einrichten, dass der Austausch zwischen Jugend und Alter ein ständiges, ausgeglichenes Geben und Nehmen ist. *Unser* aktives Leben ist zu Ende gegangen, *unsere* Wünsche und Sehnsüchte richten sich nur noch auf die einfachsten Sinnesempfindungen. *Wir* verfolgen keine ehrgeizigen Ziele mehr, und es warten keine wichtigen Geschäfte mehr auf uns. *Unsere* Verpflichtungen sind auf ein Minimum zusammengeschrumpft. Und siehe da!, der Moment ist gekommen, unsere bescheidene Gegenwart zu einer Schatzhöhle der funkelnden Spiegel und blitzenden Kandelaber, zu einem Palast der schimmernden Lichter und betörenden Echos zu machen, wo sich unser jugendlicher Gast sehen und hören und spüren kann, wo niemand seine Rede stört, wo ihm alles Beifall zollt und wo sich seine Lebenslüge zu höchsten Höhen aufschwingt!

Ja, er kann sich selbst als Spieler in einem lebendigen und aufregenden Drama erleben, wie er es für sich allein oder in der Vorstellung seiner viel beschäftigten Eltern nie inszenieren könnte – einem Drama, das all die flüchtigen Euphorien und unfassbaren Visionen enthält, die in seinem Leben mit dem Wind gekommen und gegangen sind.

Manche Alten haben, so wie König Lear seinem »guten Diener Kent« zufolge, eine geheimnisvolle natürliche Autorität im Umgang mit der Jugend. Andere können sich der Aufdringlichkeit der Jugend erst erwehren, wenn sie die Beherrschung verlieren;

und mit Menschen dieses Typs wird, sofern sie auch noch freundlich und rücksichtsvoll sind, oft der unglaublichste Unfug getrieben, bevor ihnen der Kragen platzt.

Diesen Sanftmütigen bleibt nur die Wahl, die Entschlossenheit, die ihnen fehlt, vorzutäuschen oder ihr Heil in geschickten Lügen und schlauen Tricks zu suchen.

Das Alter hat der Jugend gegenüber ebenso seine Rechte wie die Jugend dem Alter gegenüber; und eines der verdienten Privilegien des Alters ist unbestritten das Recht auf Einsamkeit und Ruhe. *Ruhe!* Sie ist wie kein anderes Thema der große Zankapfel zwischen den Menschen, die am Anfang ihres Lebens stehen, und jenen, deren Tage gezählt sind. »Pst! Seid leise, ihr stört den Großvater!« So tönt seit alters her die große Glocke der Zeit in den Ohren der Kinder.

Tief im Herzen sieht die Jugend keinen zwingenden Grund, die Alten *nicht* zu stören, dafür aber umso mehr Veranlassung, ihrem eigenen Übermut freien Lauf zu lassen. In jedem Fall ist es ein Kampf zwischen zwei gleich starken Kräften; aber in einer entscheidenden Schlacht ist, wie uns der gegenwärtige Krieg immer wieder vor Augen führt, Angriff eindeutig die klügere Strategie.

Ja, Angriff lautet das Motto der Stunde – vorausgesetzt, wir haben zusätzlich zur Weisheit der Erfahrung auch die Weisheit der Selbstbeherrschung erworben.

Damit komme ich zu einem wichtigen und komplexen Thema: der tief in unserem Wesen verankerten

Verbindung von Bescheidenheit und der gerade erwähnten Selbstbeherrschung! »Besser ein Langmütiger als ein Kriegsheld«, sagt Salomon der Weise*, »besser, wer sich selbst beherrscht, als wer Städte erobert«. Aber diesen schönen Grundsatz der Überlegenheit müssen wir, sofern wir die geistige Entwicklung von zweitausend Jahren nicht *ad absurdum* führen wollen, unter Aufbietung einer inneren Kraft einschränken, deren Geheimnis eben gerade darin besteht, dass sie diese Überlegenheit im Augenblick des Triumphes über den weniger Selbstbeherrschten als bloße Einbildung erkennt und negiert.

Und wie vollbringt man dieses Wunder? Einen Weg zumindest kann ich Ihnen weisen. Versuchen Sie sich vorzustellen, ein impulsiver, nicht sonderlich beherrschter Bekannter sei nach einem heftigen Gefecht mit Ihnen in tiefen Schlaf gesunken.

Nichts ist so wunderbar geeignet, unsere Beziehung zu einem anderen Menschen ins richtige Verhältnis zu setzen, wie dieser unschuldige, so stille und doch warme und atmende Spiegel der geheimnisvollen Entrückung im Tod.

In solchen Augenblicken, in denen alle unserem Wesen eigene Streitsucht im Strom des Lebens untergeht, kommt die wahre, herzergreifende Persönlichkeit eines Menschenwesens zum Vorschein und treibt passiv und hilflos vor uns auf den Wellen von Zeit und Raum! Die dämonische Kraft, mit der sich das »Ego« an das klammert, was es »sein Eigen« nennt, verliert in diesem Moment ihre Wirkung, und was in dieser reglosen und stillen Gestalt zutage tritt, ist das schöne und friedliche innerste Selbst des Menschen, auf dem der Tau der Schöpfung liegt und dessen Brust sich im reinen Rhythmus des Lebensodems hebt und senkt.

In diesem Augenblick erkennen wir die wahre »Apologie«, jawohl!, und die unbestreitbare Rechtfertigung dieser unzerstörbaren und nicht zerstörerischen »Imago Vitae«*. Wir erkennen die ganze Not des ewigen Kampfes dieses Menschen gegen die Fesseln seiner eigenen Natur und seines Schicksals. Wir erkennen die tragische Bedeutung seiner kargen Freuden, Lichtblicke und Erleichterungen. Wir erkennen die furchtbare Intensität jener süßen und geheimen Momente des Wohlbefindens, die für ihn *alles* bedeuten und doch für jeden anderen Menschen auf der Welt nichts weiter sind als ein flüchtiger Augenblick der Anteilnahme!

Na schön! Das zermürbte Gewissen des alten Menschen, der sich bemüht hat, vor seinem Tod mit der langsam zurückweichenden salzigen Flut der Tugenden des heidnischen und klassischen Altertums und mit dem frischen Quell der Lehren Jesu und Paulus' in Verbindung zu treten, wird nun danach streben, sich bis ins tiefste Innere mit dem schwierigen »Ego« dieses Anderen, das jetzt in so seligem Vergessen vor ihm treibt, mit seiner Lebenslüge, seinem Lebenstrieb, seinem verzweifelten Festhalten am Leben zu identifizieren.

Um das auch nur zu einem minimalen Grad zu bewerkstelligen, müssen unser alter Mann und unsere alte Frau ihr eigenes Selbstmitleid, ihren Selbstbetrug, ihren empfindsamen »Gerechtigkeitssinn«, ihre aufbrausende

Selbstgerechtigkeit, allen Ärger und alle verbittert gepflegten Wunden, die frühere Zusammenstöße mit dem Ego des anderen hinterlassen haben, unter Aufbietung ihrer Willenskraft restlos ausmerzen.

Was nützt es uns, der Ältere von beiden zu sein, wenn wir das nicht zustande bringen? Tatsächlich dämmert uns plötzlich die Erkenntnis, dass dieses vernünftige Gebot unseres allmählich sich entwickelnden Gewissens nicht nur dem anderen nützt, sondern uns selbst hier und jetzt zu unermesslichem Vorteil gereicht.

Daneben gibt es eine weitere psychische Anstrengung, die wir an diesem Punkt unternehmen müssen, und die hat wiederum etwas mit dem Unterschied zwischen Mann und Frau zu tun. Sie könnte sich für Menschen beiderlei Geschlechts als überaus fruchtbar erweisen, wenn sie sich im Alter gezwungen sehen, das Beste aus den wenigen Sinnesfreuden zu machen, die ihnen nach dem Abflauen der sexuellen Bedürfnisse noch bleiben.

Der Unterschied, auf den ich hier anspiele, macht sich vom Beginn des bewussten Lebens an bemerkbar, und er hat etwas mit dem sozialen Gewissen von Frauen und Mädchen und dem ichbezogenen Egoismus von Männern und Jungen zu tun.

Nicht umsonst geht es in der Geschichte der Vertreibung aus dem Paradies und im Märchen um Ritter Blaubarts verschlossene Kammer* um das gleiche Thema.

Und welcher weibliche Urtrieb steht im Mittelpunkt dieser beiden düsteren Geschichten? Die Neugier! Ein vollkommen amoralisches und dabei unersättliches Interesse am puren Schauspiel des Lebens. Ein rein ästhetisches oder rein philosophisches Interesse ist etwas vollkommen anderes. Sicher gibt es auch Frauen, deren Interesse solcherart ist, aber ich nehme an, dass sie nur eine kleine Minderheit ausmachen.

Nein, der Hang zur rein ästhetischen und rein philosophischen Betrachtung ist meiner Ansicht nach neben dem Jagdtrieb, dem moralisch-rechtlichen Instinkt, dem Drang zur Wissenschaft und sogar dem Spieltrieb – denn wenn ein kleines Mädchen mit seiner Puppenstube und seinen Puppen »spielt«, ist dies in Wirklichkeit kein Spiel, sondern eine Vorübung für das Erwachsenenleben – eine männliche Domäne.

Natürlich gewöhnen wir uns als kauzige alte Männer oder Frauen daran, dass uns die jungen Leute als komischen Pantalone oder als verschrobene alte Jungfer betrachten.

Und an dieser Stelle können wir den Unterschied zwischen Mädchen und Jungen ganz wunderbar beobachten. Nehmen wir einen alten Sonderling, der so schrullig ist, dass man es den Kindern nicht verübeln kann, wenn sie ihn schief ansehen. Die kleinen Mädchen werden kichernd mit dem Finger auf ihn zeigen und vermutlich der Zielscheibe ihres Spotts mit Unschuldsmiene die peinlichsten Fragen stellen.

Was sie in ihren kleinen Köpfen umtreibt, ist eine soziale Neugier ohne jedes Mitgefühl, ein starkes, aber bei allem Gekicher vollkommen humorloses soziales Interesse.

Bei den kleinen Jungen verhält es sich ganz anders. Ob sie Vogeleier suchen, auf Bäume klettern, Nachbars Katze ärgern, Verschwörungen aushecken, Elritzen und Stichlinge fangen oder Cowboys und Indianer mimen, immer sind sie viel zu sehr in ihr Spiel vertieft, sind, mit anderen Worten, viel zu egoistisch und mit sich selbst beschäftigt, um sich ernsthaft um die sonderbaren Gewohnheiten eines kauzigen alten Herrn oder einer schrulligen alten Dame zu kümmern.

Gegen die unerbittliche Neugier kleiner Mädchen können sich diese armen Vogelscheuchen nur zur Wehr setzen, indem sie den Spieß umdrehen und ihrerseits die aufdringlichste ihrer kleinen Peinigerinnen mit abfälligen Bemerkungen über *deren* Äußeres traktieren; wohingegen der leiseste Versuch, Interesse für die egoistische Beschäftigung eines kleinen Jungen zu bekunden, umgehend mit Wohlwollen und Zuwendung bedacht wird.

Wenn wir also die Frage nach der Beziehung eines alten Menschen zu den anderen auf den Nenner bringen, kristallisiert sich eine Notwendigkeit heraus: *Wir müssen dafür sorgen, dass wir als das akzeptiert werden, was wir sind*, nämlich rätselhafte und einsame Geschöpfe, am Ufer des vorbeirauschenden Lebensstroms gestrandet, nicht mehr fähig, für uns selbst zu sorgen, und nach außen hin ein Bild des Jammers in unserer Hilflosigkeit, und doch, salzverkrusteten Muschelscherben im Wattenmeer gleich, schimmernd in einem unglaublichen Farbenglanz. Mehr noch als Farben! Ahnungen sind es von dem magischen Perlmutterglanz, dem nur der

Schlick und das Sedimentsgestein eines langen Lebens, umspült von unendlich vielen Gezeiten, seinen wahrhaft märchenhaften Schimmer verleihen können.

Alte Menschen können und sollen eine Schatzkammer sein, in der es für einen jugendlichen Abenteurer immer Neues zu entdecken gibt, aber wie bei allen wilden Kreaturen ist es besser, keinen Finger zu rühren und keinen Lidschlag zu tun, sondern vielmehr zu warten, bis unsere egoistischen kleinen Freunde uns als Verwandte im Geist erkennen und von selbst ankommen.

KAPITEL 9
DAS ALTER UND
DIE LITERATUR

Wenn wir uns diesem speziellen Aspekt des Alters widmen, können wir das auf zwei ganz unterschiedliche Weisen tun. Zum einen können wir so allgemeine Themen ansprechen wie die Fragen, welche Art von Büchern alte Menschen wohl am häufigsten zur Hand nehmen und ob alte Frauen in dieser Hinsicht die gleichen Vorlieben an den Tag legen wie alte Männer. Zum anderen können wir aber auch zu ergründen versuchen, welche Lektüre einem älteren Menschen am meisten Anregung bietet und ihm die größte Freude macht.

Selten hat ein alter Mensch das Bedürfnis oder fühlt sich berufen, anderen Alten gute Ratschläge in Sachen Kultur zu geben. Das wäre im Allgemeinen das Letzte, was er tun würde! Wenn er, wie es bei uns älteren Menschen oft der Fall ist, ausgeprägte Ansichten darüber hat, welche Art von Büchern einen erzieherischen und Charakter bildenden und welche einen verderblichen und zersetzenden Einfluss auf ihre Leser hat, sieht er unweigerlich in der intelligenten Jugend die angemessene und dankbare Zielgruppe seiner Belehrungen.

Leider müssen wir aber auf Schritt und Tritt feststellen, dass die intelligente Jugend absolut nicht gewillt ist, solche wohlmeinenden Ratschläge anzunehmen, so dringend sie deren auch bedürfen mag.

So werden wir also wieder einmal zurückverwiesen auf die alte Binsenweisheit, dass ein gutes Beispiel mehr bewirkt als ein erhobener Zeigefinger. Nicht unser *Vortrag* über das, womit wir uns beschäftigen, beeindruckt die Jugend in allen diesen umfassenderen Fragen der Bildung und Kultur, sondern die Tatsache, dass es einen so unwiderstehlichen Reiz auf uns ausübt.

Ich weiß, dass ich mit dieser Sicht der Dinge Recht habe, weil einige der lebhaftesten Erinnerungen aus meiner Jugend sie bestätigen. Was uns in jungen Jahren am stärksten bewegt und in Erstaunen versetzt, sind die Augenblicke, in denen unsere Lehrer unwillkürlich ihre Gefühle verraten, ohne sich dessen bewusst zu sein.

Beispielsweise erinnere ich mich gut daran, wie Mr. Wildman, einer der engagiertesten Lehrer an der Sherborne School und ein humorvoller, in jeder Hinsicht unprätentiöser Mensch, als wir der Reihe nach die uns zugewiesenen Verse von Wordsworths *Ahnungen der Unsterblichkeit** aufsagten und zu der Stelle kamen:

> Drum in der sanften Jahrzeit Tagen
> Wie fern im Land sie steh,
> Hat unsre Seele Sicht der todeslosen See,
> Die uns hierher getragen,
> Ist augenblicks dorthin verschlagen

Und sieht die Kinder tollen auf dem Strand
Und hört die mächtigen Wasser rollen unver-
wandt!

wie dieser impulsive Gentleman also, dessen rabelais-schen Kommentare zur klassischen Literatur ein nie versiegender Quell der Freude für unser feixendes Lausbubengemüt war, plötzlich einen deftigen Matro-senfluch von sich gab, der in etwa besagte, wenn *das* keine große Dichtkunst sei, dann wisse er auch nicht, wo man sie sonst suchen sollte!

Ich erinnere mich noch an ein anderes Beispiel dieser Art, und es ging dabei um denselben leidenschaftlichen Lehrer. Die Szene spielte sich in seinem Haus ab, zu des-sen regelmäßigen, angesehenen Gästen ich mitnichten zählte, und der Anlass war ein grober Unfug, den ich mir hatte zuschulden kommen lassen und dessentwegen ich in seinem Privathaus bei ihm antreten musste.

Ich traf ihn in seinem Esszimmer an, wo er nach dem Mittagessen mit einer griechischen Grammatik saß und auf seine unvergleichliche Art vor sich hin kicherte. Und er hatte, in einem dieser exzentrischen Ausbrüche, die uns gleichzeitig zu erschrecken und für ihn ein-zunehmen pflegten, nichts Besseres zu tun, als den Anlass meines Erscheinens völlig zu vergessen und dort vor mir in verzückte Schwärmerei über eine besonders faszinierende Eigenheit der griechischen Syntax zu geraten! Ich habe keine Ahnung mehr, worum es ging, und vermutlich habe ich auch kein Wort von dem ver-standen, was er gesagt hat. Das Fantastische daran war jedoch die Tatsache, dass er es nicht zu mir sagte, sondern *zu sich selbst*, mit dem Effekt, dass ich mir eine griechische Grammatik in diesem Augenblick als eine wahre Fundgrube vorstellen konnte, wie den Brandungsstreifen zwischen Sandstrand und endlosem Ozean, der übersät ist mit geheimnisvollen Schätzen, Korallen, Seesternen und perlmuttschimmernden Muscheln aller Art!

Dieser Blick in eine geheime Schatzhöhle ist es, der die Jugend an uns Alten fasziniert und unwiderstehlich anzieht.

Nun sind die Alten gewiss keine tiefen Höhlen der Weisheit, aber immerhin haben sie zu ihrer Zeit einiges erlebt, und auch wenn sie jetzt bloß noch Strandgut am Ufer der Zeit sind, braucht der jugendliche Forscher sie doch nur wie einen Strang vertrockneter Meeresalgen in eine Wasserpfütze zwischen den Felsen zu legen, und schon werden die wunderbaren Farben, der märchenhafte Schimmer und der schillernde Glanz, der seinen Ursprung hat an den Riffen und Klippen der Hesperiden*, sichtbar.

Und diese Treibgutschätze, die unter dem achtlosen Schritt bersten und zerbrechen, sind nicht nur durch äußere Einflüsse an den Ufern der Erinnerung eines alten Menschen angeschwemmt worden.

Sie sind aus den stillen Meeren der *Bücher* hierher getrieben, der Bücher, die das Bewusstsein dieser Alten vertieft, ihre Sinne geschärft, ihre Gefühlswelt verfeinert und ihnen das eigene innerste Wesen offenbart haben.

Die Bücher, die ein Mensch im Alter liest, sind nicht unbedingt die Bücher seiner vergangenen Tage, seien es die Tage seiner jugendlichen Beutezüge oder die gesättigten Tage seines früheren Erwachsenenlebens. Nicht selten sind es jene tiefgründigen, keiner Mode unterworfenen, weitschweifigen Bücher ohne formalen und künstlerischen Anspruch, in denen die Menschheit die launige und poetische Weisheit *ihrer tieferen Gedanken* zusammengetragen hat. Und diese Bücher – wir schämen uns fast, es zu sagen – erscheinen uns als langweilig, langatmig und unspektakulär, es fehlen ihnen die reißerische Thematik, die strittigen Strudel, die prickelnde Erotik, die erregende Spannung, die Oasen paradiesischer Sünden, die seismischen Erschütterungen neuer Werte, die Drachenzähne lästerlicher Flüche, in denen ein Literat heute schwelgen muss, wenn er etwas verkaufen oder sich einen Namen machen will.

Natürlich wäre es töricht, zu leugnen, dass der persönliche Geschmack eines alten Menschen bei der Wahl seiner Bücher eine entscheidende Rolle spielt; aber man muss auch zugeben, dass sehr oft ein Anflug von – wie soll ich sagen? – klassischer moralischer Betrachtung über das eigene Leben in die Wahl mit einfließt. Es ist völlig normal, wenn alte Menschen der Meinung sind, dass es ungleich törichter sei, die wenigen verbliebenen Jahre der Gebrechlichkeit mit dem zu verschwenden, was Lamb als »biblia a-biblia«* bezeichnet, mit Büchern also, die keine Bücher sind, als zuungunsten bedächtiger Kontemplation vor aller Welt den »quicklebendigen alten Knaben« geben zu wollen. Mehr als alles andere brauchen alte Menschen, wie mir scheint, möglichst viele Perspektiven, die ihnen Stoff geben zum Grübeln und Sinnieren und sie anregen, ihren »langen, langen Gedanken« nachzuhängen*, um mit Longfellow zu reden.

Die meisten Menschen, die sich selbst kennen, werden mir vermutlich darin zustimmen, dass die angenehmsten Momente im Leben unerwartet und auf *Umwegen* daherkommen.

Nun gibt es Schriftsteller, deren Bücher da am interessantesten sind, wo sie sich unmittelbar mit diesen bedächtigen Momenten befassen, in denen die Seele die flüchtigen Empfindungen vergangener Zeiten sozusagen wiederkäut. Prousts Werke sind ein Beispiel hierfür, und anderen Aspekten dieser hochwillkommenen Momente verdanken sich die tiefsten Offenbarungen in Wordsworths Gedichten.

Dorothy M. Richardson beschäftigt sich in ihrem Romanzyklus *Pilgerreise* ebenfalls mit dieser flüchtigen Materie der Erinnerung. Aber keiner von ihnen erforscht das gesamte riesige Territorium oder ergründet auch nur die Rätsel einer einzigen Tagesreise in diesem geheimnisvollen Reich der Erinnerung.

Damit sich diese verblüffenden und auf wunderbare Weise befriedigenden Momente einstellen können, ist meiner Erfahrung nach eines unverzichtbar – nämlich ein gleichsam *mechanisches* Element. Ich meine damit eine physische Handlung, die dem rastlos arbeitenden Geist eine kleine Atempause verschafft.

Die Aktivität kann so leicht und wenig anstrengend sein, wie es Ihnen beliebt, solange sie nur oft genug wiederholt wird. Es muss eine selbstverständliche Aktivität sein, und sie darf nicht zu lange andauern, sonst nähern sich statt der Erinnerungen, denen wir uns freudig überlassen wollten, die Aasgeier unserer Alltagssorgen, die ihre Beute riechen!

Nun ist natürlich klar, dass unsere Gedanken bei der Lektüre einer spannenden Geschichte, deren Handlung und Ausgang wir nicht kennen, vollauf beschäftigt sind. Darum geschieht es nur selten – oder sogar fast nie –, dass die paradiesischen Momente der reinsten Erinnerung eintreten, wenn wir eine Detektivgeschichte oder einen Kriminalroman lesen.

Genau dieses völlige Aufgehen in der Spannung einer Erzählung ist es, wonach sich sowohl der stets hektische berufstätige Mann als auch die überarbeitete Frau mittleren Alters sehnt, und das ist verständlich und legitim.

Dem alten Menschen kommt es dagegen auf etwas ganz anderes an. Er möchte »dahinschlendern und seine Seele zu Gast laden«[*]; er möchte sich in Kontemplation versenken, grübeln und sinnieren; er möchte seinen freudig umherschweifenden Gedanken nachhängen.

Er liest mit seiner philosophischen Sicht; er liest mit seinem ästhetischen Empfinden; er liest mit der nicht fassbaren, formlosen, veränderlichen Masse seiner gesamten komplexen Erfahrung; er liest mit seinem kreatürlichen »primitiven Wesen«, mit seiner animalischen Trägheit, mit der Einsamkeit seiner Ichbezogenheit, mit der unpersönlichen Ergebenheit seiner unbeteiligten Neugier.

Er liest mit einem Suchscheinwerfer, der die Welt auf der gesamten Oberfläche der kugelförmigen Aura der Seele umrundet und sie von dort aus beleuchtet. Und vor allem verlangt es ihn beim Lesen sehnsüchtig nach einem ganz besonderen und eigenartigen Gefühl – dem Gefühl, *die Beständigkeit des Lebens zu spüren*.

Genau so, wie der Junge in Longfellows Gedicht am glücklichsten ist, wenn er sich seinen »langen, langen Gedanken« überlassen kann, möchte auch der Alte, wenn er auf vergangene Jahre zurückblickt, nicht bei seinen verblassenden Erinnerungen stehen bleiben, sondern er wünscht sich instinktiv, auf die Erinnerungen seiner Väter, auf die Erinnerungen der alten Menschen aller Zeiten zurückgreifen zu können!

Die Bücher, die seinen Bedürfnissen am meisten entgegenkommen, sind daher genau diejenigen, die man unmöglich schnell lesen oder gar überfliegen kann. Es sind jene Bücher, die schwer befrachtet sind mit den schrillen und den leisen Tönen des gesamten Lebensstroms, der sich zwischen den Schatten der bevölkerten Vergangenheit und den Schatten der noch unbevölkerten Zukunft dahinschlängelt.

Bücher dieser Art werden uns wohl kaum bezaubern, in ihren Bann ziehen, gefangen nehmen und in Spannung versetzen. Fort also mit den berauschenden Werken, die keine gemächlich zu bewältigenden Schwierigkeiten bieten, keine Leerstellen erholsamer Langeweile, kein angenehm leicht zu erfassendes wissenschaftliches Plagiat, keine geistlosen philosophischen Plattitüden, kein Umherstreifen in der Welt der Vergangenheit, keine eintönigen Wiesenlandschaften, keine öden Sanddünen zwischen Land und Meer, keine kahlen Felsen, auf denen man die langsame Wanderung der Sterne beobachten kann! Fort mit den aufregenden, spannungsgeladenen, haarsträubenden Büchern ohne Wiederholungen und Längen, ohne Abschweifungen, ausufernde Exkurse, ausführliche Beschreibungen und unspektakuläre Eintönigkeit!

Kurz und geradeheraus gesagt, bei den Büchern, die für das Alter am besten geeignet sind, handelt es sich um die langweiligen und zeitlosen Werke von epischer Breite, die wir als *die Klassiker* bezeichnen. Dass die Klassiker keine leichte Lektüre sind, dass sie manchmal obskur, sehr oft langweilig und unweigerlich mit physischen Mühen wie dem Nachschlagen von Begriffen in Wörterbüchern und Lexika verbunden sind, ist für den alten Leser nur von Vorteil.

Denn genau diese Dinge, die verhindern, dass wir ein Buch ohne Unterbrechung verschlingen, geben unseren Gedanken Gelegenheit, auf *eigenen Wegen zu wandern*, bauen goldene Brücken für jene wunderbaren Erinnerungen an vergangene Empfindungen, die, wenn nicht gar Ahnungen der Unsterblichkeit, so doch in jedem Fall die göttlichsten Momente unseres sterblichen Lebens sind.

Ganz recht!, wenn wir, mit allen unseren Gebrechen und mit unserer ganzen Tatterigkeit, in der Lektüre eines Klassikers innehalten, vernehmen wir das Gemurmel des ewigen Ozeans unbezähmbaren Lebens! Dann ist es, als würden die Knochen unseres schon halb toten Schädels von den silbrig schimmernden Flossen des Lebensfischs gestreift, der vorwitzig durch die Löcher schwimmt, die einmal unsere Augen waren. Es ist, als würden unsere Totenschädel unsterbliche Schmetterlinge anlocken.

Und genau so ist es. Denn dies sind wahrhaftig die merkwürdigen platonischen Erscheinungen einer Wirklichkeit jenseits der Wirklichkeit, und sie rechtfertigen, wenn auch vielleicht nicht die Behauptung, dass die Hoffnung am Boden zerstört sei, so doch die Überzeugung, dass die Glücksmomente, die uns diese flüchtigen Bilder der Erinnerung bescheren, die intensivsten sind, die ein Mensch überhaupt erleben kann.

Auf mein Wort, wenn ich ein intelligenter junger Mensch wäre und sehen müsste, wie mein Großvater und meine Großmutter mit so gespanntem Interesse Kriminalromane lesen, dass Natur, Philosophie, Psychologie und Geschichte für sie in den Hintergrund treten, würde ich nicht ohne Grund vermuten, der oder die gute Alte sei dem Altersschwachsinn nicht mehr fern.

Es ist schwer vorstellbar, dass ein Mensch, der in dieser wunderbaren und absurden Welt seine siebzig Jahre auf dem Buckel hat, sich nicht in Grund und Boden schämen würde, wenn er Bücher immer noch so verschlingt wie ein Süchtiger seine Drogen, nur um die Qual des Denkens zu betäuben.

Welche Art von Büchern können wir nun aber *wirklich* als die ideale Lektüre für das Alter betrachten? Nun, geht es um eine alte Frau, so würde ich fast sagen: jedes beliebige Buch, ob Sachbuch oder Roman, das ein bestimmtes *gesellschaftliches »Milieu«* lebendig und anschaulich schildert.

Frauen nehmen weitaus größeren Anteil und zeigen mehr Interesse am Schauspiel des gesellschaftlichen Lebens als Männer; und bei einer durchschnittlich gebildeten älteren Frau wird aller Wahrscheinlichkeit nach weniger von den Klassikern hängen geblieben sein als bei einem Mann, der eine vergleichbare Bildung genossen hat.

Andererseits wird sie ihm in kultureller Hinsicht so weit voraus sein, dass es nur gerecht ist, wenn er sich zumindest an ein paar »kleine Brocken« der griechischen Literatur erinnert, auch wenn er das meiste davon vergessen hat.

Ihr Interesse an Büchern ist eher vom Gefühl bestimmt und wesentlich vielseitiger, umfassender und weniger schulmeisterlich als seines.

An zweiter Stelle nach den Romanen folgen auf der Beliebtheitsskala ihrer Lektüre, wie ich vermuten würde, Biografien, die das aufregende Leben gesellschaftlich herausragender Frauen realistisch schildern. Es gibt kaum ein weibliches Wesen, das nicht von Natur aus Schauspielerin ist, und fast jede Frau empfindet eine eigenartige Befriedigung, hat ein nicht nur ästhetisches Einfühlungsvermögen – etwas, das man fast als *Empathie* bezeichnen könnte –, wenn sie sich mit dem Werdegang einer außergewöhnlichen Geschlechtsgenossin identifizieren kann, die das Schicksal oder der Zufall dafür bestimmt hat, auf irgendeine Art und Weise zu Berühmtheit zu gelangen.

Es liegt in der Natur der Dinge, dass eine Frau im Alter nicht mehr ungehindert und nach Belieben dem Vergnügen nachgehen kann, das ihr ein Leben lang das liebste war. Ich spreche von ihrer leidenschaftlichen Neugier auf neue und ungewohnte gesellschaftliche Kreise. Sie liebt es, ein soziales Umfeld mit all seinen atmosphärischen Feinheiten bis ins kleinste Detail in sich aufzunehmen.

Daher wird jedes Buch – ob gut oder schlecht geschrieben, ob von hohem oder niedrigem literarischem Niveau –, das geeignet ist, ein unbekanntes *Milieu* für sie sichtbar zu machen, ihr die sozialen Bedingungen innerhalb einer bestimmten Klasse, in einem Land oder in einer Zeit deutlich zu machen, von denen sie bisher wenig wusste, ihr eine Ersatzbefriedigung verschaffen, die ihr ganzes Wesen, ihren ganzen weiblichen *Elan vital* erfasst.

Aus der Enge ihrer Schlafkammer, aus dem Gefängnis ihrer vier Wände ist es ihr möglich, auf den Seiten eines solchen Buchs wie auf einem fliegenden Teppich triumphierend zu entschweben in eine blühende neue Welt voller Menschen und Dinge, in der sie umherstreifen, beobachten, zuhören und spüren kann, in der sie einen Aspekt mit einem anderen, einen atmosphärischen Eindruck mit einem anderen vergleichen kann.

Dieses Vergleichen unterschiedlicher und jeweils unwägbarer Seinsbedingungen ist der unschätzbare Beitrag einer Frau zur *inneren Ästhetik* des Lebens, wie man es vielleicht nennen könnte; und während sie sich mit dem beschäftigt, was neu und fremd für sie ist, sind ihr all die gesellschaftlichen Umfelder, mit denen sie bereits vertraut ist, stets als anschaulicher Gegensatz gegenwärtig.

Memoiren, eine Reisebeschreibung, ein biografisches Werk, ein Roman mit überzeugenden, realistischen Schilderungen – alles ist willkommen; und je größer die Vielfalt, umso besser für eine kluge ältere Frau, denn so kann sie sich ohne Umschweife und mit immer wieder neu empfundener Begeisterung von einer gesellschaftlichen Erfahrungswelt in die nächste stürzen.

Um keinen Preis möchte sie ihre Erfahrungen in eine bestimmte Bahn lenken, eindämmen, kanalisieren und auf ein einziges Gebiet konzentrieren. Sie möchte ihren Horizont stets und ständig erweitern. Sie möchte den gefährlichen Giftbecher der schamlosen, provokativen, unanständigen Realität des Lebens immer gründlicher leeren.

Ja, um das Leben und nur um das Leben ist es einer Frau im Alter zu tun; und sie greift viel offensiver und fordernder danach als in ihren schüchternen, gehemmten und romantischen Jungmädchentagen. Das gesellschaftliche Leben in all seinen Formen ist es, wonach sie sich verzehrt, solange es nur real, greifbar und aus Fleisch und Blut ist.

Daraus müssen wir unweigerlich und zwangsläufig einen Schluss ziehen: dass es – Lamb drückt das ganz wunderbar aus, wenn er die bevorzugte Lektüre seiner Schwester mit seiner eigenen vergleicht – die Natur ist, für die sich Frauen interessieren, die Natur in ihrer chaotischen, unüberschaubaren *Gesamtheit*. Was eine Frau also von einem Buch erwartet, ist eine gewisse nachvollziehbare, wenn auch sicher manchmal etwas willkürliche und weit hergeholte *Gleichzeitigkeit*.

Während sie, mit anderen Worten, vielleicht Geschichten über Lord Byrons Geliebte, über die Intrigen am Hofe Katharinas der Großen, über die Abenteuer einer amerikanischen Botschafterin bei den Nazis oder über eine mystische Reise durch Tibet liest, werden die Ereignisse, in die sie eintaucht und die sie in ihren Bann ziehen, so lebendig für sie, als würden sie im *Hier und Jetzt* geschehen.

Shaws *Pygmalion** ist nur ein überzeichnetes Beispiel für die verblüffende Fähigkeit der Frauen, die gesellschaftlichen Kreise zu wechseln und unversehrt von einem Milieu zum nächsten überzugehen. Nichts könnte gegensätzlicher sein als die Erwartung, die ein alter Mann mit den Büchern verbindet, die er liest.

Natürlich will auch er das Leben in seinen Büchern finden. Aber er meint damit das Leben *aus einer gewissen Distanz*, das gefilterte, gesiebte, ausgewählte, verfeinerte Leben, das Leben in einem Spiegel, das Leben, wie es dem empfindlichen Gaumen eines gebildeten, kultivierten, ethnologischen, historiografischen, philologischen, paläografischen, philosophischen Epikureers mundet – und das gilt sogar für einen alten Knaben, der keine Ahnung hat, was diese komplizierten Fremdwörter bedeuten, obwohl sie ziemlich genau beschreiben, was er seinem Wesen nach ist!

Man könnte so weit gehen zu sagen, dass ein alter Mann gar nicht das Leben sucht, sondern den *Rückzug aus dem Leben in sich selbst*. Schopenhauer behauptet*, dass wir das »Nirwana« in der Selbstverleugnung – also in der Verneinung des tyrannischen Willens zum Leben – erlangen, indem wir uns, mit anderen Worten, »den Dingen ohne Interesse ganz hingeben«, bis die lang ersehnte Ruhe eintritt und uns »völlig wohl« ist.

In einer wesentlichen Hinsicht ist dies absolut zutreffend; aber in Bezug auf die Frauen müssen wir es um ein Element einschränken, das in ihre Suche nach neuen gesellschaftlichen Kreisen und Verflechtungen im Schauspiel des Lebens einfließt. Man könnte dieses Element als ein diffuses mütterliches Besitzergreifen umschreiben, nur dass diese Art des Besitzergreifens die Projektion eines allgegenwärtigen und schwer fassbaren Selbst ist.

Das besitzergreifende Element in der interesselosen Hingabe eines alten Mannes dagegen ist gesellschaftlich weniger allgegenwärtig. *Seine* Interessen mögen sich so weit reduziert haben, dass er den trügerischen »Willen zum Leben« überwindet; aber sie konzentrieren sich auf winzige Details. Sie umfassen nicht die allgemeineren Stimmungselemente, in denen sich Frauen verlieren, um sich selbst zu finden. Sofern ein alter Mann sich in äußere Interessen flüchtet, die dann nicht dem »Willen zum Leben« geschuldet sind, beschränkt er sich radikal auf einen bestimmten vertrauten Aspekt.

Ein alter Mann wird bestrebt sein, eine immer tiefere Rinne zu graben, in deren scharf begrenztem Lauf der Strom seines bewussten Lebens beständig dahinfließen kann. Und diese Rinne wird ihren Zweck umso besser erfüllen, je steiniger und härter der Boden ist, in den er sie gräbt.

Das Letzte, was er sich für den Strom wünscht, den er voranzutreiben sich bemüht, ist ein weiches, sandiges Bett. Instinktiv fürchtet er, dass in einem solchen Bett mit seinem Schlamm, seinen seichten Stellen und seinen Sandbänken das Wasser, dem er so sorgfältig einen Weg bahnt, versickern würde.

Doch darf der Grund, durch den die Rinne führt, auch keinen allzu großen Widerstand bieten. Die geistige Kraft eines alten Mannes ist ebenso wie seine körperliche Kraft nicht unerschöpflich, und seine ganze Mühe wäre vergebens, wenn ihn seine Kraft verließe.

Nun gut! Auch hier stellen wir die Frage: In welcher Art von Büchern ist dieses Element enthalten, das ein alter Mann braucht, dieses Element einer Schwierigkeit, die jedoch mit Fleiß und Routine überwunden werden kann?

Die Antwort können wir in einem Wort zusammenfassen: Was der alte Mann braucht, ist schlicht und ergreifend das, was wir allgemein als *Klassiker* bezeichnen. Sehen wir uns ein paar dieser »Klassiker« im Licht unserer Argumentation an. Montaignes *Essais*, Goethes *Wilhelm Meister*, Rabelais' *Gargantua und Pantagruel* – alle diese Werke bieten, selbst wenn sie in unsere Sprache übersetzt sind, die »Schwierigkeit«, die wir brauchen.

Noch besser kommt allerdings das, was wir eine *tote Sprache* nennen, unseren Bedürfnissen entgegen. Ich bin der Letzte, der unserem alten Herrn in seinen fortgeschrittenen Jahren verwehren würde, das zu benutzen, was ihm als Schuljungen nicht erlaubt war, nämlich eine *originalgetreue Übersetzung*, aber andererseits bin ich überzeugt, dass er die tieferen, kostbareren Annehmlichkeiten seiner Mußestunden erst dann voll auskosten kann, wenn er es sich zur *Gewohnheit* macht, sich gründlich in ein gutes griechisches Lexikon zu vertiefen.

Die meisten alten Männer sind das, was wir »egoistisch« nennen, und sie haben in meinen Augen das uneingeschränkte Recht, dies zu sein. Und dieser »Egoismus« eines alten Mannes ist genau der Charakterzug, der ihn mit einem kleinen Kind verbindet, dessen Gewissen noch nicht, wie wir von einem Tier sagen würden, darauf *abgerichtet* ist, seine gesellschaftlichen Pflichten zu erfüllen. Sein Egoismus ist etwas völlig anderes als der eines Jugendlichen oder eines Mannes in mittleren Jahren.

Bei den Letztgenannten liegt der leidenschaftliche Ehrgeiz, nach der Spitze zu streben – ein Ehrgeiz, der oft sehr deutlich zutage tritt –, in einem heftigen Gewissensstreit mit dem ebenso zwingenden Gebot, diesem leidenschaftlichen Impuls nicht zu folgen. Im Alter gibt es diesen Konflikt nicht mehr. Der »Egoismus« eines alten Menschen ist kein Kampf mehr zwischen zwei übermächtigen Impulsen. Er ist ein Kult, eine Lebensform, eine Methode der ästhetischen Entwicklung, mit einem Wort: eine pragmatische Weltsicht.

Junge Leute und Menschen mittleren Alters messen sich noch in der großen Arena der Welt, und sie kämpfen einmal mit dieser, einmal mit jener Waffe. Sie schwimmen noch aktiv mit im Strom, aus dem Geschichte entsteht. Ihr Lebenskanu wird in den wilden Strudeln und windgepeitschten Mündungen der Evolution selbst gerüttelt und geschüttelt und umhergeworfen. Sie können sich nicht vom Willen zum Leben lösen, können dem Daseinskampf nicht entrinnen. Der Reiz von Reichtum, Macht und Ruhm zieht sie in die eine, die verlockende Fantasie vom heroischen und aufsehenerregenden Verzicht auf diese Dinge lenkt sie in die andere Richtung.

Alte Männer stehen nicht mehr in der Arena. Sie krallen sich nur noch erbittert ans Leben, und wenn sie nicht so weise wie Nestor und keine Lichtgestalten wie Melchisedek* sind, sind sie eine Last für die Allgemeinheit und ein Quell der Sorge für ihre Familie.

Ja, es ist wahr: Wenn ein alter Mensch kein eigenes reiches Innenleben hat, ist es fast unausweichlich, dass er seinen Kindern und Kindeskindern wie ein Mühlstein am Hals hängt. Und auch wenn er noch so eitel ist, wird ihm diese Tatsache vermutlich nicht vollkommen verborgen bleiben. Er ist mutterseelenallein in einer wenig mitfühlenden Welt, und im Grunde seines Herzens weiß er das. Er weiß, dass sein Tod ungeachtet aller Sorge, die man ihm angedeihen lässt, eine Erleichterung, wenn nicht gar eine unsägliche Befreiung für seine Hinterbliebenen bedeutet.

Wie aber können wir Alten uns ein geheimes reiches Innenleben zulegen? Haben wir den Mut, dieses eine Mal dazu zu stehen, dass wir Bücherwürmer sind, und sagen wir doch ohne Scheu: »Durch die Magie bestimmter Bücher!« Und welche Bücher sind dies? Es sind diejenigen, die uns die Menschheit selbst zu eben diesem Zweck vermacht hat! Es gibt Werke, in denen sich die beiden wichtigsten Merkmale aller großen Literatur vereinen: nämlich die überlieferte Weisheit des Menschengeschlechts, die sich in Gedichten und Sprüchen offenbart, und die nicht erlernbare Kunst des persönlichen Stils, in dem sich der Gott-Teufel im Menschen selbst offenbart.

An diesem Punkt tritt uns allerdings ein gewaltiges Problem entgegen: die Schwierigkeit mit »fremden« Sprachen nämlich. Glücklicherweise können wir Briten uns einiger weltberühmter Klassiker rühmen, für die wir keiner Übersetzungen bedürfen. Dazu gehören Shakespeares Stücke. Dazu gehört Burtons *Schwermut der Liebe*. Dazu gehören Miltons Gedichte und die Werke von Sir Thomas Browne*. Dazu gehören auch Sternes *Tristram Shandy*, Lambs Essays und die Gedichte von Keats. Und dazu gehören die Romane von Scott, Jane Austen und Charles Dickens.

Oft ist es jedoch so, dass die weniger begnadeten Schriftsteller ihre Schwächen auszugleichen versuchen, indem sie sich eines besonders eigenwilligen oder komplizierten Stils bedienen. Eine solche stilistische Extravaganz spricht uns an, wenn wir jung sind, und jeder von uns hat in seinen stürmischen jungen Jahren vermutlich einmal die etwas deprimierende Erfahrung gemacht, dass er die berühmten klassischen Werke der Literatur, als er zum ersten Mal mit ihnen in Berührung kam, *schlicht und ergreifend langweilig* fand. Und das *sind* sie auch, wenn wir sie an der Leidenschaft messen, die wir in religiösen, sexuellen und politischen Dingen an den Tag legen. An dieser Tatsache ist nicht zu rütteln. Mit ihrer vagen Unschärfe, Transparenz und Objektivität, ganz zu schweigen von ihrer ästhetischen Bescheidenheit und ihrer Unpersönlichkeit, mildern sie Leidenschaft und Selbstmitleid, diese aufregenden Attribute unseres streitbaren Ich, derartig ab, dass die Atmosphäre der Spannung, an die wir ansonsten gewöhnt sind, völlig enträt.

Auch ihre schamlose Derbheit und ihr unverbesserlicher Humor, gepaart mit einer unerhört weltlichen und neutralen Haltung, was den Glauben an Götter, Halbgötter und Übergötter aller Art anbelangt, sorgen dafür, dass sie nicht nur auf die ganz Jungen und die Hochbetagten einen besonderen Reiz ausüben, sondern auch auf alle diejenigen, die aus diesem oder jenem Grund ihren sexuellen, religiösen oder sonstigen Leidenschaften nicht mehr frönen können.

Wichtig ist, dass wir absolut ehrlich mit uns selbst darin sind, wie wir es mit den Klassikern halten. Kinder können im Allgemeinen gar nicht anders, als in diesem Sinne ehrlich zu sein, wohingegen alte Menschen – alte Männer zumindest – normalerweise durch den bloßen

Druck des Daseinskampfes veranlasst worden sind, auf die schlimmsten Auswüchse kultureller Verlogenheit zu verzichten.

Gleichzeitig bleibt der Mensch aber »das Maß aller Dinge«, wie der kluge Sophist* sagte, und es wäre töricht, das Urteil der Menschheit über die Literatur, das sich im Laufe vieler Jahrhunderte herausgebildet hat, achtlos beiseite zu fegen.

Allerdings lässt sich nicht leugnen, dass nicht nur ein Gewinn, sondern auch ein Verlust damit verbunden ist, wenn wir uns ausschließlich diesen Meisterwerken der Menschheit widmen. Der Verlust trifft uns in der Jugend und in mittleren Jahren jedoch stärker als im Alter. Um zu erfahren, welcher Art der Verlust ist, brauchen wir nur die vielen Leser zu fragen, die einem solchen literarischen Klassiker nicht mehr abgewinnen können als der griechischen Sprache.

Der Verlust, von dem wir reden, ist der Verzicht auf den Reiz der Unmittelbarkeit und Aktualität. Die größten Klassiker der Literatur missachten die wechselhaften Leidenschaften des Augenblicks und symbolisieren stattdessen die uralte Weisheit der Erde selbst. Und da sie die immer wiederkehrenden Gefühle der Menschheit vergegenwärtigen, schlagen sie eher einen einfachen und ruhigen als einen parteiergreifenden und aufgeregten Ton an. Darum ist es ganz normal, dass sie für einen Leser, der darauf aus ist, spannende Momente zu erleben, enttäuschend sind. Und auch weil ihre Themen *alt* sind und zugleich ewig jung und lebendig, üben sie auf alte Menschen einen besonderen Reiz aus.

In diesem Punkt spielt die Bildung, die wir in der Kindheit genossen haben, insofern eine entscheidende Rolle, als sie denen, die zu ihrem Glück *gezwungen* waren, sich ein paar Brocken Griechisch und Latein anzueignen, einen unschätzbaren und ausgesprochen ungerechten Vorteil verschafft. Allein die Fähigkeit, die griechischen Buchstaben in halbwegs entsprechende Laute der eigenen Sprache zu übertragen – ein Kunststück, das selbst für den sprachlich unbegabtesten Menschen erlernbar ist –, ist ein wunderbares »Sesam-öffne-dich«, das uns Zutritt zu einer unerschöpflichen Schatzkammer der Dichtung und Philosophie gewährt.

Ich behaupte nicht, dass eine schlichte, redliche Prosaübertragung beispielsweise der *Ilias* oder der *Odyssee* nicht geeignet wäre, uns den *Gehalt* der homerischen Verse zu vermitteln. Sie tut dies durchaus, und sie tut es gut. Ich will vielmehr sagen, dass sie es uns nicht ermöglicht und dem Wesen der Sache nach auch nicht ermöglichen kann, den *Ton nachzuempfinden.*

Nun habe ich, wie ich hoffe, meinem Leser bereits deutlich gemacht, wie wichtig es für einen alten, den literarischen Freuden zugeneigten Menschen ist, sich ein paar, wenn auch nicht allzu schwierige *Hindernisse* in den Weg zu legen.

Mit Hindernissen meine ich ganz einfach irgendeine mechanische Handlung, eine physische Betätigung, die das Lesen unterbricht und den Gedanken und der Fantasie Gelegenheit gibt, ins Blaue hinein zu wandern und ihre Fäden zu spinnen. Keine Unterbrechung, keine Folge von Unterbrechungen wäre hierfür besser geeignet als die Notwendigkeit, Begriffe in einem Wörterbuch, vorzugsweise in einem umfangreichen Wörterbuch, nachzuschlagen.

Grammatik und Syntax können dabei in den Hintergrund des Interesses treten, weil die ungewöhnlicheren Modal- und Zeitformen in einem guten Wörterbuch im Allgemeinen Berücksichtigung finden.

Die bloße Suche nach einem bestimmten Wort in dieser einmaligen Schatzkammer führt zwangsläufig dazu, dass die Gedanken auf ihrer Wanderung auf Abwege geraten, die für sich oft interessanter und erhellender sind als die Offenbarung der speziellen Bedeutung, nach der wir suchen. Der Wert, den die *Ilias* oder die *Odyssee* für die Seelenbildung eines Menschen hat, ist nicht geringer, sondern größer, wenn der Schüler des Lebens das Gegenteil eines Gelehrten ist.

Wir sind gezwungen, langsam voranzuschreiten. Und wenn wir langsam gehen auf einem Pfad wie diesem – auf dem sich unserer Fantasie mit jedem Schritt ein neuer Ausblick öffnet –, ist das mindestens ebenso gut, als wenn wir uns auf Pegasus' Rücken tragen lassen.

Jede Reise in Begleitung der ältesten und größten Dichter der Welt jedoch, ob langsam und beschwerlich oder einfach und mühelos, wird ein ganz neues und erhebendes Licht auf die unbedeutendsten Aspekte unseres täglichen Lebens werfen. Wenn wir erst einmal richtig in den homerischen Fluten schwimmen, werden von allen möglichen unerwarteten Seiten ganz unverhofft Lichter auf unseren Weg fallen, die unsere geheimste Sicht des Lebens berühren.

Und von allen diesen Lichtern ist, je mehr die Anzahl der hinter uns liegenden Tage zunimmt und die der vor uns liegenden schwindet, dasjenige am beängstigendsten und bestürzendsten, dessen Schein wir uns mit der größten inneren Sicherheit anvertrauen können.

Erstaunlicherweise scheint gerade dieses tiefe »Geheimnis« Homers – um Matthew Arnolds beschwörenden Begriff* einmal in einem anderen Zusammenhang zu gebrauchen – der inneren Haltung zu entsprechen, mit welcher der jüngste unserer großen englischen Dichter, nämlich John Keats, seinen *Amor Fati*, seine überschwängliche Anerkennung der Dinge, untermauerte. »Wenn ich«, schreibt er in einem seiner Briefe – ich gebe ihn mit meinen eigenen Worten wieder –, »von einem Freund höre, dem durch eine fatale Verkettung von Zufällen übel mitgespielt wurde, sage ich mir: ›Sieh an! Jetzt hat Mr. Soundso die große Chance, die Lauterkeit seiner geistigen Haltung auf die Probe zu stellen.‹«

Man beachte, dass er nicht sagt: »seinen Glauben auf die Probe zu stellen«, oder: »sich dem zu beugen, was die Wissenschaft lehrt«. Er sagt uns vielmehr, dass Mr. Soundsos einsames Ich, in einem Chaos widerstreitender Kräfte von einem teuflischen Schicksal getroffen, sich auf nichts anderes stützen kann als auf den geheimnisvollen Schöpfer, der aus dem Nichts alles erschaffen kann, nämlich seine eigene innerste Seele.

Homer ist nicht nur der größte Dichter der Menschheit, er ist zudem ihr weisester Philosoph, auch wenn das so manch einer als absurden Widerspruch empfinden mag. Mit der eindringlichen Atmosphäre der Verse Homers – die erst die homerische Weisheit lebendig werden lässt und ausmalt, die den eigentlichen Wesenskern der homerischen Philosophie enthält – verhält es sich wie mit allen lebendigen Prinzipien: Es ist leichter, sie zu spüren und danach zu handeln, als sie mit Worten zu beschreiben. Vermutlich ist der einzige Begriff, der das Phänomen auch nur annähernd erfasst, das schlichte, altmodische Wort »poetisch«.

Die homerische Sicht des Lebens ist so kraftvoll und organisch, dass sie sich der wissenschaftlichen Analyse und der logischen Zusammenfassung widersetzt. Religiöser Glaube fließt darin ein; moralische Prinzipien fließen darin ein; und abgerundet wird das Ganze durch eine Philosophie, die tiefgreifender und feinsinniger ist, als es oberflächlich den Anschein hat. In Homers Dichtung sind das natürliche Bedürfnis nach Anbetung und der kategorische Imperativ des Gewissens kunstvoll miteinander verwoben; und sie werden dadurch biegsamer und formbarer und stehen in engerem Bezug zum wirklichen Leben, als wenn sie unabhängig voneinander in den Vordergrund treten.

Tatsächlich ist die homerische Philosophie *die Philosophie der alten Erfahrung*. Das ist einer der Gründe, warum sie von ihrem Wesen her dem Alter mehr entgegenkommt als jedem anderen Lebensabschnitt.

Die eigentliche Wahrheit ist offenbar, dass die homerische Lebenssicht das ist, worauf sich die Menschen seit jeher besinnen, wenn es ihnen die Erlöser und Propheten, die Politiker, Priester und Gesetzgeber, die revolutionären und reaktionären Diktatoren überlassen, ihre eigene Entscheidung zu treffen. Ja, zu ihr kehren sie nach jedem freiwilligen und erzwungenen Umweg zurück wie Wasser, das stets die tiefste Stelle sucht!

Das homerische Wesen ist magisch und abergläubisch, aber es verwahrt sich gegen jeden Anhauch vermeintlicher Heiligkeit; und seine Moral hat nichts von jener Vorstellung des Erbarmens, das mit der christlichen Religion Einzug in der Welt gehalten hat.

Zugleich würde sich ein Mensch, der sich der homerischen Weltsicht öffnet, kaum je zu Gewalttätigkeiten, zur Rohheit oder zu einem hoffnungslosen Zynismus hinreißen lassen. Aber ich möchte die Philosophie Homers noch eindeutiger umreißen. Denn was uns darin entgegentritt, ist in meinen Augen nicht mehr und nicht weniger als der konkrete *Pluralismus*, dem William James in seiner Verteidigung der logischen Vernunft so eloquent und überzeugend das Wort redet und dem Walt Whitman so poetisch Ausdruck verleiht, die pluralistische Sicht der Wirklichkeit, die wir wahrhaftig als den *Inbegriff der amerikanischen Philosophie* betrachten können.

Der *Ilias* wie der *Odyssee* liegt offenbar die Annahme zugrunde, dass die unheilbeladene Dimension unseres Lebens wie eine Blase blutigen Schaumes auf der Oberfläche eines unfassbaren Multiversums voller Geheimnisse treibt.

Tatsächlich ist es Homers Welt, in der wir normalen Menschen leben, nicht die von Hegel oder Herbert Spencer[*]. Ja, unsere Welt ist eine Welt des »Vielen«, nicht des »Einen«. Es ist eine im wahrsten Sinne des Wortes polytheistische Welt der vielen Götter. Es ist eine Welt, die *nicht* allein dem Schicksal oder der göttlichen Vorsehung unterworfen ist, sondern, wie wir immer deutlicher erkennen, je älter wir werden, einer Vielzahl widerstreitender Kräfte – die einen göttlich, die anderen teuflisch und wieder andere ohne Ziel und Bedeutung, ohne Wesen und Bewusstsein überhaupt!

Es ist eine Welt, die regiert wird von Zufall, Schicksal und Zwängen, von Nemesis und den Erinnyen*, von Göttern und Halbgöttern ohne Zahl, von übermenschlichen Heroen und unmenschlichen Ungeheuern. Wir brauchen gar nicht so alt zu sein wie Nestor, um zu erkennen, dass Homers Philosophie die Weltsicht eines weisen Alten ist. Und sie ist in jedem Fall nicht nur dem Stoizismus und dem Epikureertum überlegen, sondern auch den philosophischen Lehren von Platon und Aristoteles.

Als Odysseus beim Gastmahl im Palast des Alkinoos* dem Sänger Demodokos lauscht, dessen Lied und dessen Harfenspiel ihn in Wehmut schmelzen lassen, verkündet der kluge Held der *Odyssee* vor allen Versammelten, dass dieses Lied selbst für ihn, den Bezwinger von Troja, für ihn, der Achills Waffen gewann, für ihn, den Günstling der Pallas Athene, »ein Gesang der Enkelgeschlechter« sei, geboren aus den heroischen Taten der Vergangenheit, das lieblichste Lied überhaupt, dem man in einer schattigen Halle nur lauschen kann, wenn Seele und Leib sich an fleischlicher Kost gelabt haben, der Weinbecher gefüllt ist und das Feuer im Herd brennt.

Tatsächlich scheint, indem wir dieser gewaltigen Musik lauschen, ein Stimmungswechsel zwischen trotzigem Aufbegehren gegen den Zufall und Ergebenheit in das Schicksal, zwischen erbittertem Kampf gegen die Notwendigkeit und stiller Ehrfurcht vor den Erinnyen unserer Dimension des Multiversums angemessener zu sein, als es die milderen, zarteren, empfindsameren und komplexeren Gefühle sind, die sich in Reaktion auf die ausgefeilteren Konzepte der modernen Metaphysik in uns regen.

So abgrundtief einsam, wie wir sind, drohen uns Wogen der Sorgen zu verschlingen; und dagegen können wir uns nur wappnen, indem wir all unseren eigenen Kampfgeist aufbieten. Die Jugend neigt in ihrer Unwissenheit und Impulsivität dazu, alle Mysterien auf *ein einziges Mysterium* zu reduzieren; Menschen mittleren Alters möchten in ihrem kurzsichtigen Scharfsinn dieses *eine Mysterium* bis ins kleinste Atom analysieren; das Alter erkennt dagegen mit seinem gesunden Menschenverstand, dass die beiden anderen Generationen tausenderlei sowohl negativen als auch positiven Einflüssen unterliegen.

Die unüberwindbare Schranke von Zeit und Raum, der alle lebendigen Seelen heute unterworfen sind und die unsere Dimension von allen anderen trennt – siehe da!, Homer hat sie aufgehoben, und die Welt, die zum Vorschein kommt, ist nicht weniger als das unvorstellbare Multiversum selbst mit seinen ungeahnten Zufällen, Möglichkeiten und Überraschungen, mit seinen gewaltigen, übermenschlichen Erscheinungen, die manchmal auf unserer Seite sind und manchmal sich gegen uns richten, die aber alle ihren ureigenen Einfluss auf den Lauf unseres Schicksals haben.

All die widerstreitenden Kräfte bei Homer wirken sich im Ergebnis so aus, dass jedes Individuum auf sein innerstes Selbst zurückgeworfen wird, auf seine einsame, beobachtende, aufmerksame, durch nichts abzulenkende und zu besänftigende Seele, dieses bewusste, formlose, möglicherweise unsterbliche Ich, für das, wie es aussieht, die gesamte Skala unserer kosmogonischen Vielfalt-im-Dualen und unserer Dualität-im-Vielen heraufbeschworen wurde!

Ja, alle diese widersprüchlichen Einflüsse, die uns völlig unberechenbar auf unserem Weg entgegenwabern, haben die Tendenz, uns in die Defensive einer Einsamkeit zu treiben, die letztlich absolut ist, einer Einsamkeit, die wir trotz aller gütigen Seelen um uns herum, trotz des dicken Fells, das wir uns in unserem Unglück zugelegt haben, nur als tragisch bezeichnen können.

Aber gerade diese pluralistische und vielseitige Sicht der Dinge, die mit einer stolzen Emphase des Einzelnen und zugleich mit einer tragischen Erhöhung seiner Einsamkeit einhergeht, macht Homer zu dem Schriftsteller, der wie kein anderer auf der Welt einen alten Menschen stützen und beflügeln kann.

Die Schwierigkeit ist die Sprache, und für viele von uns ist dies ein unüberwindliches Hindernis. Wenn wir es aber, wie ich schon angedeutet habe, auch nur so weit bringen, dass wir die griechischen Buchstaben auf die eine oder andere Weise erkennen und aussprechen können, dann, ja dann können wir, bewaffnet mit einer beliebigen Prosaübertragung – vorzugsweise weder einer »wunderschön geschriebenen« noch einer allzu salopp »vereinfachten« Version –, unseren Nachen in dem uralten Fluss der Klassiker zu Wasser lassen, auf dass uns – als Bücherwürmern diesmal, die nicht am Haken hängen, sondern die Angel selbst in Händen halten – dieser Fluss zum höchsten Glück trage, das einem Menschen innerhalb seiner vier Wände je beschieden sein wird!

Soviel nun zu der Lektüre, die unsere erste Wahl für das Alter ist! Und da ich selbst nach wie vor als alter Mann, nicht als alte Frau spreche – obwohl ich meine, dass sich nur wenige alte Männer eines so großen weiblichen Anteils in ihrer Psyche rühmen können wie ich –, würde ich als nächstes zur genüsslichen und ausgiebigen Lektüre von Rabelais' *Gargantua und Pantagruel* raten.

Hier wird der alte Mann das Element finden, das bei Homer schmerzlich fehlt und das doch so wichtig ist, wenn wir das Leben in unserer Dimension in seiner ganzen Fülle ausschöpfen wollen, nämlich *eine weltliche Generosität,* wie man es vielleicht nennen könnte.

Homer lehrt uns, stoisch und entschlossen in der ewigen Aufeinanderfolge aller – vom Dichter aus Geröll und Treibgut herausgelesenen – symbolhaften Momente im Dasein der Generationen zu leben. Bei Rabelais wärmen wir unsere alten Knochen an dem Feuer, das im Zentrum des Lebens selbst immer wieder und auf ewig neu entfacht wird. Bei Homer umrunden wir unaufhörlich den magischen Kreis der menschlichen Erfahrung, weisen vieles zurück, picken vieles heraus, heben vieles in den Himmel, bewahren aber stets ein ruhiges Gemüt und einen klugen Kopf, wie es sich für jene, die in schwierigen Momenten Pallas Athene anrufen, geziemt.

Als Untertan des großen Königs Gargantua aber hissen wir die Fahne unseres literarischen Hoheitsgebiets am entgegengesetzten Pol oder vielleicht auch an gar keinem Pol.

Am Äquator unseres Erdenrunds hissen wir sie: Denn unter dem Einfluss der göttlichen Droge namens *Pantagruelismus** lernen wir, wie man »das Reich des Multiversums« im Sturm erobert. Weder picken wir irgendetwas heraus, noch weisen wir etwas zurück, sondern wir pressen den *Granatapfel der göttlichen Verzückung* aus, während das Vieh auf der Weide gewöhnliches Gras wiederkäut!

Ein alter Mann, der seinen Rabelais in dessen ganzer Größe Satz für Satz mit nicht nachlassender Aufmerksamkeit liest, wird vermutlich, ohne recht zu wissen, wie ihm geschieht, ebenso viele verblüffende Tricks aufschnappen, mit denen man die Teufel unseres täglichen Elends vertreiben kann, wie Panurg sich Streiche einfallen ließ, als er beispielsweise in den Straßen von Paris seinen Schabernack mit den »Scharwächtern« trieb*! In diesen heiklen psychisch-sinnlichen Dingen müssen wir uns im Grunde einen gewissen *Pelagianismus** zulegen oder doch zumindest eine offene, freiheitliche Geisteshaltung, die das vollkommene Gegenteil eines finsteren, freudlosen Calvinismus ist.

Tatsächlich gehen wir davon aus, dass bei der Wahl der Bücher, die wir lesen, unser Verstand und unser Wille eine entscheidende Rolle spielen. Aber leider fürchte ich, dass unser Wille in dieser heiklen Angelegenheit alles andere als vollkommen frei ist!

Wir sind nicht in *jeder Hinsicht* fremdbestimmt, aber vermutlich sind wir es zu drei Vierteln oder vier Fünfteln unseres Seins. Was uns jedoch lenkt, ist nicht dieser verabscheuungswürdige Gott-Teufel, an den wir nach dem Willen der Kirche – die zu diesem Zweck Augustinus heilig sprach und damit den größten Fehler ihrer gesamten Glaubenslehre beging – in so leidenschaftlicher Demut glauben sollen, sondern ganz einfach unser individuelles, persönliches Wesen.

Sicher sind Erbe und Umwelt im modernen Heiligen Offizium unter Monsignore Pasteur und Kardinal Pawlow* ein würdiger Ersatz für die strenge Orthodoxie früherer Tage; aber soweit ich verstehe, beantwortet selbst der wissenschaftliche Determinismus dieser modernen Inquisitoren nicht alle Fragen. *Etwas* bleibt offen, das weder die alte noch die neue Glaubenslehre erklären kann. Ein Mensch ist mehr als das wandelnde Mischprodukt seiner Eltern und seiner Erziehung.

Der östliche Mythos der Wiedergeburt ist, selbst wenn kein Körnchen Wahrheit dahinter steckt, insofern folgerichtig, als er einen tief in uns verwurzelten Instinkt belegt, der sowohl gegen die starre calvinistische Glaubenslehre als auch gegen das wissenschaftliche Dogma eines unbeugsamen Determinismus aufbegehrt.

Und um dieses kostbaren Randbereichs unseres Seins willen, in dem wir innerhalb der gegebenen Grenzen die Freiheit haben, uns selbst zu bejahen, müssen wir der Wahl der Bücher, die wir lesen, eine so besondere Bedeutung zumessen – schon gar als alte Menschen, die durch bittere Erfahrung gelernt haben, welches Schindluder man mit seinen ererbten Anlagen treiben *kann*.

Man könnte die Bücher, die von der Menschheit allgemein als »Klassiker« anerkannt werden, in zwei Hauptkategorien einteilen: in solche, die uns mit ihrem *Stil* erfreuen, und solche, die wir wegen ihrer Bedeutung für unsere Seelenbildung und unsere persönliche Freude am Leben schätzen.

Die beiden Kategorien überschneiden sich ständig; und wir erleben es oft, dass im Stil eines Schriftstellers zarte Töne mitschwingen, die alle möglichen magischen Fingerzeige für die wachen Sinne enthalten. Nun sind stilistische Meisterwerke zwar geeignet, den Radius unseres ästhetischen Genusses zu erweitern, aber in der ungemein wichtigen Frage unserer allgemeinen Einstellung zum Leben lassen uns ihre Schöpfer – mit Ausnahme einiger weniger wie Walter Pater vielleicht – im Stich: Sie sagen uns nichts darüber, wie wir mit dem Teil unseres Selbst umgehen sollen, dem es nicht um Form und Gestaltung geht, sondern ausschließlich um unsere lebendigen, wechselhaften Empfindungen.

Ich möchte in diesem Kapitel kein unziemliches Vorurteil nähren, aber es fällt mir, wie vermutlich jedem, der Bücher liebt, schwer, nicht voreingenommen gegenüber betuchten Bibliophilen und Sammlern seltener Ausgaben zu sein! Muss man die Genannten, verglichen mit einem Sammler von Fossilien, nicht als unredlich, verglichen mit den Kunstkennern im alten China, nicht als unverfroren empfinden? Und müssen diese lächerlichen Schoßhündchen in Buchdeckeln mit ihren schmucken sauberen Seiten und ihrer geschmäcklerischen, jungfräulichen Makellosigkeit nicht jeden ehrlichen Bücherwurm mit abgrundtiefem Grausen erfüllen?

Wer Bücher wirklich liebt, betreibt seine Passion wie ein hemmungsloser Lüstling, wenn ich so sagen darf, denn es zieht ihn besonders zu den Büchern hin, mit denen er auf eine wohlige Art vertraut ist, weil er sie so oft genüsslich in Händen gehalten hat!

Der italienische Philosoph Croce behauptet, dass die vielen Generationen begeisterter Leser maßgeblich daran mitgewirkt hätten, den Zauber, der sie in seinen Bann zieht, überhaupt erst entstehen zu lassen. Er mag mit der Formulierung dieses Widerspruchs über das Ziel hinausschießen, aber man kann sicherlich mit Recht behaupten, dass ein Klassiker, der Jahrhundert für Jahrhundert wieder und wieder gelesen wird, schließlich den Charakter einer Litanei annimmt, die jeder auswendig kennt und deren jedes Wort mit einer über das Offensichtliche hinausgehenden Bedeutung befrachtet ist.

Wer, mit den Tagesgebeten des anglikanischen Gebetbuchs vertraut, unverhofft auf Worte wie diese stößt: »Oh Herr, von dem alles heilige Sehnen, aller guter Rat und alle gerechten Taten kommen, gib deinem Diener den Frieden, den die Welt nicht geben kann; damit unsere Herzen gewillt sind, deinen Geboten zu gehorchen, und damit wir, durch dich von der Furcht vor unseren Feinden befreit, in Ruhe und Frieden leben können; durch Jesus Christus, unseren Erlöser« – oder auf Worte wie diese: »Leuchte in unserer Finsternis, oh Herr, wir flehen dich an; und in deiner großen Gnade bewahre uns vor allem Bösen und den Gefahren dieser Nacht; durch die Liebe deines einzigen Sohnes, Jesu Christo, unseres Erlösers« – oder wie diese: »Allmächtiger Gott, Schöpfer und Spender aller guten Dinge; gib, dass wir deinen Namen im Herzen tragen, mehre unseren wahren Glauben, nähre uns mit deiner Güte, nimm uns auf in deiner großen Gnade« – oder wie diese: »Gewähre, oh Herr, wir flehen dich an, deinen Gläubigen Vergebung und Frieden, damit sie erlöst werden von ihren Sünden und dir mit ruhigem Gewissen dienen; durch Jesus Christus, unseren Herrn« – wer also, wie gesagt, unverhofft auf solche Worte stößt, wird kaum umhin kommen, hinter der bloßen, vordergründigen Bedeutung der Worte etwas von der geballten Kraft dieser besonderen Momente – feierlich und tragisch, aber sicherlich »nicht rauh, nicht schrill, vielmehr mit großer Macht bezwingend, reinigend«* – der Geburt und des Todes, der Trennungen und Versöhnungen, des langen Abschiednehmens und der wunderbaren Heilungen zu spüren, der Dinge also, mit denen die Götter Homer zufolge erklären können, warum die

Welt so ist, wie sie ist. Und immerhin sind sie schön und geheimnisvoll genug, um einen »Gesang der Enkelgeschlechter« zu ergeben.

An dieser Stelle erhebt sich nun allerdings eine recht interessante Frage: Ist es möglich, aus einem Menschen, der sich für spannende Geschichten begeistert und den wir als einen leidenschaftlichen Leser bezeichnen könnten, einen bedächtig voranschreitenden – oder vielleicht sollten wir lieber sagen: einen bedächtig sich durchbeißenden – *Bücherwurm* zu machen?

Ich persönlich wage das zu bezweifeln – obwohl mir zugegebenermaßen ein paar Fälle bekannt sind, in denen sich etwas Derartiges ereignet hat. Aber meiner Ansicht nach muss sich tief im Innern dieser der Unterhaltungsliteratur Verfallenen bereits unbemerkt ein – wenn auch nur embryonal entwickelter – Bücherwurmbazillus eingenistet haben, der durch irgendeine zufällige Assoziation in einem ihrer »Bestseller« angeregt wurde, sich zu entfalten.

Ein alter Mensch kann erst dann mit Sicherheit ausschließen, dass in ihm der Embryo dieses göttlichen Wurms schlummert, wenn er ein paar einschlägige Versuche unternommen hat. Und er wird, bei Gott, hundertfach belohnt werden, wenn er ihn dann *doch* entdeckt.

Wir dürfen nicht vergessen, dass der Vorrat an guten, lebendigen, interessanten zeitgenössischen Romanen und Erzählungen nicht unerschöpflich ist. Und wir können auch nicht als gegeben voraussetzen, dass unser betagter Freund der leichten Literatur es sich leisten kann, zahlendes Mitglied einer guten Bibliothek zu sein oder gar seine kostbare Droge käuflich zu erwerben. Nein, um die Freude am Lesen bis auf den Grund auszuschöpfen, muss man sich, das kann ich nicht oft genug betonen, in aller Bedächtigkeit einem Klassiker widmen, der sich unangemessener Eile von sich aus widersetzt.

Je langsamer man liest, umso mehr bekommt man; und dieses »Mehr« betrifft nicht nur den Nutzen für Seele und Sinne, sondern auch eine tiefe, wunderbare Freude. Natürlich braucht der Drogenabhängige seine Drogen, der Alkoholiker seinen Schnaps und der Freund leicht verdaulicher Romane seine haarsträubenden Abenteuer. Um nichts in der Welt würde ich mir anmaßen, die himmlische Flucht vor »der Zeiten Spott und Geißel«*, die diese segensreichen Nepenthen* bieten, mit paulinischem Eifer zu verdammen. Aber man müsste schon ein weitaus widersprüchlicherer Mensch sein als der Lebenskünstler Gabriel Nash in Henry James' Roman *Die tragische Muse**, um die Meinung zu vertreten, dass ein Kriminalroman für die Flucht vor den Stacheln des Lebens besser geeignet sei als ein Klassiker, der sich der unangemessenen Eile widersetzt.

Ich neige zu der Ansicht, dass wir bei dem tapferen Versuch, herauszufinden, ob wir das noch unentwickelte Zeug zu einem Bücherwurm haben oder nicht, mehr Hilfe bei den wahren *Stilisten* wie Sir Thomas Browne oder Charles Lamb, bei Cowper in seinen Briefen oder bei De Quincey in seinem O*piumesser** finden als bei irgendeinem Propheten oder Philosophen, der sich die Anregung zu seinen Werken direkt von der Quelle holt.

Selbstverständlich kann man, wenn man Goethe, Emerson oder Whitman, Balzac, Dostojewski, Gogol oder Nietzsche liest, den berauschenden und faszinierenden Eindruck gewinnen, man werde durch das imaginäre Eintauchen in bestimmte schöne und schreckliche Aspekte des Lebens von seinen Leidenschaften geläutert und der Geist werde befreit.

Aber eines können diese großen Meister der geistigen Erbauung nicht für sich in Anspruch nehmen: Sie sind keine große Hilfe, wenn es darum geht, aus einer Bücherwurmlarve eine ausgewachsene Kreatur zu machen. Um das zu erreichen, müssen wir die berühmten *Stilisten* unserer eigenen Sprache lesen, Schriftsteller, die von einem ganz anderen intellektuellen Kaliber sind als Goethe oder Dostojewski, Nietzsche oder Montaigne, diese Schöpfer neuer Ideen und Entdecker neuer Pfade. Schriftsteller wie die genannten eröffnen uns fortwährend neue und aufregende Offenbarungen, aber sie stoßen uns auf keine einzige verlockende, beruhigende, faszinierende, befreiende *literarische* Frage. Sie ergreifen Besitz von uns wie Dämonen, sie erretten uns wie Engel, sie beherrschen uns wie Tyrannen. Aber sie weigern sich, die Rolle desjenigen zu übernehmen, nach dem wir uns in unseren alten Tagen verzehren: die des klugen, geduldigen und verständnisvollen Lehrers, der uns in der hohen und zarten Kunst der Worte unterweist.

In diesem Punkt können uns auch die klassischen

Meister wie Homer, Shakespeare, Rabelais und Cervantes nicht weiterhelfen. Hier brauchen wir die Virtuosen des sprachlichen Ausdrucks. Nur sie können in uns ein Interesse für Worte um der Worte willen, für Rhythmus um des Rhythmus willen wecken.

Nehmen wir beispielsweise Sir Thomas Browne. Seine Weltsicht muss einen freundlichen, weichen und geheimnisumwitterten Hintergrund für so manchen goldenen Spaziergang an den Ufern jenes Flüsschens in Norwich mit seinen träge in der Sonne schaukelnden Barken und den rotbraunen Segeln abgegeben haben. Wenn es aber, das müssen wir einräumen, einen alten Menschen nach dem schlichten Genuss einer Seite von Homer, von Rabelais oder aus Don Quijote gelüstet wie nach einer Scheibe Vollkornbrot und einer Kanne starken Tees, dann wird ihm der volltönende Wohlklang von Brownes *Hydriotaphia** kaum das geben können, wonach es ihn verlangt, obwohl es sich hierbei um die sprachmelodischste und harmonischste Prosa handelt, die es im Englischen gibt.

Hier findet er keine urzeitliche oder elementale Stille. Hier finden keine pantheistischen Orgien und keine mystische Vereinigung statt. Hier gibt es keine grammatikalischen Riffe und Untiefen, die unsere passiven Gedanken zu den glücklichen Inseln abdriften lassen! Aber ach, welch göttliche Harmonien! Welch ein Ebben und Fluten in weltumspannender Harmonie!

«Vergessen kann man nicht dingen. Die große Mehrheit muss sich damit begnügen zu sein, als wären sie nie gewesen, verzeichnet im Buche Gottes, nicht aber in den Annalen der Menschheit. Siebenundzwanzig Namen weist die erste Spanne der Geschichte bis zur Sintflut auf, und unter den seither verzeichneten Namen findet sich nicht ein lebendes Jahrhundert. Die Zahl der Toten ist längst größer als die aller, die noch leben werden. Die Nacht hat den Tag weit hinter sich gelassen, und wer könnte sagen, wann das Äquinoktium war? ... Der Mensch aber ist ein vornehmes Tier; prächtig in der Asche, prunkvoll im Grab, zelebriert er die Geburt so feierlich wie den Tod und rühmt sich auch seiner tapferen Taten. ... Das Leben ist eine reine Flamme, und wir leben durch eine in uns verborgene Sonne. Eine kleine Flamme ist genug für das Leben, hoch auflodernde Flammen schienen zu wenig nach dem Tod, und die Menschen in ihrer Eitelkeit trachteten nach kostbaren Scheiterhaufen, um zu brennen wie Sardanapal*; aber die Weisheit der Bestattungsriten traf auf den eitlen Glanz verschwenderischer Flammenpracht, und die verzehrenden Feuer wurden den Gesetzen feierlicher Exequien* unterworfen, und kaum einer war so gering, dass ihm nicht Holz, Pech, ein Klageweib und eine Urne gegönnt war.«

Wiewohl ein glühender Bewunderer Sir Thomas Brownes, bin ich, nachdem ich tausend Mal den sanften Wellen dieser majestätischen Stimme gefolgt bin, wenn sie sich zu rauschenden Fluten aufwirft und mit sanftem Grollen wieder abebbt, wenn sie die Sandelholzscheite aller Totenfeuer rund um den Erdball als Treibholz anlandet, doch immer noch der Meinung – ich gestehe es ohne Scham –, dass dieser meisterliche

Schöpfer sprachlicher Harmonien eher den rein ästhetischen Sinn anspricht als die Gesamtheit unseres sinnlichen, emotionalen und intellektuellen Erlebens, das uns bewegt, Gott mit Aischylos zu verfluchen, mit Hiob auf ihn zu vertrauen oder mit Shakespeare seine Existenz anzuzweifeln.

Worauf ich aber an dieser Stelle hinauswill, ist die Tatsache, dass ein in die Jahre gekommener Engländer, der sein ganzes Leben lang ein Büchernarr war, seine *englischen Stilisten zweifellos schon auswendig kennt*. Ein Essay von Lamb, ein paar Seiten von Burton, Sterne, Swift oder Browne, von Jeremy Taylor*, Bunyan* oder Jane Austen*, Hazlitt oder Stevenson genügen, um in ihm vertraute Erinnerungen an die ästhetische, sinnliche oder moralische Vorstellungswelt des betreffenden Schreibers hervorzurufen. Aber er sehnt sich nach mehr, *nach etwas Schwierigerem*, das ihn gerade deshalb, weil es schwierig ist, zu neuen, originellen, unerwarteten Gedanken beflügelt; das ihn aufrüttelt, weil es ihn zwingt, seine Lektüre durch eine physische Handlung wie das Nachschlagen eines Begriffs in einem Lexikon zu unterbrechen – sodass der gleichförmige Strom seiner Gefühle wie von einem Felsen im Fluss zersprengt wird in Erinnerungsfetzen, die der Wind verwehen kann, weit weg von Zeit und Ort und der gegenwärtigen Lektüre.

Jeder alternde Bücherfreund – gleichgültig, ob er seinen Lesestoff aus dem eigenen Bücherregal oder aus einer öffentlichen Bibliothek bezieht – weiß, wie lästig es ist, wenn man *ein Buch zu gut kennt*.

Genauso verhält es sich mit unseren großen Lyrikern. Wenn man jede einzelne des halben Dutzends berühmter Oden von John Keats auswendig aufsagen kann, welche Befriedigung bringt es dann, sie zu lesen? Es macht vielleicht immer noch Spaß, sie einem Freund vorzutragen oder auch dem Wind, wenn wir allein in freier Natur sind; aber das Bedürfnis, sie zu lesen, ist verschwunden.

Und schon sind wir wieder beim eigentlichen Hauptpunkt meiner Argumentation zum Lesen im Alter, nämlich dem Studium fremder Sprachen, am besten der toten Sprachen, und dem Gebrauch von Lexika und Wörterbüchern.

Gegensätze sind etwas, woran wir immer wieder unsere Freude haben; und für einen alten Menschen, der darauf wartet, dass der Kessel kocht, der seinen täglichen Spaziergang schon unternommen hat und den glücklicherweise gerade niemand mit seinem Besuch beehrt, gibt es keinen leichter zu erzeugenden Gegensatz als den zwischen dem mühelosen Dahinsegeln über das ruhige Meer der vertrauten Worte und dem entschlossenen Eintauchen in die summenden Fluten eines Wörterbuchs, dessen Seiten uns das Geheimnis unbekannter und eigenartiger Begriffe offenbaren.

Wohl, ja, dreimal wohl dem, der sich, ohne der typische Gelehrte zu sein, aus seiner Schulzeit so viel Wissen bewahrt hat, dass er in der Lage ist, das große Griechischlexikon* von Henry Liddell und Robert Scott zu benutzen! Wer einmal in diesem beeindruckenden Werk geblättert hat, weiß, dass er, wenn er sich in diesem myriadenzüngigen Ozean griechischer Wörter tummelt, sich am *fons et origo** der westlichen Zivilisation befindet.

Ja, dieses Nachschlagen von Wörtern, wenn es sich um griechische Begriffe handelt, ist in doppelter Hinsicht von Nutzen. Denn entweder bewirkt diese kleine, bewusst auferlegte Mühe, dass unsere Gedanken zu eigenen vergangenen Eindrücken und Erlebnissen abschweifen und so möglicherweise zu einer bestimmten, von der Zeit geläuterten und hervorgehobenen Erinnerung gelangen, die uns mit einem unsagbaren, erregenden Glücksgefühl erfüllt, oder wir stoßen allein dadurch, dass wir in dieser gewaltigen Schatzkammer umherstreifen dürfen, ganz zufällig auf ein Wort, das sich wahrhaftig als eine Hinterpforte zur »Via Appia« des Menschheitsgedächtnisses erweist.

Wenn wir uns mit diesem Nachschlagewerk beschäftigen, wenn wir eine Stunde in den göttlichen Lüften verweilen, die durch diese verzauberte Pforte herüberwehen, kann unsere Seele jedenfalls in den Quellen aller Musen baden, denn mit diesen Lüften weht uns die Essenz der köstlichsten Gedanken, der feinsinnigsten Poesie, der höchsten Weisheit entgegen, die der Homo sapiens, die letzte aller Kreaturen, die dem salzigen Urschlamm entstammen, bisher hervorgebracht hat.

Lange vor der makedonischen Phalanx, vor den römischen Legionen, vor den mittelalterlichen Kreuzrittern, vor den Turbanen und Krummsäbeln der Osmanen hatten griechische Dichtung, griechisches Drama, griechische Philosophie, griechische Geschichte und griechische Psychologie bereits das ethische und analytische Denken, das Tugendprinzip, die demokratischen Ideale der westlichen Welt geprägt – all jene Werte, mit anderen Worten, die Europäer und Amerikaner heute neben dem urchristlichen Erbe als die wichtigsten Errungenschaften der Menschheitsentwicklung betrachten.

Wenn wir in diesem Buch der Bücher blättern, in dem auch das griechisch-orthodoxe Testament enthalten ist, stellen wir fest, dass hier die lebendigen Elemente der reichsten und schönsten *Sprache* versammelt sind, die es je auf der Erde gab und geben wird: einer Sprache, die melodischer und herrlicher in den Ohren der Menschen klingt und die das, was wir von unserer aus Erde und Wasser bestehenden Welt sehen, fühlen, schmecken, riechen, mit Ohren, Verstand und Gefühlen erfassen, besser ausdrückt als jede andere, die der Anthropos seit der Ausrottung der Neandertaler Riesen erfunden hat.

Römisches Recht, englische Dichtung, der kritische Geist der Franzosen, deutsche Philosophie und italienische Kunst – sie alle mussten in die Schule des *Logos* im griechischen Lexikon gehen. Sitten und Moralvorstellungen des Westens und die ganze westliche Ästhetik, die ganze sich unaufhörlich drehende Spirale unserer Entwicklung hat sich in der elementalen Atmosphäre dieser ozeanischen Vokale und tellurischen Konsonanten vor- und zurück- und abermals vor- und zurückbewegt.

Jeder betagte Bücherfreund, der, ohne ein Gelehrter zu sein, zumindest gelernt hat, die griechischen Buchstaben auszusprechen, darf sich die wortgewandten Reden über das »schöpferische Arbeiten«, die so viele seiner jüngeren Freunde schwingen, zu Recht mit einem Anflug distanzierter Belustigung anhören. Und er mag versucht sein, diese unvergleichlichen Künstler zu fragen, ob sie je in ihrer »kreativen« Arbeit innegehalten und darüber nachgedacht haben, wie viel *rezeptive* Arbeit in einem solchen Inbegriff des westlichen Selbstverständnisses steckt, wie er uns in den eintausendsechshundertvierundvierzig Seiten des Griechischlexikons von Henry Liddell und Robert Scott begegnet.

Aber selbst dann, wenn es uns zu große Mühe bereitet, unser verstaubtes Griechisch ein wenig aufzufrischen, kann ich meine hier vertretene These unterstreichen, indem ich auf den Nutzen hinweise, den *jede* fremde Sprache mit sich bringt, und hier würde das Lateinische die zweite Stelle für sich beanspruchen. Das Lateinische kann jedoch – das ist zumindest die Erfahrung eines ausgesprochen ungelehrten, aber ausgesprochen bücherversessenen Individuums – der westlichen Welt nicht ein Zehntel des Mahlguts liefern, das die griechische Sprache für die Mühlen unserer Sinne und unseres Intellekts bereithält.

Die Bemerkung indes, mit der ich dieses Kapitel beschließen möchte, bezieht sich auf jene müßigen Gedankenwanderungen – das kontemplative Sichverlieren in alten, ledergebundenen Werken –, die uns die kostbarsten Momente unseres Lebens zurückbringen.

Um unsere Gedanken darauf zu lenken, genügt es völlig, Begriffe aus einer beliebigen Fremdsprache, ob tot oder lebendig, in einem Wörterbuch nachzuschlagen. Wenn wir Alten allein aufgrund der langen Lebenserfahrung, die wir auf dem Buckel haben, überhaupt etwas gewonnen haben, so die Erkenntnis, dass wir weder, indem wir mit literarischen Begriffen spielen, noch, indem wir ästhetische Wirkungen analysieren, noch, indem wir unseren Witz bemühen, die göttlichen Momente hervorrufen können, in denen Mnemosyne*, die Mutter der Musen, uns ihre beglückenden Visionen schenkt. Denn *sie*, diese rätselhafte Göttin, entführt uns – besonders dann, so stelle ich mir gerne vor, wenn es ein griechisches Wort ist, das das magische Fenster öffnet – an ferne Orte, zu fernen Schauplätzen, an denen nicht die Einzelheiten einer bestimmten Erinnerung neu formiert und zusammengestellt, erhellt oder verschleiert werden, sondern an denen uns die herausgefilterte Essenz dieser Erinnerung begegnet, etwas, das mehr ist als eine Fata Morgana und doch weniger fassbar als ein Nebel, ein inneres *eidolon** des Eindrucks, den die Gesamtheit unserer sinnlichen und seelischen Empfindungen in diesem Moment in unserem Bewusstsein hinterlassen hat, vollkommen geläutert jedoch von allen scharfen Kanten, allen Schattenseiten, aller grellen und schroffen Härte!

Selbst die sentimentale Stimmung, die manchmal von uns Besitz ergreift und uns angesichts der überwältigenden Vollkommenheit des Schönen Tränen der Rührung in die Augen treibt, kann die rätselhafte Befriedigung nicht übertreffen, mit der uns dieses verklärte Wiederaufleben der Vergangenheit erfüllt, auch wenn sie mit ähnlich leidenschaftlicher Intensität erlebt wird. Ob wir jemals ein verborgenes Gesetz entdecken, nach dem Momente dieser Art in Erscheinung treten, oder ob wir eine Methode finden werden, sie bewusst zu beschwören, weiß ich nicht. Aber wir finden die Wurzeln des Phänomens, wie mir scheint, in der Tatsache, dass die kleine Mühe, die sich ein ungelehrter, jedoch eifriger Mensch macht, wenn er sich mit einer fremden Sprache, insbesondere mit einer toten Sprache beschäftigt, das zuwege bringt, was wir mit oberflächlichem Lesen *nicht* erreichen: Sie nimmt unsere Gedanken so in Anspruch, dass wir unsere augenblickliche Absicht, unsere gegenwärtigen Ängste und Sorgen vergessen, und entführt uns zu den flüchtigen Gefilden jener platonischen Seinsvorstellungen, die für den Skeptiker die Entsprechung des Himmels sind.

KAPITEL 10
DAS ALTER UND
DIE WISSENSCHAFT

Könnte man nicht im Grunde das, was wir unter Altersweisheit verstehen, auch als *späte Einsicht* bezeichnen? Als *die Gedanken der zweiten Kindheit*? Schön, der Begriff der zweiten Kindheit ist ein zweischneidiges Schwert. Sei's drum! Er ist hier ganz und gar nicht im negativen Sinn gemeint.

Wie ich mich schon so oft zu behaupten erdreistet habe, ist die Verbindung, die eindeutig zwischen dem Greisenalter und der frühen Kindheit besteht, eine himmlische, eine segensreiche Verbindung! Und – es hat schon Kinder gegeben, die Hydren erdrosselt und Teufel besiegt haben – es *kann* eine außerordentlich kraftvolle Verbindung sein. Sie ist besonders kraftvoll, ja, sogar furchteinflößend und regelrecht gefährlich, wenn sie sich den schlimmsten Auswüchsen der modernen Wissenschaft mit dem mächtigen Zorn des greisen Merlin in Gestalt eines Kindes entgegenstellt.

Der gegenwärtige Krieg hat zweifellos die Wissenschaft entlarvt und uns ihr wahres Gesicht gezeigt. Es sind die schlimmen Seiten der Wissenschaft, die in Kriegszeiten die üppigsten Blüten treiben. Im Augenblick zeigt sie sich, abgesehen von ein paar dreifach gebenedeiten Wundermitteln gegen Schmerzen und Techniken zum Zusammenflicken zerschmetterter Leiber, von einer Brutalität und einem glühenden Fanatismus besessen, wie wir sie in ihrer kurzen, bewegten, zwiespältigen, zweischneidigen Geschichte noch nicht erlebt haben! Ihr Gesicht hat sich neuerdings zur monströsen Fratze verzerrt, sie fängt an, alles zu bedrohen, was uns lieb und teuer ist; lieb und teuer unter dem einen einzigen Gesichtspunkt, nach dem wir menschliche Werte und Tugenden überhaupt beurteilen können.

Ich gebe zu, dass für eine fremde Art von Lebewesen, die sich von der Spezies, zu der wir seit mehr als zwanzigtausend Jahren gehören, so gründlich unterscheidet wie die unsere von den Zyklopen, an der Wissenschaft, wie sie sich heute mit heruntergerissener Maske in ihrer ganzen gorgonenhaften Grausamkeit* präsentiert, absolut nichts auszusetzen sein mag.

Aber wir sind immer noch Menschen und Kinder der Menschheit. Wir sind noch nicht zu den roboterhaften Insekten in einer kalten Welt mutiert, die dieses allgegenwärtige Ungeheuer ohne Herz, ohne Charakter, ohne Mitleid, Fantasie oder Gewissen, ohne tradierte Werte und ohne auch nur eine einzige echte, altmodische Empfindung mit so fieberhaftem Eifer und so teuflischem Geschick zu züchten sucht!

Die Religion war schlimm genug. Aber obschon sie uns weitgehend von oben aufgezwungen wurde, waren doch immerhin einige ihrer Aspekte spontan aus unserer Vorstellung, unserem Wesen und unseren Gefühlen sowie aus der Vorstellung, dem Wesen und den Gefühlen anderer Menschen wie du und ich entsprungen.

Fest steht, dass sich in dem Bestreben der katholischen Kirche, möglichst der gesamten Menschheit ihre Glaubenslehre aufzuzwingen, die gleiche geballte, unerbittliche Entschlossenheit äußerte wie in den entpersönlichten Zügen der modernen Wissenschaft.

Aber letzten Endes muss doch gesagt werden, dass es in der überlieferten Glaubenslehre der Kirche und in den Grundsätzen der christlichen Gemeinde einen Bezug gegeben hat – und noch immer bis zu einem gewissen Grad gibt – zu den Gefühlen der Menschen, zu ihrer Poesie, ihrer Liebe und ihrem Hass, zu ihren Wünschen und Sehnsüchten, ihren Ängsten und Hoffnungen, die unverändert bestehen, seit der Homo sapiens seinen ersten Toten begraben hat.

Aber die neue Gefahr, die der Richtung und dem Ziel unserer menschlichen Entwicklung droht, ist wesentlich ernsterer Natur. Diese neue Tyrannei kommt, wie die Willkürherrschaft der Kirche vor ihr, *von oben*; das heißt, sie setzt voraus, dass dem einfachen Individuum, dessen Wunsch es ist, ein Individuum *zu sein*, gnadenlos eine höhere Macht aufgezwungen wird, deren kaltblütige und unpersönliche Propaganda sich der niedrigsten wie der höchsten menschlichen Gefühle bedient.

Was sich diese »höheren Instanzen«, diese »Führer« und »Erlöser«, die Priester, Propheten und Diktatoren stets zunutze gemacht haben in der selbstherrlichen und grausamen Kunst, mit der sie aus ihren Untertanen

Herrenmenschen und Parias formten, ist die Unwissenheit und der Aberglaube der Massen. Wieso konnte die Kirche im Mittelalter den Anspruch der göttlichen Unfehlbarkeit erheben? *Weil die Menschen Analphabeten waren.*

Welches Ziel hat sich zur Stunde Hitler in seinem perfiden Wunsch, ganz Europa in die Knechtschaft zu zwingen, gesetzt? Er hat es sich zum Ziel gemacht, seine Sklaven, insbesondere die Polen und Tschechen, im Analphabetentum zu halten!

Wir fröhlichen Dilettanten auf unserer vom Meer geschützten Insel können es uns leisten, ganz kühl und unbeteiligt auf den Gefühlsaufruhr zu blicken, mit dem Frankreichs Rationalisten einer Kirche begegnen, deren geistige Führer nur sehr vereinzelt gegen Hitlers Massenmord an den Juden aufbegehrt haben.

Die Geschichte vom Großinquisitor*, die Dostojewski in *Die Brüder Karamasow* eingeflochten hat, bringt diesen Gefühlsaufruhr und seinen zentralen Gegenstand auf den Nenner. Die Kirche hat die Menschen, außer in einigen wenigen Einzelfällen, nie mit der in der jeweiligen Situation erforderlichen Entschlossenheit beschützt. Und warum nicht? Weil die Kirche, wie wir es in Francos Spanien beobachten können, immer noch mit Mottenflügeln die duftenden Kerzen auf dem goldenen Altar der höheren Staatsmacht umflattert.

Wir müssen uns die unbequeme Wahrheit eingestehen, dass sich sowohl unsere Intellektuellen als auch unsere Künstler zugunsten des tyrannischen Unfehlbarkeitsanspruchs der Kirche Gottes einerseits und der

Kirche der Wissenschaft andererseits haben prostituieren lassen. Sie wussten ganz genau, was vor sich ging. Sie haben gesehen, wie geschickt die fanatischen Verfechter der Unfehlbarkeit einer höheren Instanz, ob staatlicher oder kirchlicher Provenienz, die heitere und freundliche Arglosigkeit einfacher Menschen missbrauchen können, um einen verheerenden Erdrutsch zu erzeugen.

Bemerkenswerterweise *gibt* es große Schriftsteller – und es sind dies die überragenden Genies der Menschheit –, deren Werke die Lebensphilosophie des kleinen Mannes wiedergeben, verkörpern, transportieren und umfassen.

Die Meister der Unfehlbarkeit, sei es in der Kirche, im Staat oder in der Wissenschaft, haben es sich jedoch zur obersten Pflicht gemacht, den Werken dieser Fürsprecher eines normalen Menschentums wie Homer, Rabelais und Shakespeare, wie Cervantes, Dickens und Walt Whitman einen Anflug von Überheblichkeit, eine zerstörerische Kraft, einen Hauch von Verderbtheit, einen trügerischen Glanz anzudichten.

Sollten Sie mich fragen, lieber Leser, wie denn die menschliche Zivilisation Fortschritte machen und sich weiterentwickeln kann *ohne* die Plage dieser eingeschworenen Gesellschaft »großer Männer«, angetrieben nur von der Natur selbst, von einfacher menschlicher Güte und von irgendeiner verborgenen »Strömungsrichtung außerhalb der Natur, die zur Gerechtigkeit strebt«, dann würde ich Ihnen antworten, dass es tatsächlich ein großes Geheimnis ist, jedoch eines dieser rätselhaften »offenbaren Geheimnisse«, wie Goethe sie bezeichnet, die zum Wesen unserer Dimension gehören und die uns darüber hinaus leise von Seinsebenen raunen, die jenseits der uns bekannten existieren.

Was alten Menschen am häufigsten vorgeworfen wird, ist ihr träges, starrsinniges, egoistisches Festhalten am Althergebrachten; und ich streite nicht ab, dass die Anführer revolutionärer Bewegungen und die Opfer reaktionärer Tyrannen häufiger unter jungen als unter alten Männern wie diesem ehrenwerten Monsieur Herriot* in Frankreich zu finden sind. Soll die Jugend die Welt regieren – doch überlassen wir den Alten das Ruder!

Aber selbst wenn wir zugeben, dass die konservative Haltung der Alten dem Forschritt der Menschheit oft im Weg gestanden hat und weiter im Weg stehen wird, dürfen wir nicht vergessen, dass sie auch noch eine andere Seite hat, eine Seite, die durchaus bedenkenswert ist, eine Seite, die sich in unserer Epoche als deutlicher Kontrast abhebt.

Junge Menschen und solche in mittleren Jahren neigen im Allgemeinen dazu, die sichtbare Welt, in der wir leben, als *selbstverständlich* zu begreifen. Damit meine ich, sie setzen in ihrem gewohnten Denken und Fühlen normalerweise als Grundlage aller ihrer Theorien voraus, dass es außer diesem gewaltigen stofflichen, chemischen oder mathematischen Etwas, das uns umgibt – diesem gewaltigen ätherischen und irdischen Gebilde, das unsere Sinne wahrnehmen und »inspizieren«, wie mein Bruder Llewelyn sagen würde –, *nichts gibt*.

Müssten wir, dergestalt eingeschworen auf das neue athanasianische Glaubensbekenntnis*, nicht eigentlich zutiefst dankbar sein für den sturen, instinktiven Konservativismus des Alters? Alle Macht dem Konservativismus, wenn er das tut, wozu wir nicht den Mut aufbringen: sich den säbelrasselnden Fortinbras* der Wissenschaft in ihrem Angriff gegen die unerlässliche *Skepsis* entgegenzustellen, die die Menschen seit jeher klugerweise an den Tag gelegt haben, wenn es um die Frage nach der wahren Beschaffenheit der Wirklichkeit ging, und damit einen Keil in die tyrannische Macht des alles umfassenden Absoluten zu treiben, das in der hegelschen Philosophie postuliert wird.

Die tradierte Skepsis des Alters, dieses Bollwerk gegen die Unfehlbarkeit der Wissenschaft, bringt das zuwege, wozu keine geringere, weniger ehrfurchtgebietende Kraft imstande wäre. Sie zieht die mäandernden Gedankengänge der Menschheit an, die sich nach Typen, Klassen, Kasten, Kultur, Herkunft, Alter, Fraktionen, Rangstufen, sozialem Umfeld, Kreisen, Ebenen und Lebensumständen verzweigen, und lässt sie – ähnlich den Bauern in Dorchester*, die nach alter Tradition Bäche umleiten, um die Sumpfwiesen zu fluten – immer mehr ineinander münden, bis aus vier, fünf, sechs, sieben, acht, neun trägen Rinnsalen ein einziger munter rauschender, befruchtender, fischreicher Strom geworden ist, in den jede Miniaturdonau ihre eigene *Entelechie** lebhafter Stichlinge, Wasserläufer und Wasserflöhe einbringt!

Es ist demnach endlich so etwas wie eine echte Demokratie für uns in Sicht, die allmählich Kräfte sammelt und die zugleich, wenn sie sich weiter entwickeln soll, nicht nur auf eine energischere, rascher fließende, tiefere und von der Sonne heller beschienene »Strömungsrichtung« angewiesen ist, sondern auch darauf, dass wir die seit alters her gültigen Traditionen dieser vielen *einzelnen Mikroorganismen*, die wir sind, bewahren. Bis zum Ausbruch des jetzigen Krieges war die moderne Wissenschaft vor allem die Domäne der jungen Männer; und von allen philosophischen und ethischen Fragen, in denen die Stimme des Alters einen wünschenswerten Ausgleich schaffen kann, scheint mir die nach dem gesellschaftlichen Standort der modernen Wissenschaft dieser Stimme am dringendsten zu bedürfen.

Verglichen mit allen anderen Wissenschaftszweigen ist die Physik das Forschungsgebiet, das am stärksten und am deutlichsten von aktuellen Trends und Modeerscheinungen beherrscht wird, die oft auf wackligen Beweisen fußen und innerhalb eines Jahrzehnts zugunsten eines völlig neuen Theoriegebäudes über Bord geworfen werden.

Aber wenn schon das Fußvolk der modernen Wissenschaft mit hündischem Gehorsam den vorherrschenden Theorien folgt, tun deren Anführer meist etwas viel Schlimmeres. Sie lassen es sich angelegen sein – diese berühmten und hochverehrten Herrschaften –, in immer kürzeren Abständen aus ihren Laboren herauszutreten und ihre Ansichten über die Beschaffenheit des Kosmos zum Besten zu geben. Und mögen schon die

Beobachtungen ältlicher Kleriker ein klein wenig skurril sein, so weisen die Ansichten, die diese großen Koryphäen der Wissenschaft äußern, weniger philosophischen Gehalt auf als die Hymnen von Moody und Sankey*.

Nichts scheint mir weniger gedeihlich für fruchtbare Denkarbeit als der endlose Aufenthalt in einem Forschungslabor. Ein Leierkastenmann, ein Straßenkünstler, ein Zirkusclown weiß mehr über das »Rätsel des Universums« als diese bigotten Gestalten, deren jede sich mit mehr akademischen Ehrentiteln schmücken kann als Feldmarschall Göring mit Orden.

Um es beim Namen zu nennen: Die moderne Wissenschaft ist von einem Teufel besessen, der in direkter Linie mit dem Dämon des Totalitarismus verwandt sein muss. Und wer könnte bestreiten, dass es in all diesen diktatorischen und unfehlbaren Propagandaministerien, die mit ihren festgemauerten Prinzipien und ihrer prinzipienlosen Machtpolitik der größte Fluch der Gegenwart sind, *von jungen Leuten wimmelt*, deren Vorstellungen so stereotyp sind, wie ihr Gehorsam gegen ihre Führer bedingungslos ist?

Die Jugend dieses Schlages ist eine tödliche Bedrohung für den Geist der Wahrheit und ein erbitterter Feind der lebendigen Freiheit. Der Geist dieser Wahrheit und Freiheit, der überall da weht, wo er ein Schlupfloch entdeckt, ist die Mutter der Paradoxa und die Nährmutter der Widersprüche. Er ist der Hüter der *Individualität,* des unberechenbarsten, anarchischsten, am wenigsten totalitären aller Geheimnisse.

Und um uns vor dem strengen, puritanischen Eifer dieser Jugend zu retten, die so kalt und starr ist in ihrem wissenschaftlichen Bestreben, die Menschheit zu entmenschlichen, müssen wir unser Heil bei den Alten suchen. Gerade *weil* sie alt sind, müssen wir uns an sie wenden, gerade weil sie schon so lange den Einflüssen von Erde, Wasser, Feuer und Luft ausgesetzt sind, gerade weil sie genügend Muße hatten, sich an ihre Kindheit und an die Eltern ihrer Kindheit zu erinnern, gerade weil sie bis ins Mark durchdrungen sind vom Denken und den Bräuchen vergangener Generationen, gerade weil sie das Kommen und Gehen so vieler wissenschaftlicher Theorien, Systeme, Methoden und Trends mit angesehen haben, gerade weil sie ausgiebig Gelegenheit hatten, die geistigen und körperlichen Aspekte des menschlichen Daseins in ein vernünftiges Gleichgewicht zu bringen, gerade weil sie Zeit hatten, die Klassiker allein zum Vergnügen und nicht zur Vorbereitung auf irgendwelche schulischen Prüfungen zu lesen, sind sie in der Lage, der Wissenschaft mitsamt den Lehrsätzen, Behauptungen, Verbesserungen und Allheilmitteln, die sie zu bieten hat, *den ihr zustehenden Platz zuzuweisen*, indem sie diese Konkurrentin des Glaubens weder zu einer allgemein gültigen und unfehlbaren Religion erheben noch sie abwertend auf die Stufe eines durch die Provinz tingelnden Zauberkünstlers stellen!

Was uns das Alter als Schutz gegen den totalitären Irrglauben der Wissenschaft – der eher eine Krankheit als ein Ideal und stets ein Zeichen moralischer Feigheit ist – tatsächlich bieten kann, ist nichts Geringeres als jenes *lebendige Wasser*, von dem der größte aller internationalistischen Anarchisten, der Jude Jesus Christus, der Frau am Brunnen seines Ahnen Jakob* sprach, nämlich das »Lebenselixier« der *gründlichen Gedanken*. Es sind dies die Gedanken, in denen Montaigne, wie uns Walter Pater in *Gaston Latour** klar macht, schon in der Blüte seiner Jahre die milde, distanzierte Haltung des Alters auskostete, die Gedanken, in denen sich die Weisheit des unpersönlichen »Alters« vieler Menschengenerationen ausdrückt, die mit ihren Homers und Shakespeares das Pendel der Welt – immer im weiten Schwung zwischen den beiden Extremen – zwischen Schicksal und Zufall, zwischen Geist und Fleisch im Gleichgewicht hält.

Am besten machen wir uns als Normalbürger vielleicht eine Vorstellung von der monströsen, abartigen Geistesverfassung, die in der Wissenschaft gang und gäbe ist, wenn wir über die Praxis der Vivisektion nachdenken.

Die Menschheit hat im Laufe ihrer Geschichte scheußliche Verbrechen gegen sich selbst begangen, sie hat ihresgleichen versklavt und gefoltert. Aber das finsterste unserer Verbrechen richtet sich nicht gegen Menschen. Es ist dies die grauenvolle Praxis der Vivisektion.

Gewiss herrscht in der Frage dieses Verbrechens tiefe Uneinigkeit unter den Völkern und Nationen, genau wie in der Frage der Folter gegen Menschen. Was letztere Abscheulichkeit betrifft, führen die Chinesen die schwarze Liste an, dicht gefolgt von den Spaniern und Russen, während sich die Skandinavier am wenigsten haben zuschulden kommen lassen. Im Hinblick auf die Vivisektion aber sind die Amerikaner die Schlimmsten, und wir Engländer folgen ihnen, zusammen mit den Russen, dicht auf den Fersen.

Es sind drei tiefgreifende und weit verbreitete Phänomene, die verhindern, dass wir den einzig richtigen Weg – die radikale Abschaffung der Vivisektion – wählen. Das erste ist das Gefühl des Ekels und des Entsetzens, das viele Menschen beim bloßen Gedanken an das Thema befällt. Das zweite ist eine abartige psychische Veranlagung namens Sadismus. Und das dritte ist die blinde Hörigkeit, die einfache Menschen der Heilslehre der Wissenschaft entgegenbringen.

Das erste dieser Phänomene rieselt kalt und betäubend auf uns herab wie Schnee. Das zweite führt unter den Eingeweihten zu einem heimlichen Geist der Freibeuterei und unter Außenstehenden zu Missverständnissen von unvorstellbarer Naivität. Das dritte aber – gefördert durch Propaganda aller Art, durch Staatsmacht, Strafandrohung und Verschleierung – zeigt an, dass wir in einem Maße, das noch vor zweihundert Jahren unvorstellbar gewesen wäre, zur eifernden Grausamkeit der spanischen Inquisition zurückkehren.

Unter den Gegnern der Vivisektion sind viele sehr junge und verhältnismäßig alte Menschen, aber kaum einer, der in der Mitte seines Lebens steht, und man fragt sich unwillkürlich, warum dies so ist. Meiner Ansicht nach ist die Antwort einfach: »*Die späte Einsicht des Alters, die Gedanken der zweiten Kindheit!*«

Bemühen wir uns zunächst, uns von den vordergründigeren und plumperen Erscheinungen der Kontroverse frei zu machen. Die geradlinigeren Verfechter der Vivisektion sind sicher oft empört über den rührseligen Quatsch von der »Rettung unserer kleinen Kindchen«, der zur Verteidigung der grausamen Versuche an lebenden Tieren gern vorgebracht wird; und ich weiß als stiller Philosoph unter den Gegnern aus eigener Erfahrung, wie abstoßend das romantisch-hysterische, süßlich-verklärte Heiliger-Franziskus-Getue wirken kann, das in den Kreisen meiner Mitstreiter manchmal vorherrscht.

Vom rein psychologischen Standpunkt aus betrachtet, hat die Tatsache, dass in unserer Musterkampagne gegen die neue Glaubenslehre eher das Alter als die Jugend die Minderheit anführt, jedoch gar nichts zu sagen. Einen Vorteil hat das Alter im Kampf der Menschlichkeit gegen die Wissenschaft ganz gewiss für sich zu verbuchen, und das ist die Fähigkeit, sich mit einfachen Worten auszudrücken!

Wenn wir dem verbrecherischen Tun Einhalt gebieten wollen, müssen wir es in der Öffentlichkeit anprangern; das heißt, wir müssen dem Mann und der Frau auf der Straße die unglaublichen Tatsachen, die diese feigen, hochgeehrten Folterer so geschickt verschleiern, vor Augen führen.

Warum, so fragt man sich, ignoriert die piekfeine Gesellschaft der BBC die Existenz der Vivisektionsgegner so hartnäckig?

Wenn jeder einfache Laie die Wahrheit – die schlichte, objektive Wahrheit – über die Vivisektion kennen würde, so wäre zweifellos der wichtigste Hinderungsgrund gegen ihre Abschaffung bereits beseitigt. Breiten die Interessenvertreter der Wissenschaft vielleicht *deshalb* den Schleier des Schweigens über das Thema aus? Und wie sie sich andererseits winden, um ihre Sache zu verteidigen! »Das kann ein Laie nicht verstehen«, sagen sie, und dann wiederum: »Jeder kann sehen, wie viel Gutes wir für die Menschheit tun.« In Wahrheit ist ihnen die Menschheit völlig gleichgültig. Setzen Sie nur einmal einen Fuß in diese Folterkammern, und schon wird ein Weißkittel herbeieilen, einer der »Helden der Wissenschaft«, von denen die propagandistische Presse in Worten und Bildern behauptet, »sie opferten ihr Leben für die Menschheit«, und Ihnen die Augen zuhalten. »Rein wissenschaftlich«, wird er sich eilends entschuldigen. »Sehen Sie nicht hin! Hören Sie nicht hin!«

Ihre einzige Leidenschaft gilt dem Wissen um jeden Preis. Man sollte einen wissenschaftlichen Namen für diese Perversion erfinden, die sich auf lange Sicht als gefährlicher erweisen wird denn Mord und Totschlag. Von diesen Wahnsinnigen zu sagen, sie »opferten ihr Leben«, ist eine der lächerlichsten und absurdesten Verdrehungen der Wahrheit, die man sich vorstellen kann. Die Tiere sind es, die »ihr Leben opfern« oder deren Leben vielmehr »geopfert« wird.

Was einer meiner Freunde einmal zu sehen bekam, bevor ihn einer dieser Weißkittel hinausdrängte, die im

Namen der Wissenschaft zu Tode foltern, waren Dutzende von Hunden, die mit freigelegten Eingeweiden in unterschiedlichen Stellungen »gekreuzigt« waren.

Es wäre doch interessant, in diesem Zusammenhang – ich meine, angesichts dieser aufgeschlitzten und gekreuzigten Hunde – festzustellen, welches Stadium das sich langsam entwickelnde Gewissen eines durchschnittlichen Christen erreicht haben muss, bevor er in seiner Verehrung stellvertretenden Leidens in *jedem* unschuldigen Opfer menschlicher Grausamkeit einen *Erlöser der Welt* sieht.

Was ich sage, ist weder gotteslästerlich noch gefühlsduselig. Es ist der *Logos* der unter dem Druck der Evolution weiter entwickelten Philosophie Jesu Christi. Wenn wir die Offenbarung, die Revelation – oder sagen wir lieber, die *Revolution* –, die Jesus Christus uns gebracht hat, auf die Welt der Tiere ausweiten, so gehorchen wir damit lediglich dem göttlichen Geist in der Evolution der Menschheit, den Jesus uns als Vermächtnis nach seinem Tode verheißen hat.

Gerade so, wie im fünften Jahrhundert die ketzerischen Monophysiten* mit ihrem Kriegsschrei – »Dreimalheilig, du einzig und alleiniger Gott, der du für uns gekreuzigt worden bist, erbarme dich unser!« – die Scharen der Orthodoxen in den Straßen von Konstantinopel in Angst und Schrecken versetzten und zum symbolischen Widerstand herausforderten, so sollten jene unter uns, die sich heute dem Aufstand gegen den Imperialismus der Wissenschaft angeschlossen haben, imstande sein, in ein Protestgeschrei auszubrechen, das die »für die Menschheit sich opfernden Weißkittel« in ihren geheimsten Folterkammern erzittern ließe.

Und so, wie viele der nicht am aktiven Kampf gegen Faschisten und Nazis Beteiligten Tag und Nacht beten, dass Hitler besiegt werden möge, sollten wir, die wir nicht den Mut aufbringen, es den Christen nachzutun, die sich aus Protest gegen die Gladiatorenkämpfe vor die Löwen warfen, Tag und Nacht für die Abschaffung der Vivisektion beten.

Und unsere Gebete sollten so *konkret* und *direkt* sein, wie nur irgend möglich. Was ist es denn, dieses Beten, wenn wir es auf seine eigentliche, unanfechtbare Bedeutung reduzieren, auf das Wesentliche, das zu nichts anderem verfälscht und durch kein Argument weggeleugnet werden kann?

Das nun ist wahrhaftig ein Thema, das ins Fach der Alten fällt. Sind junge Leute Experten in der Kunst der Liebe, so sind es die Alten in der Kunst des Betens. Und das Beten ist, nach dem Tanzen, die älteste aller Künste. Es ist ein Experiment, das so alt ist, dass alle wissenschaftlichen Experimente daneben zum Nichts verblassen. Es wird von der gesamten Menschheit praktiziert, seitdem der erste Homo sapiens auf unserem Erdball erschien. Es liegt ganz und gar nicht jenseits des Möglichen, dass die intelligenteren unter den Tieren dieses gleiche Experiment schon seit langem machen; und das nachsichtige Lächeln, mit dem wir eine solche Vorstellung zurückweisen, verrät nur die Scheuklappen, die unseren Blick so verengen, dass wir nichts anderes als unsere eigene Spezies sehen.

Natürlich ist es ein zwiespältiges Experiment, wie jeder weiß. Einerseits streben wir danach, den Lauf des Schicksals umzulenken, andererseits bitten wir um die Kraft und die innere Stärke, unser Schicksal zu erdulden.

Wenn aber die einseitige Manie, Charakter und Gewissen zugunsten der wahnhaften Leidenschaft für das Wissen über Bord zu werfen, erst einmal vergeht, wie es jede derartig eingleisige Manie irgendwann einmal tut, kann man sich leicht vorstellen, dass das Interesse an der größten aller wahrhaft evolutionären Wissenschaften wieder aufleben wird: der Wissenschaft und der *Kunst* nämlich, den Körper durch den Geist zu beherrschen.

Der Körper eines alten Menschen ist wie die Fiedel eines alten Geigers oder wie die Farbenpalette eines alten Malers. Er hat gelernt, mit diesem Medium, das ihm so vertraut ist, Kunststücke zu vollbringen, die der leidenschaftlichen Jugend und dem pragmatischen mittleren Alter wie wahre Wunder erscheinen müssen. In dieser großen *Wissenschaftskunst* der Beherrschung des Körpers durch den Geist geht gerade erst der Vorhang zum – nennen wir es einmal so – zweiten Akt auf.

Wie schwungvoll wird erst, wenn sich der Vorhang zum dritten Akt hebt, unser zählebiges Ego seinen glänzenden Diener, den Körper, schwenken und wirbeln, drehen und wenden! Wir betrachten unser heikles Thema im Augenblick aus der Sicht des Gewissens eines einfachen alten Mannes; und mir will scheinen, dass sich ein solches Gewissen nicht annähernd so leicht von unterdrückten Leidenschaften und wahnhaften Neigungen ablenken lässt wie das eines jungen Menschen.

Sklaverei und Vivisektion sind die zwei schlimmsten Verbrechen, die die Menschheit je ersonnen hat, und in beiden Fällen haben sich einleuchtende und wohltönende Argumente zu ihrer Rechtfertigung gefunden. Das erste dieser Argumente stützt sich auf das Abstraktum, das wir »Notwendigkeit« nennen, und das Gewissen des einfachen Menschen riecht Unheil, kaum dass ihm dieses gefährliche Wort zu Ohren kommt! Sklaverei und Vivisektion, so versichert man uns, sind notwendig für das körperliche Wohlergehen des Menschen.

Was aber ist mit seinem moralischen Wohlergehen? Was ist mit seiner Seele? Das führt uns zum zweiten wohltönenden Argument. Ein Tyrann, der sein eigenes Volk in die Knechtschaft und seine Nachbarn in die Sklaverei zwingen will, kann sich in unseren Tagen der unfehlbaren Wissenschaft auf das angebliche »Gesetz vom Überleben des Stärkeren« berufen. Durch Gott oder die Evolution sind manche Menschen zu Übermenschen erkoren und manche Völker zu Übervölkern, klüger, wilder, stärker, kriegerischer als alle anderen. Und dass diese keine Skrupel haben, sich über andere zu erheben, liegt im Willen und in der Absicht Gottes – sofern wir uns über *ihn* überhaupt Gedanken machen – oder der Evolution.

Das dritte Argument, dessen sich Sklaventreiber, Faschisten und Befürworter der Vivisektion bedienen, ist völlig anderer Art und wesentlich subtiler, scheinbar treffender, überzeugender und heimtückischer.

Mit diesem dritten Argument »zitiert«, wie es so schön heißt, »der Teufel die Bibel«. Die fanatischen Eiferer der heiligen apostolischen Kirche der Wissenschaft führen, mit anderen Worten, das gleiche Argument ins Feld wie Iwan Karamasows Großinquisitor: dass es nämlich legitim sei, zu foltern, wenn dadurch Seelen gerettet und Krankheiten kuriert werden, wenn es Gott und dem Glauben, der Gerechtigkeit, der Wahrheit und der Schönheit dient.

Von diesem dritten Argument und seinem idealistischen Anspruch hat sich schon mancher scharfsinnige Intellektuelle täuschen lassen. Beispielsweise erklärt es die Ansicht griechischer Philosophen, die Sklaverei könne, indem sie einigen wenigen ein vollkommenes Leben ermöglicht, zur positiven Entwicklung der menschlichen Spezies beitragen.

Was dem *Protest der Alten* gegen diese Glaubenslehre eine so gefürchtete Wirkung verleiht, ist die Angst der Interessenvertreter der Wissenschaft – derer also, die dieser grausamen Praxis nicht nur materiellen Wohlstand, sondern auch Ruhm und Ehre verdanken – davor, dass die Masse der Normalbürger erkennen könnte, welche entsetzlichen Schrecken sich in den so harmlos als »Forschungslabors« bezeichneten Folterkammern abspielen.

Und dass diesen Inquisitoren vollkommen klar ist, wie die Öffentlichkeit reagieren würde, wenn sie wüsste, was in den Tempelhallen vor sich geht, in denen dieses monströse Idol eines Baphomet-Molochs* verherrlicht wird, dieser Gott des Wissens um jeden Preis, zeigt sich an zwei Dingen ganz deutlich – *erstens* an der Art der Propaganda, die sie betreiben, und *zweitens* an ihrer eigenen nervösen Reizbarkeit.

Vielleicht besteht ein proportionaler Zusammenhang zwischen dem Nachlassen sexueller Gelüste und der Fähigkeit alter Menschen, die moderne Wissenschaft ins richtige Licht zu rücken. Jedenfalls ist, wie jeder weiß, der seinen *Faust* gelesen hat – ganz zu schweigen von Byrons *Manfred*,* dieser tragikomischen Geschichte eines jugendlichen Verrats –, das Begehren, Macht über die Natur zu gewinnen, ein ebenso zerstörerischer Trieb wie das Begehren, Macht über Frauen zu erlangen.

Ja, es ist eine der Ursachen, die zum gegenwärtigen Leiden der Welt geführt haben. »Kein Bischof – kein König!«* Keine Physik – kein Totalitarismus!

Genauso wie im Fall der industriellen Revolution waren auch die Folgen der modernen Wissenschaft von Anfang an in nahezu jeder Hinsicht fatal; und sie werden es weiterhin sein, bis es dem gesunden Menschenverstand und dem Moralgefühl des einfachen Volkes gelingt, die Schräglage dieser intellektuellen Bemühungen durch einen ausgeglichenen menschlichen Charakter zu beheben.

Einer der *Hauptgegenstände* des gegenwärtigen Krieges, was immer seine *Ursachen* gewesen sein mögen, ist der Kampf zwischen unpersönlicher Leistung und persönlichem Glück. Und während dieser Kampf noch unentschieden hin- und herwogt, sieht sich unsere Seite fatalerweise zunehmend genötigt, sich der Waffen des Feindes zu bedienen. Noch ist es nicht so weit gekommen, dass wir unsere Gefangenen zwingen, »Rule Britannia«* zu singen, aber es tritt immer deutlicher zutage, welchen Vorteil es hat, wenn die Entscheidung über Strategien und politische Schritte bei einer zentralen Stelle liegt. Und doch sind wir im Grunde unseres Insulanerherzens nach wie vor der festen Überzeugung, dass dieser ganze faule Zauber der Diktaturen, der »Führer« und der totalitären »Erlöser«, von einem gesunden, menschlichen Standpunkt aus betrachtet, nicht nur gefährlich, sondern auch feige und verachtenswert ist.

Nie war die Wurzel der Freiheit – ich spreche von den Rechten des Einzelnen – in so großer Gefahr wie heute. Das Recht des Einzelnen, so leichtfertig zu sein, wie es ihm beliebt, zu denken, was er will, zu sagen, was er will, so zu lieben, wie es ihm gefällt, zu essen und zu trinken, was er möchte, solange er das Recht anderer, dasselbe zu tun, damit nicht beschneidet, wird zur Stunde in seinen Grundfesten erschüttert.

Und das ist ganz schlecht. Ein Mensch kann so anarchistisch denken, wie es ihm gefällt; solange er die Gesetze befolgt und seinen Lebensunterhalt auf ehrliche Weise verdient, ist es sein gutes Recht, seine eigene Regierung ebenso zu kritisieren wie jede andere. Es ist auch sein gutes Recht, die Staatsform als solche zu kritisieren, wenn er sich an die Gesetze hält, solange sie Gesetze *sind*.

Dieses Recht garantiert ihm die Tatsache, dass er als Mensch geboren wurde und nicht als Insekt. Aber die Jugend ist zu beschäftigt mit ihren Liebesgeschichten, und die etwas Älteren haben zu viel zu tun mit den praktischen Dingen des Lebens, um zu bemerken, mit welcher *Entmenschlichung* uns die moderne Wissenschaft, vertreten durch ihre führenden Köpfe, droht. Der Triumph der Wissenschaft wird, wie der Sieg der Nazis, das Zeitalter des *totalitären Ameisenhaufens* einläuten. Und nur die lange irdische Erfahrung des Alters steht zwischen uns und der biologischen Katastrophe.

Der zentrale Gedanke des Faschismus basiert auf der hegelschen Philosophie; und die hegelsche Philosophie birgt in sich die gefährlichste Idee, die der Mensch je ersonnen hat, nämlich die Idee *des Absoluten*. Darin kommt die Vorstellung eines in sich geschlossenen »Blockuniversums« zum Ausdruck, aus dem es, wie aus einer Schlange, die sich in den Schwanz beißt, kein Entrinnen gibt.

Wie weise war doch Goethe, dieser unangefochten Größte aller Deutschen, als er in seinem Gespräch mit Eckermann sagte: »Da lobe ich mir das Studium der Natur, das eine solche Krankheit nicht aufkommen läßt!«*

Wenn wir aus unserer Sternendimension ein Absolutes machen, ist alles verloren. Unser lächerlich begrenztes Universum wird zum *einzigen, was existiert,* während unser gleichermaßen beschränkter Menschenverstand, nachdem er sich selbst auf den Namen »Geist« umgetauft hat – ein Wort, das alles bedeuten kann –, zur *Idee*, also zur immanenten Wahrheit und einzigen

Wirklichkeit wird; er wird also, mit anderen Worten, zum Absoluten!

So ist das Zauberkunststück vollbracht, und die hegelsche Philosophie würde Kants wahrer Philosophie, wenn diese sagt, dass sich das »Ding an sich« unserem Begriffsvermögen entzieht, entgegenhalten, der Geist des Menschen sei das Ding an sich, seine Vorstellung das Absolute.

Da haben wir es! Wenn wir erst einmal das Geheimnis der Natur und das Multiversum durch ein in sich geschlossenes »Blockuniversum«, wie William James es nennt, ersetzen, dessen Geist der Mensch ist, dann wird der Mensch alsbald zum Absoluten.

Und was geschieht dann? Nun ja, wenn der Mensch das Absolute ist, verschwindet der kategorische Unterschied zwischen Gut und Böse. Gut ist, was dem Menschen-Absoluten gefällt; böse ist, was dem absoluten Menschen nicht gefällt. Und wenn es ihm gefällt, seine wissenschaftliche Neugier zu befriedigen, indem er hilflose Kreaturen foltert, so gibt es keinen kategorischen Imperativ – tiefgründiger als das Leben und älter als die Erde –, der ihn an seinem blutigen Werk hindern würde. Er selbst ist das totalitäre *Ganze*; die ultimative, kosmische *Nummer eins*; und außer ihm gibt es nichts. Alles ist ihm erlaubt, nichts ist verboten.

Die hegelsche Idee, den Menschen zum Absoluten und das astronomische Raum-Zeit-Gefüge zur *einzigen existierenden Realität* zu erklären, ist eine Vorstellung, die Schrecken aller Art mit sich bringt. In einer solchen Welt ist buchstäblich *nichts* von Bedeutung, kann und wird nichts je von Bedeutung sein. In dem Moment aber, in dem wir unser Augenmerk auf ein reales, lebendiges Individuum richten, bricht die ganze Theorie in sich zusammen. Der Mensch kann alles sein, weil er im Grunde nichts ist.

Das einzige »göttliche Orakel«* ist, wie Emily Brontë sagt, der Gott, der in uns selber spricht. Die einzige wahre moralische Instanz ist das Gewissen des Menschen, und das Gewissen des Menschen vermittelt das, was mit dem Verstand nicht erfassbar ist.

Das Gewissen entscheidet, was richtig oder falsch ist, nicht nur für den Einzelnen, sondern auch für den Staat und die Menschen im Allgemeinen. Weder Kirche noch Staat und ganz gewiss nicht die Familie hat das Recht zu entscheiden, was gut oder böse ist. Der einzige Diktator in dieser Sache ist die geheimnisvolle Stimme oder vielleicht auch die geheimnisvolle Stille, deren schwaches, irrationales und unwissendes *Medium* die Seele des Einzelnen ist. Daraus folgt, dass ein solches Urteil immer relativ ist, und *daraus* wiederum folgt, dass der gegenwärtige Krieg ein Kampf auf Leben und Tod zwischen dem teuflischen Absoluten und dem göttlichen Relativen ist.

In der Geschichte der Menschheit hat es Kriege zwischen Völkern gegeben, und es hat Glaubenskriege gegeben, aber das, was wir jetzt erleben, ist etwas anderes. In diesem Krieg stehen sich als Gegner zwei Lebensprinzipien gegenüber, deren jedes in seiner eigenen metaphysischen und psychologischen Weltsicht begründet ist.

Hinter Hitlers und Mussolinis Armeen, hinter den spanischen Reaktionären und den Quislings in Norwegen* steht finster und drohend das *Gespenst des Absoluten*, wie es die mörderische Philosophie Hegels zeichnet. Es lauert hinter OGPU* und Gestapo gleichermaßen. Es lauert auch hinter der katholischen Kirche.

Wo immer das »Mysterium tremendum«* in Kirche oder Politik durch eine strenge Orthodoxie definiert und dem Volk aufgezwungen wird, findet man das hegelsche Absolute. Als der Arier Hegel* den Juden Heine einmal höhnisch fragte, ob er gar noch ein Trinkgeld dafür wolle, dass er seine kranke Mutter gepflegt und seinen Herrn Bruder nicht ermordet habe, hätte dieser ihm die homerische Antwort geben sollen: »Ich fürchte mich vor den Erinnyen meiner Mutter!«

Wir stehen am Beginn eines neuen Zeitalters, und wenn es wirklich ein Zeichen dafür geben sollte, dass der Geist Gottes über den Ozeanen schwebt, so wäre dies die Abschaffung der Vivisektion und die Erkenntnis, dass über allem – über Krieg, Geschäft, Klassen- und Rassenschranken, über Produktion und Verteilung, über der Aneignung von Wissen und Macht, über Reichtum, Vergnügen, Religion und Wissenschaft – ein einfacher Grundsatz steht, der praktizierbar, barmherzig und von Humor getragen ist: der Grundsatz *schlichter Güte*!

Das Alter, von welchen Gebrechen es auch gezeichnet sein mag, teilt seine Erfahrungen mit denen des Himmels. Aber es ist unerlässlich, dass wir in ganz präzisen philosophischen Begriffen definieren, was wir mit dieser »Güte« meinen, der, wie die Dinge liegen, allein das Recht zusteht, die Welt zu regieren.

Und aus diesem Grund habe ich ihr, auf die Gefahr hin, Missfallen damit zu erregen, das etwas ungewöhnliche Attribut des Humors zugeordnet. Denn es ist vor allem notwendig, einen kategorischen Imperativ, der die Welt regieren soll, vor jeder Art von Fanatismus zu bewahren, und es gibt in meinen Augen keinen besseren Schutz vor Fanatismus und Bigotterie als eine gesunde Portion unerschütterlichen Humors.

Wenn der gegenwärtige Krieg beendet ist, wenn Hitler und Japan besiegt sind – und wir wollen die Hoffnung nicht verhehlen, dass sie bei ihrem Untergang die grausamen und lächerlichen Reaktionäre Spaniens gleich mitreißen mögen –, besteht die Chance, dass sich am Zustand der Menschheit etwas zum Positiven verändert.

Dass ich Franco und seine grotesken »Blauhemden« nicht nur als grausam, sondern auch als lächerlich bezeichne, hat seinen guten Grund. Für das Empfinden des einfachen Menschen hat fanatischer Glaubenseifer, so grausam er sich äußern mag, immer auch etwas Lächerliches an sich. Und genauso empfinden es Rabelais und Shakespeare, Cervantes und Montaigne.

Der Autor des Don Quijote führt uns die Lächerlichkeit eines solchen heiligen Eifers vor Augen, indem er Sancho Pansa seinem Esel den flammenbemalten *Sanbenito** anziehen lässt, dieses Machtsymbol der schärfsten Konkurrentin der Vivisektion, der monströsesten und lächerlichsten Institution, mit der sich die

Menschheit im Laufe ihrer Geschichte ein schändliches Zeugnis ausgestellt hat – der *heiligen Inquisition*.

Die schlichte Güte, der jede Grausamkeit verhasst ist, ist mit Vernunft und Logik nicht erklärbar. Was mir vorschwebt, wenn ich einfach nur die Silben des Worts artikuliere, ist eine Kraft, ein Inbegriff, eine schöpferische Energie, ein Lebenssaft, ein elektromagnetischer Strom, eine innere Schwingung, etwas, das jeden Versuch, es zu benennen und einzugrenzen, in einem rauschenden Schwall hinwegschwemmt und zunichte macht.

Es ist jedoch aus einem bestimmten Grund so ungemein wichtig, darauf hinzuweisen, dass der Humor untrennbar mit dem Inbegriff der Güte verbunden ist: Wenn uns nämlich der entsprechende Inbegriff des Bösen begegnet, brauchen wir das Beste des *Guten*, um es abzuwehren.

Vom Standpunkt der philosophischen und psychologischen Analyse aus betrachtet, ist *dumpfer, passiver Hass* der Inbegriff des Bösen; daraus folgt logischerweise, dass der wichtigste Aspekt der Güte das genaue Gegenteil, nämlich *tätige Liebe* sein muss! Aber an diesem Punkt müssen wir noch etwas anderes in Betracht ziehen.

Ich meine damit die Tatsache, dass das Leben ganz und gar nicht vergleichbar ist mit den logischen Schlussfolgerungen der philosophischen Analyse, dass es stets dazu neigt, auszubrechen, überzuströmen, durchzusickern, sich Bahn zu brechen.

Fassen wir also unseren Inbegriff der »Güte« – mit anderen Worten: die *tätige Liebe* – noch einmal mit der Absicht ins Auge, ihn zu bereichern und zu verstärken, indem wir ihm noch mindestens einen der flüchtigen, nicht greifbaren, undefinierbaren, unserem Wesen innewohnenden Impulse zuordnen, die, wiewohl *per se* weder »gut« noch »böse«, die merkwürdige Eigenschaft haben, den logischen Gegensatz von passivem Hass und tätiger Liebe durcheinander zu bringen, zu verwischen, zu überwinden, neu zu bewerten, zunichte zu machen, zu sprengen, sich ihm zu entziehen und ihn im pantagruelischen Sinne zu *metagrabolisieren*.

Und welcher dieser überströmenden anarchischen Ströme könnte unseren Zwecken besser dienen als das, was wir »Humor« nennen? Hier muss gesagt werden, dass zwischen dem Humor und seinen vielen zufälligen Schlachtenbummlern Welten liegen. Aber gerade deshalb, weil der Humor souverän genug ist, sich mit seinen sonderbaren Bettgenossen abzufinden, wird die Kluft zwischen ihm und ihnen immer größer, je kultivierter die Gesellschaft wird.

Der Mann auf der Straße weiß ganz genau, worin das wahre Wesen des Humors besteht, aber er wäre außerstande, es in verständlichen Worten zu beschreiben. Jedenfalls aber spüren wir alle, dass sich der wahre Humor in seinem Wesen vom Sarkasmus, vom Witz, von der Albernheit, Possenreißerei und Koketterie, von der Ironie und von jeder Art der schelmischen Spaßmacherei unterscheidet.

Ich glaube, er ist eine Frage des *Charakters*. Tiefgründiger, echter Humor hat meiner Ansicht nach etwas mit den unveränderlichen Charakteranlagen eines Menschen zu tun. Ein humorvoller Mensch zeichnet sich im

Kern seines Wesens durch eine gewisse »zerstreute Verschrobenheit«* aus – wie Lamb es einmal genannt hat, wenn ich mich recht erinnere – oder, wenn Ihnen das lieber ist, durch eine gewisse abgeklärte Distanziertheit, die voller ursprünglicher Lebenskraft ist.

Und wie in alle elementaren menschlichen Eigenschaften mischt sich auch in den wahren Humor eine Spur von Unergründlichkeit. Er wäre keine Eigenschaft der menschlichen Psyche, wenn dem nicht so wäre – denn in der Beschaffenheit der menschlichen Psyche liegt das letzte Geheimnis, *nicht etwa* in den so genannten Gesetzmäßigkeiten oder in den Beobachtungen zur »elektromagnetischen« und »chemischen« Zusammensetzung der physikalischen Welt; und nur dort können wir nach den Geheimnissen des Lebens suchen, die jenseits unseres Universums liegen.

Bei unserer Analyse des Humors wird deutlich, welches Gewicht wir dem Alter allein schon deswegen beimessen müssen, weil es auf eine so lange Erfahrung zurückblicken kann. Je länger sich uns eine Sache in ihrer Vielschichtigkeit und mit allen ihren Widersprüchen zeigen kann und je länger wir Gelegenheit haben, ihre Wirkung zu beobachten, umso genauer und gründlicher können wir sie deuten.

Solange die Wissenschaft fortfährt, die Bewusstseinsprozesse zugunsten physikalischer Vorgänge zu vernachlässigen, wird ihr der Blick dafür verstellt bleiben, welche Wunder der Geist – nicht nur der menschliche, sondern auch der von Hunden und Affen – über die Materie vollbringen kann.

»Zurück zum Geist! Alle Macht dem Geist!« So und nicht anders müsste die Devise unserer Generation lauten. Zurück zu unserem »gläsernen Kern«, zurück zur Psyche, zur Seele, zur Persönlichkeit, zum Ego, zum Geist, zum Bewusstsein und sogar, um mit Kant zu reden, zur »synthetischen Einheit der Apperzeption«*.

Da wir nun Kants einleuchtenden Verweis unserer rationalen Erkenntnismöglichkeiten in die Grenzen von Raum und Zeit akzeptieren und uns gleichzeitig eingestehen müssen, dass es außer diesem räumlich-zeitlichen Universum *noch* etwas gibt, kommen wir nicht umhin, all jene mystischen Instanzen, Ahnungen, Erscheinungen und Erleuchtungen rigoros zurückzuweisen, die, wie die Dinge liegen – das heißt, den unausweichlichen Kategorien unseres Bewusstseins entsprechend –, uns das, was jenseits von Raum und Zeit liegt, nicht offenbaren können.

Zwei grundsätzliche und ungemein wichtige Einschränkungen müssen wir in dieser Angelegenheit allerdings machen, deren erste mit der Tatsache zusammenhängt, dass wir, wiewohl wir absolut keine Ahnung haben, was außerhalb von Zeit und Raum existiert, ohne jeden Zweifel wissen, dass es ein solches »Außerhalb« gibt – und deren zweite etwas mit der Beschaffenheit unseres *Gewissens* zu tun hat.

Diese beiden Dinge sind tatsächlich das einzig ehrliche »transzendentale Geschenk«, mit dem unser Bewusstsein seinen Raum-Zeit-Hüter bestechen kann.

In meinen Augen können wir nichts anderes tun, als uns mit vollem Herzen der kantschen Kritik anzuschließen. »Warum?«, fragen Sie, und ich werde Ihnen sagen, warum. Weil sie sich auf die *unausweichlichen Bedingungen allen Denkens gründet.*

Dennoch bleibt die Einschränkung der beiden genannten transzendentalen Aspekte bestehen; und sie können unsere gesamte Dimension erfassen und zurückstoßen. Dem Chorgesang im griechischen Drama ähnlich, erinnern uns die Stimmen der Alten unaufhörlich daran, dass unser stellares Universum nicht alles ist, dass es Lebensdimensionen außerhalb des einen »Kerkers« gibt, in dem wir »gefangen und eingepfercht« sind[*].

Zugleich zwingt uns die Unausweichlichkeit des Denkens selbst zu der Erkenntnis, dass es, auch wenn wir niemals wissen werden, was es ist, *in uns etwas gibt*, das zum verstandesmäßig nicht Erfassbaren, außerhalb unserer Kategorien von Raum und Zeit Liegenden gehört.

Das Schlimmste aber ist, dass die verantwortungslosen Wissenschaftler mit ihrem lächerlichen und bigotten Gehabe nicht nur taub sind für das Gewissen, die moralischen Grundsätze, die Philosophie, Geschichte und Dichtung der Menschheit, sondern auch den selbstverständlichsten, offenkundigsten gesunden Menschenverstand negieren.

Kann man nicht *auf den ersten Blick* erkennen, wie unwahrscheinlich es ist, dass in einer unvorstellbaren »Ewigkeit« – allein diese Idee zeugt von einer aberwitzigen Logik, denn was sollen wir uns denn, bitte schön, unter einer solchen »Ewigkeit« des Nichts vorstellen? –

ein blindes, taubes, stummes, nichts fühlendes Universum in seinen Angeln schwingen soll, *außerhalb dessen es nichts mehr gibt*?

Aber dieses absurde Dogma, das den normalen Verstand mehr stutzen lässt als jeder theologische Glaubenssatz von der »Erbsünde«, der »Erlösung« oder der »göttlichen Gnade«, ist die unverfrorene Behauptung, die dem lächerlichen Schlagwort unserer Tage von der »Wissenschaft, die lehrt« zugrunde liegt! Die Ähnlichkeit zwischen dem autoritären Ton dieses »Lehrens« und der Art, wie die Professoren der Kirche ihre Weisheiten unters Volk zu bringen pflegten, ist wahrhaftig verblüffend.

Und wie gründlich lassen wir uns von diesen neuen Inquisitoren einschüchtern! Machen Sie doch einmal den Versuch, mein skeptischer Leser, den gewohnten Ablauf in einem dieser Teufelskreise der Folter zu stören, und Sie werden sehen, mit welcher Verachtung Ihnen die Weißkittel begegnen, die hier den »Herrscher des Universums« vertreten!

Wenn unsere fanatisierten jungen Leute, deren Köpfe angefüllt sind mit den neuesten Parolen und Schlagwörtern der Wissenschaft, ihre unangepassten, unbekehrbaren, unbelehrbaren und von keiner Propaganda zu beeindruckenden Großeltern kaltschnäuzig zum alten Eisen werfen, um es einmal bildlich auszudrücken, pflegen sie zu vergessen, dass anderen planetarischen und irdischen Erscheinungen in manchen Ländern allein deshalb religiöse Verehrung entgegengebracht wurde und wird, weil sie schon so lange existieren, weil sie fast ein Jahrhundert lang die Sonne haben auf- und untergehen, den Mond seine Phasen durchschreiten sehen!

Alte Städte, alte Bücher, alte Gemäuer, alte Bäume, alte Bilder, alte Mythen, alte Berge, alte Flüsse, alte Tiere der Lüfte, des Landes und des Wassers werden – hier könnte ich Homer und Aischylos, Shakespeare und Rabelais als meine Zeugen aufrufen –, einem dem Menschen immanenten Instinkt folgend, höher geschätzt als Wesen oder Dinge der gleichen Art und Herkunft, die, wie »es« geschrieben steht – und dieses göttliche, anonyme »Es« benutzen wir nur für die größten unserer *Logoi* –, »nicht lange genug leben, um soviel zu seh'n«*!

»Wir wären froh, wenn es uns vergönnt gewesen wäre, mehr zu sehen und so lange zu leben wie Sie, mein ehrenwerter Herr«, mag uns ein jugendliches Opfer des gegenwärtigen Krieges entgegenhalten, »aber zum Glück für Sie haben *wir* unser Vaterland über unser Leben gestellt.«

Da haben wir es! Wenn wir anfangen, über Kriegsopfer zu streiten, kennen die Befangenheit, Beschämung, heimliche Entrüstung und verdeckten Vorwürfe, die sich ohne unser Zutun in unserem menschlichen, ach so menschlichen Herzen regen, keine Grenzen.

Eines allerdings müssen in diesem uralten Streit alle Beteiligten zugeben: Durch die bewundernswerten wissenschaftlichen Fortschritte, die wir in der Kunst der Luftangriffe und des Bombenabwerfens erzielt haben, ist der jetzige Krieg, wenn es um die Chancengleichheit beim Sterben und Leiden geht, ein viel *gerechterer Krieg* als der letzte.

Bei einem erfolgreichen, wissenschaftlich geplanten Luftangriff auf eine dicht bevölkerte Stadt macht der Tod keinen Unterschied zwischen alt und jung, männlich und weiblich, und es gibt viele Frauen und vermutlich nicht wenige alte Männer, die das auch richtig so finden.

Aber die Frage, die gestellt werden muss, ist ganz einfach. Wer ist dafür verantwortlich, dass die Zerstörungskraft in diesem Krieg größer ist als die sämtlicher mittelalterlicher Ostgoten, Westgoten, Wandalen, Hunnen, Burgunden, Lombarden, Sachsen und Jüten zusammen? Wer hat die skrupelloseste, heimtückischste, schmutzigste, verderblichste, entwürdigendste, erniedrigendste, entmenschlichendste Hölleninstitution, die es je gab, möglich gemacht?

Ich meine damit natürlich die *Propaganda* oder die Zwangsrekrutierung aller Köpfe unter siebzig. Wer hat diese monströse, despotische, unmenschlich wütende Macht über den Geist, die Seele und den Körper der Menschen möglich gemacht? Was hat dem modernen Tyrannen eine Macht verliehen, angesichts derer Tamerlan und Dschingis Khan, Nero, Tiberius und Kaiser Justinian* krank werden würden vor Neid? *Die Wissenschaft!* Was macht OGPU und Gestapo möglich? *Die Wissenschaft!* Wer hat die schwarze Kunst der *Seelenvivisektion* erfunden, die für Hitlers Aufstieg zur unumschränkten Macht verantwortlich war? *Die Wissenschaft!*

Was hat die humanistischen, inspirierenden, faszinierenden, heilsamen, beruhigenden, aufbauenden Ideen der wahren Philosophie in unserer modernen Welt durchlöchert, zersetzt, aufgelöst und durch grobe und aberwitzige Irrmeinungen ersetzt? *Die Wissenschaft!* Was hat die zentrale Achse unserer Moral und unseres Denkens und Fühlens aus den Angeln gehoben und ihr einen schiefen, gefährlichen Drall gegeben, sodass wir nun statt eines harmonischen Zusammenwirkens unserer angeborenen Fähigkeiten und philosophischen Kräfte, statt eines Moralgefüges, das uns befähigt, unseren Alltag klug und integer zu meistern, ein Sammelsurium vergänglicher, nicht zu verwirklichender und durch nichts begründeter Hypothesen haben, die ausschließlich um physikalische, chemische und elektromagnetische Aspekte kreisen, ein Sammelsurium, das »Entropie«, »Relativität« und »Quantenmechanik« an die Stelle des schöpferischen Geistes setzt, den wir *aus uns heraus* begreifen können, weil wir *selbst daran teilhaben*? Die Wissenschaft!

Das Größte, was die Evolution hervorgebracht hat, seitdem die Kugel aus glühendem Gas zu dem Planeten abgekühlt ist, wie wir ihn heute kennen, ist weder Buddhismus noch Christentum. Es ist nicht einmal der Konfuzianismus. Es ist schlichte, unmissverständliche *Güte*, gleichgültig, ob sie bei einem Tier oder bei einem Menschen in Erscheinung tritt.

Und gegen welches Ziel hat die Wissenschaft die schärfste Speerspitze ihres höllischen Arsenals, den massivsten Angriff ihrer tödlichen Streitmacht wider das Gewissen gerichtet?

Gegen eben das – gegen Gnade, Barmherzigkeit und Mitgefühl. »*Alles liquidieren!*«, lautet die Parole unserer *Vita Nuova* und: »*Platz da für die Roboter!*« Was dem gegenwärtigen Krieg tatsächlich zugrunde liegt, ist eine Frage, die den ganzen Planeten, die gesamte Menschheit und ihre Chance, *als Menschheit* zu überleben, betrifft. Es ist eine biologische Frage im wahrsten evolutionären Sinn! Denn es geht darum, was für eine Art von Geschöpf unserem Wunsch nach das Erbe der Erde antreten beziehungsweise nicht antreten soll: eines, dessen höchstes menschliches Ideal die Freude an der Macht ist, oder ein kultiviertes Wesen, das Gewalt und Brutalität verabscheut und dessen hervorstechendste Eigenschaft eine Güte ist, die von Herzen kommt.

Und was hat die unfehlbare Stimme der Wissenschaft zu diesem Thema zu sagen? *Sie schweigt sich aus!* Wie nicht anders zu erwarten, hat die Wissenschaft da, wo die Menschheit tatsächlich eine kluge Führung gut gebrauchen könnte, nichts zu »lehren«.

So ist es mit allem anderen auch. Verglichen mit Religion und Philosophie, von denen sich die Menschheit von Anbeginn in ihrem Handeln hat leiten lassen, ist dieser zerstörerische, längst überholte moderne Kult so sprachlos wie Dagon »auf der Schwelle seines Tempels«* und eine Schande für seine Anhänger.

Grob gerechnet gibt es die moderne, vivisezierende Wissenschaft seit zweihundert Jahren; und wenn man bedenkt, wie unglaublich wenig Verlass auf ihre Lehren ist, muss man sagen, dass die Wahrheit der Wissenschaft der katholischen Wahrheit nichts voraus hat.

Aber mit welcher gläubigen Ergriffenheit betet die gewöhnliche Masse der Ärzte und Medizinstudenten jedes Papageiengeschrei nach, das aus diesen modischen »Forschungslabors« dringt! Fürderhin, so scheint es, lebt der Mensch nicht von »Nährstoffen allein«, sondern er soll sich zudem jede neue Theorie einverleiben, die ihm von den Herren Doktoren mit scharfem Skalpell aufgetischt wird!

Aber machen Sie die Probe aufs Exempel, lieber Leser. Nehmen Sie alles ernst, was die Wissenschaft Sie lehren möchte, und Sie werden bald feststellen, dass Ihr Leben ein unerträgliches, fantastisches Durcheinander geworden ist. Vivisezierer sind die borniertesten und bigottesten aller halb gebildeten Menschen. Wenn Ihnen das nächste Mal einer der finsteren Kardinäle des »Heiligen Offiziums« begegnet, drehen Sie den Spieß um und stellen Sie *ihm* ein paar Fragen. Er ist ein Mensch wie alle anderen auch. Er ist kein Gott. Wenn Sie ihn stechen, heult er vor Schmerz; wenn Sie ihn kitzeln, dreht und windet er sich. Und wenn Sie ihn zur Rede stellen, werden Sie bald merken, dass er nichts weiter kann, als ein paar technische Sätze in einem Fachjargon von sich zu geben, den kein normaler Mensch versteht – und dann schleunigst das Thema zu wechseln.

Er ist nicht einmal Philosoph genug, sein eigenes albernes Geschwätz in eine zivilisierte Sprache zu übersetzen. Na schön! Wenn er Ihnen nicht hilft, die Brücke zu *seinem* Territorium zu überqueren, dann nehmen Sie sich ein Beispiel an ihm; machen Sie eine mentale Kehrtwende mit ihm und nehmen es nun Ihrerseits sehr genau mit den literarischen und ästhetischen Feinheiten *Ihres* Kults!

Stellen Sie ihm die allereinfachste Frage zur Literatur, und Sie werden sprachlos sein über den Mangel an normaler, menschlicher Intelligenz, den dieser Freibeuter des Wissens-um-jeden-Preis offenbart.

Ich wette, ich könnte sogar voraussagen, auf welche Masche sich der Mann verlegt – sofern er nicht vollkommen verblödet ist. Er wird sich verächtlich über die unbekümmerte, heitere Blauäugigkeit der klassischen Literatur äußern; und er wird rundheraus erklären, dass ein Buch nur dann einen intellektuellen Anspruch erheben kann, wenn es in psychoanalytischer, pathologischer und physiologischer Hinsicht *schmerzlich* ist.

Wer dieses wissenschaftliche Ideal nicht erfüllt, täte, so würde er andeuten, klug daran, seine literarischen Ausflüge auf billige Kriminalgeschichten und seichte Liebesschmonzetten zu beschränken.

Oh weh, wie das Pendel ausschlägt! Und haben wir es nicht dieser kulturellen »Strenge« der geistigen Fraktion der Forschungslaboranten zu verdanken, dass heute das Geschäft mit den Erstausgaben so unglaublich blüht, während die Werke von Walter Pater und Henry James folgerichtig auf den Ramschtischen landen?

Aber der »abgeklärte« Bücherfreund, der auf ein langes Leben zurückblicken kann, erkennt, dass sich die neorealistische Schule der Forschungslabors in ihrer engen Verbundenheit mit der faschistischen »neuen Weltordnung« nicht damit begnügt, ihr Gift gegen die Klassiker der Literatur zu versprühen. Sie straft in ihrer engstirnigen Härte auch alle anderen archaischen Freuden des Lebens mit Verachtung. Wie sehr sie mit den barbarischen Idealen der totalitaristischen Geißel sympathisiert, lässt sich an ihren puritanischen Ansichten zur Sozialhygiene ablesen.

Der »wissenschaftlichen Lehre« zufolge zeugt mindestens die Hälfte der harmlosen Vergnügen, mit denen wir einen Ausgleich schaffen für die Härten des Lebens, von verwerflicher »Degeneriertheit und Verweichlichung«. Wie entschieden hat der »große Heide« Goethe* asketische Strenge dieser Art bekämpft! Er gestand jedem Individuum das unveräußerliche Recht auf seine eigenen, persönlichen, seinem Wesen entsprechenden Freuden zu, ohne die der Mensch, wie der Autor des *Faust* meint, seine schicksalhafte Bestimmung nicht erfüllen kann!

Aber die orthodoxe Schar der wissenschaftlichen Asketen will unseren Sinnen die Fesseln ihrer finsteren Hygiene anlegen; sie droht, mit uns das zu tun, was in Platons idealem Staat die faschistischen Wächter* besorgten: uns vorzuschreiben, wen und wie wir lieben sollen, wer Kinder haben darf und unter welchem Symbol, wenn überhaupt eines erlaubt ist, wir Gott anzubeten haben.

Im Augenblick haben alle Mächte des Satans in dieser Welt Oberwasser, gestützt auf die Wissenschaft, die als stampfender Motor ihr Schiff antreibt! Die Wellen des Schlachtgetümmels schlagen immer höher; aber schon sehen die Leute im Krähennest des Schicksals am Horizont die flache dunkle Linie der Felsen und über den Felsen die langen Strahlen des Leuchtturms, an dem sich die Teufelsflut brechen und in Nichts auflösen wird!

Ich kann nicht oft genug wiederholen, dass diese groteske Karikatur der wahren Philosophie, die sich Physik nennt, etwas ganz anderes ist als Mathematik. Weder die Mathematik noch die Chemie und nicht einmal die Astronomie haben diesen Beigeschmack der Wissenschaft. *Den* müssen wir in den biophysikalischen Forschungslabors suchen.

Unter denen, die vor den nazistischen Gräueln gegen die Juden ins Exil geflohen sind, ist Einstein der wohl Berühmteste. Und wir können getrost davon ausgehen, dass dieser große Verkünder der Relativität, dessen Methoden so mathematisch sind wie seine Schlussfolgerungen zwiespältig, wenn er dereinst in die elysischen Gefilde* eingeht, sich eher Platons Hallen als den Laboratorien von Pawlow oder Pasteur zuwenden wird.

Wir gewöhnlichen Sterblichen, die wir über Vernunft, Gewissen und gesunden Menschenverstand verfügen, müssen endlich begreifen, dass wir *selbst* als rechtsempfindende, humorbegabte, schicksalsergebene Individuen die wahren Erben der über Generationen gewachsenen Erdenweisheit sind und dass wir uns von der versammelten Priesterschaft sowohl der Religion als auch der Wissenschaft wieder und immer wieder haben hypnotisieren, hinters Licht führen, korrumpieren und täuschen lassen! Das ist der Punkt, in dem unsere unbeirrbaren, starrsinnigen Rationalisten so gründlich irren.

Wir brauchen mehr freiheitsliebende Rebellen von

der Sorte eines John Milton. Wir brauchen Menschen, die schlau genug sind, um zu durchschauen, dass sich der skrupellose Despotismus der Physik keinen Deut von der grausamen Tyrannei der Inquisition unterscheidet und nichts anderes ist als die altbekannte Theologie im Kleinformat*, wie Milton es vermutlich ausgedrückt hätte.

Man könnte lachen, wenn man hört, wie diese eingebildeten jugendlichen Verehrer der Vivisektion die Kirche für dieselbe Art bigotter und grausamer Vorurteile verunglimpfen, deren sich ihre eigenen Lehrer so gröblich schuldig machen.

Wir dürfen nie vergessen, dass am gegenwärtigen Wendepunkt der Geschichte – und vielleicht *nur* an diesem einen Wendepunkt in der gesamten Geschichte unserer Spezies – tausend unglückliche Umstände, zu denen natürlich auch unsere eigenen offenkundigen Fehler und Schwächen zählen, dazu geführt haben, dass dieses abscheuliche Verbrechen wider das Leben tatsächlich Aussicht auf Erfolg haben konnte.

Eine solche teuflische Gelegenheit bietet sich vielleicht nie wieder, weil fürderhin alle Menschen, die guten Willens sind – und folglich die Vivisektion abschaffen wollen –, die Wissenschaft im Namen der Gerechtigkeit und der Menschlichkeit in ihre Grenzen verweisen.

Die Gestapo ist nichts anderes als ein deutsches Forschungslabor, das der Entmenschlichung Europas dienen soll. Es wurde in der Absicht eingerichtet, die Menschen vor Angst zu lähmen, besonders jene, die jüdischer Abstammung sind oder Partei ergreifen für die Geknechteten aller Länder.

Hitler behauptet, dass alles Reden von Freiheit das scheinheilige Geschwätz des Kapitalismus sei, während der Kapitalismus mit all seinen Verbrechen doch in Wahrheit keinesfalls ein grundlegendes Element der Demokratie, sondern lediglich ein eklatanter Defekt im Wesen der Freiheit ist.

Herrschaft von unten lautet die eigentliche Definition der Demokratie; und ihre Feindin ist – in welcher Maske sie auch auftreten mag – immer die gleiche: die *Herrschaft von oben*. Der irdische Grundsatz, dem zufolge gewöhnliche Menschen, Männer wie Frauen, sich selbst regieren und nicht von oben regiert werden sollen, scheint eines der heimlichen Ziele zu sein, die die Natur seit Anbeginn der Menschheitsgeschichte im Auge gehabt hat.

Das Schlimme ist, dass es unter den gewöhnlichen Menschen offensichtlich nur einige wenige, besonders empfängliche *Medien* gibt, die das ausdrücken können, was wir alle intuitiv spüren! Diese dumpfe Trägheit, dieses gefühllose Wesen, diese geistige Stumpfheit und Unsensibilität hat den Erfolg von Hitler, einem gewöhnlichen Menschen, der nur von einer ganzen Heerschar von Machtteufeln besessen ist und dessen Argusaugen nichts entgeht, und seinen japanischen Verbündeten – denn nichts könnte dem Wesen der Italiener fremder sein als diese Vivisektion der Humanität durch eine zynische Wissenschaft – überhaupt erst möglich gemacht.

Was da geschieht, ist ein Angriff auf die große Spiralbewegung der menschlichen Evolution, diese Bewegung, die immer wieder *auf sich selbst zurückführt*, jedoch niemals zum letzten Ausgangspunkt zurückkehrt; diese Bewegung, hinter der das Bedürfnis aller Menschen steht, ihre Sehnsüchte zu erfüllen, diese Bewegung, in der sich die »späte Einsicht« der Menschheit niederschlägt.

KAPITEL 11
DAS ALTER UND
DIE NEUE ORDNUNG

Einige der ebenso drängendsten wie willkürlichsten Gedanken des Alters richten sich in diesen furchtbaren Kriegszeiten natürlich auf die neue Ordnung, die die freien Nationen errichten könnten, wenn die staatlich organisierte Gesellschaft der Teufelsanbeter erst einmal zur bedingungslosen Kapitulation gezwungen worden sein wird.

Was hätte das Alter den Bewohnern unserer dreidimensionalen Welt wohl zu bieten, wenn nicht eine *weite Sicht*? Sie ist das natürliche Ergebnis eines langen Lebens, in dessen Verlauf so viele »kurze Blicke« nur einen Tag Bestand hatten und anschließend völlig in Vergessenheit gerieten oder in Museen und Bibliotheken landeten, wo sie neben pergamentenen »Codices« und »Oghamschriften«* auf Stein vor sich hin schlummern.

In der »weiten Sicht« spiegeln sich jedoch nicht nur unzählige tiefe Einsichten – die weiterzugeben wir uns bemühen –, sondern sie enthalten zweifellos auch eine Unmenge irdischer Vorurteile. Aus der Perspektive eines übermenschlichen Zuschauers betrachtet, der das Spektakel dieses gigantischen Krieges von Anfang bis

Ende von den tibetischen Felsenmassiven des Himalaja aus betrachtet, werden die einzelnen Szenen des Sieges, den die göttliche Vorsehung zwangsläufig, wenn auch mit Verzögerung davontragen wird, deutlicher zu sehen sein, als sie es gegenwärtig für uns sind.

Ein solcher Zuschauer wird den Beginn des Erdbebens mit dem Einfall der Japaner in der Mandschurei beobachten; und, ermutigt von diesem Akt der Piraterie, bilden der reaktionäre Triumph Francos über das spanische Volk und die Eroberung Abessiniens durch Mussolini die zweite und dritte Szene im ersten Akt dieses welterschütternden Dramas.

Als Nächstes wird unser tibetischer Zuschauer die Unterstützung des Franco-Regimes durch Hitler sehen, dicht gefolgt von dessen unvorstellbarem Eroberungsfeldzug in Europa, worauf mit der Besetzung Frankreichs der Vorhang über der letzten Szene im ersten Akt fällt.

Was unserem Zuschauer, während sich das irrwitzige Drama vor seinen Augen entfaltet, sicherlich auffallen wird, ist die Art, in der sich der Plan der Götter – ich spreche als Pluralist – mit jeder neuen Szene und jedem neuen Protagonisten weiterentwickelt.

Nach der Niederlage Frankreichs wird sich der Hauptstrang der Handlung auf unseren Inselstaat verlagern; was als »Luftschlacht um England« bekannt geworden ist, wird sich als wichtigster Schauplatz des weltweiten Kampfs erweisen.

Für unseren Zuschauer in Tibet wird zweifellos deutlich, in welch beeindruckender Weise im Weltgeschehen diese »Strömungsrichtung, die zur Gerechtigkeit strebt«, wie Matthew Arnold sie nennt, die durch uns hindurch wirkt, die dramatische *Rolle des Widerstandes* gegen den gemeinsamen Feind von einem Protagonisten auf den anderen verlagert hat. Anfangs hatte China die Rolle inne. Dann war Großbritannien aufgerufen, den Part zu übernehmen. Als Nächstes war Russland an der Reihe und ist es immer noch, und schließlich war die Stunde der Vereinigten Staaten gekommen. Und jedes Mal, wenn eine der vier Nationen – scheinbar durch Zufall, durch einen Zufall jedoch, der vom speziellen Schicksal der betroffenen Nation bestimmt war – den Hauptpart in dem gewaltigen Kriegsdrama übernommen hat, war ihr die Rolle wie auf den Leib geschrieben. Um an einem Beispiel zu verdeutlichen, was ich damit sagen will: Nur Russland wäre in der Lage gewesen, sich mit den preußisch-straff geführten Armeen der Deutschen zu messen, also haben ihnen die Götter die Russen entgegengestellt. Aber lange bevor wir ins Spiel kamen, lange bevor Russland und Amerika auf die Bühne traten, muss der Zuschauer mit tiefer, verständnisvoller Zustimmung den Widerstand zur Kenntnis genommen haben, mit dem China auf die japanische Aggression reagierte.

Und während das gemeine Volk dieser vier Befreiernationen auf das Ende wartete und intuitiv stets eine klare Vorstellung hatte, wie dieses Ende aussehen würde, musste es sich ständig und nahezu ohne Atempause das wild knatternde, widersprüchliche Feuerwerk der Intellektuellen darüber anhören, wie die neue Weltordnung beschaffen sein soll, die den Platz der alten Welt einnehmen wird. Zwei Dinge blieben in diesen lebhaften, widersprüchlichen Debatten unberücksichtigt und unentschieden: erstens der Plan der Vorsehung und zweitens die Sehnsucht der einfachen Menschen in China, in Großbritannien, in der Sowjetunion und in den Vereinigten Staaten von Amerika.

Weshalb der Plan der Götter oder, wenn Sie so wollen, der Natur und der Evolution in der großen Debatte ebenso wenig Beachtung fand wie die persönlichen Wünsche all derjenigen, die bei weitem die Mehrheit unserer Spezies ausmachen, während sich die Intellektuellen der vier Befreiernationen mit ihren fachlichen, wissenschaftlichen, ethischen, philosophischen und wirtschaftlich-politischen Ansichten ständig in den Haaren lagen, ist kaum zu übersehen.

Im Krieg gegen den gemeinsamen Feind hat sich die Notwendigkeit für uns herauskristallisiert, das totalitäre Prinzip dieses Feindes zu übernehmen. Nur so konnten wir hoffen, aus dem gewaltigen Kampf als Sieger hervorzugehen. Darum musste die wichtigste aller Fragen – wohin nämlich die Evolution steuert und was sich die gewöhnlichen Menschen in Großbritannien, in China, in Russland und in den Vereinigten Staaten *tatsächlich wünschen* – zwangsläufig in den Hintergrund treten und nebensächlich werden. Und die totalitäre Staatspropaganda hat uns derartig hypnotisiert, dass wir, obwohl es eigentlich unsere Pflicht wäre, unsere verborgenen, natürlichen, allgemein-persönlichen Wünsche zum

Ausdruck zu bringen, so stumm und taub sind wie die Makrelen in ihrem Schwarm.

Es erwies sich, dass die Lawine der welterschütternden Ereignisse, dem geheimen Plan der Evolution folgend, auf zwei Ebenen stattfand. Auf der oberen der beiden Ebenen trugen unsere gewaltigen Antagonisten – absurderweise – unweigerlich, ausnahmslos, ständig und immer wieder den *Sieg* davon.

Aber auf der unteren Ebene verhielt es sich genau umgekehrt. Hier bewegten wir, die vier Befreiernationen, uns schrittweise, langsam, unbemerkt, unaufhaltsam auf die Erfüllung dessen zu, was die Evolution für uns bereithielt. Die ständigen Siege des Feindes und die ewig gleichen Entschuldigungen, die wir dafür fanden, hatten stets dieselbe Ursache: *ihre* Begeisterung für den Krieg, *unsere* Abneigung dagegen.

Der Feind wollte unbedingt siegen, es war ihm wichtiger als alles andere auf der Welt – also *hat* er gesiegt! Es war ihm wichtiger als Geld, wichtiger als Gesundheit, wichtiger als die Liebe, wichtiger als die Befriedigung seiner Triebe und seines Ehrgeizes. Es war ihm wichtiger als Frau und Kind und als Mutter und Vater. Es war ihm wichtiger als Schönheit, wichtiger als die Wahrheit, wichtiger als Güte; wichtiger als alle Erscheinungsformen der Elemente oder der Natur – wichtiger als die Natur selbst!

Er verfolgte sein Ziel so unbeirrbar wie eine *Termite* den Triumph ihres Volkes. Ich halte es für vollkommen gerechtfertigt, wenn ich behaupte, dass es seit mythologischen Zeiten einen Krieg wie diesen nie gegeben hat – obwohl meine intellektuellen Freunde diese Überzeugung belächeln. Aber lässt sich nicht wirklich sagen, dass es einen Krieg wie diesen nie gegeben hat, seitdem in der »grauen Vorzeit« der Geschichte unseres Planeten der Plan der Evolution oder der Vorsehung oder die »Strömungsrichtung außerhalb unserer selbst« – denn in diesen Dingen ist, wie Goethe sagt, »der Name Schall und Rauch« – durch die totalitäre Erhebung der Titanen am tiefsten Grund des Hades in Gefahr gebracht wurde?

Und die Dichter berichten – denn die Dichter, nicht die Priester waren die Ideenschmiede jener Tage –, dass Briareos, der furchterregendste aller Titanen*, zwischen dem Sohn des Kronos und seinen Feinden schwankte.

Und was uns Briten wie eine magnetische Störung in den psychischen Antennen unserer romanisierten, normannisierten, keltisierten und christianisierten Seele erschüttert, ist eben diese Besessenheit unserer deutschen und japanischen Feinde von einem totalitären System, in dem alle Persönlichkeit, alle Individualität, jede Unterscheidung zwischen Richtig und Falsch, zwischen Gut und Böse, zwischen Recht und Unrecht, zwischen Gnade und Grausamkeit untergeht.

Es ist, als wäre jedes einzelne Individuum deutscher oder japanischer Abstammung von der »Aura« eines gewaltigen, einheitlichen Lebewesens, ähnlich dem monströsen Kraken in *Moby Dick**, umgeben, einer Kreatur, die in ihrer Gesamtheit nicht vernichtet werden kann, indem man einen Teil ihres Körpers abtrennt, einer Kreatur, die zugleich unzerstörbar und nichtmenschlich ist.

Ist es nun aber nicht bezeichnend, dass es vor allem die Jugend ist, die ihr Fleisch und Blut dafür gibt, dass dieses nichtmenschliche *totemartige Gebilde*, dieser monströse Stammesorganismus, in dem der Einzelne dem Ganzen einverleibt wird, lebendige Gestalt annehmen kann? In allen Staaten, in denen der Nationalismus blüht, setzt sich die Jugend an die Spitze.

Das nichtmenschliche, lebendige Krakenwesen ist eine Erfindung der Jugend. Es ist im Grunde ein sexuelles Phänomen, dem etwas anhaftet, das, wenn auch nicht uneingeschränkt, dem homosexuellen Inzest vergleichbar ist. Das Krakenwesen verschafft denen, die zu ihm gehören, einen besonderen orgiastischen Rausch, ähnlich der merkwürdigen Verzückung, in die Priester – *junge Priester* – bei orphischen und dionysischen Mysterien* geraten, wenn sie ganz mit ihrer Gottheit verschmelzen.

Der völkische Wahn der Deutschen und Japaner, mitsamt dem kategorischen Imperativ der Kriegstreiberei und der Ausbeutung der von ihnen unterdrückten Völker, hat seine Wurzeln in den Verirrungen und Besessenheiten der Jugend. Bösartige und teuflische Alte sind intellektuell in der Lage, die Totemverehrung der Jugend für ihre Zwecke auszubeuten. Aber wenn sich das ehrwürdige Alter selbst zu solchen rauschhaften Verirrungen und sadistischen Gräueln hinreißen lässt, ist das fast immer auf dessen Angst und Habgier, seine Liebe zur Ordnung und seine Abneigung gegen alles

Anarchische zurückzuführen. Marschall Pétain* ist hierfür ein Paradebeispiel.

Die Rolle, die das Alter an dieser wichtigen Wegscheide spielt, kann man aus verschiedenen Blickwinkeln betrachten. Die stärksten Kräfte, auf die wir uns berufen können, wenn wir uns bemühen, die völkische Totemverehrung, die den Plan der Götter und die Entelechie der Evolution bedroht, zu durchbrechen und zunichte zu machen, sind die persönlichen Wünsche und Sehnsüchte der beklagenswerten Individuen, deren Leben weitgehend von diesem krakenartigen Totem vereinnahmt worden ist.

Bei der Jugend in ihrer rauschhaften Besessenheit vom Geschlechtlichen ist auch die irrwitzigste Form der Verschmelzung und Auflösung der Persönlichkeit möglich; aber sämtliche weniger stürmischen Neigungen des einfachen Menschen werden diesem alles verschlingenden nichtmenschlichen Organismus geopfert.

Und nun gilt es, zwei Dinge herauszufinden: erstens, welches die natürlichen Neigungen des einfachen Menschen sind, und zweitens, wie der Plan der Vorsehung oder der Evolution aussieht.

Genau an diesem Punkt kann sich, in den Augen zumindest eines bestimmten älteren Herrn, das Alter als unschätzbare Hilfe erweisen. Alte Menschen, die sich unweigerlich mit gründlicheren Gedanken befassen und, wie ich zu zeigen versucht habe, die Wissenschaft im Gegensatz zur Philosophie stets mit Misstrauen betrachten, richten aus sich heraus ein scharfes Augenmerk auf jene vielfältigen Äußerungen menschlicher

Neigungen und Wünsche, die im deutlichsten Widerspruch zur faschistischen »neuen Ordnung« stehen.

Und nicht nur zur totalitären Neuordnung; sondern auch zu den vielen Kräften in uns selbst, die zu dieser düsteren Ordnung hin tendieren.

Wie steht es nun mit unserer zweiten Frage, der nach dem Plan der Evolution? Damit sind wir beim Dreh- und Angelpunkt der Geschichte angelangt. Was, wenn sich herausstellt, dass der Plan der Evolution, von den Alten beim Nachdenken gründlich unter die Lupe genommen, nichts anderes ist als eine Synthese aus allen ruhigeren, normaleren Wünschen und Sehnsüchten des glücklosen »einfachen Mannes auf der Straße«, die dieser – vor allem in den totalitären Staaten, aber mehr oder minder auch in allen anderen Ländern – zugunsten des Krakentotems eines nichtmenschlichen völkischen Gebildes leugnen und unterdrücken musste? Und wie kommt es, dass sich das Alter als bester Wegweiser zu denjenigen Neigungen der Menschen erweist, in denen sich die Vorwärtsbewegung der Evolution zeigt, und nicht die Jugend? Ganz einfach. Weil die jungen Leute den Kopf so voll haben mit ihren eigenen Problemen – Liebesangelegenheiten im Allgemeinen –, dass kein Platz ist für die empfindlichen elektromagnetischen »Antennen«, mit deren Hilfe ein Mensch, der sich zumindest ein ganz klein wenig frei gemacht hat von sexuellen Begierden und irreleitendem Besitzdenken, das tausendundeine Muschelrauschen und Murmeln und Schwingen wahrnehmen kann, das aus dem verkrampften Herzen des gewöhnlichen Menschen an die Oberfläche steigt und mit den Lüften davongetragen wird. »Schwingen der Lüfte? Dass ich nicht lache!«, werden einige meiner Leser einwenden. »Der britische Normalbürger hat nichts als Saufen, Hunde, Kino, Pferde, Fußball und seinen Urlaub am Meer im Kopf; und der durchschnittliche Amerikaner denkt an nichts anderes als« – und schon wird eine ganz ähnliche Liste heruntergerasselt, die mit Autos, Filmstars, den »lieben Kleinen« und Eiskrem schließt. Und vervollständigt wird der Einwand mit den gleichermaßen oberflächlichen, kaum von verfeinerter Kultur zeugenden Vergnügungen, die in unserer Vorstellung den schlechten Geschmack der Russen und Chinesen verraten! Und dafür, wird man mich fragen, sollen wir die totalitäre neue Ordnung zum Teufel jagen und eine demokratische an ihrer Stelle einsetzen?

Dafür und für die mörderische Eintönigkeit der Massenproduktion und der industriellen Sklaverei, die ihre Weihe erhalten hat und selig gesprochen wurde, weil Wirtschaft und Staat inzwischen untrennbar miteinander verflochten sind? Ich gebe zu, das sind trübe Aussichten. Ich gebe zu, wir stehen hier vor einem Problem. Wohin soll sich der hilfesuchende kontemplative Geist des alten Menschen wenden, wenn er zu wählen hat zwischen den gesellschaftlichen Vorstellungen eines jungen Amerika, das von gewaltigen Warenfluten und grenzenlosem Konsum träumt, und denen eines jungen Russland mit seiner gleichmacherischen Heldenverklärung und seinen erbarmungslosen Exekutionen? Er kann seinen Blick auf die älteste aller menschlichen Zivilisationen richten, nämlich auf China. Seit Tausenden und Abertausenden von Jahren ist China das gelobte Land der Alten; und interessanterweise hat dies zu dem widersprüchlichen Phänomen geführt, dass die jungen Leute in China, zumindest die junge Generation der wieder erstandenen chinesischen Demokratie, die unter der gegenwärtigen Regierung jahrelang gegen Japan gekämpft hat, offensichtlich von ihrer frühen Kindheit an begeistert lernen. Denn was heißt es im Grunde, ein Lernender zu sein? Ein Lernender ist jeder, der zugleich Ehrfurcht hat vor der gewaltigen Zeitspanne der Vergangenheit und mit weitsichtigem Blick auf das schaut, was die Zukunft bringen wird.

Lernen und Lesen und die Beschäftigung mit künstlerischen und philosophischen Fragen – all das prägt seit so langer Zeit das Leben der Staatsbeamten in China, dass es einem fortschrittlich denkenden jungen Chinesen, der sich den »Kriegsbemühungen« seines Landes verschrieben hat, gar nicht in den Sinn käme, seine kulturellen Interessen und sein Patriotismus könnten sich gegenseitig in irgendeiner Weise in die Quere kommen.

Es ist höchst unwahrscheinlich, dass sich innerhalb einer einzigen Generation etwas an den Gewohnheiten und Bräuchen, an den Vorurteilen und der Unwissenheit – und an der Grausamkeit – von vierhundert Millionen Menschen ändert. Aber wenn ein älterer Brite wählen soll zwischen dem aggressiven Individualismus, der mit der industriellen Massenproduktion in Amerika einhergeht, und der brutalen Härte, mit der die Russen ihre Heldenverklärung betreiben, ist es nur zu verständlich, dass sich sein Blick auf China richtet!

Die Bevölkerung Chinas ist, soweit ich weiß, zahlenmäßig größer als die der Vereinigten Staaten und der Sowjetunion zusammen, und ihr erfolgreicher Widerstand gegen die feindliche Invasion erscheint uns wie ein Wunder – zumal die Amerikaner wie auch die Briten etwas von der Macht dieses Feindes kennen gelernt haben.

Aber wenn es mir mit meinem walisischen Namen einmal gestattet ist, mich als waschechten Waliser zu betrachten, so glaube ich eine gewisse Ähnlichkeit zwischen dem abgeklärten, von der Weltlage unberührten Humor der Chinesen und der Art von Humor zu entdecken, wie er bei älteren Briten manchmal unversehens durchscheint.

Meiner Meinung nach rührt diese Übereinstimmung daher, dass Chinesen und Briten im Unterschied zu allen anderen Völkern der Welt das Leben im Grunde ihres Herzens *amüsant* finden, dass sie das Leben, sei es in philosophischen, ethischen, ästhetischen oder gar religiösen Fragen, einfach nicht ganz ernst nehmen können. »Und was ist mit der *Ironie* der Franzosen?«, werden Sie vielleicht einwenden. Aber mir scheint, dass, abgesehen von Rabelais, die Franzosen das Leben insbesondere in seinen intellektuellen und ästhetischen Aspekten unverhältnismäßig ernst nehmen. Würden jedenfalls ein älterer Brite und ein bejahrter Chinese in diesem Augenblick darüber diskutieren, wie ihrer Vorstellung nach die neue Ordnung aussieht, die nach dem Weltkrieg errichtet werden soll, so würde in ihrer Debatte sicherlich die Schärfe und Verbissenheit fehlen, die wir von den Vertretern zweier beliebiger anderer, räumlich ebenso weit voneinander entfernter Völker erwarten könnten!

Stellen wir sie uns also vor, wie sie auf einem Gebirgsplateau in Tibet sitzen, unsere beiden in die Jahre gekommenen humorigen Herren, die sich als Einzige unter den Völkern der Menschheit *nicht haben einstimmen lassen* auf den Ernst und die Strenge der menschlichen Vernunft und des zynischen Realismus. Wer weiß, ob sie mit ihrer schrulligen Fantasie nicht in der Lage wären, für diesen vom Krieg erschütterten Planeten und seine verstörten Bewohner eine Weltordnung zu entwerfen, die besser mit dem verborgenen Plan der Evolution harmonisiert als alles, was die eher wissenschaftlich orientierten Sprecher des Weltenbundes bisher ersonnen haben.

Und inwiefern unterscheiden sie sich nun von diesen? Nun ja! Zuallererst dadurch, dass sie hartnäckig und unbekümmert immer wieder die entscheidende und irrationale Frage stellen, die von den Experten weitestgehend ignoriert wird: »Was will der normale, einfache Mensch eigentlich?« Nicht etwa, was er wollen müsste oder was er zu wollen *glauben* würde, wenn man ihn nur lange genug mit wissenschaftlicher Propaganda bearbeitete, sondern was er wirklich und wahrhaftig will, wenn er vorbehaltlos, hemmungslos ehrlich ist. Der kürzeste Weg, um die wichtigste aller Fragen und das wahre Rätsel der Sphinx zu lösen – »*Was ist der Plan der Evolution, sofern es einen solchen gibt?*« –, führt über den durch lange Jahre gefilterten gesunden Menschenverstand des Alters, unter dessen Anleitung wir dann, wie schon erwähnt, herausfinden müssen, was der einfache Mensch wirklich will.

Also, was will er? Nicht das – wie ich gleich vorausschicken möchte –, was ihm die arroganten Intellektuellen Frankreichs, die großbürgerlichen Professoren Englands, die Militärpatrioten Spaniens, die Wiener Psychoanalytiker oder die hemdsärmeligen, behavioristischen Romanschreiber von New York unterstellen.

Und gewiss auch nicht das, was die derzeitige politische Führung Russlands, den Zwängen der Zeit und der Notwendigkeit der Verteidigung ihres Landes gehorchend, ihren Lehrern, Künstlern, Philosophen, Denkern und nicht zuletzt dem gesamten Proletariat aufoktroyiert.

Er möchte *nicht* in Friedenszeiten Tag und Nacht im Akkord weiter schuften wie eine Ameise, damit die nächste oder übernächste Generation die Früchte seiner Arbeit ernten und ihren Spaß damit haben kann!

Er möchte *jetzt* seine Freude haben. Und wenn wir uns fragen, welcher Art das Vergnügen ist, das ihm vorschwebt, so wird es gewiss *nicht* der puritanische Stolz darauf sein, dass alle Welt sich genötigt sieht, die gleiche proletarische Vorliebe für proletarische Kunst, proletarisches Schauspiel, proletarisches Ballett, proletarisches Möbeldesign und proletarische Philosophie an den Tag zu legen.

Er sehnt sich, mit anderen Worten, nicht nach der erhebenden puritanischen Befriedigung, alle Menschen auf ein Niveau zurechtgestutzt zu sehen. So viel zu dem, was er *nicht* will. Was aber will er? Er möchte in tausenderlei Varianten das Gefühl erleben, sich über alle Nivellierungen zu erheben! Er möchte Untertöne, Schattierungen und Nuancen, aufregende Unterschiede, Fantasien, Schrullen, Kapriolen und Flausen, Eigenheiten, Vorlieben, Besessenheiten, Manien, außergewöhnliche Fertigkeiten, Überspanntheiten und *atemberaubende Kunststücke* erleben!

Er möchte nicht auf die Hälfte der Freuden verzichten, die das Leben lebenswert machen, nur weil solche Freuden eine »bourgeoise Mentalität« verraten. Wir dürfen uns der Erkenntnis nicht verschließen, dass Ideologien, diese leeren Phrasen – und welches furchtbare Unheil haben sie immer wieder angerichtet! –, nie spontan aus den Menschen selbst kommen, sondern ihnen von oben übergestülpt werden.

In der gegenwärtigen Situation scheint es ein notwendiges Übel zu sein – und eines, dem wir uns nicht entziehen können –, dass nicht die Menschen selbst, sondern ihre staatlichen Vertreter oder ihre abgehobenen »Führer« entscheiden, was das Volk braucht und wünscht. Und obwohl es, wie die Dinge jetzt liegen, aussichtslos scheint, die optimistische Vision der Anarchisten zu verwirklichen, die davon träumen, das Volk könne, wenn der Staat erst einmal nach einer einzigen großen Revolution abgeschafft sei, das Geschick der Welt selbst in die Hand nehmen, ist doch erkennbar, dass die demokratische Entwicklung in ihrer Grundtendenz zu diesem glücklichen Ziel hinstrebt. Und wir können in jedem Fall den allgemeinen Grundsatz im Hinterkopf bewahren, dass es besser für uns alle ist, wenn sich diese »staatlichen Vertreter« möglichst nicht zu unseren *Führern* aufschwingen.

Wenn wir nur eine genügend große Zahl engagierter, furchtloser, rechtschaffener, hart arbeitender *Volksvertreter* dazu bringen könnten, die Stelle der Diktatoren, Führer und Demagogen, der Erlöser, Tyrannen, Propheten und Priester einzunehmen, dann müssten wir eigentlich einer neuen Ordnung einen Schritt näher kommen, angesichts derer das Herz eines betagten Engländers oder eines alten Chinesen im wordsworthschen Sinn des Wortes* »höher schlägt«.

»Führer« gehen immer nach demselben Prinzip vor: Sie beeinflussen das Denken des einfachen Menschen mit ihrer Lügenpropaganda und versetzen ihn dann in Angst und Schrecken, um alles in ihm gewaltsam zu zerstören, was sich ihrem Willen widersetzt. Im Fall der Deutschen und Japaner hatten die »Führer« in ihrem Verbrechen wider die menschliche Natur einen furchtbaren Komplizen in diesem völkischen Totem, das, wie der nichtmenschliche Organismus des *Meereskraken* in Melvilles Roman, hinter allen Individuen dieser kriegerischen Nationen lauert. Bei unseren heiteren, wenn auch vorübergehend fehlgeleiteten »sanftmütigen Feinden«, den Italienern, können wir uns dagegen ohne weiteres vorstellen, dass sie ohne jede von einem Führer bestimmte »Ideologie« auskommen. Jedermann sieht in *ihrer* bodenständigen, natürlichen Menschlichkeit einen Wesenszug, der niemals an der Wurzel zerstört werden kann.

In der ganzen Welt sind die Wünsche und Sehnsüchte der Menschen die gleichen. Der einfache Mensch möchte Arbeit haben. Er möchte genügend Freizeit haben. Er wünscht sich, dass sein Lebensstandard langsam, aber beständig steigt. Er möchte, dass seine Kinder bessere Bildungschancen und mehr Möglichkeiten haben, als sie ihm selbst mit einigem Glück vergönnt waren. Und vor allem möchte er Zeitungen, Filme und Rundfunk haben, um sich die Informationen zu verschaffen, die es ihm erlauben, sich eine eigene Meinung zu bilden.

Unseren imaginären Zuschauern, dem betagten Chinesen und dem in die Jahre gekommenen Briten, die von den Hängen des Himalaja aus den Lauf der Ereignisse beobachten, wird deutlich werden, dass zur Stunde eine »zehnte Welle« der Evolution stattfindet, wie wir sie nicht mehr erlebt haben, seit die gewiefteren Cro-Magnon-Menschen die Neandertaler verdrängt haben. Und mit dieser Welle macht sich die Evolution, um ihrem verborgenen Ziel näher zu kommen, alles und jedes zunutze: den unbedingten, grimmigen Gehorsam der Deutschen, Hitlers hypnotische Wirkung auf das Volk, seinen Rassenwahn und seine teuflischen Pläne, die Eroberermentalität der Japaner, Mr. Chamberlains Politik der Beschwichtigung, Francos großinquisitorischen *Elan*, Stalins Liquidationen, die barbarischen Verbrechen der Deutschen in Polen und Prag, den

Sturm der Russlandbegeisterung, der sich auf unserer Insel zusammenbraut, die Massenproduktion von Panzern, Kriegsschiffen und Bombern in den Vereinigten Staaten und schließlich und endlich den Gegensatz zwischen der wilden Entschlossenheit unserer Feinde und unserer eigenen egoistischen Selbstzufriedenheit, unserem spöttischen Humor und unserem philosophischen Gleichmut – all das macht sie sich zunutze, um zu erreichen, dass die Gewalt der zerstörerischen Lawine groß genug wird, um die Bollwerke des Alten niederzureißen und Platz zu schaffen für das Neue.

So viel zumindest können unsere betagten Schüler des Pelagius* und des Konfuzius von ihrem Beobachtungsposten aus erkennen. Aber sie müssen sich den Hexenkessel noch etwas genauer ansehen! Sie müssen das Tun und Treiben des rührigen Mr. Willkie*, dieses tatkräftigen Helden des Privatunternehmertums, beobachten. Sie müssen sich anhören, was die redegewandten neuen Finanzexperten, die Freunde des Präsidenten, zu sagen haben, weil sie sich an die Unterprivilegierten, die Kulis und die unterernährten und schwer schuftenden Arbeiter dieser Welt wenden, wenn sie verkünden, dass sich den rückständigen Völkern unserer Erde ein gewaltiger Warenmarkt auf Pump öffnen wird, sobald die gewaltige Produktionsmaschinerie der Vereinigten Staaten erst einmal von der Kriegswirtschaft auf Konsumgüter umgestellt worden ist. Sie werden sich überlegen müssen, wie sich die elementaren Bedürfnisse der Menschen im kommunistischen Russland, im staatlich gelenkten Kapitalismus der Vereinigten Staaten und in der freien Demokratie Großbritanniens miteinander vereinbaren lassen. Sie müssen sich eine genaue Vorstellung davon machen, inwiefern die Menschen in aller Welt *mehr, nicht weniger* wollen als das, was die jugendlichen Hitzköpfe des Kommunismus, die so viele Nebenschauplätze des Lebens und die tieferen menschlichen Sehnsüchte gar nicht wahrnehmen, für sie einfordern: dass sie sich nämlich nicht mehr Arbeit, sondern mehr Freizeit, nicht proletarische Kunst, sondern menschliche Kunst, keine puritanische Gleichmacherei, sondern individuelle Entfaltungsmöglichkeiten wünschen.

Es ist sicherlich ganz im Sinne eben jener Leute, die wir am dringendsten bekehren wollen – dieser arroganten, reaktionären Betonschädel, die glauben, aus anderem Holz geschnitzt zu sein als der Mann auf der Straße –, wenn wir davon ausgehen, dass wir Normalbürger vollkommen andere Neigungen, Wünsche, Bedürfnisse und Sehnsüchte haben als dieses hochnäsige Gesindel.

Der Unterschied ist nicht so groß, wie ihr glaubt, meine Herren! Wir sehnen uns nach geregelten wirtschaftlichen Verhältnissen und nach gesellschaftlichem Ansehen, genau wie ihr; wir wollen unser Leben in Freiheit genießen, genau wie ihr; wir wollen etwas von der Welt sehen, bevor wir sterben, genau wie ihr; wir möchten uns, genau wie ihr, mit unseren eigenen ausgefallenen Hobbys beschäftigen, die unserem persönlichen Wesen entsprechen. Und das gilt für Frauen im gleichen Maße wie für Männer.

Der Adel hat den Wunsch nach Einsamkeit und Ruhe nicht für sich gepachtet; er kann keinen Alleinanspruch darauf erheben, »allein mit der Natur« zu sein oder die Gesellschaft eines Pferdes oder eines Hundes der eines Menschen vorzuziehen. Es gibt keine Leidenschaft – sei es die Blumenzucht, das Anlegen eines Steingartens, das Angeln, Jagen oder Pflanzensammeln, das Fotografieren oder das Segeln –, der wir Normalbürger nicht auch mit größter Hingabe nachgehen könnten, wenn wir nur ein bisschen mehr Geld hätten, wenn nur unser Arbeitstag um ein Weniges kürzer wäre!

Und wenn schon die elementaren Bedürfnisse eines normalen proletarischen Mannes *nichtproletarischer Natur* sind, so gilt das für die Wünsche und Sehnsüchte der proletarischen Frau *noch viel mehr*. Eine Frau, ob Gräfin oder Küchenhilfe, will das, was wir alle wollen – nämlich über eigenes Geld in der eigenen Tasche verfügen, das wir nach eigenem Gutdünken ausgeben können!

Ein normal empfindender Mensch kann nur dann unter dem enormen Leistungsdruck eines ehrgeizigen »Fünfjahresplans« oder einer nicht minder beängstigenden neuen amerikanischen Marktwirtschaft arbeiten, wenn ihm dafür im Gegenzug ein sicherer Arbeitsplatz, eine angemessene Bezahlung, Urlaube und vernünftige Arbeitszeiten garantiert werden.

Was jedoch, wie mein betagter Chinese seinem ebenso betagten britischen Freund beim Blick vom Himalajagipfel auf die heilsame Anarchie einer nun doch endlich formbaren Welt bereits auseinandergesetzt hat, der Sache eine ganz andere – und außerordentlich begrüßenswerte – Wendung geben würde, wäre die Gründung kleiner autarker Unternehmen und Produktionsstätten an allen möglichen Standorten *in der ganzen Welt* nach dem Vorbild Chiang Kai-sheks in China und, nicht zu vergessen, einiger Modellprojekte in Katalonien!

Was der Beobachtung unserer betagten Zuschauer im Himalaja nicht entgehen kann, ist der verblüffende Effekt, den dieser Krieg mit all seinen Leiden, Ängsten und Krankheiten, dem Hunger und den Zwiespältigkeiten, der Ratlosigkeit und Verzweiflung, den unglaublichen Überfällen und unlösbaren Rätseln auf die Menschen hatte. Er hat, um einen Vergleich aus der Malerei zu bemühen, den Blick für die *mittlere Distanz* ausgelöscht. Er hat über die unmittelbare persönliche Zukunft jedes Einzelnen einen unsichtbaren, ätzenden Säureschleier gelegt, sodass heute – auch wenn es immer noch möglich ist, durch bewusste, nennen wir es religiöse, moralische oder metaphysische, Anstrengung diesen Schleier zu lüften, abzuschütteln oder wegzuwischen – eine nie dagewesene Tendenz unter den Menschen besteht, eines von zwei Dingen zu tun: sich entweder ganz auf die Gegenwart und jeden ihrer kleinsten, unbedeutendsten Aspekte zu konzentrieren oder die Gedanken ins wohltuende Zwielicht der fernen Zukunft zu lenken und dort, im weichen, samtenen Dunkel des Nachkriegshorizonts, die *Civitas Dei** zu errichten, nach der sich das Herz sehnt.

Mit dem Weitblick ihrer Jahre nehmen meine nicht ganz und gar imaginären Zuschauer eine starke elektromagnetische Schwingung wahr, die um den ganzen Erdball geht, keine bloße Welle unerfüllter Wünsche, obwohl es die, weiß Gott, auch gibt, sondern etwas viel Größeres, Bedeutungsvolleres, etwas so Gewaltiges, wie es in der ganzen Geschichte unserer Spezies nicht seinesgleichen findet, etwas, das überhaupt *nur* entstehen *konnte*, nachdem ein wissenschaftlich geführter Krieg wie dieser die Erde fünfzig Mal kleiner gemacht hat, als sie es je war – eine elektromagnetische Welle evolutionärer Kräfte, die die Welt neu erschaffen!

Und das Schlimme daran ist, dass – wie meine beiden typischen alten Erdenbewohner, der Brite und der Chinese, vielleicht am deutlichsten erkennen – diese elektromagnetische schöpferische Welle, in der Untertöne und Nuancen und psychologische Imponderabilien aller Art mitschwingen, von den beiden antagonistischen Strömen des Individualismus und des Kommunismus vorangetrieben wird.

Jede dieser beiden Möglichkeiten enthält sein eigenes Maß an Gutem und sein eigenes Maß an Schlechtem. Jedes birgt seine furchtbaren Gefahren und seine wunderbaren Hoffnungen; und es ist sicher eine interessante Sache – eine Sache allerdings, die der geballten Zauberkraft unseres abgeklärten Humors bedarf –, herauszufinden, in welcher Weise diese Kollision einen Keil zwischen uns und unsere Verbündeten treiben wird.

Russland kann, soviel hat sich erwiesen, unter Stalins diktatorischem Regime nicht mehr als Vertreterin eines echten Marxismus gelten; und wir müssen auch nicht davon ausgehen, dass irgendeine Form des Kommunismus, die sich in Frankreich, Spanien oder Großbritannien vielleicht einmal herauskristallisieren könnte, dem russischen Kommunismus ähneln würde, wie er sich heute präsentiert.

Sehen wir uns aber einmal die »Imponderabilien« dieser beiden auseinanderstrebenden Ströme an. Die größte Unwägbarkeit auf der kommunistischen Seite ist ein instinktiver, puritanischer Hass auf alles, was in irgendeinem Zusammenhang mit den abgeschafften Privilegien und mit der zum Tabu gewordenen »bourgeoisen Mentalität« steht.

Dieser sehr natürlichen Regung ist, wie mir scheint, etwas beigemischt, das nicht so sehr aus dem Herzen kommt, etwas, das meine beiden alten Mandarine, indem sie sich auf ihrem hohen Aussichtsplatz verständnisvoll zunicken, mit Recht als ästhetische Engstirnigkeit und unmenschlichen Fanatismus bezeichnen würden.

Die Mischung aus puritanischem Eifer und einem Gefühl der sittlichen Überlegenheit im kommunistischen Denken hat jedoch einen lohnenden Aspekt, der sich positiv auf die alltägliche Lebensfreude auswirken muss. Damit meine ich das sinnliche Hochgefühl, das wir – ähnlich dem Sauberkeitswahn, der sich so selbstgefällig in holländischen Wohnstuben präsentiert, oder der Vorliebe für Lumpen und Schmutz, die gewisse Künstler unter dem Vorwand an den Tag legen, die Bettleridylle der Armut authentisch wiedergeben zu wollen – alle erleben können, wenn sich unsere Lebensillusion – unser subjektives moralisches

Selbstwertgefühl – in einer intensiven, jede Pore unserer Haut durchdringenden körperlichen Empfindung niederschlägt.

Wenn wir aber in der Mischung aus fanatischem Hass auf die bürgerlichen Wertvorstellungen und dem sinnlichen Schwelgen in einem Gefühl sittlicher Überlegenheit den wichtigsten unwägbaren Vorteil der kommunistischen Ideologie sehen, so ist dies in der individualistischen Weltsicht der Briten und Amerikaner das wunderbare Gefühl, allein mit dem Geheimnis des Lebens, allein mit dem Kosmos, allein mit der Ersten Ursache zu sein, dieses Gefühl der Unabhängigkeit, das Walt Whitman so geschätzt hat, dieses Gefühl, grundsätzlich frei zu sein von der Bevormundung durch irgendeine gesellschaftliche Klasse, durch das Alter, eine Partei oder eine Denkrichtung, frei zu sein als Bestandteil der Schöpfung, frei im Angesicht des Schöpfers, keiner Ursache außer der Ersten Ursache, keiner Kategorie außer der Kategorie des Menschseins unterworfen; frei, unsere moralischen Verpflichtungen zu erfüllen und einen angemessenen Teil der Mühen dieser Welt auf uns zu nehmen; frei, zu den Problemen der Welt unsere eigenen, privaten, persönlichen, ausgefallenen und oftmals skurrilen Ansichten zu äußern!

Während mein in die Jahre gekommener Brite nun aber mit Hilfe seines chinesischen Freundes diese Fragen bis auf das letzte Körnchen siebt, kommt er allmählich zu der Erkenntnis, dass der unwägbare Vorteil des Kommunismus – der spirituelle Rausch der Massenhypnose – seinen äußersten Gegenpol nicht so sehr in den Vereinigten Staaten als vielmehr in der britischen Völkergemeinschaft findet.

Die Amerikaner haben eine – manchmal gefährliche und beängstigende – innere Neigung, sich mit Hingabe für die Gemeinschaft aufzuopfern. Aber sie gehen darin nie so weit wie die Russen. Ehrfürchtig, staunend und mit verständnisloser Bewunderung betrachtet der britische Durchschnittsbürger, dieser schrullige Laienschauspieler des Lebens, seinen selig berauschten Verbündeten in Moskau, der sich dem geballten Ansturm der deutschen Streitmacht entgegenwirft und die Menschheit vor Hitlers »Tausendjährigem Reich« rettet.

Diese verzweifelte Hingabe an die Sache, diese spirituelle Kraft, die, »als führe ein gewaltiger Wind daher«[*], Männer wie Frauen unterschiedslos aus ihrem individuellen Selbst herausfegt und sie, zum Guten oder zum Schlechten, einem größeren Selbst einverleibt, ist für uns ein großartiges und faszinierendes Rätsel. Ich glaube, dass es uns tiefer beeindruckt als unsere amerikanischen Brüder. Ob es daran liegt, dass sie es besser verstehen oder nicht – schwer zu sagen; aber ich habe so eine leise Ahnung, dass es uns leichter fällt, die besondere Art der Langmut zu verstehen, die die Chinesen an den Tag legen.

Um es noch einmal zusammenzufassen: Der Punkt, in dem sich die Alten als klüger erweisen als die Jugend, ist ihr abgeklärter Humor, dieses älteste aller Zaubermittel.

Mit Hilfe dieses Zaubermittels werden sie in aller Bescheidenheit ihre gegrummelten und gebrummelten

Einwände gegen die demokratische neue Ordnung vorbringen. Aber eines werden sie sehen: dass nämlich unter dem Druck einer »Macht außerhalb unser selbst, die zur Gerechtigkeit strebt«, eine gewaltige, geheimnisvolle *elektromagnetische Welle* neuen evolutionären Lebens aus der Tiefe aufzuwogen beginnt; eine Welle, die sich durch nichts von ihrem Kurs abbringen lässt; eine Welle, die sich durch keine Propaganda von oben und durch keine Diktatur, sei es die einer unfehlbaren Religion oder die einer unfehlbaren Wissenschaft, lenken lässt; eine Welle, die aus dem Innern kommt, ja, aus dem Innern der Herzen von abermillionen einfacher Männer und Frauen – und durch sie aus einem »Innern«, das noch tiefer liegt, einem »Innern«, das in einer Tiefe *jenseits unserer Dimension* verborgen zu liegen scheint.

KAPITEL 12
DAS ALTER UND
DER TOD

Der eine unvergleichliche Vorteil, den das Alter gegenüber den mittleren Jahren und der Jugend genießt, ist seine Nähe zum Tod. Genau das, was das Alter für die weniger bedrohten und darum weniger erleuchteten Lebensabschnitte des Menschen so beklagenswert macht, vertieft, mehrt und bereichert sein Glück.

Sie werden einwenden, dass die Jugend in ihrer Leidenschaftlichkeit feinere und empfindsamere Antennen für das Beben und die Schwingungen und die Erschütterungen des Lebens, für das zarteste Lüftchen, die schwächste Ahnung, den flüchtigsten Hauch seiner reinen Essenz hat; und ich bin gewillt, die Wahrheit Ihrer Behauptung über die sensiblere Empfänglichkeit und die größere Aufnahmebereitschaft junger Menschen uneingeschränkt, ohne jede Widerrede und ohne jeden Vorbehalt einzugestehen. Ich würde die Bedeutung dieser Aufnahmebereitschaft und Sensibilität sogar noch stärker hervorheben als Sie.

Denn in meinen Augen ist gerade die Begeisterungsfähigkeit, die leidenschaftliche Empfänglichkeit junger Menschen mehr als alles andere dafür verantwortlich, wenn sie dem Leben nicht das Maximum an Freude abgewinnen können. Und das verhält sich so aus dem ausgesprochen einfachen Grund, dass die Jugend mit ihren filigranen Gefühlen und heiklen Empfindsamkeiten durch tausenderlei Kuriositäten, wilde Fantasien, berauschende Leidenschaften, wechselnde Impulse, irrwitzige Verlockungen, liebenswerte Manien, theatralische Flausen, skurrile Obsessionen, leuchtende Ideale, ganz zu schweigen von der stets faszinierenden, oft verheerenden Macht des ungezügelten erotischen Verlangens, von den großen, klaren Konturen der irdischen Realität abgelenkt wird, sodass sie diese nur noch verschwommen oder gar nicht mehr wahrnehmen kann.

Und wenn sich die Jugend schon durch die Empfindsamkeit, mit der sie jede zarte Andeutung und jede weit ausholende Geste von Kunst und Politik, von Ehrgeiz, Sex, Sport, Idealismus, Ruhm, Selbstverleugnung und Selbstzersetzung in sich aufnimmt, vom Bewusstsein für das Wunder, am Leben zu sein, und für »jene Freude, die dem Leben selbst innewohnt«, ablenken lässt, so ist das mittlere Alter durch die schwere Last seiner Verpflichtungen und Verantwortungen noch viel stärker in Anspruch genommen. In diesen beiden Lebensabschnitten, die dem Alter vorausgehen, wird die elementare Topografie unseres Seins von Leidenschaften verwischt und vom Ehrgeiz verzerrt. Man ist fast versucht, sich darauf einen moralischen Reim zu machen: »Sie brauchen das Schöne *direkt* vor dem Gesicht, denn sie sehen den Wald vor lauter Bäumen nicht.« Und so wird die unbestrittene Tatsache, dass alte Menschen weniger empfindsam, weniger flexibel, schwerfälliger, träger und langsamer im Denken sind, mehr als ausgeglichen durch den göttlichen Stimulus ihrer Nähe zum Tod.

Den ganzen Tag über und wann immer sie des Nachts aus dem Schlaf erwachen, melden ihnen ihre ausschwärmenden Kundschafter, diese Sinnesboten, die als »Verbindungsoffiziere« zwischen Körper und Seele fungieren, dass das Ende nicht mehr fern ist.

Und das nahende Ende, das sie in der Tiefe ihres Herzens nicht ignorieren können, wird für sie wie eine im Meer versunkene Glocke, deren eindringliche Schläge ihnen das Wunder, am Leben zu sein, zu Bewusstsein rufen und sie vor allen nichtigen Ablenkungen bewahren.

Ja, machen wir uns nichts vor! Der eigentliche Vorteil, den das Alter allen früheren Lebensabschnitten gegenüber genießt, hängt ursächlich damit zusammen, dass das ganze Theater nun bald ein Ende hat.

Letzten Endes werden, wie Odysseus beim Gastmahl des Alkinoos den versammelten Fürsten erklärte, die Schrecken und Gräuel, die Nöte und der Wahnsinn des Lebens, die törichten Ruhmestaten und schäbigen Triumphe, die geduldig ertragenen Leiden und unendlichen Mühen gemildert und zahlen sich – zumindest für die, die nach uns kommen – in gewisser Weise aus, indem sie *eine Geschichte* erzählen, jene Art von Geschichte noch dazu, die tausend Anfänge und kein Ende hat: *die Geschichte der Menschheit selbst.*

Aber diese beruhigende, wenn auch ein wenig abgebrühte Sicht der Dinge, die weder so pessimistisch noch so herzlos ist, wie es auf den ersten Blick den Anschein hat, greift einerseits zu weit aus und ist andererseits zu sehr auf das Wesentliche reduziert, um einen lebenslustigen jungen Menschen oder einen besitzorientierten Menschen in mittleren Jahren anzusprechen. Und sie stützt sich, um überhaupt ihre Wirkung zu entfalten, auf die gewaltigste seelisch-körperliche Erschütterung, die unsere menschliche Vorstellung, abgesehen von den Schrecken der Gestapo für Zweibeiner und der Vivisektion für Vierbeiner, überhaupt erfahren kann.

Es ist dies die Erschütterung, die wir erleben, wenn wir, sei es in einer plötzlich auflodernden Flamme ewig sengender Erleuchtung oder nach vielen bitteren, zermarterten Stunden widerstrebender Erkenntnis, zwei Dingen ins Auge sehen: das erste eine Gewissheit, die so sicher ist wie der Sonnenaufgang, das zweite eine Möglichkeit mit einem mathematischen Wahrscheinlichkeitsfaktor von – sagen wir – vier zu sechs.

Mit Ersterem ist natürlich die *Gewissheit des Todes* gemeint. Wenn uns diese Gewissheit tatsächlich einmal dämmert, trifft sie uns wie eine Ohrfeige aus heiterem Himmel; eine Ohrfeige von der metallenen Hand einer Bronzestatue, die sich unseren Augen bisher nur stumm und arglos in ihrer Museumsnische präsentiert hat.

Was für ein himmelweiter Unterschied ist doch zwischen dieser Erkenntnis und dem, wie wir es nennen könnten, allgemeinen Wissen um die Unausweichlichkeit des Todes. Mit der Gewissheit des Todes können wir, auch wenn sie so wenig zu bestreiten ist wie die

Tatsache, dass die Mondgebirge so lange existieren werden wie der Mond selbst, ganz fröhlich und selbstzufrieden leben.

Damit es sich anfühlt wie ein Schlag in die Magengrube, damit der eine entscheidende Nerv getroffen wird, der die Alarmglocken dieser ganzen Inselfestung läuten lässt, müssen wir auf jede Verallgemeinerung verzichten. Wir müssen erkennen, dass es für dieses *Ich, Ich, Ich* zu Ende geht, dessen Gefühle *alles* sind, was es für mich, mich, mich gibt!

An diesem Punkt nähern wir uns, wie mein Bruder Llewelyn uns oft in Erinnerung zu rufen pflegte, dem glitschigen, bebenden, pfeilschnellen, unter Hochspannung stehenden Lachsforellennerv des »Richard ist Richard, Annie ist Annie«-Selbst – diesem liebevollhasserfüllten Springteufelchen in uns, das dafür sorgt, dass sich die Welt dreht!

Ja, wir stehen am Rand der letzten Schlucht und sehen den Raben zu, die über dem Abgrund flattern. Wir sprechen jetzt von dem alten Knaben, für den sich jedes noch so kleine Wehwehchen wie der Schatten der ganzen Erdkugel zwischen ihn und das Multiversum schiebt. Er ist es, der – und machen Sie sich nichts vor, mein Freund, der arme Teufel sind Sie selbst –, ja, der sich gerade jetzt, während er die geschwungenen Linien im Muster seines Badezimmerbodens betrachtet, seine entzündete Prostata vorstellt; er, der von irgendwo draußen das himmlische Krächzen der Saatkrähen vernimmt und dabei an einen bestimmten Friedhof denken muss, auf dem er vor vierzig Jahren zwei Frauen an einer

Granitmauer sitzen sah, die sich gegenseitig aus Jane Austens *Emma* vorlasen. Er ist es, der mit der Zungenspitze das kleine Loch an der Wurzel seines Eckzahns abtastet und überlegt, ob er mit dem Zahnarztbesuch noch bis zum Ende des Herbstes warten kann; er ist es, der sich eine vernichtende Retourkutsche für jenen fremden Mitreisenden ausdenkt, der ihn neulich in einer Diskussion über Kriegsstrategien im überfüllten Eisenbahnwaggon bloßgestellt hat. Er ist das Ich in jedem von uns, das am stärksten es selbst ist, wenn es sich da unter den Grundfesten der Welt verbirgt, wo der Schuh es am schlimmsten drückt.

An zweiter Stelle spreche ich eine noch ernstere, wenn auch nicht ganz so sichere Möglichkeit an, die schreckliche Aussicht nämlich, dass dieses »Ich«, von dem die ganze Welt persönlicher Eindrücke abhängt, schon bald vor seiner völligen *Annihilation* stehen wird. Die Sonne wird aufgehen wie immer, der Wind wird wehen wie zuvor. Die Leute werden in gewohntem Ton über das Wetter reden. Der Briefträger wird an die Tür klopfen, wie er es gerade eben getan hat, und die Briefe auf die Fußmatte werfen. Aber *es* wird nicht da sein. Es, der Dreh- und Angelpunkt unserer ganzen Welt, wird nirgendwo sein.

Aha, werden Sie mich jetzt fragen, worin besteht denn dann der große Vorteil des Alters? Darin, dass wir schon bald vom Angesicht der Erde verschwinden, dass wir aller Wahrscheinlichkeit nach bald *für alle Zeiten* verschwinden? Welchen Vorteil soll das haben? Ich will Ihre Frage mit einem Wort beantworten, und das

Wort lautet *Relation*. Zum ersten Mal im Leben bekommen wir, wenn wir alt werden, ein Gefühl für Relationen.

Je länger wir darüber nachdenken, umso deutlicher werden wir erkennen, dass uns genau dieses Gefühl für Relationen befähigt, das Leben zu meistern. Die Wahrheit ist, dass es eines höllisch flammenden Blitzschlags bedarf, damit wir armen benebelten und konfusen Trottel, die wir an unseren Gewohnheiten kleben und das Leben als etwas Selbstverständliches nehmen, begreifen, dass jede Sekunde unseres bewussten Lebens ein unvorstellbares, unfassbares Wunder ist.

Gewiss, manchmal sind unsere Nöte und Schmerzen so furchtbar, ist unser Überdruss so groß, dass wir lieber gar nicht auf der Welt wären, als so zu existieren. Aber oft werden diese Momente, wenn es uns nur gelingt, sie durchzustehen, vorübergehen; sie werden vorübergehen, und siehe da – wir sind noch am Leben. »Das Leben ist kostbar« ist ein Satz, den die Menschen oft und gern auf den Lippen führen, und er passt für vieles; allerdings glaube ich nicht, dass er die Logik des Pessimismus vollständig entkräftet.

Und doch überschütten wir des Lebens Kostbarkeit, wo immer sie sich zeigt, mit Salz und Essig, Galle, Wermut, Teufelsdreck und Koloquinten.

Fast will es mir jedoch, obwohl das ein völliges Rätsel ist, so scheinen, als wäre das *Tick, Tick, Tick* der großen Zeitmaschine selbst, abgesehen davon, was uns ihr mahlendes Räderwerk gerade vorleiert, ein Pulsschlag der Freude; und wenn das stimmt, wovon ich überzeugt bin, muss es eine Grundsubstanz an *Lebensfreude* geben, die konserviert wie eine große kandierte Pflaume vor uns liegt und aus der wir, wenn wir nur geistesgegenwärtig genug wären, herzhaft hineinzubeißen, einen paradiesischen Nektar saugen könnten.

Aber es gibt noch mehr zu entdecken als süßen Nektar in diesem geheimnisvollen Substrat der Lebensfreude, das sich unter den »Pfeil' und Schleudern des wütenden Geschicks«* verbirgt, unter den vielen Dingen, die uns durch ihren Geschmack, ihren Geruch, ihr Aussehen oder die Art, wie sie sich anfühlen, in unserem ehrlichen Widerwillen oder unserem verwöhnten Überdruss – denn es macht kaum einen Unterschied, um welches von beiden es sich handelt – so schwer zu schaffen machen.

Ist es uns beispielsweise möglich, so können wir uns fragen, die Lebensfreude selbst, die Freude am reinen, einzigartigen, uneingeschränkten Lebensgefühl also, für sich allein zu erfahren, von allen anderen sinnlichen und seelischen Empfindungen getrennt, sodass wir in dem Moment, in dem sie sich uns offenbart, zu Recht mit Faust ausrufen könnten: »Verweile doch! Du bist so schön.«

Jeder von uns kennt den falschen, selbstgefälligen, oberflächlichen Plauderton, in dem gewisse Menschen mittleren Alters so gern die Phrase von sich geben: »An einem Tag wie heute freut man sich, am Leben zu sein«, worauf sie davoneilen, ohne an diese »Freude« oder dieses »Leben« einen zweiten Gedanken zu verschwenden.

Wenn einer der »sieben Akte, durch die hin das Leben spielt«*, das Recht für sich in Anspruch nehmen kann, zu diesem unergründlichen Thema ein qualifiziertes Urteil abzugeben, so ist es zweifellos das Greisenalter. Und wenn ich mich selbst zum Sprachrohr des Greisenalters machen darf, würde ich sagen, dass wir diesen flinken, schlüpfrigen, scheuen Fisch, *das reine Lebensgefühl*, erst fangen können, wenn wir alt sind, und auch dann nur, wenn wir zu der besonderen Sorte des alten Menschen gehören, wie er uns in der Gralsgeschichte in der Gestalt des »Fischerkönigs«* begegnet.

Ich würde sogar noch weiter gehen und behaupten, dass der geheimnisvolle »verstümmelte König« nur deshalb Wächter des Grals werden konnte, weil er »verstümmelt« – geradeheraus gesagt: ein Eunuch – war. Das alles deutet auf die Überzeugung hin – die auch in der christlichen Lehre, der zufolge nur »die Gott schauen, die reinen Herzens sind«*, und im barbarischen Brauch der Priester der Kybele*, sich selbst zu entmannen und zu zerfleischen, ihren Ausdruck findet –, dass »die Freude, die dem Leben selbst innewohnt« sich erst dann in uns ausbreitet wie eine glatte Wasserfläche, wenn die stürmische Kraft unseres Sexualtriebs abgeflaut ist und die Natur uns zwingt, Enthaltsamkeit zu üben.

Obwohl wir davon ausgehen können, dass in nicht allzu ferner Zukunft die Sexualität, sofern sie sich nicht in grausamem oder gefährlichem Sadismus äußert, von dem Stigma befreit sein wird, mit dem sie jetzt noch behaftet ist, werden zweifellos auch dann noch sehr viele Menschen versuchen – und im Allgemeinen vergeblich versuchen –, die erlesenen Freuden, die dem Alter nur vergönnt sind, weil sich die sexuellen Obsessionen verflüchtigt haben, schon in ihrer Jugend und in ihren mittleren Jahren vorwegzunehmen.

Darauf folgt nun allerdings keineswegs, dass ein alter Mensch, nur weil er von der lästigen Tyrannei des Sexualtriebs befreit ist, »den Gral sehen kann«, wie es in dem uralten Mythos heißt; dass er, mit anderen Worten, trotz seiner geschwächten, stumpf gewordenen Sinne automatisch empfänglich sei für das *Lebensgefühl an sich*.

Um den Gral sehen zu können oder, einfacher ausgedrückt, um in dieser glücklichen Umarmung mit Luft, Erde, Feuer und Wasser schwelgen zu können, bedarf es auch für den alten Menschen geduldiger Übung und langer Praxis. Und selbst mit Übung und Praxis kann es sehr gut sein, dass die einzige Freude, die ihm zur täglichen Gewohnheit wird, das erschreckende und erschütternde Bewusstsein seines nahenden Todes ist.

Im Übrigen meine ich, dass neben dem *Lebensgefühl an sich* das Element, in dem, wenn ich ein solches Bild benutzen darf, dieser schlüpfrige, scheue Fisch schwimmt, von nicht eben geringer Bedeutung ist.

Dieses Element ist zu vielschichtig und rätselhaft, als dass es ohne weiteres in Worte zu fassen wäre; wenn wir aber das Leben in dem schon erwähnten Sinne akzeptieren, dass es *eine Geschichte* ist, haben wir, so glaube ich, bereits einen wichtigen Schritt zu seinem Verständnis getan.

Nicht ohne Grund wird den Alten oft vorgeworfen, sie seien egoistische Schwätzer. Wenn wir ihre Redseligkeit aber einmal genauer unter die Lupe nehmen oder sie zumindest in angemessenem Bezug zum gesamten Strom des Lebens betrachten, wird meiner Ansicht nach klar, dass unsere betagten Freunde mit ihren ermüdenden, wortreichen, egozentrischen Ergüssen der Mutter der Musen, der großen Göttin Mnemosyne, ihren Tribut zollen und ihr Opfer bringen – nicht mit Blumen, Früchten oder einem neugeborenen Lamm eben, sondern mit ihrer eigenen Würde und Selbstachtung.

Ja, das sterbliche und möglicherweise auch das unsterbliche Leben lässt sich nur auf eine Weise mit Nachdruck und ohne jeden Vorbehalt rechtfertigen: *indem wir es als eine Geschichte betrachten.*

Allein das Alter und auch das Alter nur in der letzten Offenbarung seiner angereicherten Erfahrung, wenn diese angestrahlt wird vom einsamen Leuchtturm des Todes, zeichnet sich durch die Weisheit aus, das Leben von Anfang bis Ende als eine Geschichte zu betrachten. Genauso müssen wir Shakespeares Worte interpretieren, wenn er sagt: »Dulden muss der Mensch sein Scheiden aus der Welt, wie seine Ankunft: Reif sein ist alles.«*

Wer von uns hat nicht schon einmal voller Staunen und Mitleid beobachtet, wie ein alter Mensch stundenlang dasitzen kann – und welche Geheimnisse liegen hier verborgen, die seit den frühesten Kindertagen für uns verloren sind! –, ohne zu lesen, zu schreiben oder vielleicht auch nur die Hände mit einer Strickarbeit zu beschäftigen, und dabei die Geschichte des Lebens, das sich um ihn herum abspielt, einzuatmen, zu verschlingen, zu trinken und – oh, welch ein schamloses Vergnügen, welch eine unerhörte Freude! – mit jeder Pore seiner alten, runzligen Haut aufzusaugen.

Wie den Nachbarn des großen Fjodor Michailowitsch* war es mir vergönnt, einen Freund zu haben, der an Epilepsie erkrankt war, und ich glaube, es gehört zu den Besonderheiten dieser *heiligen Krankheit**, dass sie den Blick für das kleinste Detail der Geschichte aller Menschen und aller Dinge, die überhaupt eine Geschichte haben können – und mir fällt, während ich hier sitze und den Satz zu Ende bringe, nicht einer oder eines ein, zu dem nicht irgendeine Geschichte zu erzählen wäre – , fast bis zur Verzückung schärft.

Und im Grunde bewirkt die *heilige Krankheit*, ebenso wie dieser herrliche Zustand zwischen Kranksein und Genesung, den jeder kennt, nichts anderes als der Ruf, mit dem das Käuzchen, dem Haus sich nähernd, den Tod ankündigt.

Ich appelliere an meinen Leser – ob jung oder alt –, an diesem Punkt ein wenig in sich hineinzuschauen und herauszufinden, was genau – abgesehen von allen Hoffnungen auf »gute Zeiten«, die da kommen werden, und abgesehen auch von allen Nöten und Schmerzen des Augenblicks – in ihm das Leben süß und den Tod bitter findet!

Was ich zu entdecken glaube, wenn ich meine eigene Liebe zum Leben, mein krampfhaftes Festhalten daran betrachte, ist alles andere als eine einfache Sache. Es ist so kompliziert und vielwinklig wie Sir Thomas Brownes geliebter *Quincunx**.

Sein lebendiger Nukleus ist etwas, das man als Quecksilberseele einer elektrischen Lebensenergie beschreiben könnte, ein torpedoförmiger, schlüpfriger *Lebensfisch*, den ich in meinem Innern so deutlich spüre, als wäre er tatsächlich ein lebendiges Wesen, das es kaum erwarten kann, meine alten Knochen und den ganzen verrotteten Abfall, den sie enthalten, auf den Misthaufen zu werfen – und »da soll er dann liegen!«, wie Seine Lordschaft der Dichter* zu sagen beliebt.

Merkwürdigerweise deutet aber nichts an diesem Bild eines lebendigen Nukleus auch nur auf eine vage »Ahnung der Unsterblichkeit« oder ein Leben nach dem Tod hin. Es scheint vielmehr in der Natur dieser bildlichen Vorstellung zu liegen, dass das imaginäre, quicklebendige Wesen in uns alle Energie aufsaugt, die eine solche Ahnung erfordern würde.

Was ich hier deutlicher herauskristallisieren möchte, als es sich normalerweise in meinem Denken und vermutlich auch im Denken der meisten anderen Menschen abzeichnet, ist das oft nur vage Gefühl, das uns im hintersten Winkel unseres Bewusstseins anwandelt, wenn wir erklären, dass wir das Leben im Angesicht des Todes doppelt oder dreimal so intensiv empfinden und wahrnehmen.

Der energiegeladene Lebensnukleus in unserem Innern, den ich als »Seele« bezeichnen möchte und der uns das Gefühl vermittelt, er könne auch außerhalb unseres Körpers existieren, ist nur das Zentrum unserer intensivierten Lebenswahrnehmung.

Darüber hinaus reagieren wir auch heftiger auf die äußeren Ereignisse, aus denen sich die Geschichte unseres Lebens und des Lebens aller anderen Menschen zusammensetzt. Und jenseits dieser tragikomischen, romantisch-derben, hell-dunklen, kläglich-grotesken Geschichte unser selbst existiert das, was wir sehr unbestimmt und im weitesten Sinne als Natur bezeichnen – ein Wort, das wir insbesondere im Zusammenhang mit Säugetieren, Reptilien, Fischen und Vögeln, mit der Pflanzenwelt und mit denjenigen landschaftlichen Gefilden verwenden, in denen das Belebte und das Unbelebte zusammenwirken.

Ja, und hinter diesen beiden, dem menschlichen Drama und seiner Kulisse, die wir Natur nennen, wirken die Kräfte der Urelemente – Luft, Erde, Wasser, Feuer –, die in ihrer unendlichen Ausdehnung durch Zeit und Raum für manche Menschen von einer so verhängnisvollen Anziehungskraft sind, dass diese die vermenschlichte Schönheit der Natur ebenso wie die idealisierte Geschichte des Menschen auf eine raffinierte mathematische Taschenspielerei reduzieren. Es sind dies die unvergänglichen Elemente, die für uns eine unerschöpfliche und magische Quelle der Freude bilden, solange sie der Befriedigung der Sinne dienen, die uns aber in den reinen, rationalistisch verbrämten Wahnsinn stürzen, wenn sie uns dazu verleiten, unser Denken auf jene falsche, wenn auch logisch erklärbare Grenzenlosigkeit zu richten, jenen einen Teil der unlösbaren

Antinomie zwischen Zeit und Ewigkeit, angesichts derer unser Verstand einfach aufhört zu arbeiten vor dem Raum-Zeit-Meilenstein, auf dem in alten griechischen Lettern geschrieben steht: »Nach mir das Nichts.«

Wie wohltuend angesichts dieser wahnwitzigen Logik ist doch das unangenehme, ungefällige, beunruhigende Phänomen des Todes. Allein die Nähe des Todes hat eine solche Wirkung auf das Fasergewebe unseres Körpers und auf unsere geistige Aufnahmebereitschaft, dass unsere natürliche Reaktion auf die Vorstellung dieser äußersten Erschütterung verhärtet, versteift und betäubt wird.

Tatsächlich verhält es sich so, dass der Tod, wie der römische Gott Janus, zwei Gesichter hat – das Gesicht, das in ängstlichem und doch ausdruckslosem Entsetzen der Jugend zugewandt ist, und das Gesicht, das zum Alter hin blickt und sich dabei zu allerlei schlichten, vertrauten Mienen verzieht und mal distanzierten Humor, mal freundliche Ruhe, mal brummige Ergebenheit ausstrahlt.

Aber die Sache hat noch eine andere Perspektive. Wir dürfen nicht vergessen, dass Leben und Tod in gewissem Sinne Aspekte des Todes sind, so wie die Natur in einem anderen Sinne ein Aspekt des Lebens und des Todes aller Geschöpfe ist. Einerseits kann man sagen, dass der Natur das Geschick einzelner Menschen vollkommen gleichgültig ist, andererseits ist sie unendlich besorgt um sie.

Wir sind die Schöpfer der Natur und ihre Söhne und Töchter zugleich, und wenn wir, wie wir es in unseren heimlichen Gebeten inständig erflehen, von den gefürchteteren, schrecklicheren Arten zu sterben verschont bleiben, scheint das Ende, je näher es rückt, der gütigen Voraussicht der Großen Mutter entsprechend, immer mehr zum selbstverständlichen, integralen Teil unseres Selbst zu werden.

Unsere Ängste und Sorgen verlieren an Kraft, unsere Zuneigungen werden schwächer, unser innerer Elan lässt nach, und eine schleichende Erschöpfung ergreift Besitz von uns – kurzum, wir werden müde; nicht, dass wir dieses oder jenes leid wären, nicht, dass wir es leid wären, dieses zu tun oder um jenes zu kämpfen, wir sind einfach das ganze Theater leid, wir sind die Mühe leid, die es uns kostet, uns zu freuen, unser Los zu erdulden, überhaupt *zu sein*.

Wenn wir diese von der Natur selbst bewirkte Veränderung akzeptieren – und die Kunst dabei ist, dass wir uns ganz entspannt hineinfallen lassen, so, wie wir uns zu Boden fallen lassen können, ohne eine Hand dagegen zu rühren –, ergibt sich daraus eine hübsche kleine Ironie, an der wir uns erfreuen können, sofern wir uns einen klaren Kopf bewahren. Denn gerade in diesem Akt der inneren Hingabe an den Tod können wir erleben, dass wir von unseren Freunden Lob und Bewunderung für die unbezwingbare Kraft unserer Lebensfreude ernten!

Wie bei allem anderen ist es auch hier unser gutes Recht, ein Doppelleben zu führen, indem wir unermüdliche Anstrengungen unternehmen, im wahrsten, furchtbaren Sinn des Wortes *unser Ende aufzuhalten*, und uns zugleich tief im Innern ganz und gar diesem eigenartigen, süßen neuen Gefühl überlassen.

Denn so groß ist die unvorstellbare Güte der Natur gegen diejenigen ihrer Kinder, die sich ihrer Führung überlassen, dass der stete, unerbittliche Sog zu den formlosen Elementen hin, die unsere komplizierte und nun erschöpfte körperliche Erscheinung hervorgebracht haben, eine überraschende Süße in sich birgt, wie wir sie noch nie gekostet haben.

Wenn man mich als durchschnittlichen Vertreter eines normalen Alters – wobei die Begriffe »durchschnittlich« und »normal« ohnehin nur in den Köpfen metaphysisch angehauchter Realisten existieren – fragen würde, welches die wichtigste Erfahrung beim Einlauf in die Zielgerade des Lebens für mich war, so würde ich nach reiflicher Besinnung antworten: das Gefühl, die »magischen Fenster« meines Bewusstseins würden aufgestoßen, weiter und immer weiter, bis sie sich nicht mehr weiter öffnen ließen. Mir ist klar, dass ich einen Moment lang ins Schwimmen kommen würde, wenn der Fragesteller nun wissen wollte, was ich mit diesem Fensteröffnen eigentlich *meine*. Aber ich würde, um das Gesicht zu wahren, flugs einen weit hergeholten Vergleich wie Childe Rowlands Turm* beispielsweise heranziehen und dann andeuten, was mir vorschwebte, sei so etwas wie ein runder Ausguck, von dem aus man zwei gegenüberliegende Horizonte überblicken könne – oder, wenn Ihnen das lieber ist, zwei gegenüberliegende Landschaften –, sei es in nördlicher und südlicher oder in östlicher und westlicher Richtung.

Und ich würde versuchen, mit der Metapher vom Norden und Süden oder vom Osten und Westen das Bild zweier entgegengesetzter Begriffe der Natur zu entwerfen: eine, in der eine Macht existiert, auf die wir in Glauben und Hoffnung bauen können, und eine andere, in der es eine Vielzahl geheimnisvoller Dimensionen gibt, in deren verwirrender Vielfalt wir nur auf uns selbst vertrauen können.

Wenn ich dazu rate, die in entgegengesetzte Richtungen blickenden Fenster unseres Bewusstseins aufzustoßen, so weit es geht oder so weit es ihre verrosteten Scharniere eben gestatten, so meine ich damit, dass es ratsam ist, in unserem philosophischen Streben ein ähnliches »Doppelleben« zu führen wie dasjenige, das sich in den Dingen des Alltags als so hilfreich für uns erwiesen hat.

Indem wir nun anfangen, die Dinge ein wenig loszulassen und den Tod als Hafen, das Nichtsein als Zuflucht nach einer Fahrt über stürmische Gewässer zu betrachten, wären wir, wie mir scheint, auch gut beraten, wenn wir uns in der Kunst üben würden, *ad utrumque paratus*, »zu beidem bereit« zu sein; und nicht nur »bereit« zu sein, sondern in Gedanken über die beiden einander gegenüberliegenden Landschaften hinwegzufliegen, die sich vor uns ausdehnen, die eine erhellt von der aufgehenden Sonne der Hoffnungen aller Menschen, die andere, über die sich schon die Abenddämmerung herabsenkt, weniger feindselig als vollkommen gleichgültig gegen unsere Wünsche und Sehnsüchte.

Wenn ich nun davon ausgehen darf, dass meine eigenen Gefühle einigermaßen repräsentativ sind für die Geisteshaltung, die der Meilenstein unserer Zielgeraden offenbart – und »Zielgerade« ist ein wunderbar treffendes Wort! –, eine ausgewogene Skepsis nämlich hinsichtlich der Alternative zwischen Weiterleben oder Annihilation, möchte ich darauf hinweisen, dass ich in einem Winkel meines Bewusstseins über diesen offensichtlichen Dualismus hinaus eine treffende Schlussfolgerung aus all dem ziehe – oder vielleicht sollte ich besser sagen: eine treffende Anmerkung zu all dem mache –, die darauf hinausläuft, dass es bei näherem Hinsehen unter all den anderen Dualitäten und Alternativen dieser *Dimension der Gegensätze*, in der wir leben, kein einziges Begriffspaar gibt, in dem beide Teile *gleich* stark wären!

Sehen wir uns doch ein paar Beispiele an. Der Tag ist stärker als die Nacht, das Licht stärker als die Dunkelheit, der Mann stärker als die Frau, der Geist stärker als die Materie, das Leben stärker als der Tod, die Schöpfung stärker als die Zerstörung, die Zeit stärker als der Raum, das Gute stärker als das Böse, das Viele stärker als das Eine.

Tatsächlich gäbe es keine Welt und keine Schöpfung, es würde überhaupt nichts existieren, wenn diese Gegensätze gleich stark gewesen wären. *Sie hätten sich gegenseitig aufgehoben.* Sie hätten einander so vollkommen aufgewogen, dass es zum Stillstand, zur Stagnation, zu einer absoluten, dem universalen Erlöschen gleichenden Neutralität gekommen wäre. Es hätten sich in diesem Fall das hegelsche »Sein« und »Nicht-Sein« als identisch erwiesen – mit anderen Worten, als das absolute Nichts.

Hat sich nun hinsichtlich dieser Gegensatzpaare erwiesen, dass es ein *gewisses* Maß an Ungleichheit geben muss, *weil sonst gar nichts existieren würde*, so verhält es sich nicht anders bei der Frage, ob es ein Weiterleben nach dem Tod gibt oder ob mit dem Tod alles endet. Wenn die natürliche Vitalität der lebendigen Seele in uns stärker ist als die natürliche Erschöpfung unseres Körpers, wenn der natürliche Lebensschwung unseres Wesens stärker ist als die natürliche Todesneigung unserer physischen Existenz, je nun, könnten wir dann nicht möglicherweise annehmen – was soll ich sagen, ich gebe zu, dass wir »Advokaten des Weiterlebens« fast so schlimm sind wie manche Erweckungsprediger, wenn es gilt, um den heißen Brei herumzureden, wie es mein Bruder Llewelyn ausdrücken würde –, also, könnten wir dann nicht möglicherweise annehmen, dass, nachdem alle diese Ungleichheiten zugunsten des Lichts vor der Dunkelheit, des Guten vor dem Bösen und der Schöpfung vor der Zerstörung sorgsam bedacht sind, ein federleichtes, ein hauchfeines Gewicht zugunsten der Annahme, dass wir, wie Horaz sagt*, »nicht ganz sterben«, in die Waagschale fällt?

Natürlich gibt es zwangsläufig ebenso viele verschiedene Möglichkeiten, auf die Nähe oder die relative Nähe des eigenen Todes zu reagieren, wie es Menschen gibt, die in diesem Augenblick ächzend und schnaufend und ohne Arg wie unschuldige Lokomotiven der gemeinsamen Endstation entgegenstampfen.

Dennoch kann ich mich, da die meisten von uns Augen, Nase, Mund, Ohren und eine tastempfindliche Haut haben, des Eindrucks nicht erwehren, dass es mehr Gemeinsamkeiten an Gefühlen, Empfindungen, Ahnungen, Ängsten, Freuden und Hoffnungen zwischen uns geben muss als Dinge, in denen wir uns unterscheiden, die wir nicht gemein haben, die nicht wiederholbar und absolut einmalig sind.

Und im Übrigen gilt das große Gesetz der Ästhetik ebenso unerschütterlich und uneingeschränkt für die Persönlichkeit wie für Kunst und Architektur. Originalität ist nur dann möglich, wenn es einen allgemein gültigen Maßstab für Würde, Verhältnismäßigkeit, Anstand, Ausgeglichenheit und Nähe oder Distanz zur Natur gibt.

Zu den Erscheinungen des Alters, die wir meiner festen Überzeugung nach alle gemein haben, gehört das eigenartige, tiefe und rätselhafte Gefühl, dass, je näher wir dem Tod kommen, immer mehr Antworten auf unsere Fragen, immer mehr Offenbarungen der verborgenen Ursachen und Wirkungen auf uns zutreiben, aus der bodenlosen kosmischen Tiefe herausgefischt, magnetisch angezogen, herausgesaugt werden, bis sie an die Grenzen unseres Bewusstseins stoßen.

Ja, wir leben in einer Dimension der Gegensätze, und jedes Paar kosmischer Gegensätze ist enger miteinander verbunden als in einer bloßen logischen oder metaphysischen Antithese. Nehmen wir die Schrecken des gegenwärtigen Krieges und die Sehnsucht der Menschen nach Frieden. Diese Sehnsucht ist eine Tatsache, aber dass unser gesamter Kosmos vom Krieg abhängt, ist ebenfalls eine Tatsache. Ohne Krieg gäbe es keine Natur. Das Leben würde uns vor eine endlose Leere stellen. Dass wir überhaupt ins Leben eintreten, dass wir geboren werden können, setzt einen rauschenden Sieg und eine gewaltige Niederlage in einem entsetzlichen, furchterregenden Krieg voraus.

Das ursprüngliche *Fiat!*, »Es werde Sein!«, lässt sich bedauerlicherweise nicht auf das gütige und sanftmütige »Es werde Licht!« reduzieren. Es war die grausame Verstümmelung des Uranos durch Kronos*, die der Welt den Anstoß gab, sich zu drehen, während der Tod beider Protagonisten den Sieger wie den Besiegten gleichermaßen auf den Dreschboden des vorschöpferischen Chaos zurückgeschleudert hätte!

Diese kratzbürstigen, piesackenden, stacheligen, bissigen Feind-Paare sind, ob ihre Sphäre aus Elektronen, Philosophien oder kosmischen Welten besteht, die eigentliche dynamische Kraft, die bewirkt hat, dass alles so ist, wie es ist.

Was uns Menschen betrifft, hat das System den Haken, dass wir, je nach Gemütslage, mal dem einen, mal dem anderen den Sieg wünschen. Es gibt beispielsweise Stimmungen, in denen wir es vorziehen, wenn das Böse über das Gute, das Viele über das Eine, die Dunkelheit über das Licht, die Frau über den Mann, die Einsamkeit über die Geselligkeit, die Anarchie über die Ordnung, der Tod über das Leben siegt.

Wenden wir dieses Prinzip einmal auf die fundamentalen Dualitäten an, die für uns umso mehr Bedeutung gewinnen, je näher das Ende rückt: zum einen die Alternative Annihilation oder Weiterleben, zum anderen die Wahl zwischen einem Universum mit nur einem Gott und einem Multiversum mit einer Vielzahl von Dimensionen und Göttern.

Wir wissen natürlich aus Erfahrung, dass es Gemütsverfassungen gibt, in denen wir uns aus tiefstem Herzen wünschen, wir wären tot; und nicht nur tot, sondern für alle Zeiten ausgelöscht, ohne die geringste Aussicht, je wieder in Erscheinung zu treten oder wiedergeboren zu werden.

Ebenso ist es denkbar – und ich schäme mich nicht, zu gestehen, dass ich dieser Möglichkeit den Vorzug gebe –, dass wir uns lieber ein – wenn auch weniger warmes, behagliches und schützendes – Multiversum etlicher Dimensionen vorstellen als ein Universum der altvertrauten, überschaubaren Art mit *einer* Materie, *einem* Geist, *einem* Raum, *einer* Zeit, *einer* Menschheit, *einem* Gott!

Ich für mein Teil meine, dass es in einer multiversalen Welt einen frischeren Wind, weitere Horizonte und ein Mehr an Freiheit, Chancen und wohltuender Anarchie geben würde, auch wenn die Vorstellung, im schroffen Licht der Wirklichkeit mit einer solchen Welt konfrontiert zu sein, nicht eben lustig ist!

Jedenfalls können wir unmöglich leugnen, dass Leben und Tod untrennbar miteinander verbunden sind. Und es hat den Anschein, als würde ihre Umarmung umso enger werden, je weiter ihre Wurzeln in die Tiefen der Existenz vordringen.

Zwangsläufig spüren wir, wenn wir zum ersten Mal das ahnungsvolle Murmeln, den unheilverkündenden Odem, die geheimnisvollen Strömungen, das elementale Rauschen und die elektromagnetischen Schwingungen wahrnehmen, die dem dunklen Wasserfall vorauseilen, dass in diesem Aufruhr, so frostig und bedrohlich er uns auch erscheinen mag, *irgendeine* positive Energie mitschwingen muss, *irgendein* fruchtbarer Keim, *irgendein* jovianisch-danaeischer Goldregen* aus der nächtlichen Kinderstube der Mütter, von deren mystischen Toren zu der acherontischen Treppe des Todes* ein verborgener Durchlass zu existieren scheint!

Dass es eine solche Verbindung wirklich gibt – und ach, viel mehr als eine Verbindung!, eine zärtlich-grausame schöpferische Umarmung –, lässt sich an der Art ablesen, in der wir unweigerlich die Worte »Leben und Tod« miteinander verknüpfen.

Diese beiden Worte sind umweht von einer poetischen Aura, die einen kostbaren Duft verströmt, süßer als das Laub des Vorjahres, einen Duft, der so aromatisch ist wie brennender Weihrauch und davongetragen wird, um wie eine Rauchwolke am Horizont der Welt zu versinken!

Was haben diese beiden Worte an sich, dass eines in unseren Ohren klingt, als wäre es in den strahlenden Glanz eines Sonnenaufgangs über dem Meer getaucht, während das andere niedergedrückt scheint unter der

Last schwerer Wolken, bei dräuendem Nebel aufgepflügt aus dem Brachfeld, in dem Iasion der Demeter beiwohnte*?

Die Sache ist einfach die: In jeder Sprache gibt es Worte aus der Zeit der ersten Völkerwanderungen, wenn nicht gar verwurzelt im ursprünglichen Sprachstamm selbst, die den Stürmen der Zeit so lange ausgesetzt waren, die so unempfindlich geworden sind gegen die Witterungseinflüsse, die Trockenheiten und Sturmfluten der kollektiven Erfahrung der Menschen, die sie sprechen, dass in ihrem Klang und in ihrer Substanz das platonische Wesen aller Dichtung – und damit meine ich die Kontinuität unseres Umgangs mit den historischen Zwängen, die heute die gleichen sind wie von Anbeginn an – kondensiert ist, sodass aus ihnen echte polytheistische *Logoi* geworden sind, die weit über jede Erlöserlehre der sonderbaren Dimension hinausgehen, in der wir derzeit gefangen sind.

Männer wie Frauen sollten sich im Alter angewöhnen, in ihr Denken eine gewisse Verschmelzung der beiden Mysterien Leben und Tod einzubeziehen, »ohne das Wesen zu trennen«*, wie es im Glaubensbekenntnis heißt, und ohne das Schicksal des sterblichen Menschen mit den unsterblichen Elementen zu vermischen, wie es die Rationalisten so gerne tun.

Wenn ein Mensch ertrinkt, heißt es, passieren in den Sekunden vor seinem Tod alle Personen und Dinge noch einmal Revue, die ihn, ob im negativen oder im positiven Sinne, im Laufe seines Lebens am tiefsten beeindruckt haben.

Wäre es aber nicht möglich und wünschenswert, unsere Aufmerksamkeit schon lange vor dem letzten Augenblick auf diese eindrucksvollen Menschen und Dinge zu richten?

Zweifellos haben Sie, wer immer Sie sein mögen, oh vortrefflicher Leser, das angenehm-traurige Spiel zur Genüge ausgekostet, sich die *letzten Worte* auszumalen, die Sie, im Vollbesitz Ihrer geistigen Kräfte und, so beten wir, frei von körperlichen Schmerzen, auf dem Totenbett sprechen werden.

Ich wage auch zu behaupten, dass Sie sich, von einem natürlichen, wenn auch egoistischen Interesse getrieben, schon mit der Frage der Grabgestaltung und der Grabinschrift befasst haben. Natürlich müssen wir, mit den Worten des größten aller Genies, das weder Homer noch Shakespeare ist, sondern der namenlose und arglose einfache Mensch aller Generationen, »irgendwo die Grenze ziehen«.

Und obwohl ich mich zu der unphilosophischen Ansicht bekenne, dass es zu den harmlosesten und unschuldigsten aller eitlen Beschäftigungen gehört, wenn wir uns selbst Geschichten über unseren Tod und unser Begräbnis erzählen, beginnt auch hier, wie in allen anderen Nebensächlichkeiten des Lebens, sogleich unser Gewissen wie ein schnüffelnder Maulwurf zu wühlen und uns einzuflüstern, dass es das Beste sei, alle Gedanken an Monumente und Inschriften, an Gedenkplaketten, Engelsflügel, Palmzweige und edle Totenmasken zu verwerfen und uns wie die einfachen Menschen des Altertums auf die furchtbare Endgültigkeit, den angenehmen Trost, die unheimliche Ironie und die durchdringende Traurigkeit zu konzentrieren, die wir angesichts der Gewissheit empfinden, dass wir alles, was wir haben, und vermutlich auch alles, was wir sind, verlieren werden.

Die Wahrheit liegt in der Weisheit und Güte der Natur – denn wenn man es ernsthaft bedenkt, wird die »Gleichgültigkeit« der Natur gegen unser persönliches Leid oft ebenso ungerechtfertigt hervorgehoben wie ihre Sorge um uns. Zeit und Zufall! Das sind die entscheidenden Worte. Es *ist* entsetzlich ungerecht, wie sie Tod, Schmerzen, Ungemach, Krankheit, Armut, Wahnsinn und schlechtes Ansehen unter ihren Kindern verteilt. Aber es gibt immer auch die Kehrseite der Medaille.

Ein alter Mensch, der das Rauschen des Wasserfalls schon vernehmen und den Hauch seiner tödlichen Kälte spüren kann, nimmt, wenn er über die Jahre hinweg zurückblickt, zweifellos die Spuren einer Erfahrung wahr, die ihn veranlasst, sich stolz von der dünnen, verarmten geistigen Aura einer Phrase wie der von der »Wissenschaft, die lehrt« abzuwenden, sich auch abzuwenden von der milderen, reicheren, aber kaum weniger beengenden Atmosphäre des »*In nomine patris*«, beiden den Rücken zu kehren und seinen Nachen »ohne Angst vor dem Schweigen, das ihn umgibt«* dahin zu lenken, wo er zwischen der schrankenlosen Weite des Meeres und dem hohen, kalten, gleichgültigen Sternenhimmel mit seiner eigenen Seele zu Rate gehen kann.

Meiner Ansicht nach liegt die tiefgründigste Strömung der christlichen Psychologie, die den Genius eines Jesus, eines Paulus, eines Dostojewski zu ihrer Speerspitze macht, aber auch andere Kräfte hinter sich versammelt, in der prophetischen Sicht der Schwachen, der Toren, der Armen und Besessenen, der Kranken, der Kinder und der Greise.

Sobald das Alter spürt, dass eine Ahnung des Todes in der Luft liegt, verhält es sich so wie die Natur, wenn sie die Pflanzen verwelken und die Felsen aus grauer Vorzeit allmählich verwittern und zerfallen lässt. Oh ja, im geheimnisvollen Herunterbrennen der zersetzenden Flammen in vermodernden Wäldern, im gewaltigen Zusammenbruch monumentaler Terrassen beim Herabstürzen der vom Zahn der Zeit angenagten Gebirgshänge, offenbart der greise, altersschwache Gott Pan, grummelnd und gestikulierend, grotesk gebeugt unter dem schweren Gewicht seiner aufgetürmten Jahre, den geschmeidigen Töchtern der Zeit in ihrem leichtfüßigen Tanz – in dem sie nur selten innehalten, um zuzuhören – das himmlische Durcheinander des heiseren Gemurmels, des kindischen Gebrabbels und des wirren Gestammels, in denen sich die »tieferen Gedanken« des unsichtbaren Webmeisters des Schicksals klarer ausdrücken als in jeder Weisheit unserer aufgeblasenen Wissenschaft.

So mag denn die letzte und endgültige Auswirkung, die der nahende Tod auf einen alten Menschen hat, dessen Bewusstsein an seine äußerste Grenze zurückgetrieben wird, dieser abgrundtiefe Zweifel an allen äußeren Erscheinungen sein, dieser Zweifel an der menschlichen Vernunft und am menschlichen Vorstellungsvermögen, der zu der kindischen Frage zurückführt, die nie beantwortet wurde und nie beantwortet werden kann: »Warum bin ich ich? Warum ist die Welt die Welt? Warum ist irgendetwas das, was es ist?« Es ist dies jener erhabene und komische Zweifel, auf dem am Ende unsere ganze Hoffnung ruht und den uns nichts und niemand nehmen kann.

So unüberwindbar sind die Grenzen unseres Bewusstseins, so fragwürdig das ganze Panorama dessen, was wir sehen und gesehen zu haben glauben, dass wir am Ende unseres Lebens auf einen Zustand fröhlicher Unwissenheit und furchtloser Erwartung zurückgeworfen werden.

Eines, nur eines ist allerdings gewiss: Wie immer die Realität aussehen mag, sofern diese »Realität« selbst nicht ein Hirngespinst unserer Fantasie ist, es ist eine Realität, die ganz anders ist als alles, was wir uns vorgestellt, woran wir gedacht, wovon wir geträumt haben; und es ist ebenso wahrscheinlich, dass diese Realität der Sehnsucht unseres Herzens näher kommt, als wir es in unserer Unwissenheit je für möglich gehalten haben, wie es denkbar ist, dass sie unsere Hoffnung zunichte macht, unser Streben verhöhnt, unser Gefühl Lügen straft, uns in unserem Glauben beirrt, unsere Existenz leugnet.

Und was nun angesichts dieses überwältigenden *Finales* in uns aufsteigt, ist wahrhaftig das, was wir die ganze Zeit über insgeheim geahnt haben: Obwohl wir in Wirklichkeit nichts wissen und wenig gefunden haben, ist es nur allzu wahrscheinlich, dass wir noch weniger verlieren und uns vor nichts zu fürchten brauchen.

ANMERKUNGEN

Einführung

Cicero in seiner philosophischen Schrift *Cato maior de senectute* – 7
Marcus Tullius Cicero (106–43 v. Chr.), römischer Redner, Politiker und Schriftsteller. Als er sich unter Caesars Diktatur vom politischen Geschehen ausgeschlossen, alt und einsam fühlte, verfasste er u.a. *Cato maior*, einen Dialog über das Alter. Dessen Titelheld, Marcus Porcius Cato Censorius (»der Ältere«, 234–149 v. Chr.), genießt bis heute den Nimbus unversöhnlicher politischer Gegnerschaft: »Und im Übrigen bin ich der Meinung, dass Karthago zerstört werden muss.«

Anselm von Canterbury – (1033–1109), Theologe und Philosoph, 8
gilt als Vater der Mystik und Scholastik. Auf ihn geht der ontologische Gottesbeweis und die Formel »Ich glaube, um zu erkennen« zurück. Im Investiturstreit verfocht er entschieden die Machtansprüche der Kirche gegen die englischen Könige Wilhelm II. und Heinrich I.

Kardinal Wolsey – Thomas Wolsey (1475–1530), englischer Kardi- 8
nal und Staatsmann. Als Lordkanzler Heinrichs VIII. stärkte er den Einfluss der englischen Krone gegenüber Hochadel und Parlament.

wie unser englischer Dichter es ausdrückt – Gemeint ist Alfred 8
Lord Tennyson (1809–1892), der 1850 zum Hofdichter *(poeta laureatus)* avancierte. In seinem Gedicht *You ask me, why, tho' ill at ease* heißt es: »A land of settled government, / A land of just and old renown, / Where Freedom slowly broadens down / From precedent to precedent.«

9 **sein vertrautester Freund Titus Pomponius Atticus** – (110–32 v. Chr.), römischer Patrizier und Schöngeist, nicht nur lebenslanger Freund, sondern auch Schwippschwager Ciceros.

10 **Texte eines Boëthius** – Anicius Manlius Torquatus Severinus (480–524), römischer Staatsmann und Philosoph, vom Ostgotenkönig Theoderich erst zum *magister officiorum* ernannt, dann des Hochverrats beschuldigt, eingekerkert und hingerichtet. Im Kerker schrieb er das Werk *Trost der Philosophie*, das auf das mittelalterliche Denken von großem Einfluss war. Boëthius gilt als der letzte Lateinisch sprechende Gelehrte der Antike, der die griechische Philosophie noch aus erster Hand kannte.

10 **Vergils *Bucolica*** – Vergil, eigentlich Publius Vergilius Maro (70–19 v. Chr.), römischer Dichter, Autor u.a. des Heldenepos *Aeneis* von den Ursprüngen Roms und der zehn Bucolica (Hirtengedichte), die einer Sehnsucht nach »Arkadien« Ausdruck gaben.

11 **Wordsworth** – William Wordsworth (1770–1850), englischer Vertreter der romantischen Dichtung. In seiner Lyrik ging es ihm nicht um die Exemplifizierung allgemeiner moralischer Wahrheiten, sondern um die emotionale Übermittlung idealer menschlicher Naturerfahrung.

11 **der Dichter Ennius** – Quintus Ennius (239–169 v. Chr.), Dichter süditalienischer Herkunft, der von Cato d. Ä. in die römische Gesellschaft eingeführt wurde und von dessen Komödien, Tragödien und Geschichtsepos *Annales* nur Bruchstücke erhalten sind.

17 **»alles Kindische abzulegen«** – Ein Verweis auf Paulus' *Ersten Brief an die Korinther* (13,11): »Als ich ein Kind war, redete ich wie ein Kind, dachte wie ein Kind, urteilte wie ein Kind. Seit ich jedoch ein Mann geworden bin, habe ich die kindische Art abgelegt.«

17 **leisteten die Stoiker einen klugen Beitrag** – Der Ethik der Stoiker – einer um 300 v. Chr. in Athen gegründeten Philosophenschule – zufolge gibt es nur eine einzige wahrhafte Glückseligkeit: das Leben im Einklang mit der Allnatur, den Gehorsam gegen das gött-

liche Gesetz und das es aussprechende Pflichtgebot der Vernunft. Die Form dieser Glückseligkeit ist die Tugend, der Weg zu ihr die Überwindung der Lust und Affekte, ihr Ideal der »Weise«.

Amor Fati – Liebe zum Schicksal 19

furchtbare Erinnyen – Im griechischen Mythos waren die Erinnyen die Rachegöttinnen. 20

energeia a-kinesis – griech.: unbewegte Energie oder Kraft. Bei Aristoteles eine zentrale Kategorie: der unbewegte Beweger, das höchste Wesen, also Gott. 22

ein so kraftstrotzender Alter wie Homers Nestor – Nestor, dem griechischen Mythos zufolge König von Pylos, erreichte ein sprichwörtlich hohes Alter. In Homers *Ilias* ist er geistig und körperlich überaus rüstig, obwohl er bereits zwei Generationen überlebt hat; in der *Odyssee* kommt ihm gar das Attribut des »Rossebändigers« zu. 24

mit ihren Blütenranken die schönste Ährenpracht erstickt – Eine Anspielung auf John Keats (1795–1821), den englischen Lyriker und Vertreter der Romantik. In dessen Ode *An den Herbst* (1820) heißt es: »... while thy hook / Spares the next swathe and all its twined flowers.« In der etablierten deutschen Übersetzung ist nur von »Korn und Blumen« die Rede. 25

»so alt, wie ich bin«, um mit Dryden zu sprechen – John Dryden (1631–1700), englischer Dichter und Literaturkritiker. Sein Schaffen gilt als Höhepunkt der englischen Literatur der Restaurationszeit. Das Zitat entstammt *Cymon and Iphigenia, from Boccace*, einer seiner *Fables Ancient and Modern*, in denen er klassische Werke imitierte: »Old as I am, for ladies' love unfit, / The power of beauty I remember yet.« 26

von diesem *Daimonion* in unserem Herzen – Das Daimonium ist, Platon zufolge, die göttliche innere Stimme des Sokrates, die ihn davor warnt, etwas Unrechtes zu tun, ihn aber nie eindeutig zu bestimmten Handlungen aufruft. 27

27 **Befehle vom Quarterdeck** – Auf Großseglern war das Quarterdeck der hintere, erhöhte Teile des Schiffsdecks, auf dem der Kapitän und seine Offiziere Position bezogen.

28 **das vom Dichter Cowper so schwärmerisch beschriebene Stück** – William Cowper (1731–1800), ein zu seiner Zeit viel gelesener englischer Dichter, der im Alter der Schwermut verfiel und dem Powys seinen zweiten Vornamen verdankte. In seinem bekanntesten Werk *The Task*, einer epischen Blankversdichtung, geht es um ein Sofa, das symbolhaft für die kontemplative Behaglichkeit des ländlichen Lebens steht.

29 **Walt Whitman** – (1819–1892), amerikanischer Dichter. Sein Ruhm beruht auf der Gedichtsammlung *Grashalme*, die zwischen 1855 und 1892 in neun Auflagen erschien und dabei von zwölf auf fast 400 Gedichte anwuchs. In seiner Lyrik mit ihren eindrucksvollen Naturbildern und gesprengten Versformen predigte er die Würde und Eigenständigkeit des Individuums.

31 **Wordsworths »Elementalismus«** – In Powys' Philosophie des sinnlichen Erlebens nimmt der Begriff »Elementalismus« einen zentralen Platz ein. Henning Ahrens bezeichnet seine philosophisch-essayistischen Werke gar als »elementale Schriften« (*John Cowper Powys' Elementalismus. Eine Lebensphilosophie*, Frankfurt 1997). Wenn Powys sich dabei auf Wordsworth beruft (s. auch Anm. zu S. 11), meint er gewiss dessen »autobiografisches Gedicht« *Präludium oder Das Reifen eines Dichtergeistes* (1850), in dem Wordsworth das Programm seiner dichterischen Imagination entwickelt: in der Souveränität der Vorstellungskraft, im sinnenhaften, von allen Schlacken der Ablenkung befreiten Versenken das innere Wesen des Menschen, die Seele, die Natur und Gott erkennen.

32 **dem »Pluralismus« von William James und Walt Whitman zufolge** – William James (1842–1910), amerikanischer Philosoph und Psychologe, gilt gemeinhin als Bannerträger des Pragmatismus, hat aber mit *Das pluralistische Universum* (1907) ein Alterswerk veröffentlicht, das als Manifest einer pluralistischen Metaphysik gelesen werden kann. In diesem Buch verficht er gegen Hegels

»absoluten Geist« die Überzeugung, dass die Wirklichkeit keine Einheit, sondern die Welt ein Multiversum ist. – Dass Powys hier James und Whitman (s. auch Anm. zu S. 29) in einem Atemzug aufführt, ist durchaus ungewöhnlich. Aber immerhin lässt sich Whitman als Vertreter eines entschiedenen Individualismus verstehen, der damit auf seine Weise dem amerikanischen Selbstverständnis Ausdruck verliehen und zu ihm beigetragen hat.

die Definition des *Homo sapiens* als des »einzigen Tiers, das lacht« – Zitat aus einem Essay von William Hazlitt (1778–1830), dem englischen Schriftsteller, Journalisten, Kunst- und Literaturtheoretiker. In *On Wit and Humour. Lectures on the English Comic Writers* (1819) heißt es: »Man is the only animal that laughs or weeps; for he is the only animal that its struck by the difference between what things are, and what they ought to be.« Dieses Motiv kommt ähnlich allerdings bei so unterschiedlichen Autoren wie Rabelais, Mark Twain, Nietzsche und Bergson u.a. vor. 33

mit Ausnahme des römischen Kaisers Caligula und des englischen Königs Richard III. – Caligula (12–41 n. Chr.), grausamer Tyrann mit einem Hang zum Größenwahn, ergötzte sich u.a. daran, Caesars rechtsrheinische Kriegszüge im Sinne einer Operetteninszenierung nachspielen zu lassen. Richard III. (1452–1485) ließ, kaum dass er den Thron erobert hatte, seinen eigentlich legitimierten Neffen Edward V. im Tower umbringen – ein Kindsmord, der selbst in damaligen Zeiten als grausig galt. Über seine Vergnügungen ist nichts weiter bekannt. In Shakespeares gleichnamigem Drama besticht er indes durch die kalte Brillanz seines Witzes und den lakonischen Ausruf (V, 4): »Ein Pferd! Ein Pferd! Mein Königreich für ein Pferd!« 34

Figuren wie Don Quijote, Falstaff, Panurg, Onkel Toby, Micawber – Don Quijote ist der Titelheld von Miguel de Cervantes' Hauptwerk (1615), Falstaff eine Figur aus Shakespeares *Die lustigen Weiber von Windsor* und *Heinrich IV.* (jeweils 1597), Panurg eine Figur aus Rabelais' *Gargantua und Pantagruel* (1564), Onkel Toby eine Figur aus Laurence Sternes *Tristram Shandy* (1767) und Micawber eine Figur aus Charles Dickens' *David Copperfield* (1850). 35

36 **Starrsinn eines greisen Pantalone** – Der Pantalone ist eine der komischen Charaktermasken der Commedia dell'Arte: der Typ des geschäftigen Bürgers und geizigen Vaters.

38 **Unser gemeinsamer Freund** – Ein Roman von Charles Dickens (1865).

38 **Gogols Roman *Tote Seelen*** – Der Held dieses Romans (1855), der Kollegienrat Cicikov, reist durch die russische Provinz und kauft zu Spottpreisen »tote Seelen« auf, d.h. verstorbene Leibeigene, die aber noch in den staatlichen Steuerlisten geführt werden und für die der Besitzer bis zur nächsten – nur alle zehn Jahre stattfindenden – Revision Abgaben zu leisten hat. Sein betrügerisches Vergehen besteht darin, dass er diese Seelen bei Kreditinstituten zum Marktwert verpfändet, um so zu Reichtum zu gelangen.

38 **die Erste Ursache** – Eine zentrale Kategorie in der Philosophie von Aristoteles (384–322 v.Chr.). Für ihn war die Metaphysik oder die erste Philosophie die Lehre von der Erkenntnis der ersten Ursache aller Dinge. In der mittelalterlichen Scholastik, die die Lehre der verschiedenen *causae* weiterentwickelt hat, ist die *causa prima* gewöhnlich mit Gott identifiziert worden. – In diesem Buch taucht die Erste Ursache etwas unvermittelt auf, in Powys' *Verteidigung der Sinnlichkeit* hingegen spielt sie eine zentrale Rolle.

39 **Pantagruel** – Sohn des Riesen Gargantua in Rabelais' Romanzyklus (s.a. Anm. zu S. 35), dessen Ziele die Erlangung innerer Gelassenheit, die Fähigkeit zu besonnener Abwägung und weiser Lebensführung sind.

39 **Priamos** – Dem griechischen Mythos zufolge der greise König von Troja, der bei der Eroberung seiner Stadt das Leben verlor.

40 **wie es bei Laertes der Fall ist** – Athene schmückt Laertes, Odysseus' Vater, nach der glücklichen Heimkehr seines Sohnes »unsichtbar mit Kraft und Größe ..., schuf ihn höher an Wuchs und jugendlicher an Bildung« (24. Gesang).

Bei Shakespeare sind die alten Männer ... – König Lear, der Titelheld in Shakespeares gleichnamiger Tragödie, leidet an egozentrischer Realitätsblindheit; Shylock, der jüdische Händler aus *Der Kaufmann von Venedig*, fordert als Pfand für ein Darlehen ein Pfund Fleisch aus dem Körper seines Schuldners Antonio; Polonius ist der geschwätzige Hofmeister in *Hamlet*, der Spruchweisheiten absondert, ohne selbst danach zu handeln. 40

Kapitel 1: Das Alter bei Mann und Frau

facetiae a-facetiae – Scherze, die keine Scherze sind. 42

Macaulays Essays und Youngs *Nachtgedanken* – Thomas Babington Macaulay (1800–1859), der populärste Historiker des viktorianischen Englands, dessen fünfbändige *Geschichte Englands* für die damaligen Zeiten unerhörte Auflagen erzielte. Ferner veröffentlichte er u.a. *Critical and Historical Essays* (1843). – Edward Young (1683–1765), englischer Dichter. In seinem epischen Gedicht *Die Klage oder Nachtgedanken über Leben, Tod und Unsterblichkeit* (1745) thematisierte er die Nichtigkeit des Lebens und die Notwendigkeit, an ein Jenseits zu glauben. 42

im Auftrag der University Extension – Die Oxford University Extension ist eine Art britischer Volkshochschule, in deren Auftrag Powys in ganz England herumreiste und Vorlesungen über Literatur und Philosophie hielt. 43

Magna Charta – Im 13. Jh. trotzten die englische Aristokratie und die Londoner Bürgerschaft dem Königshaus rechtlich verbriefte Zugeständnisse gegen dessen Willkürherrschaft und zur Wiederherstellung der feudalen Rechtsordnung ab. Diese Magna Charta Libertatum in ihrer endgültigen Fassung von 1225 gilt als fundamentales Dokument des europäischen Verfassungsrechts. 44

Tullia – Ciceros geliebte Tochter, deren Tod (45 v. Chr.) ihn in tiefe Trauer stürzte. 45

47 *pro tempore* – vorübergehend

48 **den »gläsernen Guss«** – Zitat aus Walt Whitmans (s. auch Anm. zu S. 29) Gedicht *Gesang von mir selbst* (Strophe 21) aus seiner Sammlung *Grashalme*.

49 **diese »segensvolle Stimmung, wenn uns die Bürde ... erleichtert wird«** – Zitat aus Wordsworths (s. auch Anm. zu S. 11) meditativem Landschaftsgedicht *Lines Composed a Few Miles Above Tintern Abbey* (1798).

50 **»jener Freude, die dem Leben selbst innewohnt«** – Zitat aus Wordsworths Gedicht *Michael. A Pastoral Poem* (1800). Darin heißt es: »Those fields, those hills – what could they less? had laid / Strong hold on his affections, were to him / A pleasurable feeling of blind love / The pleasure which there is in life itself.«

52 **die Arbeit der Emersonschen »Überseele«** – Ralph Waldo Emerson (1803–1882), bedeutender amerikanischer Essayist, Dichter und Philosoph. Seiner Transzendentalphilosophie (u.a. in *The Over-Soul*, 1841) zufolge »ruht der Mensch in der Natur wie die Erde in den Armen der Atmosphäre« – und in dieser großen Einheit oder Überseele ist jedes Menschen besonderes Dasein enthalten.

59 **der rote und der weiße Drache, die Merlin in der Unterwelt erblickte und Vortigern zeigte** – Merlin ist bekannt als Magier und Ratgeber am Hofe von König Artus. Der Legende nach hat er aber auch anderen Herrschern mit Rat und Tat beigestanden – so u.a. dem König Vortigern, von dem umstritten ist, ob er im 5. Jh., dem »dunklen Zeitalter« nach dem Ende der römischen Herrschaft, wirklich gelebt hat. Diesem Vortigern weissagte Merlin, dass der rote Drache, der die Britannier symbolisierte, den weißen Drachen, der für die Sachsen stand, besiegen werde.

60 **Robert Burton ... in seiner *Anatomy of Melancholy*** – Die Rede ist von dem Hauptwerk (1621) des anglikanischen Theologen und Schriftstellers Robert Burton (1577–1640). Diese »hochgelahrte« und etwas absonderliche Sammlung widmete sich, im Gewande

einer pseudomedizinischen Abhandlung, der damaligen Modekrankheit Melancholie und ihrer Geschichte seit der Antike.

»die lichteren Lüfte, die göttlicheren Gefilde« – Zeile aus Wordworths Gedicht *Laodamia* (1815): »... more pellucid streams, / An ampler ether, a diviner air, / And fields invested with purpureal gleams.« 61

wie Elia schreibt – Pseudonym des englischen Schriftstellers Charles Lamb (1775–1834), der zusammen mit seiner Schwester Mary (1767–1847) u.a. Nacherzählungen der Werke Homers und Shakespeares für Kinder veröffentlichte und später für literarische Journale die geistreichen und witzigen *Essays of Elia* schrieb. Beide Geschwister lebten zusammen, nachdem Mary in einem Wahnanfall ihre Mutter erstochen hatte. 61

diesem »wiedergewonnenen Paradies« – Eine Anspielung auf John Milton (1608–1674), den englischen Dichter und Republikaner. Seinem Hauptwerk *Paradise Lost* (1667), einem Epos über den Sündenfall, ließ Milton das kürzere Epos *Paradise Regained* (1671) folgen, das allerdings weder eine Fortsetzung noch eine Ergänzung von Ersterem ist, sondern von den drei Versuchungen Christi durch Satan in der Wüste handelt. 62

Kapitel 2: Das Alter der Frau und die Natur

unter den fanatischen Liebhabern der Großen Mutter – In den vorindoeuropäischen Kulturen des Alten Europa wurde, in unterschiedlicher Ausprägung, das Universum als lebendiger Leib einer Göttin-Mutter und Schöpferin verehrt. Anklänge an diese Große Göttin oder Große Mutter finden sich u.a. noch in der ägyptischen Hathor und der griechischen Hera. Sofern der Großen Mutter ein »Gatte« oder »Sohn« als symbolischer Ausdruck der männlichen Zeugungskraft angehörte, unterlag er gemeinhin dem natürlichen Jahreskreislauf: er musste im Herbst sterben, um im Frühjahr wieder auferstehen zu können. 65

66 **wie es mir Thomas Hardy einmal gesagt hat** – Thomas Hardy (1840–1928), englischer Schriftsteller, der aus der Grafschaft Dorset stammte und in seinen »Wessex«-Romanen u.a. das Motiv des heilsamen Einflusses der Natur auf den von der Verstädterung bedrohten Menschen zur Geltung brachte.

66 **die »so grausam sind wie der Tod«** – Ein Verweis auf Hardys Roman *A Pair of Blue Eyes* (1873), dessen 38. Kapitel überschrieben ist: »Jealousy is cruel as the grave«.

70 **so wie Jakob den Engel packt** – Jakob ringt mit dem Engel, »bis die Morgenröte aufstieg«, der ihm schließlich den Namen »Israel« (Gottesstreiter) verleiht (*Das Buch Genesis* 32, 26–32).

70 **Shelley** – Percy B. Shelley (1792–1822), englischer Dichter. Seine große *Ode to the West Wind* (1819) z.B. bringt die Sehnsucht nach der Vereinigung mit der Naturkraft dieses Windes als eines Zerstörers und Erhalters zugleich zum Ausdruck. Verbunden damit ist die Hoffnung auf einen neuen Menschheitsfrühling.

70 **William Blake** – (1757–1827), englischer Dichter, Maler, Grafiker; Vertreter eines mystischen Weltbildes. In seinen epischen Gedichten und Ideenschriften wie z.B. *Die Hochzeit von Himmel und Hölle* (1790) vertrat er, oft mythologisch verschlüsselt, die Doktrin von der Göttlichkeit der Menschen, die nur die »Türen der Wahrnehmung« durch eine »Verbesserung des sinnlichen Genießens« reinigen müssten.

71 **wie Euripides in so vielen seiner Dramen** – Euripides (ca. 485–406 v.Chr.), athenischer Tragiker, von dem sich noch 19 Dramen erhalten haben (darunter *Die Troerinnen* und *Iphigenie in Aulis*), über dessen Leben aber kaum etwas bekannt ist.

71 **»Du, du bist das Sein und der Atem ...«** – Das sind die Schlusszeilen des Gedichts *No Coward Soul is Mine*, das 1846 in einem von Charlotte herausgegebenen Lyrikband der drei Brontë-Schwestern veröffentlicht wurde. Im Original heißt es: »There is not room for Death / Nor atom that his might could render void / Since thou art Being and Breath / And what thou art may never be destroyed.«

Dorothy Richardson in ihrem großen Werk – Dorothy Miller Richardson (1873–1957), englische Schriftstellerin. Ihr großes Werk ist der zwölfbändige Romanzyklus *Pilgrimage* (1938), in dem sie mit der Erzähltechnik des »Stream of Conciousness« den langjährigen Entwicklungsprozess der Heldin als schließliche Vereinigung dreier »Pilgerreisen« schildert. 72

Walter Pater – (1839–1894), englischer Schriftsteller, vertrat in formvollendeter Prosa eine ästhetizistische Weltanschauung. Seinen Idealen zufolge sollte das Leben der Vollkommenheit eines Kunstwerks nicht nachstehen. 72

Henry James – (1843–1916), amerikanischer Schriftsteller; schrieb psychologisch-realistische Erzählungen und Romane in einer Technik (innerer Monolog, »Stream of Consciousness«), die die Leser das Geschehen aus der Perspektive der Protagonisten erfassen lässt. 72

symbiotisch wie Dryaden – In der griechischen Mythologie sind Dryaden halbgöttliche Baumnymphen, die so mit dem Baum verschmelzen, dass sie mit ihm sterben. 73

das »törichte Wesen« – Das Zitat entstammt dem Roman *The Making of Americans* (geschrieben 1908, veröffentlicht 1925) von Gertrude Stein (1874–1946). Im Original heißt es: »There is stupid being in every one.« 75

wie die Frau aus Samaria – Im Barnabasbrief, einem Apokryph des Neuen Testaments, wird die Begegnung Christi mit einer Samariterin an einem Brunnen beschrieben. Er bittet sie um einen Schluck Wasser, den sie ihm mit der Begründung verweigert, dass sie zu ihrem Mann zurückkehren müsse. Als Jesus ihr daraufhin sagt, dass dieser Mann nicht ihr Ehemann sei, sie aber schon deren fünf gehabt habe, erkennt sie ihn als Propheten. 76

76 **wie Nereus' Gattin** – Nereus ist in der griechischen Mythologie der greise und gütige Meergott. Seine Gemahlin heißt Doris: Enkelin von Gaja und Uranos, Tochter der Titanen Okeanos und Tethys. Das Paar hat 50 Töchter, die Nereiden (Meernymphen).

77 **die hingebungsvolle Vestalin** – Vesta, die altitalische Göttin des Herdfeuers, hatte im alten Rom einen Tempel mit einem ewig brennenden Feuer, das von Priesterinnen unterhalten wurde. Diese Vestalinnen waren für die Dauer ihres 30-jährigen Dienstes zur Jungfräulichkeit verpflichtet.

81 **ein Gartenfreund** – Bei Powys im Original heißt es »garden man«. Darin könnte sich ein Hinweis auf den griechischen Philosophen Epikur (341–271 v. Chr.) verstecken. Als Epikur um 306 in Athen seine Philosophenschule gründete, kaufte er eigens zu diesem Zweck einen Garten. Seine Jünger, die dort nicht nur debattierten, sondern auch in einfachen Verhältnissen lebten, wurden »die aus dem Garten« genannt. Epikur plädierte für das persönliche Glück (Eudämonie) des Einzelnen, das durch ein zurückgezogenes, aber sinnenfrohes Leben erlangt werden kann.

86 **Demeter und Kybele waren Erdgöttinnen** – In der griechischen Mythologie war Demeter, als Schwester des Zeus, die Göttin des Erdsegens. Auch Kybele war eine Göttin der Fruchtbarkeit, allerdings phrygischer Herkunft, die dann im antiken Rom als »Magna Mater« (Große Mutter; s. auch Anm. zu S. 65) orgiastisch verehrt wurde.

87 **der ehrenwerte John Morley** – (1838–1923), liberaler englischer Politiker und Publizist, schied 1914 aus Protest gegen den Kriegseintritt Großbritanniens aus der Regierung aus.

Kapitel 3: Das Alter und die innere Haltung

89 **die Rolle des Teiresias** – In der griechischen Mythologie war Teiresias der blinde Seher aus Theben, der u.a. von Odysseus über dessen Heimkehr nach Ithaka befragt wurde.

Chesil-Beach – langgezogener Strand in der südenglischen Grafschaft Dorset, Schauplatz von Powys' Roman *Der Strand von Weymouth*. 89

Mark Tapley – Figur in Charles Dickens' Roman *Leben und Abenteuer Martin Chuzzlewits* (1844), die, stets gut gelaunt, dem Titelhelden treu ergeben ist und alle Schwierigkeiten auf die leichte Schulter nimmt. 90

Ibsens *Wildente* – In diesem Schauspiel (1885) thematisiert Henrik Ibsen die Lebenslüge als stimulierendes Prinzip: Gegen die Macht der Illusionen haben Wahrheit und Aufrichtigkeit keine Chance. 100

Herr Keyserling – Eduard Graf von Keyserling (1855–1918), deutscher Schriftsteller, ein heute weitgehend vergessener Vertreter des Impressionismus, der in seinen Romanen die Welt des baltischen Adels mit ihrer Dekadenz, ihrer Lebenssehnsucht und ihrem Lebensüberdruss geschildert hat. Die Quelle des Zitats haben wir nicht recherchieren können. 102

im Bardenwörterbuch der Waliser – Sofern Powys damit nicht einfach nur ein fiktives Lexikon anspricht, könnte er sich vielleicht auf das Buch *Myths and Legends of the Celtic Race* (1911) von Thomas Rolleston beziehen, ein Werk, das noch heute einschlägig interessierten Historikern und Mythologen als Klassiker empfohlen wird. 102

das eigenartige Wort *abred* – Dem soeben angeführten Werk lässt sich entnehmen (Kap. 8, Abschn. »Bardic Philosophy«), dass sich für die walisischen Kelten die Gesamtheit des Seins in drei konzentrischen Kreisen vergegenständlichte. In *abred*, dem innersten dieser Kreise, in dem das Leben entstand, herrschen Kampf und Evolution, in *gwynfyd*, dem mittleren, triumphiert es als »reine Kraft« über das Böse und in *ceugant*, dem Strahlenkreis der Unendlichkeit, wohnt Gott allein. 102

von seinem Druidenfreund – Caesar hat in seinem *De Bello Gallico* (VI, 13–14) ausdrücklich über die keltischen Druiden geschrieben. 102

Mit »Druidenfreund« dürfte Powys vermutlich Diviciacus meinen, den Führer der gallischen Häduer, der Caesar gegen die Germanen unter Ariovist um Beistand bat und ihn bei seinen Feldzügen in Gallien unterstützte.

103 **die kleine grüne Raupe, die sich im »Kuckucksspeichel« verkriecht** – Kuckucksspeichel ist der volkstümliche Begriff für das schaumige Sekret, in dessen Schutz die Larven der Schaumzikade heranwachsen.

104 *novum organum* **der Weisheit** – Eine Anspielung auf das *Novum Organum Scientiarum* (1620) des englischen Philosophen und Staatsmanns Francis Bacon (1561–1626), in dem dieser ein induktives Verfahren der Naturerkenntnis entwickelte, als deren Zweck er die Beherrschung der Natur und ihre Nutzbarmachung zur Vervollkommnung der Kultur proklamierte.

107 **»einmal geboren«** – In seiner Schrift *Die religiöse Erfahrung in ihrer Mannigfaltigkeit* (1902) argumentiert James (s. auch Anm. zu S. 32), dass Gott zweierlei Kinder auf Erden habe: die einmal und die zweimal geborenen. Erstere seien eher schlichteren Gemüts, ohne größeres metaphysisches Interesse, die in Gott weniger den Weltenherrscher und -richter als vielmehr die Verkörperung des Guten und der Harmonie sehen. – Die Identität von Powys' Freund Captain White hat sich uns nicht erschlossen.

107 **was Byron »den Hof, das Feld und den Hain« nennt** – Mit einiger Wahrscheinlichkeit ist Powys hier ein Irrtum unterlaufen. Die Zeile »Love rules the court, the camp, the grove« findet sich in dem Epos *Lay of the Last Ministrel* (1805) von Walter Scott (1771–1832), dem schottischen Nationalpoeten.

109 **eine Vielzahl von Jakobsleitern** – Jakob, auf der Flucht vor seinem Bruder Esau, hatte einen Traum: »Er sah eine Treppe, die auf der Erde stand und bis zum Himmel reichte. Auf ihr stiegen Engel Gottes auf und nieder. Und siehe, der Herr stand oben und sprach: Ich bin der Herr...« (*Das Buch Genesis*, 28,12).

wie Mr. Shandy beim Aufziehen seiner Uhr – In Laurence Sternes (1713–1768) Roman *Leben und Ansichten von Tristram Shandy, Gentleman* gehört es zu den ehernen Gepflogenheiten von Tristrams Vater, an jedem monatsersten Sonntagabend die große Standuhr aufzuziehen.

Kapitel 4: Das Alter und die Elemente

»... womit Gott sich selbst liebt« – Zitiert sind hier der 19. und der 36. Lehrsatz aus dem 5. Buch der *Kurzen Abhandlung über Gott, den Menschen und sein Glück* (um 1660) von Baruch de Spinoza (1632–1677), einer Art Vorstudie zu seinem Hauptwerk, der *Ethica*.

Ultima Thule – Bei den Griechen und Römern war Thule der Name für das allernördlichste Land der Welt, irgendwo nördlich von Britannia. Mit Vergil (s. auch Anm. zu S. 10) wurde *ultima thule* zum Begriff für die letzte Schranke, für die äußerste Grenze, die überhaupt möglich ist, für das weitestgesteckte Ziel: »Oder ob du kommst als Gott des unendlichen Meeres / Und dich die Schiffer allein verehren, das äußerste Thule / Dir sich ergibt und zum Eidam dich wählt die Göttin der Wellen ...« (aus *Georgica*).

»Steh uns bei, o *Tyche Sōteer* ...« – Tyche ist die griechische Göttin des Zufalls und des launischen Schicksals, die bei den Römern als Fortuna weiterlebte. Sōteer ist das griechische Wort für »Retter«, so wie es im Neuen Testament gebraucht wird – z.B. im Johannes-Evangelium (4,42): »Er ist wirklich der Retter der Welt.«

»das Gemurmel des Binnenlandes« – Ein Zitat aus *The Old Margate Hoy*, einem Text aus *The Last Essays of Elia* (1833) von Charles Lamb (s. auch Anm. zu S. 61). Margate Hoy ist ein Landzipfel im äußersten Südosten Englands. Die Formulierung »inland murmurs« findet sich auch in Wordsworths *Tintern Abbey* (s. auch Anm. zu S. 11 und 49).

127 das ihn durch »die Freude hoher Gedanken tief bewegt« – Zitat aus Wordsworths *Tintern Abbey*.

127 **mit dem kategorischen Imperativ** – zentrales Sollensprinzip in Immanel Kants (1724–1804) *Kritik der praktischen Vernunft*: »Handle nur nach derjenigen Maxime, durch die du zugleich wollen kannst, dass sie allgemeines Gesetz werde.«

128 **Anflüge ritualistischer ... Gedanken** – Der Ritualismus war eine Bewegung innerhalb der anglikanischen Kirche des 19. Jhs., der es darum ging, den bei den Puritanern verpönten katholischen Kult wiederherzustellen.

128 **mit heraklitischer Konzentration** – Heraklit (550–480 v. Chr.), griechischer Philosoph. Er lehrte, dass sich alles Sein im Strom des Entstehens und Vergehens *(panta rhei)* befinde und sich im »Krieg« der Gegensätze die der Welt immanente Weltvernunft (Logos) verwirkliche. Die Konzentration und Hermetik seiner Gedanken trug ihm noch zu Lebzeiten den Beinamen »der Dunkle« ein.

129 **»wie in Stunden gedankenloser Jugend«** – Zitat aus Wordsworths *Tintern Abbey*.

133 **»Maschine ... zugehört«** – Zitat aus Shakespeares *Hamlet* (II,2).

134 **»Abstraktor der Quintessenz«** – So bezeichnet sich Rabelais selber auf der Titelseite seines Romans *Gargantua und Pantagruel* (s. auch Anm. zu S. 39). Gemeint ist damit ein Alchimist, der sich dem fünften Element, ursprünglich als Äther, später gemeinhin als Alkohol verstanden, widmet.

135 das »grausame Erz« – Zitat aus Homers *Odyssee* (11. Gesang).

136 *saecula saeculorum* – die Zeitalter aller Zeitalter.

137 **Johannes Scotus Erigena** – (ca. 810–ca. 877), irischer Theologe und Philosoph. Sein Hauptwerk *De divisione naturae* ist getragen von der Vorstellung der Welt als göttlicher Selbstentfaltung.

Anfang und das Ende der Welt – Für Heraklit (s. auch Anm. zu S. 128) war das vernünftige Feuer am Himmel dasjenige Element, das im höchsten Maße die Einheit der Gegensätze verkörpert: Es ermattet in der Schärfe seiner Gegensätzlichkeit, sinkt herab, wird zuerst zu Wasser und dann zu Erde, will schließlich wieder Feuer werden und kehrt zurück. So entstehen Tag und Nacht, Sommer und Winter, Wechsel und Wandel. *137*

um mit Spengler zu sprechen – Oswald Spengler (1880–1936), deutscher Philosoph, Hauptwerk: *Der Untergang des Abendlandes* (1918/22). Goethe war für Spengler eine der zentralen Referenzfiguren, dem er sich besonders in dessen Vorstellung einer »lebendigen Natur«, der Intuition der Phänomene, der organischen Entwicklungsidee und der vergleichenden Morphologie verbunden fühlte. *138*

Justice Shallows Territorium – Justice Shallow, in der klassischen deutschen Übersetzung Friedensrichter Schaal, ist als Gegenspieler von Fallstaff eine Figur aus Shakespeares *Die lustigen Weiber von Windsor*. In der Szene, auf die Powys hier anspielt, wird der weibstolle Fallstaff, mit einem Hirschgeweih auf dem Kopf und als wilder Jäger verkleidet, unter einem Vorwand in Schaals Park gelockt und dort durch »Geister« erschreckt. *140*

Kapitel 5: Das Alter und das Gewissen

nicht nur *ad hominem*, sondern *ad gentem* – nicht nur gegen den Einzelnen, sondern gegen seine ganze Sippe. *145*

wie Sir Thomas Urquhart gesagt hätte, »metagrabolisiert« – Sir Thomas Urquhart oder auch Urchard (1611–1660), schottischer Schriftsteller und Übersetzer (u.a. von Rabelais), der sich durch geniale und exzentrische Wortschöpfungen und Sprachmischungen auszeichnete. Das Verb »metagrabolisieren« darf man vermutlich als Kombination aus *metabolize* (umwandeln) und *grabble* (herumtasten) verstehen. *146*

146 **unser alternder Justinian** – Justinian I., der Große, ursprünglich Flavius Petrus Sabbatius (482–565), byzantinischer Kaiser, übte mit seiner Gemahlin Theodora bis zu deren Tod 548 eine Doppelherrschaft aus.

151 **»zerging' und löst' in einen Tau sich auf«** – Zitat aus Shakespeares *Hamlet* (I,2).

152 **das goldene Medaillon auf der Brust des jungen Gargantua** – Ein Verweis auf das 9. Kapitel »Wie Gargantua angezogen ward« des Ersten Buches von Rabelais' Roman *Gargantua und Pantagruel*. Daraus auch das Zitat im übernächsten Absatz.

152 **der gute Grandgousier** – Die Rede ist von Gargantuas Vater: »Als er das Mannesalter erreicht hatte, vermählte er sich mit Gargamella, der Tochter des Schmetterlingskönigs, einer schönen, pausbackigen Dirn, und sie spielten so oft das Tier mit dem doppelten Rücken und rieben sich lustig aneinander, bis sie mit einem tüchtigen Jungen schwanger wurde, den sie bis zum elften Monat trug« (aus dem 3. Kapitel des Ersten Buches).

154 **angesichts der alten ägyptischen Schänke zu den Fleischtöpfen** – Eine Anspielung auf *Das Buch Exodus* (16,3). Beim Auszug aus Ägypten murren die Israeliten in der Wüste wider Moses: »Wären wir doch in Ägypten durch die Hand des Herrn gestorben, als wir an den Fleischtöpfen saßen und Brot genug zu essen hatten.«

156 **»die uns hierher getragen«** – Zitat aus Wordsworths (s. auch Anm. zu S. 11) Ode *Ahnungen der Unsterblichkeit* (1807).

158 **wie es mein Bruder Llewelyn ausdrücken würde** – Llewelyn Powys (1884–1939), englischer Schriftsteller. Eines seiner 26 Bücher heißt *The Cradle of God* (1929).

163 **wie Croce sagt** – Benedetto Croce (1866–1952), italienischer Philosoph, Historiker und Literaturkritiker. In seinen historischen Arbeiten legte er den Akzent stets auf den aktiven, moralischen Aspekt der geschichtlichen Wirklichkeit. Powys bezieht sich hier vermutlich auf den Aufsatz *In Defense of Imperfect Virtue*, den Croce im Februar 1921 in der englischen Kulturzeitschrift *The Dial* veröffentlicht hat.

wie Milton es ausdrückt – Eine Anspielung auf das 4. Buch von Miltons *Paradise Lost* (s. auch Anm. zu S. 62). Im Original heißt es: »So spoke the fiend, and with necessity, / The tyrant's plea, excused his devilish deeds.« *163*

Kapitel 6: Das Alter und Gut und Böse

Theodore Dreiser – (1871–1945), bedeutender, heute etwas in Vergessenheit geratener amerikanischer Romancier, Sohn eines ausgewanderten rheinischen Hüttenverwalters. Er wurde seiner sozialkritischen Bücher wegen viel angefeindet. Hauptwerk: *Eine amerikanische Tragödie* (1925). *169*

wie es in der Schöpfungsgeschichte heißt – Als die Schlange Adam und Eva dazu verführt, vom verbotenen Baum der Erkenntnis zu essen, sagt sie: »Ihr werdet wie Gott und erkennt Gut und Böse« (*Das Buch Genesis* 3,5). *170*

die Neuplatoniker Plotin, Porphyrios, Iamblichos und Proklos – Plotin (um 205–270), griechischer Philosoph, dessen Lehre vom Einen die Scholastik beeinflusst hat. – Porphyrios (um 233– um 304), griechischer Philosoph, Schüler Plotins und bedeutender Aristoteles-Kommentator. – Iamblichos von Chalkis (um 250– um 330) verband die Lehre Plotins mit orientalisch-mystischen Elementen. – Proklos (412–485), griechischer Philosoph, bedeutender Platon- und Euklid-Kommentator, systematisierte die Lehre Plotins. *170*

Oxfordgruppenbewegung – Eine sozial-ethische, 1921 von dem lutherischen Pfarrer Frank N. D. Buchman gegründete Bewegung, die ab 1938 unter der Bezeichnung »Moralische Aufrüstung« weitergeführt wurde. Zentrale Prinzipien sind die aus der Bergpredigt *170* abgeleiteten vier »Absoluta«: Reinheit, Liebe, Ehrlichkeit, Selbstlosigkeit.

170 **die soldatischen Adepten des Sonnengottes Mithras** – Mithras, ursprünglich der indo-iranische Gott des Lichtes und der Wahrheit, wurde ab der 2. Hälfte des 1. Jhs. v. Chr. auch in Rom kultisch verehrt. Diese ausschließlich Männern vorbehaltene Mysterienreligion mit ihren geheimen Riten verhieß ihren Adepten ein glückliches Leben und zog vor allem Kaufleute und Legionäre an.

171 *hospes comesque corporis* – Aus dem Gedicht, das Kaiser Publius Aelius Hadrianus (76–138) für sein eigenes Grabmal im Mausoleum Castel Sant' Angelo in Rom verfasste und das man noch heute in der Engelsburg lesen kann: »Animula vagula blandula / *hospes comesque corporis* / quae nunc abibis in loca? / Pallidula rigida nudula / nec ut soles dabis iocos.« – »Kleine Seele, unstete, schmeichelnde / *Gastfreundin und Begleiterin des Körpers* / wohin wirst Du jetzt fortgehen? / Bleich, starr und nackt / wirst Du nicht mehr wie gewohnt Scherze treiben.«

174 *animula vagula blandula* – s. die letzte Anmerkung

176 »**Hol' der Henker eure beiden Häuser!**« – Zitat aus Shakespeares *Romeo und Julia* (III,1).

181 »**der hochgestellte Mensch**« – Als *chün tzu*, »hochgestellter Mensch«, wurden seit der Zhou-Dynastie (ca. 1050–250 v. Chr.) die höheren Beamten bezeichnet.

182 »**Lakune**« – In der Sprachwissenschaft ist Lakune der Fachbegriff für eine Textlücke.

182 »**dass Tag dem Tag die Liebe zur Natur verbinden mag**« – Zitat aus Wordsworths (s. auch Anm. zu S. 11 und S. 31) Gedicht *Regenbogen* (1802).

188 **als er alles auf das Absolute ... zurückgeführt hat** – Für Spinoza (s. auch Anm. zu S. 115) ist Gott die einzige, unendliche, un-

teilbare Substanz und sind alle Dinge und Ideen Modi dieser einen absoluten Substanz. Als »innebleibende« Ursache aller Dinge kann Gott keine Gestalt eines »Jenseits« sein.

»Himmelshund« – Vermutlich eine Anspielung auf den englischen Essayisten und Lyriker Francis Thompson (1859–1907), dessen bedeutendste Dichtung *The Hound of Heaven* (1893) heißt. In Japan gibt es zudem die Legende des *Tengu*. Dort ist der Himmelshund ein Gespenst oder ein Kobold. *189*

Philosophen wie Empedokles und Heraklit – Empedokles (ca. 483– ca. 420 v. Chr.), griechischer Philosoph. Vertrat die Auffassung, dass es kein Entstehen und Vergehen, nur die Mischung und Trennung der vier Elemente Feuer, Luft, Wasser, Erde gebe, bestimmt von den Urkräften Liebe und Hass. – Zu Heraklit s. Anm. zu S. 128 und S. 137. *190*

wenn Apollon uns am Boden zerstört hat – Apollon, in der griechischen Mythologie Sohn des Zeus und der Leto, hatte höchst unterschiedliche Aufgaben und Funktionen. Unter anderem war er der Gott der Prophetie und Herr über das Orakel in Delphi. *190*

Agnostizismus – Dem Agnostizismus zufolge ist das Übersinnliche, insbesondere das Göttliche, unerkennbar, was allerdings nicht zwingend gegen dessen Existenz sprechen muss. *192*

Kapitel 7: Das Alter und der gesunde Menschenverstand

unser raumzeitliches »Blockuniversum« – Der Begriff »Blockuniversum« ist auf eine deterministische Kosmologie gemünzt, die die vierdimensionale Raumzeit als einheitlichen, monolithischen Block versteht, in dem es keine Veränderung und keine Entwicklung gibt. Powys dürfte über William James (s. auch Anm. zu S. 32) mit dieser Frage konfrontiert worden sein, der in seinem posthum erschienenen Spätwerk *Some Problems of Philosophy* dem *199*

Konzept des Blockuniversums das einer Vielheit gegenüberstellt: eine Sicht der Welt, die durch Zufall, menschliche Kreativität und freien Willen geprägt ist.

200 **so »abgenutzt und viel besungen«** – Zitat aus Charles Lambs (s. auch Anm. zu S. 61) Abhandlung *Detached Thoughts on Books and Reading*, die als Teil der *Last Essays of Elia* (1883) erschienen ist. Im Original heißt es: »Shall I be thought fantastical, if I confess, that the names of some of our poets sound sweeter, and have a finer relish to the ear – to mine, at least – than that of Milton or of Shakespeare? It may be, that the latter are more staled and rung upon in common discourse. The sweetest names, and which carry a perfume in the mention, are, Kit Marlowe, Drayton, Drummond of Hawthornden, and Cowley.«

201 **»im dunkeln Hintergrund und Schoß der Zeit«** – Zitat aus Shakespeares *Der Sturm* (I,2).

201 **mit irgendeinem imaginären Demogorgon** – Dieser ominöse Begriff (griech. *demon*, Teufel, und *gorgos*, furchtbar) taucht seit dem 15. Jh. als Name für den urzeitlichen Gott der antiken Mythologie auf – möglicherweise ursprünglich als Kopierfehler von Demiurg, dem Schöpfer aller Dinge. Angeblich konnte dann allein schon die Namensnennung das entsetzlichste Unheil anrichten. So spricht beispielsweise Milton in *Paradise Lost* (s. auch Anm. zu S. 62) vom »gefürchteten Namen Demogorgon«.

205 **»den Wirbel zu legen, der diese Musik macht«** – Zitat aus Shakespeares *Othello* (II,6). Jago kündigt mit diesen beiseite gesprochenen Worten die Intrige an, mit der er Othello zu Fall bringen will.

207 **die beiden Heraklessäulen** – Herakles, Sohn des Zeus und der Alkmene, der berühmteste aller griechischen Heroen, musste zwölf Arbeiten verrichten, deren zehnte darin bestand, die Rinder des Geryon auf der mythischen Insel Erytheia im fernen Okeanos zu holen. Am Ende seiner Fahrt errichtete er die beiden Säulen Kalpe und Abyla zu beiden Seiten der Straße von Gibraltar.

Skylla und Charybdis – Skylla, in der griechischen Mythologie Tochter des Meergottes Phorkys und von einer Nebenbuhlerin in ein Ungeheuer verwandelt, hauste in einer Höhle an einer Meerenge, direkt gegenüber dem Strudel der Charybdis, einer Tochter des Poseidon, die dreimal am Tag Meerwasser verschlang und wieder ausspie. *207*

die allseits bekannten Zehn Gebote – Alle Passagen sind hier aus der Luther-Bibel in der revidierten Fassung von 1984 zitiert (*Das Buch Exodus* 20,2–17). *207*

»... wie dich selbst« – Matthäus 22,37 *209*

»... das tut ihnen auch« – Matthäus 7,12 *209*

im einzigen seiner Gleichnisse – Das Gleichnis, das Powys hier meint, ist das vom barmherzigen Samariter (Lukas 10,25–37). *209*

»Liebt eure Feinde!« – Matthäus 5,44 *211*

»auch die andere Wange hinzuhalten« – Matthäus 5,39 *211*

»feurige Kohlen auf sein Haupt sammeln« – Brief des Paulus an die Römer 12,20 *211*

»Öl und Wein auf seine Wunden« zu gießen – Lukas 10,34 *212*

»das Licht der Welt« – Matthäus 5,13–14 *212*

jeder »große, vortreffliche Mann« – Zitat aus dem 5. Kapitel des Ersten Buches von Rabelais' Roman *Gargantua und Pantagruel*. *212*

die Vision dieses finsteren Heiligen – Augustinus (354–430) bereicherte den Kanon der katholischen Gewissheiten um die Lehre von der Erbsünde. *214*

weil »recht eben recht ist, ungeachtet aller Folgen« – Zitat aus dem Gedicht *Œnone* (1832) von Alfred Lord Tennyson (1809–1892), *218* der 1850 als Nachfolger Wordsworths zum Poeta laureatus ernannt wurde. Im Original heißt es: »And, because right is right, to follow right, were wisdom in the scorn of consequence.«

218 »... reichlich belohnt werden« – alle Zitate aus Matthäus 5,1–12

219 »**das Wort selbst dem Wort entgegen zu setzen**« – Zitat aus Shakespeares *Richard II.* (V,10).

220 **Tao ... in seiner nichtkonfuzianischen Bedeutung** – Tao (chinesisch für Weg) dient im Konfuzianismus der Bezeichnung ethischer Normen, im Taoismus dagegen als Inbegriff des Welturgrunds, der, unbewusst wirkend, hinter allen Erscheinungen steht.

220 **der ... Weg eines Chiang Kai-shek** – Die euphorische Würdigung, mit der Powys hier den damaligen Kuo-min-tang-Führer bedenkt, der die Ziele seines Vorgängers und Förderers Sun Yat-sen längst verraten hatte und 1949 von den Kommunisten gestürzt wurde, wirkt im Lichte heutiger Kenntnisse befremdlich. Bestenfalls lässt sich zu beider Gunsten anführen, dass Chiang in den 30er Jahren internationale Anerkennung genoss und dass es ihm in enger Verbindung mit den USA im Zweiten Weltkrieg gelang, China eine Mitsprachemöglichkeit auf den großen Weltkriegskonferenzen der Alliierten zu sichern und seinem Land bei der Gründung der UNO einen ständigen Sitz im Sicherheitsrat zu verschaffen.

Kapitel 8: Das Alter und die anderen

222 **dass »mehr gegen ihn gesündigt wird, als er selbst gesündigt hat«** – Zitat aus Shakespeares *König Lear* (III,3). Abgewandelt taucht diese Sentenz auch in Thomas Hardys (s. auch Anm. zu S. 66) Roman *Tess von den d'Urbervilles* (1891) auf, wo sie dem Ehemann der Protagonistin bei deren Hinrichtung in den Mund gelegt wird.

von dem im *Symposion* die Rede ist – In Platons *Symposion* 227
(*Das Gastmahl*, ca. 380 v. Chr.) wird das »ideale Eine«, auch als das
göttlich Schöne bezeichnet, einmal als das mit allen Ideen Ver‑
bundene, zum anderen als »getrennt und jenseits des Seienden«
aufgefasst.

um mit Nietzsche zu sprechen – Die Anspielung bezieht sich auf 227
den 2. Teil »Über die Mitleidigen« von Nietzsches *Also sprach
Zarathustra* (1892). Darin heißt es: »Oh meine Freunde! So spricht
der Erkennende: Scham, Scham, Scham – das ist die Geschichte
des Menschen! Und darum gebeut sich der Edle, nicht zu beschä‑
men: Scham gebeut er sich vor allem Leidenden. Wahrlich, ich
mag sie nicht, die Barmherzigen, die selig sind in ihrem Mitleiden:
zu sehr gebricht es ihnen an Scham.«

zu den »Meineiden der Verliebten« – Zitat aus Shakespeares *Romeo* 227
und Julia (II,2).

»Ich *bin* Heathcliff!« – Zitat aus Emily Brontës (1818–1848) Ro‑ 228
man *Sturmhöhe* (1847). Im 9. Kapitel lässt sich Catherine, kurz vor
ihrer Verheiratung mit Linton, im Gespräch mit Nelly über ihre
Liebe zu Heathcliff zu dem Ausruf hinreißen: »Ich *bin* Heathcliff!«

»in den Palast der Weisheit« – Zitat aus der Ideenschrift *Die Hoch‑* 230
zeit von Himmel und Hölle (1793) von William Blake (s. auch Anm.
zu S. 70).

Pfeile des »wahllosen Unglücks« – Zitat aus dem Gedicht *Hap*, das 233
Thomas Hardy (s. auch Anm. zu S. 66) in seinem Lyrikband
Wessex Poems and Other Verses (1898) veröffentlicht hat. Im Ori‑
ginal heißt es: »Crass Casualty obstructs the sun and rain.«

während Rom in Flammen aufgeht – Dass der römische Kaiser 234
Nero (37–68) selbst das Feuer gelegt haben soll, das Rom 64 zur
Hälfte zerstörte, gehört ins Reich der Legende, passt aber in das
Bild des grausamen Despoten, das sich die Nachwelt nicht grund‑
los von ihm gemacht hat.

234 **über einen Schiffsuntergang sinniert** – Lukrez (98– um 55 v. Chr.), römischer Dichter und Philosoph, über dessen Leben kaum etwas bekannt und von dem nur ein einziges Werk, *De rerum natura*, überliefert ist. Dieses Lehrgedicht *Von der Natur der Dinge* gilt als umfassendste Darstellung des physikalischen Weltbilds von Epikur (s. auch Anm. zu S. 81). Darin beschreibt Lukrez u.a. einen philosophischen Versuchsaufbau, in dem es auf den externen und sicheren Standpunkt des Beobachters ankommt: »Gern beobachten wir, wenn Sturmböen weithin die Meerflut / peitschen, vom Land aus, wie andre gefahrvoll sich abmühn müssen« (2. Gesang).

234 **und dabei Ananaskompott isst** – In Fjodor M. Dostojewskis (1821–1881) Roman *Die Brüder Karamasow* (11. Buch, 3. Kapitel) erzählt Lisa Alescha von einem Buch, das sie gelesen hat, in dem ein Jude einen kleinen Jungen grausam ermordet: »Ja! Ich glaube bisweilen, dass ich selbst das Kindchen kreuzige. Es hängt da und stöhnt, ich aber sitze ihm gegenüber und esse Ananaskompott. Ich liebe sehr Ananaskompott. Sie auch?«

234 **»Gemeinschaft der Heiligen«** – Im katholischen Glaubensbekenntnis heißt es: »Ich glaube an den Heiligen Geist, die heilige katholische Kirche, Gemeinschaft der Heiligen, Vergebung der Sünden, Auferstehung der Toten und das ewige Leben.«

236 **die »Luftgebilde der Toten«** – Zitat aus Homers *Odyssee* (11. Gesang).

239 **an den unbekannten Demiurgen** – Im Griechischen ursprünglich »der Kunstfertige«, wurde der Demiurg bei Platon zum Schöpfer der sichtbaren Welt und später bei den Gnostikern zur niederen Gottheit, die das materielle Universum erschuf (s. auch Anm. zu S. 201).

240 **»... die zur Gerechtigkeit strebt«** – Zitat aus der Streitschrift *Culture and Anarchy: an Essay in Political und Social Criticism* (1869) des englischen Dichters und Kritikers Matthew Arnolds (1822–1888), einer der bedeutenderen politisch-sozialen Grundsatzerklärungen seiner Zeit und seines Landes. Im Original heißt es: »a stream of tendency, not ourselves, that makes for righteousness«.

Madame Kai-shek – Soong Mei-ling, die Frau des Generalissimus 242 (s. auch Anm. zu S. 220), war eine jüngere Schwester der Witwe Sun Yat-sens, amerikanisch erzogen und praktizierende Methodistin. Sie wurde einer breiteren westlichen Öffentlichkeit bekannt, als sie sich 1943 an den US-Kongress mit der Bitte wandte, das Regime ihres Mannes gegen die Japaner und die Kommunisten zu unterstützen. In den 50er Jahren avancierte sie in den USA zu einer der zehn meistbewunderten Frauen.

um mit Cicero zu sprechen – Eine Anspielung auf Ciceros (s. auch 244 Anm. zu S. 7) Schrift *De divinatione* (*Über die Weissagung*, 44 v. Chr.).

wie lästig und kränkend die herrische Güte eines alten Kriegers sein 249 **kann!** – Eine Anspielung auf den 3. Gesang der *Odyssee*. Erst durch eine Intervention der Göttin Athene wird Telemachos dazu bestimmt, der Einladung Nestors Folge zu leisten: »Edler Greis, du hast sehr wohl geredet, und gerne / Wird Telemachos dir gehorchen, denn es gebührt sich!«

wie der Junge bei Proust – Gemeint ist damit der Erzähler Marcel 250 in Marcel Prousts (1871–1922) Roman *Auf der Suche nach der verlorenen Zeit* (1913–1927), der als kränklicher Sohn der umhegte Mittelpunkt der Familie ist und vor allem die zärtliche Fürsorge seiner Großmutter genießt.

sagt Salomon der Weise – *Das Buch der Sprichwörter* 16,32. 253

»Imago Vitae« – Vermutlich eine Anspielung auf Seneca d. J. 254 (um 0–65), den römischen Schriftsteller, Philosophen und Politiker. Als er von Nero in den Selbstmord getrieben wurde, soll er – Tacitus zufolge – seinen Freunden als einziges und kostbarstes Erbe »das Bild meines Lebens« hinterlassen haben.

im Märchen um Ritter Blaubarts verschlossene Kammer – Der Rit- 255 ter Blaubart verbietet seiner jungen Frau, ein bestimmtes Zimmer zu betreten. Sie tut es dennoch und sieht darin die Leichen ihrer Vorgängerinnen. Der Schlüssel entfällt ihr; das Blut daran lässt sich nicht beseitigen. Blaubart will sie töten, aber ihre Brüder retten sie.

Kapitel 9: Das Alter und die Literatur

260 *Ahnungen der Unsterblichkeit* – Zitiert ist hier aus der 9. Strophe von Wordsworths Ode *Intimations of Immortality* (1806).

262 **Klippen der Hesperiden** – Die Hesperiden waren in der griechischen Mythologie die Hüterinnen der goldenen, ewige Jugend verheißenden Äpfel im äußersten Westen. Bei Herodot (um 490–420 v. Chr.) heißt es: »Die Welt hört hier auf, wo das Meer nicht mehr schiffbar ist, wo sich die Gärten der Hesperiden ausbreiten, wo Atlas mit seinem kegelförmigen Berg das Gewicht des Firmaments trägt.« Gemeint sind damit die Kanaren, von Plinius d. Ä. (23–79) später als »Insel der Seligen« bezeichnet.

263 **was Lamb als »biblia a-biblia« bezeichnet** – Ein Verweis auf Charles Lambs *Detached Thoughts on Books and Reading* (s. auch Anm. zu S. 200). Im Original heißt es: »In this catalogue of books which are no books – biblia a-biblia – I reckon Court Calendars, Directories, Pocket Books, Draught Boards bound and lettered at the back ...«

264 **ihren »langen, langen Gedanken« nachzuhängen** – Eine Formulierung von Henry Wadsworth Longfellow (1807–1882), dem populärsten amerikanischen Dichter des 19. Jahrhunderts. Sie entstammt seinem Gedicht *My Lost Youth* (1858), wo es heißt: »A boy's will is the wind's will, / And the thoughts of youth are long, long thoughts.«

265 **»dahinschlendern und seine Seele zu Gast laden«** – Zitat aus Walt Whitmans *Gesang von mir selbst* (2. Strophe) aus seiner Sammlung *Grashalme*.

272 **Shaws *Pygmalion*** – In dieser Komödie (1912) von George Bernard Shaw, der Vorlage zu *My Fair Lady*, geht es um den (männlichen) Versuch, aus einem Armeleutemädchen eine Dame der Gesellschaft zu machen. Das Experiment miss-, aber die Emanzipation gelingt.

Schopenhauer behauptet – Powys bezieht sich hier offensichtlich *273*
auf folgenden Absatz aus Arthur Schopenhauers *Die Welt als Wille
und Vorstellung* (3. Buch, § 38): »Wann aber äußerer Anlaß, oder
innere Stimmung, uns plötzlich aus dem endlosen Strohme des
Wollens heraushebt, die Erkenntniß dem Sklavendienste des Willens entreißt, die Aufmerksamkeit nun nicht mehr auf die Motive
des Wollens gerichtet wird, sondern die Dinge frei von ihrer Beziehung auf den Willen auffaßt, also ohne Interesse, ohne Subjektivität, rein objektiv sie betrachtet, ihnen ganz hingegeben, sofern
sie bloß Vorstellungen, nicht sofern sie Motive sind: dann ist die
auf jenem ersten Wege des Wollens immer gesuchte, aber immer
entfliehende Ruhe mit einem Male von selbst eingetreten, und uns
ist völlig wohl.«

Lichtgestalten wie Melchisedek – Im Alten Testament wird Melchisedek (hebräisch »König der Gerechtigkeit«) als Priesterkönig *276*
von Jerusalem zur Zeit Abrahams angeführt und im Neuen Testament sein Priesteramt als beispielhafte Vorwegnahme des ewigen
Hohepriesteramtes Jesu Christi gedeutet.

Sir Thomas Browne – (1605–1682), englischer Arzt und Schriftsteller, der mit großer Begeisterung lateinische Wörter anglisierte *277*
und zu dessen bleibenden Verdiensten es unter anderem gehört,
die englische Sprache mit vielen Neuprägungen bereichert zu
haben (z.B. mit dem Wort *electricity*). Seine Werke bieten ein verzweigtes Labyrinth aus Naturforschung, Alchimie, Neuplatonismus, Hermetismus, Kabbala und Mystik. Die skurrilste seiner
Schriften ist *The Garden of Cyrus; or the Quincuncial Lozenge, network
plantations of the Ancients* (1658).

wie der kluge Sophist sagte – Gemeint ist damit der griechische *279*
Philosoph Protagoras (um 485–415 v. Chr.), der bedeutendste der
Sophisten, für den der Satz »Der Mensch ist das Maß aller Dinge«
Grundlage seines Relativismus war.

Matthew Arnolds beschwörenden Begriff – Der Begriff »Geheimnis« kommt bei Arnold natürlich verschiedentlich vor. Vielleicht *282*
hatte Powys diese Stelle aus den *Essays in Criticism* (1883) im Sinn:

»People think that I can teach them style. What stuff it all is! Have something to say, and say it as clearly as you can. That is the only secret of style.«

284 **Herbert Spencer** – (1820–1903), englischer Philosoph und Soziologe, Vertreter des politischen Liberalismus. Mit seinem System der »synthetischen Philosophie« verfolgte er eine einheitliche Theorie aller Wissensbereiche, eines universellen Prinzips der Evolution.

285 **Nemesis und den Erinnyen** – Nemesis ist in der griechischen Mythologie die Göttin des rechten Maßes und Rächerin allen Frevels. Zu den Erinnyen s. Anm. zu S. 20.

285 **im Palast des Alkinoos** – Die angesprochene Szene findet sich im 8. Gesang der *Odyssee*.

289 **Droge namens *Pantagruelismus*** – Das Bestreben von Pantagruel, dem Sohn des Riesen Gargantua, gilt der Erlangung innerer Gelassenheit, der Fähigkeit zu besonnener Abwägung und weiser Lebensführung. Rabelais nennt diese Haltung »Pantagruelismus«.

289 **als er ... seinen Schabernack mit den »Scharwächtern« trieb** – Panurg, ein ebenso gelehrter wie heruntergekommener Tunichtgut, »im übrigen aber der beste Mensch auf der Welt« und Freund Pantagruels, lässt auf einer abschüssigen Gasse einen Karren auf die Wache los, so dass »die armen Kerle sich wie die Schweine im Kot wälzten« (aus dem 16. Kapitel des Zweiten Buches).

289 **einen gewissen Pelagianismus** – Der Pelagianismus war eine im 4. und 5. Jh. gegen Augustinus (s. auch Anm. zu S. 214) verfochtene Lehre, der zufolge es keine Erbsünde gebe, sondern der Mensch durch die Gnade Gottes den freien Willen sowohl zum Bösen als auch zum Guten habe und aufgrund eigener Bemühungen das Heil erlangen könne.

290 **Monsignore Pasteur und Kardinal Pawlow** – Louis Pasteur (1822–1895), französischer Chemiker, gilt als Begründer der Mikrobiologie. Iwan Petrowitsch Pawlow (1849–1936), russischer

Physiologe, versuchte, alle psychischen Vorgänge (auch Denken und Sprechen) auf der Grundlage physiologischer Prozesse zu erklären.

»... vielmehr mit großer Macht bezwingend, reinigend« – Zitat aus Wordsworths Gedicht *Tintern Abbey* (s. auch Anm. zu S. 11 und 49). 293

»der Zeiten Spott und Geißel« – Zitat aus Shakespeares *Hamlet* (III,1). 295

diese segensreichen Nepenthen – Homer spricht in der *Odyssee* von Nepenthes, einem Getränk aus Ägypten, das Kummer und Sorgen aus den Gedanken verbannt. Offenkundig handelte es sich um ein pflanzliches Mittel, dessen Einnahme zu euphorischen Reaktionen führte, wie sie für Opiate typisch sind. 295

Henry James' Roman *Die tragische Muse* – Henry James (s. auch Anm. zu S. 72) thematisiert in diesem Roman (1890) die Gepflogenheiten des gesellschaftlichen Lebens in England. In der Figur des Gabriel Nash wird gemeinhin ein Porträt von Oscar Wilde gesehen. 295

bei De Quincey in seinem *Opiumesser* – Thomas De Quincey (1785–1859), englischer Essayist und Schriftsteller, stellte in seinem autobiografischen Bericht *Bekenntnisse eines englischen Opiumessers* (1822) als einer der ersten Autoren überhaupt Rausch- und Traumerlebnisse dar. 295

der volltönende Wohlklang von Brownes *Hydriotaphia* – In seiner Prosaschrift *Hydriotaphia, Urnenbestattung oder Eine Abhandlung über die kürzlich in Norfolk gefundenen Graburnen* (1658) ging es Thomas Browne (s. auch Anm. zu S. 277) unter anderem um die Macht der Zeit und des Vergessens, die Eitelkeit der Welt und ihre Monumente. Diese durchaus traditionellen Themen der Renaissance hat er mit einer einzigartigen, biblischen Sprachkraft vorgetragen. Powys zitiert daraus im Folgenden, wider seine sonstigen Gepflogenheiten, über Seiten hinweg, um den Leser an diesem »volltönenden Wohlklang« teilhaben zu lassen. Wir haben das Zitat 297 stark gekürzt, eingedenk dessen, dass keine Übersetzung dem Original gerecht werden kann.

298 **um zu brennen wie Sardanapal** – Das ist der griechische Name für den assyrischen König Assurbanipal (um 668–627 v. Chr.). Sardanapal hat sich angeblich, angesichts einer feindlichen Übermacht, auf seinem von einem Scheiterhaufen umgebenen Thron selbst verbrannt. Lord Byron veranlasste dieser Stoff zu einer Tragödie (*Sardanapal*, 1821), Eugène Delacroix zu einem Gemälde (*Der Tod des Sardanapal*, 1828).

298 **Exequien** – In der katholischen Liturgie sind das die Riten des Totengeleits vom Sterbehaus bis zum Grab.

299 **Jeremy Taylor** – (1611?–1667), einer der bedeutendsten anglikanischen Theologen des 17. Jahrhunderts, als Bischof in Irland in andauernde Auseinandersetzungen mit Katholiken, Presbyterianern und Baptisten verwickelt, verfasste zwischen 1645 und 1652 einige damals populäre Andachtsbücher, vor allem *Holy Living* und *Holy Dying*.

299 **Bunyan** – John Bunyan (1628–1688), englischer Prediger und Schriftsteller; schrieb mit *Die Pilgerreise* (1678–84) eines der erfolgreichsten Bücher der englischen Literatur und eines der meistübersetzten Werke. In allegorischem Gewand schildert Bunyan den Weg des Christen durch alle Gefahren und Leiden des Lebens bis zur himmlischen Stadt.

299 **Jane Austen** – (1775–1817), englische Schriftstellerin, schilderte in ihren Romanen mit feiner Ironie die oft selbstgerechte Welt des gehobenen englischen Landadels und Mittelstandes.

300 **das große Griechischlexikon** – Der »Liddell-Scott«, erstmals 1843 unter dem Titel *A Greek-English Lexicon* als Adaption von Franz Passows *Wörterbuch der griechischen Sprache* (1828) erschienen, ist im englischen Sprachraum nach wie vor eine Institution.

301 ***fons et origo*** – Quelle und Ursprung

Mnemosyne – In der griechischen Mythologie ist Mnemosyne auch die Göttin des Gedächtnisses. *304*

ein inneres *eidolon* – Das *eidolon*, griechisch für Bild, Abbild, Phantasma, immaterielle Gestalt, ist bei Platon die Grundgestalt, das gemeinsame Wesen der verschiedenen Dinge desselben Artbereichs, das Urbild (Idee). *304*

Kapitel 10: Das Alter und die Wissenschaft

in ihrer ganzen gorgonenhaften Grausamkeit – Gorgo war, dem griechischen Mythos zufolge, ein weibliches Ungeheuer mit einem grauenvollen Haupt, das den Profanen davor abschrecken sollte, in ihre Mysterien einzudringen. Hesiod (um 700 v. Chr.) setzte dann drei Gorgonen in die Welt: Stheno, Euryale und vor allem Medusa, der Perseus – mit abgewandtem Blick, da er ansonsten versteinert worden wäre – das Haupt abschlug. *308*

die Geschichte vom Großinquisitor – Iwan Karamasow erzählt seinem Bruder Aljoscha eine Parabel vom Großinquisitor, der den im 16. Jh. wieder auf Erden wandelnden Christus auf den Scheiterhaufen bringen will, denn der störe die Vollendung der Aufgabe, den Menschen die Bürde der Freiheit zu nehmen, um sie von allen Qualen zu erlösen: »Aber die Freiheit der Menschen beherrscht nur der, der ihr Gewissen beruhigt.« *310*

diesem ehrenwerten Monsieur Herriot – Édouard Herriot (1872–1957), als Vertreter der radikalsozialistischen Partei dreimal jeweils kurzzeitig Ministerpräsident, wurde vom Vichy-Regime 1942 unter Polizeiaufsicht gestellt und 1944 in Deutschland interniert. *312*

das neue athanasianische Glaubensbekenntnis – Athanasius (um 295–373), griechischer Kirchenlehrer und Patriarch von Alexandria, vertrat im Kampf gegen den Arianismus und dessen Überzeugung, dass Christus nicht gottgleich und ewig, sondern nur das *313* vornehmste Geschöpf Gottes sei, die Lehre von der Wesensgleichheit Christi mit Gott.

313 **den säbelrasselnden Fortinbras** – Figur in Shakespeares *Hamlet*. Fortinbras, der norwegische Prinz, dem am Ende der verwaiste dänische Thron zufällt, ist ein strahlender Held mit der undifferenzierten Mentalität des Kriegers.

313 **Dorchester** – Eine Kleinstadt im Süden Englands, im von Sumpfniederungen geprägten Tal des River Frome. Dass Powys ihren Namen anführt, ist gewiss eine Reverenz an den von ihm hoch geschätzten Thomas Hardy (s. auch Anm. zu S. 66), der hier auf die Welt gekommen ist, wovon heute ein Denkmal zeugt.

313 **Entelechie** – Bei Aristoteles ist die Entelechie die Verwirklichung der in einem Seienden angelegten Gestaltmöglichkeiten oder auch die einem Organismus innewohnende Kraft, die seine Entwicklung und Vollendung bewirkt (z.B. die Seele als Entelechie eines organischen Körpers).

315 **die Hymnen von Moody und Sankey** – Dwight L. Moody (1837–1899) zog im 19. Jh. als Evangelist durch die Lande und maß der musikalischen Verkündigung des Gottesworts eine so große Bedeutung bei, dass er den Sänger Ira C. Sankey auf seine Veranstaltungen mitnahm und ihn seine selbst verfassten Hymnen vortragen ließ.

317 **am Brunnen seines Ahnen Jakob** – Am Jakobsbrunnen weigert sich eine Samariterin, Jesus Wasser zu geben. »Jesus antwortete ihr: Wenn du wüsstest, worin die Gabe Gottes besteht und wer es ist, der zu dir sagt: Gib mir zu trinken!, dann hättest du ihn gebeten, und er hätte dir lebendiges Wasser gegeben« (Johannes 4, 10).

317 **in *Gaston Latour*** – Walter Paters (s. auch Anm. zu S. 72) Roman *Gaston de Latour: An Unfinished Romance* (1896) spielt in den Wirren der Reformationszeit und enthält diverse Porträts historischer Persönlichkeiten als vermeintlicher Zeitgenossen des Protagonisten, darunter auch eines von Montaigne.

die ketzerischen Monophysiten – Der Monophysitismus war eine *321*
theologische Lehre, der zufolge es in Jesus Christus nicht zwei
Naturen (eine göttliche und eine menschliche), sondern nur die
eine (göttliche) des Fleisch gewordenen Logos gegeben habe. Als
Timotheos I., seinerzeit Patriarch von Konstantinopel, 512 als
Ergänzung zum Trishagion, dem »Dreimalheilig« der Liturgie, die
monophysitische Formel *crucificus pro nobis* einführte, brachen –
unter der Führung orthodoxer Mönche – in der Stadt schwere
Unruhen aus.

Idol eines Baphomet-Molochs – Der Baphomet war im 12. und *326*
13. Jahrhundert ein eselsköpfiges Götzenbild des Templerordens,
im 19. Jahrhundert eine Gottheit diverser Esoteriker und Frei-
maurerlogen.

Byrons *Manfred* – Ein dramatisches Gedicht (1816) von Lord *326*
Byron, das 1848/49 von Robert Schumann vertont wurde.

»Kein Bischof – kein König!« – Schlachtruf des englischen Königs *326*
James I. (1566–1625) bei seinem Bestreben, die elisabethanische
Kirche grundlegend zu reformieren.

»Rule Britannia« – Der schottische Dichter James Thomson *327*
(1700–1748) hatte in sein Drama *Alfred: a Masque* ein Lied ein-
gearbeitet, das bald sehr populär wurde und dessen Refrain es bis
heute geblieben ist: »Rule, Britannia, rule the waves, / Britons
never will be slaves!«

»... das eine solche Krankheit nicht aufkommen läßt!« – Zitat aus *328*
den *Gesprächen mit Goethe in den letzten Jahren seines Lebens*
(1836/48, 3. Teil, 18.10.1827) von Johann Peter Eckermann
(1792–1854). Bei Powys im Original findet sich die gelinde
Verfälschung: »I thank God that *my study of Nature* has preserved
me from these Hegelian tricks!« Das ist nun von Eckermann mitnichten beglaubigt. Ganz im Gegenteil befleißigt er sich zu versichern: »Hegel ..., den Goethe persönlich sehr hochschätzt, wenn
auch einige seiner Philosophie entsprossene Früchte ihm nicht
sonderlich munden wollen ...«

330 **das einzige »göttliche Orakel«** – Vermutlich ist Powys hier eine kleine Verwechslung unterlaufen, da sich die zitierte Formulierung nicht Emily Brontë, sondern ihrer Schwester Charlotte (1816–1855) verdankt. In deren Gedicht *Pilate's Wife's Dream* (1846) heißt es am Schluss: »I wait in hope, I wait in solemn fear, / The oracle of God, the sole true God, to hear.«

331 **den Quislings in Norwegen** – Vidkun Quisling (1887–1945), norwegischer Politiker und Inbegriff des Kollaborateurs, schlug Hitler 1939 eine Besetzung Norwegens durch deutsche Truppen vor und war ab 1942 Chef einer »nationalen Regierung« in Abhängigkeit von den Nationalsozialisten.

331 **OGPU** – Die Staatliche Politische Sonderverwaltung OGPU war als die stalinistische Institution, der die Gefängnisse und Gefangenenlager in der UdSSR unterstanden, einer der Vorläufer des sowjetischen Geheimdienstes KGB (Komitee für Staatssicherheit; ab 1954).

331 **Mysterium tremendum** – das furchteinflößende Geheimnis Gottes in der alttestamentarischen Gottesbotschaft.

331 **Als der Arier Hegel** – Powys bezieht sich hier auf Heinrich Heines *Geständnisse* (1854), wird aber in seiner Hegel-Aversion dem Kontext dieser vermeintlich höhnischen Frage nicht ganz gerecht. Bei Heine heißt es: »Überhaupt war das Gespräch von Hegel immer eine Art von Monolog, stoßweis hervorgeseufzt mit klangloser Stimme ... Eines schönen hellgestirnten Abends standen wir beide nebeneinander am Fenster, und ich, ein zweiundzwanzigjähriger junger Mensch, ich hatte eben gut gegessen und Kaffee getrunken, und ich sprach mit Schwärmerei von den Sternen, und nannte sie den Aufenthalt der Seligen. Der Meister aber brümmelte vor sich hin: ›Die Sterne, hum! hum! die Sterne sind nur ein leuchtender Aussatz am Himmel.‹ ›Um Gottes willen‹ – rief ich – ›es gibt also droben kein glückliches Lokal, um dort die Tugend nach dem Tode zu belohnen?‹ Jener aber, indem er mich mit seinen bleichen Augen stier ansah, sagte schneidend: ›Sie wollen also noch ein Trinkgeld dafür haben, daß Sie Ihre kranke Mutter gepflegt und Ihren Herrn Bruder nicht vergiftet haben?«

den flammenbemalten *Sanbenito* – Der Sanbenito war das Gewand, das die Opfer der Inquisition tragen mussten, eine Art grober Büßerkittel in verschiedenen Farben und Mustern, je nachdem, ob es sich um einen »reuigen« oder einen »uneinsichtigen Sünder« handelte. 332

eine gewisse »zerstreute Verschrobenheit« – Zitat aus *Mackery End, in Hertfordshire*, einem der Texte aus Charles Lambs (s. auch Anm. zu S. 61) *Essays of Elia* (1823). Im Original heißt es: »Out-of-the-way humours and opinion – heads with some diverting twist in them – the oddities of authorship please me most.« 335

zur »synthetischen Einheit der Apperzeption« – Damit bezieht sich Powys auf Immanuel Kants *Kritik der reinen Vernunft* (1787), auf jenen § 16 »Von der ursprünglich-synthetischen Einheit der Apperzeption«, der mit dem berühmten Satz beginnt: »Das: Ich denke, muß alle meine Vorstellungen begleiten können ...« Apperzeption ist bei Kant die Fähigkeit des Bewusstseins, Begriffe und Anschauungen zur Einheit der Vorstellung eines Gegenstandes zu verknüpfen. 336

in dem wir »gefangen und eingepfercht« sind – Zitat aus John Miltons (s. auch Anm. zu S. 62) Gedicht *Comus, a Mask* (1634): »In regions mild of calm and serene air, / Above the smoke and stir of this dim spot / Which men call Earth, and, with low-thoughted care, / Confined and pestered in this pinfold here, / Strive to keep up a frail and feverish being ...« 337

»nicht lange genug leben, um soviel zu seh'n« – Zitat aus Shakespeares *König Lear* (V,3). 339

Tamerlan und Dschingis Khan, Nero, Tiberius und Kaiser Justinian – Tamerlan (1336–1405), für seine Grausamkeit bekannter Mongolenherrscher und Eroberer; Dschingis Khan (um 1167–1227), Begründer jenes mongolischen Großreiches, vor dessen 340

443

»unbarmherzigen« Horden das christliche Europa erzitterte; Nero (s. Anm. zu S. 234); Tiberius (42 v. Chr. – 37 n. Chr.), römischer Kaiser, dessen Amtszeit gegen Ende hin von Terror, Spionage und Racheakten geprägt war; Kaiser Justinian – gemeint ist hier Justinian II. Rhinotmetos (der »mit der abgeschnittenen Nase«, 669–711), dessen Schreckensherrschaft zwei Aufstände provozierte, deren letztem er schließlich zum Opfer fiel.

342 **Dagon »auf der Schwelle seines Tempels«** – Dagon ist im Alten Testament der Hauptgott der Philister. Das Zitat entstammt John Miltons *Paradise Lost*. Im Original heißt es: »Next came one who mourned in earnest, when the captive ark maimed his brute image, head and hands lopt off, in his own temple, on the grunsel-edge, where he fell flat and shamed his worshippers: Dagon his name.«

345 **der »große Heide« Goethe** – In seiner literaturgeschichtlichen Schrift *Die romantische Schule* (1835) bezeichnet Heine Goethe als den »großen Heiden, den gefährlichsten Feind des Kreuzes, das ihm so fatal war wie Wanzen, Knoblauch und Tabak«.

345 **die faschistischen Wächter** – In Platons idealem Staatswesen ist der mittlere der drei Stände – eben die Wächter *(phylakes)* – dafür zuständig, dass der dritte Stand (die Arbeitenden, *demiurgoi*) die von den Herrschenden *(archontes)* erkannten und verfügten Vernunftkriterien befolgt. Den Wächtern obliegen also die eigentlichen Staatsgeschäfte, indem sie tapfer und wachsam dafür Sorge tragen müssen, dass die Herrschaft der Besten von den *demiurgoi* freiwillig anerkannt wird.

346 **die elysischen Gefilde** – Das Elysium besteht in der griechischen Mythologie aus den Inseln der Seligen am Westrand der Erde (s. auch Anm. zu S. 262), wohin auserwählte Helden und die Söhne der Götter versetzt werden, ohne den Tod zu erleiden. Im Gegensatz zu den Schatten im Hades konnten sie hier ihre menschliche Natur beibehalten und ihren Interessen nachgehen.

347 **die altbekannte Theologie im Kleinformat** – eine Anspielung auf John Miltons poetisches Traktat *On the new forcers of Conscience*

under the Long Parliament, wo es heißt: »New Presbyter is but Old Priest Writ Large.«

Kapitel 11: Das Alter und die neue Ordnung

»Oghamschriften« – So wird die Buchstabenschrift der ältesten irischen Sprachdenkmäler (4.–7. Jh.) auf Grab- oder Grenzsteinen genannt. *351*

Briareos, der furchterregendste aller Titanen – Zeus, der Sohn des Kronos, und die olympischen Götter brauchten zehn Jahre, um nach erbittertem Kampf die Titanen, ihre vorolympischen Verwandten, zu besiegen. Den Olympiern zur Seite standen u.a. die Hekatoncheiren: Titanenbrüder, aber als hundertarmige Riesen selber keine Titanen. Briareos, einer dieser Riesen, durfte dann die Besiegten zur Belohnung im Tartaros, dem Eingang zur Unterwelt, bewachen. *356*

ähnlich dem monströsen Kraken in *Moby Dick* – In diesem Hauptwerk (1851) des amerikanischen Schriftstellers Herman Melville (1819–1891) taucht der Krake im 59. Kapitel als Inbegriff des Unfassbaren, Unheimlichen und Bedrohlichen auf: »Wir staunten stumm das wundersamste Wesen an, das die verschwiegenen Meere je der Menschheit offenbarten ... Kein Vorn und Hinten, kein Gesicht war erkennbar, kein fassliches Zeichen von Empfindung oder Instinkt: vor uns schlängelte sich ein gespenstisch formloses Stück Leben, unergründbar wie der Zufall.« *356*

bei orphischen und dionysischen Mysterien – Die orphischen Mysterien waren kultische Feiern der Orphik, einer philosophisch-religiösen Bewegung in der griechischen Antike und im Hellenismus, die sich auf Orpheus berief. Ihr zufolge war der Leib das »Grab der Seele«, aus dem sie sich durch ethische und asketische Reinigungen befreien musste. Die Dionysien waren die von Theateraufführungen und dithyrambischen Wettbewerben bestimmten Feste von Dionysos, dem Gott der Fruchtbarkeit, des Weines und *357* der Ekstase mit seinem lärmenden Gefolge halbgöttlicher und halbtierischer Wesen, Satyrn, Nymphen und Mänaden (die Rasenden).

358 **Marschall Pétain** – Im Ersten Weltkrieg noch der »Held von Verdun«, ließ sich Pétain (1856–1951) 1940 von den Nazis zum Feldmarschall und zum Chef der kollaborierenden Vichy-Regierung ernennen.

366 **im wordsworthschen Sinn des Wortes** – Eine Anspielung auf das Gedicht *My heart leaps up when I behold* (1802).

368 **Pelagius** – der englische Laienmönch (gest. um 418), der gegen Augustinus die Lehre von der menschlichen Willensfreiheit vertrat (s. auch Anm. zu S. 289).

368 **der rührige Mr. Willkie** – Wendell L. Willkie, ein amerikanischer Industrieller, setzte sich 1941 auf dem Parteikonvent der Republikaner überraschend als Präsidentschaftskandidat durch, unterlag aber gegen Franklin D. Roosevelt, der danach seine dritte Amtszeit antrat.

371 *Civitas Dei* – Der »Staat Gottes« ist der Grundbegriff in Augustinus' Hauptwerk *De Civitate Dei* (413–426), wo er der in der Gnade Gottes stehenden Gemeinschaft der Erwählten den Erdenstaat *(Civitas terrena)*, die irdische Bürgerschaft der Selbstliebe, gegenüberstellt.

375 **»als führe ein gewaltiger Wind daher«** – Zitat aus der *Apostelgeschichte* (2,2).

Kapitel 12: Das Alter und der Tod

384 **»Pfeil' und Schleudern des wütenden Geschicks«** – Zitat aus Shakespeares *Hamlet* (III,1).

einer der »sieben Akte, durch die hin das Leben spielt« – Ein (nicht *385* ganz genaues) Zitat aus Shakespeares *Wie es euch gefällt* (II,7). Klassischerweise setzen sich die »seven ages of man« zusammen aus Infantia, Pueritas, Adolescentia, Inventus, Virilitas, Senecus und Decrepitas. Der englische Maler William Mulready (1768–1863) hat diesem Motiv in seinem gleichnamigen Gemälde (1838) Ausdruck verliehen.

Gestalt des »Fischerkönigs« – In der Artussage ist es der geheim- *385* nisvolle Fischerkönig, der das Tor zum Schloss Carbonek bewacht, in dem der Gral aufbewahrt wird. Nur der alte ehrenwerte Sir Bors hat dieses Schloss und den Gral je gesehen, eben weil er alt und reinen Herzens ist.

»... die reinen Herzens sind« – Matthäus 5,8   *385*

im barbarischen Brauch der Priester der Kybele – Der Kult der *385* Kybele (s. auch Anm. zu S. 86) war derart orgiastisch, dass er in der römischen Republik überwacht wurde und dieser Fruchtbarkeitsgöttin nur orientalische Priester dienen durften. Diese schreckten, ihr zu Ehren, nicht einmal vor den übelsten Selbstgeißelungen zurück.

»Reif sein ist alles« – Zitat aus Shakespeares *König Lear* (V,2). *387*

den großen Fjodor Michailowitsch – Gemeint ist natürlich Dosto- *388* jewski, bei dem 1850 Epilepsie diagnostiziert wurde.

dieser *heiligen Krankheit* – In der Antike galt Epilepsie als Aus- *388* druck der Ergriffen- bzw. Besessenheit von einer göttlichen oder dämonischen Macht. Der römisch-griechische Arzt Galen (um 129–199) beschrieb die epileptische Aura und wartete mit Vorschlägen zur Prävention und zur Therapie auf.

Sir Thomas Brownes geliebter *Quincunx* – Browne verfolgt in *The* *389* *Garden of Cyrus* (s. auch Anm. zu S. 277) die Geschichte der Gartenbaukunst vom Garten Eden an und erörtert dabei das für ihn ursprüngliche Gestaltungsmerkmal des »Quincunx«, was ihn zu langen Erörterungen über die mystischen Eigenschaften der Zahl Fünf veranlasst. Ein Quincunx ist eine räumliche Ordnung von Dingen, von denen sich vier an den Ecken und eines in der Mitte eines Rechtecks befinden – allgemeiner auch eine Form oder ein Muster, das sich aus fünf Teilen zusammensetzt.

389 **Seine Lordschaft der Dichter** – Gemeint ist damit Lord Byron, und die zitierte Zeile entstammt seinem Gedicht *The Sea*. Im Original heißt es: »And howling, to his gods, where haply lies / His petty hope in some near port or bay, / And dashest him again to earth: / there let him lay.«

393 **Childe Rowlands Turm** – Eine Anspielung auf das epische Gedicht *Herr Roland kam zum finstern Turm* (1855) von Robert Browning (1812–1889), einem englischen Dichter und Virtuosen des dramatischen Monologs. In diesem Gedicht erzählt der Knappe Roland von seiner mit düsteren Ahnungen und Erlebnissen erfüllten Suche nach einem ominösen Turm, der sich schließlich als »blind wie des Narren Herz« erweist.

396 **wie Horaz sagt** – Horaz oder eigentlich Quintus Horatius Flaccus (»Schlappohr«, 65–8 v. Chr.), der größte lyrische Dichter des alten Rom. In seiner Ode *An Melpomene: Dauerhafter als Erz* (*Carmina* 3,30) heißt es: »Non omnis moriar – Sterben werde ich nicht ganz.«

398 **die grausame Verstümmelung des Uranos durch Kronos** – Uranos zeugte mit seiner Mutter Gaja, die ihn selbst im Schlaf gebar, zahlreiche Kinder, tötete sie aber gleich nach der Geburt – bis auf das jüngste: Kronos, einen Titanen und den späteren Vater von Zeus. Auf Wunsch von Gaja entmannte er mit einer Sichel seinen Vater, so dass nun seine Geschwister den griechischen Götterhimmel bevölkern konnten (s. auch Anm. zu S. 356).

400 **irgendein jovianisch-danaeischer Goldregen** – Das Adjektiv »jovianisch« bezieht sich auf Jupiter, die römische Version von Zeus. In der griechischen Mythologie fällt Zeus in einem Goldregen über die von ihrem Vater Akrisios, dem König von Argos, eingesperrte Danae her, worauf sie einen Sohn namens Perseus gebiert.

acherontische Treppe des Todes – Eine Umschreibung für die Treppe zur Unterwelt. Der Acheron (wie auch der Styx oder der Lethe) ist in der griechischen Mythologie der Fluss des Hades. *400*

in dem Iasion der Demeter beiwohnte – Iasion, Sohn der Atlas-Tochter Elektra und von Zeus, schläft auf einem »dreimal gepflügten Brachfeld« mit Demeter (s. Anm. auf S. 86), woraufhin er von seinem Vater mit einem Donnerkeil erschlagen wird. Spross dieses tödlichen Akts ist der Gott Plutos. *401*

»ohne das Wesen zu trennen« – Im athanasianischen Glaubensbekenntnis (s. auch Anm. zu S. 313) heißt es: »Dies aber ist der katholische Glaube, dass wir den einen Gott in der Dreiheit und die Dreiheit in der Einheit verehren, ohne die [drei] Personen zu vermischen und ohne das [eine göttliche] Wesen zu trennen.« *401*

»ohne Angst vor dem Schweigen, das ihn umgibt« – Zitat aus Matthew Arnolds (s. auch Anm. zu S. 240) Gedicht *Self-Dependence* (1852). Im Original heißt es: » Unaffrighted by the silence round them, / Undistracted by the sights they see, / These demand not that the things without them / Yield them love, amusement, sympathy.« *403*

ÜBER DEN AUTOR

John Cowper Powys wurde 1872 als eines von elf Kindern einer Pastorenfamilie in Shirley/Derbyshire in der Nähe des sagenumwobenen Glastonbury geboren. In der konservativen Geborgenheit und Kultiviertheit dieses Elternhauses wurden die außergewöhnlichen künstlerischen Begabungen und individuellen Talente der Kinder nach Kräften gefördert, und so verwundert es nicht, dass sich gleich mehrere der Geschwister als Künstler und Literaten einen Namen gemacht haben.

Im Alter von 26 Jahren entdeckte er seine Begabung, ein größeres Publikum mit Vorträgen über Literatur und Philosophie zu fesseln, und begann im Auftrag der Oxford University Extension, einer Art britischer Volkshochschule, durch England zu reisen. Spätere Vortragsreisen führten ihn auch nach Dresden, Weimar, Hamburg und in den Schwarzwald. Seine größten Erfolge feierte er jedoch in den USA, wo er mit seinem »literarischen Ein-Mann-Zirkus«, wie er es selbst einmal nannte, so berühmte Zeitgenossen wie Henry Miller zu begeisterten Lobeshymnen hinriss. Im Jahre 1904 siedelte er in die USA um und lebte dort bis 1934. In dieser Zeit entstanden seine auch in Deutschland bekannten und vielgerühmten Monumentalromane *Wolf*

Solent, Glastonbury Romance und *Strand von Weymouth*, die von Autoren wie Hans Henny Jahnn und Hermann Hesse enthusiastisch aufgenommen wurden.

Von der gleichen archaisch-visionären, bilderreichen Sprache geprägt wie seine Romane sind seine lebensphilosophischen Schriften, die ihn als ekstatischen Naturmystiker, kosmologischen und polytheistischen Exzentriker auszeichnen. 1934 kehrte er in seine britische Heimat zurück und ließ sich in Nordwales nieder, in einer Landschaft, die in ihrer kargen und spröden Schönheit seinem Prinzip der kontemplativen Versenkung in die Natur wie keine andere entgegenkam und die wie geschaffen war als Umfeld für einige seiner wichtigsten philosophischen Werke, die in den letzten zwanzig Jahren seines Lebens entstanden.

Als John Cowper Powys einundneunzigjährig starb, hinterließ er ein Lebenswerk, das fast dreißig philosophische und literaturkritische Essays, zahlreiche Romane und Kurzgeschichten, Gedichtbände, Tagebücher und Briefwechsel sowie eine 1992 ins Deutsche übersetzte Autobiografie umfasst.